La fin de l'Empire romain d'Occident

Artège éditions
10, rue Mercoeur – 75 011 Paris
9, espace Méditerranée – 66000 Perpignan

www.artege.fr.

ISBN : 978-2-26807-640-9

Georges-André MORIN

La fin de l'Empire romain d'Occident

Chronique de son dernier siècle
de 375 à 476

éditions du
ROCHER

Avant-propos de la nouvelle édition

Depuis la première édition de ce livre en 2007, les réflexions sur la fin de l'Empire romain se sont poursuivies montrant un intérêt continu pour cette étape importante de l'histoire de l'Europe occidentale.

Les récentes publications sur ce sujet sont de deux sortes : soit des ouvrages de fond sur un thème précis– la religion, les persécutions, ou encore l'analyse des courants commerciaux fondée sur l'examen des données archéologiques – soit une approche romanesque, principalement inspirée par la vie de Galla Placidia, ou encore l'assassinat de la mathématicienne Hypatie par une foule fanatisée, thème du film *Agora*.

Les interrogations sur les causes de la disparition de cette structure politique qu'était l'Empire romain, nourrissent à juste titre des réflexions politiques. Aujourd'hui, les interrogations portent principalement sur la « christianisation » de l'Empire, *Comment le monde est-il devenu chrétien ?*, pour paraphraser le titre du passionnant ouvrage de Paul Veyne, et aussi sur les persécutions religieuses qui ont accompagné ce changement, et enfin sur les conséquences de la disparition de la structure impériale.

Si l'affaissement et l'effacement de l'Empire d'Occident n'ont à l'évidence pas eu un caractère cataclysmique, les analyses divergent sur leurs conséquences.

Pour ces raisons, la nouvelle édition comporte de nombreux compléments rédactionnels permettant d'approfondir la réflexion sur ces thèmes, en particulier sur la question religieuse.

Pour faciliter la lecture, un index des noms de personnes et des noms de lieux complète les annexes.

Ocho Rios - Paris, juin 2014

Avant-propos de la première édition

Pourquoi ce livre ?

Après une enfance en Saintonge, province riche en vestiges romains, le lycéen qui en 5e découvre avec passion l'histoire romaine, en parallèle avec l'enseignement du latin, eut l'impression que son cours finissait en queue de poisson. Dans les manuels scolaires, le ve siècle se résume en trois phrases :

> « En 395, l'empereur Théodose le Grand procède au partage définitif de l'Empire entre ses deux fils :
> - à Honorius l'Occident,
> - à Arcadius l'Orient.
>
> À la fin de l'Empire d'Occident, le patrice Ricimer, un barbare, fait et défait les empereurs. En 476, le chef des Hérules, Odoacre, dépose Romulus-Augustule et met fin à l'Empire d'Occident. L'Empire d'Orient survivra sous le nom d'Empire byzantin, jusqu'à la prise de Constantinople par les Turcs en 1453. »

Que s'est-il passé de 375 à 476 ? On reparlait un peu de l'Empire byzantin à propos des Croisades ; en savoir plus relevait de l'enseignement supérieur… tant pis pour ceux qui ne font pas d'études d'histoire.

Un film « peplum » me fit peu après découvrir quelques acteurs important de la période, Stilichon, Ataülf, Galla Placidia… Des consultations en bibliothèque me donnèrent une chronologie sommaire des quatre-vingts dernières années de l'Empire d'Occident : deux longs règnes, ceux d'Honorius et de Valentinien III, puis la succession rapide de neuf empereurs sans liens apparents, puis la fin.

La lecture, dans les années 1970, de l'ouvrage de Philippe Caffin consacré à Galla Placidia m'apporta des compléments précieux, sans aller jusqu'au terme de l'Empire. En 1987, celle de la thèse de Guy Lacam sur Ricimer, m'apporta des éclairages précis sur le quart de siècle final de l'Empire d'Occident.

Enfin, dix ans plus tard, Michel Rachline me fit le récit d'une excursion à Ravenne et de sa découverte émerveillée du mausolée de Galla Placidia et de ses mosaïques. Il conclut en constatant que cette femme extraordinaire était une inconnue pour la plupart de ses interlocuteurs et, surpris de voir que j'avais quelques notions sur le sujet, me dit qu'il y avait là matière à un livre, m'engageant ainsi vers de longs travaux de recherche et d'écriture.

La fin de l'Empire romain d'Occident, passage de l'Antiquité vers le Moyen-Âge, est une étape essentielle de notre histoire. Les nations européennes modernes vont émerger lentement sur ses décombres. Pour plus de douze siècles, le christianisme catholique va devenir une force spirituelle et politique, dominante et dominatrice, à la tête de laquelle l'évêque de Rome s'impose habilement. Mais cette période est peu connue en dehors des spécialistes.

Peu de personnalités de ce temps restent dans notre mémoire collective. L'impératrice Galla Placidia est une des rares figures de ce siècle dont la mémoire soit conservée, peut-être grâce aux mosaïques de « son » mausolée de Ravenne… Sa vie mouvementée et l'histoire de sa famille, la dynastie théodosienne, peuvent servir de fil conducteur à une chronique du dernier siècle de l'Empire romain pour essayer d'en clarifier et d'en comprendre le cours.

Les matériaux abondent, mais les ouvrages existants et accessibles sur cette période relèvent soit du roman historique soit de la thèse spécialisée. Il manquait un récit clair, cohérent et chronologique permettant au lecteur de disposer des repères indispensables. Un suivi précis de la chronologie apporte un bon éclairage au déroulement des faits, nécessaire à leur compréhension. C'est donc le résultat d'un travail strictement historique, aussi factuel que possible, sans autres prétentions qu'une narration précise des faits, qui est proposé au lecteur pour lui permettre d'avoir une vision claire à partir d'une réalité parfois complexe.

Tous les faits rapportés sont justifiés par référence aux sources. Celles de l'Antiquité ont été utilisées dans les traductions les plus récentes en langues modernes, français et anglais. Ce récit a cherché à éviter toute interprétation romanesque, et aussi à rétablir un déroulement cohérent des faits, y compris en démythifiant quelques belles légendes bien installées, répétées et recopiées depuis des siècles. La réalité, là aussi, vaut bien la fiction.

Pour accomplir ce travail, l'*Histoire des empereurs* de Lenain de Tillemont reste, trois siècles après sa publication, cette remarquable base de données, utilisée successivement par Montesquieu, Gibbon, Chateaubriand, et bien d'autres plumes moins connues, y compris de nos jours. Il convient cependant d'être attentif au contexte politique et religieux de ce travail, d'autant que les traductions du XVIIe siècle sont souvent plus littéraires que littérales, sinon biaisées quand pointe le sujet religieux... Enfin, Tillemont est mort avant d'avoir achevé son ouvrage ; aussi le sixième et dernier volume, consacré au cinquième siècle et à la fin de l'Empire, publié quarante ans après sa mort, à partir de ses notes, n'a-t-il peut-être pas la qualité des autres.

Le Code théodosien, promulgué en 438, n'est pas seulement à l'origine des principes de notre droit contemporain mais, beaucoup plus riche d'informations qu'un code moderne, il constitue une mine de renseignements pour l'histoire de la période, utilisée d'ailleurs abondamment par Tillemont. Il n'est disponible en langue moderne que par la traduction en anglais faite à l'université de Princeton en 1952. À partir de ce texte, quelques soirées d'informatique m'ont permis d'établir un tableau chronologique de l'activité législative de cette période qui s'est avéré un outil extrêmement utile à la rédaction du présent ouvrage.

Enfin, je voudrais ici remercier celles et ceux qui au cours de ce travail m'ont accompagné et aidé de leurs encouragements, remarques, suggestions et interrogations. Je pense tout particulièrement à ma mère qui, peu avant sa disparition en 2002, fit une lecture critique mais encourageante d'une première version de ce texte.

Haïkow, Paris,
1999-2006

Chapitre I

Ravenne

Un mausolée pour un empire

Ici commence un esprit inconnu à l'Antiquité, et qui fait pressentir ce Moyen-Âge où tout était aventures : des femmes disposent des empires ; c'est par les femmes que le monde ancien s'unit au monde nouveau.

Chateaubriand[1]

Une étrange capitale entre mer et marais

À la fin du IVe siècle, depuis longtemps déjà, « Rome n'est plus dans Rome[2] ». Au cours de ce siècle, au gré des partages, recompositions et impératifs militaires de l'Empire romain, bien des villes en ont, tour à tour, été la capitale. En Occident, après Trèves, Arles, Sirmium, parfois Paris[3], le plus souvent Milan, la capitale se fixe à Ravenne au tout début du Ve siècle.

Port militaire créé par Jules César, puis agrandi sous Auguste, Ravenne doit sa promotion aux lagunes et marécages, aujourd'hui asséchés, qui en protégeaient alors l'accès. Au moment où il fallait éviter que la capitale de l'Empire ne soit à la merci d'une incursion de Barbares, ces marais, voisinage certes désagréable, deviennent un atout stratégique. Avec les moyens militaires du Ve siècle, le site était inexpugnable. En cas d'alerte grave, un accès direct à l'Adriatique offrait à l'empereur la possibilité de s'embarquer vers une

1. *Études historiques*, édition Lefèvre, 1838, p. 315.

2. P. Corneille, *Sertorius*, acte III, sc. 1, vers 936, « Rome n'est plus dans Rome, elle est toute où je suis », le sens de cette réplique, plus célèbre que ce drame consacré à Sertorius au temps des guerres civiles de la fin de la République, est toujours actuel sous l'Empire : la capitale est là où réside l'empereur. Napoléon Bonaparte signant en 1812 un décret à Moscou, Poincaré en juillet 1914, contresignant lois et décrets à Peterhoff, à Saint-Pétersbourg puis à Stockholm, le général de Gaulle signant en 1963 « à bord du Colbert », rappellent ce principe.

3. Dans les récits d'Ammien Marcellin, le nom de Paris est le plus souvent déjà substitué à celui de Lutèce ; il en est de même dans le *Code Théodosien* pour les deux lois promulguées par l'empereur Valentinien Ier en décembre 365 et janvier 366 depuis cette ville. Elle fut résidence impériale d'abord, sous Constance Ier, César de la tétrarchie, puis sous Julien César de 354 à 361 lequel, dans sa correspondance, vante les mérites du site. Valentinien Ier, puis ses deux fils y séjournent également.

destination de repli, pour ne pas dire une fuite. Enfin, située à proximité de la *Via Emilia*, grande voie stratégique qui relie Milan à Rimini, Ravenne a l'avantage d'être à peu près à égale distance de Milan, Aquilée et Rome.

À partir de 402, ce port militaire devient donc le séjour habituel de l'empereur Honorius, au moment où la principale menace à laquelle est confronté l'Empire est le fait de Barbares qui ne maîtrisent ni les techniques de siège, ni la navigation. L'empereur y est à l'abri d'un coup de main. Mais, isolé dans ce qui n'est alors qu'une petite ville, il perd en agréments et en commodités ce qu'il gagne en sécurité. Pendant plusieurs années, une partie des bureaux impériaux reste à Milan où l'empereur fait des visites régulières, de même qu'il séjourne à Rome en 404, puis du début de 407 au printemps 408.

Rien ne nous est parvenu quant aux détails de l'installation de la cour impériale dans l'inconfort de cette nouvelle capitale, rien des inévitables plaintes des courtisans, des fonctionnaires et de la domesticité impériale, aux habitudes bouleversées. Cependant, deux lettres de Sidoine Apollinaire[4] datées des toutes dernières années de l'Empire d'Occident nous décrivent cette ville restée si particulière, plus d'un demi-siècle après sa promotion au rang de capitale, après que les constructions nécessaires y aient apporté un minimum de confort et d'organisation. La première est une description factuelle, la seconde humoristique. Racontant un voyage qu'il effectue de Lyon à Rome[5] à la fin de 467, il décrit ainsi son entrée dans la ville :

4. Sidoine Apollinaire, témoin essentiel des dernières années de l'Empire d'Occident, est l'une des sources importantes des derniers chapitres de ce livre.

5. Ep. I.V.5 et 6, *Lettre à Herenius*, fin 467, éd. Les Belles Lettres, t.II, p. 14 et 15. Une autre description antique figure dans l'*Histoire des Goths* de Jornandes, éd. Les Belles Lettres, La roue à livres, Paris, 2000, p. 57 et 58, § 147 à 151, postérieure d'un siècle à celle de Sidoine Apollinaire. Elle signale les comblements survenus depuis une description antérieure, mais disparue, de Dion Cassius, « Cette ville située entre les marais et la mer, et entre les flots du Pô, est accessible par une seule voie… Établie au cœur de l'Empire romain sur la mer Ionienne [sic], elle est entourée à la façon d'une île par les eaux qui coulent là-bas en abondance [...] Le Pô baigne la cité de la septième partie de ses eaux et offre à son embouchure un port très commode : d'après Dion, on pensait jadis qu'une flotte de deux cent cinquante bateaux y disposait d'un mouillage parfaitement sûr. Actuellement, [...] cet endroit où un jour, il y eut le port, laisse voir de très vastes jardins, pleins d'arbres, desquels à vrai dire pendent non des voiles, mais des fruits. »

> « [...] Nous arrivions à Ravenne. Là, on ne saurait dire de la Voie Impériale qui se trouve entre la vieille ville et le nouveau port, si elle les unit ou les sépare. En outre, la cité elle-même est coupée en deux par un bras du Pô, tandis que le reste de ses eaux la baigne : le fleuve en effet, fragmenté, dans son lit principal par le barrage de digues publiques, et réparti entre des canaux de dérivation qui partent de ces mêmes digues, fait un si judicieux partage de ses flots séparés qu'en entourant la ville ils fournissent une protection aux remparts, en y pénétrant, ils lui apportent le commerce. Toutes les conditions les plus favorables au négoce y sont réunies mais c'est surtout ce qui intéresse la nourriture que nous y vîmes débarquer. Un inconvénient cependant : comme d'un côté les vagues salées de la mer viennent battre les portes et que d'autre part les déjections des égouts sont remuées dans les canaux par le va-et-vient des barques, tandis que le cours paresseux de l'eau ralentie est lui aussi souillé par la vase gluante du fond que trouent les perches des bateliers, nous avions soif au milieu des ondes, car on ne trouve nulle part ni eau pure des aqueducs ni citerne facile à nettoyer ni source vive ni puits limpide. »

Lors du même voyage, un autre de ses correspondants[6] bénéficie d'une description humoristique qui rend assez bien l'ambiance irréelle de cette ville posée entre mer et marais :

> « [...] Ravenne où les moustiques du Pô te transpercent les oreilles, tandis que saute autour de toi la troupe bavarde des grenouilles... Dans ce marécage, les lois de la nature sont continuellement inversées : les murs tombent, les eaux stagnent ; les tours flottent, les navires sont immobiles ; les malades se promènent, les médecins sont alités ; les bains glacés, les appartements brûlants ; les vivants ont soif, les morts nagent ; les voleurs veillent, les autorités dorment ; les clercs pratiquent l'usure, les Syriens le chant des Psaumes ; les commerçants font la guerre, les moines du commerce ; les

6. Ep. I, VIII, 2, *Lettre à Candidianus*, fin 467, éd. Les Belles Lettres, t. II, p. 27 et 28.

vieillards s'adonnent à la balle, les jeunes gens aux dés ; les eunuques aiment les armes, les fédérés[7] la littérature. »

Cette ville irréelle, fut donc la dernière capitale de l'Empire romain d'Occident. C'est là, au bord de la côte Adriatique, dans ces lagunes et marécages, que l'Empire s'affaisse, puis disparaît en 476, comme englouti par ces vasières.

Ravenne n'est plus alors que la capitale du royaume du barbare Odoacre, puis des Ostrogoths de Théodoric l'Amale. Au VIe siècle, la reconquête de l'Italie par Justinien la réduit au rang de capitale provinciale, où siège l'exarque, le représentant de l'empereur d'Orient. À la fin du VIIIe siècle, Ravenne est incluse dans les États de l'Église[8]. Brièvement occupée par les Vénitiens au XVIe siècle[9], elle fut enfin annexée par le royaume d'Italie en 1860[10].

La ville contemporaine et ses environs paraissent de prime abord bien différents de cette sorte de préfiguration antique de Venise décrite par Sidoine Apollinaire. Le sens des courants de l'Adriatique entraîne les alluvions du Pô vers le sud de l'embouchure du fleuve, là où est située Ravenne, alors qu'au nord Venise y échappe. Aussi, les lagunes et marais y ont-ils été comblés par des atterrissements, dont l'importance était évidente dès l'Antiquité.

Pour se rendre à Ravenne aujourd'hui, il faut d'abord emprunter la route de Bologne à Rimini, une ligne droite de quatre-vingts kilomètres au pied des Apennins, sur le site de l'ancienne *Via Emilia*. À Faenza, l'embranchement vers Ravenne est celui de l'unique voie d'accès antique. Mais, là où se trouvaient les marécages protecteurs de l'Antiquité, cette route traverse une plaine alluviale aux riches cultures agricoles. Plus au nord, en direction du lit actuel du Pô, certaines zones n'ont été assainies qu'au cours du XXe siècle. Un

7. Donc des barbares, par définition incultes.

8. L'archevêché de Ravenne a donné quelques papes célèbres dont Gerbert d'Aurillac, Silvestre II, le pape de l'an mil. Dante y mourut.
Pendant les guerres d'Italie des Valois, Gaston de Foix y fut tué au cours d'une bataille rappelée par un monument « aux Français ».

9. *La République des lions* par Alvise Zorsi, Perrin, Paris, 1988, p. 195 et 389, Venise occupe Ravenne à partir de 1527, en application d'un accord conclu avec la France, Florence, Milan et le pape Clément VII, « la ligue sainte de Cognac ».

10. Une plaque sur un mur de la *Piazza del Popolo*, rappelle que lors du référendum constitutionnel de 1946, cette ancienne capitale impériale fut la ville la plus républicaine d'Italie, avec plus de 90 pour cent de suffrages en faveur de la République.

petit port subsiste à Ravenne, relié à l'Adriatique par un chenal d'une douzaine de kilomètres. De Classe[11], le grand port de guerre romain, il ne reste que la superbe basilique Saint-Apollinaire-in Classe, isolée en pleine campagne à cinq kilomètres au sud de Ravenne, à proximité de l'Adriatica, la route de Ravenne à Rimini. Celle-ci longe ensuite les lidos, cordons sableux en bord de mer, et la pinède de Classe, belle plantation moderne de pins parasols qui renouvelle celle déjà décrite dans l'Antiquité.

Le « mausolée » de Galla Placidia

Ravenne, certes éclipsée par Rome, Venise ou Florence, a l'originalité de conserver d'importants vestiges des derniers temps de l'Empire romain d'Occident : églises, baptistères, mausolées[12]. Le promeneur découvre dans la vieille ville nombre de ces monuments, d'extérieur sobre, voire sévère, à la riche décoration intérieure, d'une fraîcheur intacte. Bien conservés pour la plupart, même s'ils ont été remaniés, ces monuments, les plus anciens de Ravenne, sont les témoins rares d'un temps où, en Occident, on ne construisait plus guère.

Depuis l'église San Vitale, une pelouse donne accès à un petit édifice de briques en forme de croix latine, long d'une douzaine de mètres et large d'une dizaine, présenté comme le « Mausolée de Galla Placidia », la mythique et dernière impératrice de Rome. Par contraste avec la simplicité sévère de l'extérieur, sitôt franchie l'entrée, de fabuleuses mosaïques s'offrent à l'œil du visiteur, sous la faible lumière filtrée par les plaques d'albâtre qui ferment les lucarnes. Leur élégance, leur finesse et leur richesse[13] témoignent tant d'une civilisation raffinée que de la puissance de leur commanditaire. Réalisées vers le milieu du cinquième siècle, elles sont parmi les plus anciennes de Ravenne, haut lieu de l'art de la mosaïque jusqu'au siècle suivant. Les représentations animalières,

11. En latin *classis* désigne la flotte.

12. Cependant, pas un vestige ne subsiste des palais impériaux, à l'exception de ce qui est appelé, probablement à tort, le « palais de Théodoric ».

13. Au XIXe siècle, ses mosaïques ont inspiré la chapelle funéraire de Pasteur dans les sous-sols de l'Institut qui porte son nom (à Paris). Au XXe, elles ont été copiées pour décorer la piscine d'hiver de Hearst Castle à San Siméon en Californie, entre Los Angeles et San Francisco, face à l'océan Pacifique.

brebis gardées par le Bon Pasteur sur le tympan de l'entrée, cerfs et colombes s'abreuvant sur les parois des chapelles latérales sont de tradition romaine. Les couleurs contrastées, le bleu sombre de la voûte étoilée, les représentations humaines, celles du martyre de saint Laurent, sont déjà une transition vers le style byzantin, comme l'annonce d'un changement d'époque.

Ce chef-d'œuvre tardif de l'architecture et de l'art romain, est pratiquement intact seize siècles après sa construction. Jusqu'à la fin du XIXe siècle, ce petit édifice était en fait une chapelle latérale de l'église de la Sainte-Croix, consacrée ensuite à saints Nazaire et Celse. Le fils de Galla Placidia, Valentinien III, avait une dévotion particulière pour saint Laurent auquel cette chapelle est dédiée[14]. Aujourd'hui démolie pour permettre le percement d'une rue, la via Galla Placidia, cette église proche du palais impérial avait été embellie par l'impératrice. La présence de trois sarcophages de pierre, que la tradition attribue respectivement à Galla Placidia, Honorius et Valentinien III, en confirme l'affectation funéraire. Ce petit monument accomplit ainsi un rôle de mémoire, perpétuant le souvenir de la « dernière impératrice de Rome ».

Pourtant il est à peu près certain que cet édifice n'a jamais recueilli les restes de l'illustre impératrice. Morte en novembre 450, lors d'un séjour à Rome, elle a tout simplement été enterrée sur place, dans le mausolée des Théodosiens, à l'emplacement actuel du Vatican[15]. Selon une autre version, son corps momifié aurait ensuite été transporté à Ravenne mais, le mausolée n'étant pas encore achevé, la momie déposée dans une autre église y serait restée, assise sur une chaise de cyprès, jusqu'à sa destruction accidentelle vers la fin du XVIe siècle[16]. Un visiteur l'aurait enflammée en approchant sa torche trop près pour mieux l'observer.

Ces incertaines vicissitudes posthumes font suite à une existence mouvementée, un véritable roman d'aventures, riche en coups

---

14. Selon Irving Oost, *Galla Placidia Augusta*, 1968, Université de Chicago, p. 275 à 277.

15. Ce site a été partiellement fouillé au XVIe siècle au moment de la construction de l'actuelle basilique Saint-Pierre. Tillemont dans son *Histoire des empereurs* T.V, Paris, 1701, chez Robustel (puis T.VI, Paris, 1738, chez Rollin), mentionne la découverte au XVIe siècle de certaines de ces sépultures, (voir pour plus de détails la note 353 du chap VIII).

16. Philippe Caffin, *Galla Placidia, la dernière impératrice de Rome*, Perrin, 1977, p. 275 à 277.

de théâtre et rebondissements[17]. Fille de l'empereur Théodose Ier (le Grand), le dernier à régner effectivement sur la totalité de l'Empire, petite-fille de Valentinien Ier par sa mère, l'impératrice Galla[18], elle naît à Thessalonique en 388. Cette double ascendance impériale en fait un personnage central du système dynastique à la tête de l'Empire pendant le dernier siècle de sa partie occidentale. Prisonnière des Wisigoths lors du sac de Rome en 410, elle épouse leur roi, Ataülf. Après l'assassinat de celui-ci, elle est échangée aux Romains, en 416, pour six cent mille mesures de blé[19]. Remariée au général Constance, elle en a deux enfants, Honoria en 418, puis Valentinien en 419. En 421, elle est nommée Augusta quand son mari est associé au trône sous le nom de Constance III. Mais celui-ci meurt au bout de sept mois. Veuve une seconde fois, contrainte alors à l'exil, elle se réfugie à la cour de Constantinople, auprès de son neveu Théodose II. À la mort d'Honorius, le 15 août 423, l'Empire d'Occident est usurpé par Jean, haut fonctionnaire civil. Galla Placidia réussit alors à convaincre son neveu de l'intérêt d'une solution dynastique face à cette usurpation, et du poids des quelques soutiens dont elle dispose en Occident, les Wisigoths et la province d'Afrique. Elle obtient l'appui de troupes d'Orient qui s'emparent de Ravenne. Jean est arrêté, puis exécuté. En octobre 425, son fils âgé de six ans, devient l'empereur Valentinien III. Galla Placidia, de nouveau Augusta, règne au nom de celui-ci puis s'efface à sa majorité, en 437. Elle meurt à Rome en novembre 450.

L'assassinat de Valentinien en 455, ouvre une période de deux décennies d'instabilité confuse, jusqu'à la disparition formelle de l'Empire d'Occident, le 4 septembre 476, borne traditionnelle de la fin de l'Antiquité.

17. Un des rares textes qui lui soit consacré en français, un récit d'Amédée Thierry, est intitulé *Les aventures de la princesse Placidie*, publié dans la *Revue des deux mondes*, 1850-IV, p. 863 à 879.

18. Nous reviendrons sur cette première Galla dans le chapitre IV consacré à la famille impériale.

19. À la page 879 de l'article cité plus haut, Amédée Thierry commente : « Poétisé, le récit des aventures d'Ataülf et Placidie donna naissance aux princesses errantes du Moyen-Âge, ces beautés captives, ravies et reconquises à grands coups d'épée, apprivoisaient le vainqueur et se faisaient doter avec le pillage. »

Une époque cruciale et mal connue de notre histoire

Les trois occupants supposés du « Mausolée de Galla Placidia » sont, au cœur de ce cinquième siècle, crucial pour l'histoire de l'Europe occidentale. Honorius et Valentinien III, les empereurs en titre qui se succèdent alors, peu connus sinon obscurs, ont pourtant des règnes parmi les plus longs de l'histoire romaine. Les rôles personnels de ces trois personnages, et aussi de l'ensemble de leur famille, en particulier Valentinien Ier et Théodose le Grand les fondateurs de la dynastie, apparaissent en permanence au fil des événements. Cette famille, par sa position éminente dans l'histoire de ce dernier siècle de l'Empire, constitue un fil conducteur utile sinon indispensable, pour mieux suivre le déroulement des événements qui conduisent à la fin de l'Empire d'Occident.

Dans l'écheveau parfois complexe des faits, ce fil conducteur permet de suivre une chronologie précise qui facilite leur interprétation et leur compréhension. Elle permet de vérifier leur cohérence et leur exactitude et de rendre plus aisée la mise en évidence des interactions entre les multiples facteurs qui interviennent. Recouper les multiples sources dont nous disposons permet de fonder avec vraisemblance supputations et conjectures et d'apercevoir une réalité historique, parfois occultée par des légendes.

Cette époque mal connue est pourtant d'un grand intérêt. Le monde occidental entre alors dans une période de profonds changements, transition de l'Antiquité vers le Moyen-Âge. La difficulté de l'histoire d'une telle période, tient à l'impression de confusion, née de sa complexité apparente. La qualifier de décadente n'est qu'une facilité, prétexte à détourner au plus vite un regard moralisateur, évitant les difficultés de l'approfondissement. Il faut donc chercher à démêler les éléments qui se sont combinés au cours de ces événements, en étant conscient que les récits qui nous en sont parvenus sont souvent déformés, partiels et partiaux.

Le site marécageux de Ravenne a pu contribuer à accréditer l'idée d'un Empire englouti sans bruit dans le néant, au terme d'une longue décadence. Les monuments de Ravenne, la qualité de la vie intellectuelle, au moins jusqu'au milieu du Ve siècle, l'élaboration des fondements du droit moderne, la longue survie de l'Empire d'Orient, sont autant d'indicateurs d'une réelle vitalité qui nous incitent à nous interroger sur la réalité et la nature de la décadence présumée.

Le récit précis des événements de ce siècle, la démythification de certaines légendes devraient nous aider à comprendre comment a pu survenir ce fait majeur de l'histoire de l'Occident, la fin de l'Empire romain.

Certes, l'Empire connaît bien des difficultés au cours de son dernier siècle… comme il en a connu au cours des siècles précédents et comme toute entité politique en connaît en permanence. Ce récit est l'occasion de suivre les grandes évolutions de la période : les institutions d'un Empire divisé et organisé en deux parties, l'Orient et l'Occident, les relations entre ces deux parties, l'organisation du pouvoir politique, l'élaboration du droit, la gestion des difficultés internes par les institutions impériales, le choc des invasions germaniques, et aussi ce changement culturel fondamental qu'est l'avènement du christianisme au statut de religion d'État. Ces problématiques entrecroisées se confrontent et se recombinent en permanence. Face aux crises et incertitudes de ce temps, la lignée impériale est un facteur de stabilité, recours et point fixe. L'action personnelle de ses membres apparaît alors au détour des événements, infléchissant leur cours. Les femmes, Galla Placidia, mais aussi sa grand-mère Justine ou encore sa nièce Pulchérie, jouent de ce fait, un rôle essentiel. Chateaubriand avait relevé :

> « Placidie, sœur d'Honorius et captive d'un Goth, passe dans le lit de ce Goth qui aspire à la pourpre ; Pulchérie sœur de Théodose II porte l'Orient à Marcien, Honoria sœur de Valentinien III veut donner l'Occident à Attila ; Eudoxie fille de Théodose II et veuve de Valentinien III appelle Genséric à Rome ; Eudocie, fille de Valentinien III, épouse Hunéric, fils de Genséric. »

Le 4 septembre 476, jour de la déposition de Romulus-Augustule, dernier empereur d'Occident, date habituellement retenue pour marquer la fin de l'Empire, sera donc le terme de ce récit. Un siècle auparavant, le 17 novembre 375, la mort subite de Valentinien Ier à un moment où l'Empire paraissait plus puissant que jamais, en sera le point de départ.

L'état des lieux successoral apporte quelques éclairages sur le fonctionnement de l'Empire à la fin du IVe siècle. Trois ans plus tard, la désastreuse et accidentelle défaite d'Andrinople donne une inflexion décisive au cours des événements. Elle conduit à l'accession de Théodose au trône d'Orient, ce qui complète et donne sa forme définitive au système dynastique reliant les trois familles qui, pendant près de deux siècles, se succèdent à la tête de l'Empire. Surtout, les solutions politiques apportées par Théodose à la crise, ouverte par ce désastre militaire, comportent des inflexions de fond dont les effets à long terme vont marquer tout le dernier siècle de l'histoire romaine et l'histoire de l'Occident bien au-delà, voire jusqu'à nos jours.

Chapitre II

L'empire et le pouvoir impérial au IVe siècle

Il y aura un seul troupeau, un seul berger.
Jean (10, 16)

L'Empire romain au IVe siècle

En 375, au quatrième siècle de son existence, l'Empire romain, « Bas-Empire », parce qu'au fil de l'écoulement du temps il vient après le « Haut-Empire », est une structure politique imposante. C'est alors la plus vaste construction politique de la planète, administrant un peu plus de 50 millions d'habitants sur environ 5 millions de kilomètres carrés entourant la mer Méditerranée. Plus vaste que les Empires perse et indien, seul l'Empire chinois, avait pu l'égaler par l'importance des territoires et des populations administrées, avant de se morceler au début du IIIe siècle.

L'ensemble du monde romain dispose alors, de l'Orient à l'Occident et du Nord au Midi, de la Bretagne à l'Égypte, de l'Arménie à l'Afrique du Nord, d'une monnaie unique, des mêmes lois, d'une langue officielle unique (le latin[20]), de structures administratives identiques et d'une unité de gouvernement de fait. Si nécessaire, des troupes peuvent être déplacées de Gaule en Syrie, du Danube en Afrique du Nord. Un immense réseau de voies de communications entretenues par l'administration impériale ne connaît pas de frontières intérieures et sert de base aux relais de la poste impériale, autre service public. Ces services fonctionneront en Occident jusqu'à la fin de l'Empire. Enfin, le choix de l'empereur emporte l'unité religieuse.

L'Empire, formé pour l'essentiel pendant les cinq siècles de la République romaine, morceaux par morceaux, conquêtes après conquêtes, par l'effet de la supériorité organisationnelle et militaire des Romains, agrégeait, rassemblait ce qui était épars autour de

20. Le *Code Théodosien* est uniquement rédigé en latin. Ce n'est qu'au début du VIIe siècle que l'empereur Héraclius fait du grec la langue officielle de l'Orient. Localement, les populations continuent à parler leurs langues d'origine, progressivement imprégnées de latin.

la Méditerranée. Tenaces, patriotes et pragmatiques, les Romains laissaient aux cités conquises leurs lois et leurs magistrats. Ainsi, les substrats antérieurs subsistent sous l'unité romaine. Mais liées par traité au peuple romain, les peuples conquis deviennent les alliés exclusifs de Rome et s'engagent à donner des soldats à l'armée romaine. L'implantation de colonies et la construction de routes facilitant les échanges et, si nécessaire, l'accès des légions, confortent la domination romaine.

Jusqu'au IIIe siècle, l'Empire fonctionne comme un réseau de cités autonomes reconnaissant la souveraineté de Rome. Les difficultés du IIIe siècle conduisent à la mise en place de sa première véritable organisation administrative unitaire[21], œuvre de Dioclétien, complétée par Constantin. L'installation d'un système étatique renforcé se révèle alors nécessaire pour faire face à l'effort de guerre imposé à l'Empire. La création de structures administratives permet d'encadrer les populations et de mieux organiser la collecte de l'impôt. Cette organisation perdure dans ses grandes lignes jusqu'au VIe siècle, survivant tant en Orient qu'en Occident, dans le royaume d'Italie après la chute de l'Empire.

L'Empire romain et le reste du monde

Tout en se considérant comme un Empire universel, l'Empire romain sait qu'il n'est pas seul au monde. À l'exception de l'Empire perse qui lui est frontalier en Orient, la distance et les moyens de communication alors praticables font que, si les Romains ont une perception des autres empires terrestres, ils n'en ont pas une connaissance concrète. La notion de relations internationales au sens moderne du terme n'est pas vraiment transposable.

Les connaissances géographiques des Romains nous sont connues par de nombreux textes, en particulier Strabon au Ier siècle, puis la *Géographie* de Ptolémée au IIe siècle. Au IVe siècle, Ammien Marcellin encadre le récit du début de la campagne de Julien

21. Dans l'introduction de son *Histoire du Bas-Empire*, éd. française, Desclée de Brouwer, 1959, Ernest Stein a une très belle formule : « L'œuvre politique du IVe siècle n'est pas tant d'avoir créé du neuf que d'avoir ordonné en un système grandiose des choses anciennes, mais sans plan établi. »

contre les Perses en 363 par deux digressions géographiques[22]. La *Description de la Terre* d'Avienus[23] est, sous forme poétique, à peu près contemporaine. Au début du vᵉ siècle, Orose introduit ses *Histoires contre les Païens* par une description géographique présentée en ces termes : « Je crois indispensable de décrire d'abord en lui-même le monde entier[24]. »

Quelques indications, même très sommaires, sur cette perception, rapprochées de nos connaissances d'aujourd'hui, ont donc leur place dans une présentation générale de l'Empire romain dans l'esprit de la sage recommandation méthodologique d'Orose.

Les Grecs et les Romains savaient que la Terre est une sphère. L'estimation de sa circonférence, réalisée dès le IIIᵉ siècle av. J.-C. par Eratosthène, s'avère proche de la réalité, en fait légèrement supérieure. Dans son *Aide-mémoire*, Ampelius[25] précise :

> « Le globe terrestre, qui est sous le ciel, est habité dans quatre régions : l'une de ces parties est celle où nous vivons, une seconde à l'opposé de celle-là… les deux parties inférieures à l'opposé des deux premières, dont les habitants sont appelés antipodes. »

Cette présentation envisage donc l'hypothèse d'autres continents au-delà de l'océan. Mais le continent américain est dans les faits absolument ignoré, alors qu'aux IVᵉ et vᵉ siècles, une ville comme Teotihuacán était à son apogée, avec une population dépassant les 100 000 habitants, et comportant des édifices tels le

---

22. Ammien Marcellin, *Histoire,* Les Belles Lettres, Paris, 1987, L. XXII, VIII (la Thrace et les rivages de la mer Noire), et XVI (l'Égypte) puis L. XXIII, VI (la Perse et le reste du monde). Il précise à l'intention de ses lecteurs « si le développement est un peu trop long, cela complétera nos connaissances avec profit », L. XXIII, VI, 1.

23. Rufius Festus Avienus, vivait vers le milieu du IVᵉ siècle. Il appartient à une famille de l'aristocratie romaine, proche de la famille impériale théodosienne. Sa *Description de la Terre* a été publiée en 1843 dans la collection bilingue « bibliothèque franco-latine », aux éditions Panckoucke.

24. Orose, *Histoires contre les Païens,* L.I, 15 et 16. Les Belles Lettres, Paris, 1991.

25. *Aide-mémoire* d'Ampelius, Les Belles Lettres, Paris, 2003, § 6,1. C'est une sorte de manuel scolaire daté de la fin du IIᵉ siècle. L'hypothèse d'un autre continent « antichtone » dans l'hémisphère Nord, à l'opposé des terres connues, découle de l'écart entre la dimension de celles-ci et celle du globe.

temple du soleil, de dimensions comparables à celles des pyramides d'Égypte.

Le monde « connu » est constitué de l'Europe, de l'Asie et de l'Afrique, « la Terre dans son ensemble est ceinturée par l'Océan, c'est une île[26]. » Depuis l'océan, « unique et immense ceinture des mondes[27] », quatre mers pénètrent cette « île », par ordre d'importance, la mer Occidentale (Méditerranée), la mer Caspienne (supposée communiquer au Nord avec l'océan Boréal[28]), la mer Persique, et enfin le golfe Arabique (mer Rouge). Au nord de ce qui est habité, les Romains situent vers le pôle des « terres glacées » et une « mer glacée, immobile comme du marbre », au sud, vers l'équateur, des « sables infertiles et brûlants couvrent le sol ».

Au IVe siècle, les Romains connaissent l'existence de trois autres empires organisés : la Perse Sassanide, l'Inde Gupta et enfin la Chine. Le reste du monde est occupé par de multiples peuplades « barbares », le plus souvent encore nomades.

L'Empire chinois, plus éloigné, est bien séparé des autres. Depuis le Ier siècle, le commerce de la soie permet un contact ténu[29]. Les Romains disposent alors de relations de voyage au pays des « Sères », c'est-à-dire au pays de la soie. Dès le début du IIe siècle, la cartographie de Marinos de Tyr[30] couvre l'espace de l'Atlantique à la Chine. Ausone évoque « le Sère à la robe flottante[31]. » Ammien Marcellin précise : « Par-delà les deux Scythies, du côté du Levant, les sommets de massifs élevés entourent les Sères, au pays remarquable par l'abondance et l'immensité[32]... », pour ajouter ensuite : « Ils [les Sères] confinent du côté du Nord et de l'Est à un désert inconnu », sans atteindre les abords de l'océan Oriental. L'Empire

26. Avienus, *Description de la Terre,* op. cit. p.9.

27. Avienus, *Description de la Terre,* op. cit. p.13.

28. Hérodote avait pourtant décrit la mer Caspienne comme une mer fermée, mais les auteurs antiques postérieurs sont revenus sur ce point.

29. Voir sur ce sujet *De Rome à la Chine*, par Jean-Noël Robert, Les Belles Lettres, Paris, 2004.

30. Marinos de Tyr vécut à la charnière des deux premiers siècles de 70 à 130. La *Géographie* de Ptolémée, écrite au IIe siècle se fonde sur ses travaux. Pierre d'Ailly (1351-1420) republie ces textes qui auraient inspiré Christophe Colomb.

31. *Technopaegnie,* X *histoire*, vers 89 « *Vellera depectit memoralia vestifluus... Ser* » dans les éditions françaises, (Panckoucke et Garnier), dans l'édition Green, page 180, XI *les peuples*, (par subdivision du X), suivi d'un commentaire, p.591.

32. Ammien Marcellin, *Histoire,* op. cit. L. XXIII, VI, 64.

japonais, déjà ancien et occupant la Corée, est donc ignoré. Ces populations lointaines sont idéalisées ; « Les Sères proprement dits mènent une vie pacifique, ignorant toujours armes et combats, et comme ces hommes calmes et d'humeur paisible ne trouvent de charme qu'à la paix, ils ne portent ombrage à aucun de leurs voisins[33]. » La situation réelle de la Chine à la fin du IVe siècle est un peu moins idyllique, puisqu'après la fin de la dynastie Han en 220, la Chine, d'abord éclatée en « Trois royaumes », se morcelle en de multiples principautés aux affrontements confus, souvent dominées par des barbares. La réunification se fera attendre jusqu'à la fin du VIe siècle. Tout cela est bien loin des Romains qui ne peuvent faire le lien entre une plus grande pression des Barbares sur leurs frontières, les mouvements des populations de l'Asie centrale, et le retrait momentané de la puissance chinoise.

Les Romains, héritiers de l'Empire d'Alexandre, avaient une idée plus précise de l'Inde où le grand conquérant avait dû arrêter ses conquêtes[34]. Trajan contemplant le golfe Persique après sa victoire sur les Parthes aurait pleuré de ne pouvoir, en raison de son âge, marcher vers l'Inde sur les traces d'Alexandre. Candragupta Ier qui accède au pouvoir en 320, donne son nom à l'Empire qui prospère alors au Nord de l'Inde. Un moine chinois, Fa-hsien, venu en Inde pour se procurer des copies authentiques de textes bouddhiques, évoque brièvement un pays prospère, des castes supérieures végétariennes, des castes inférieures qui mangent de la viande, les crimes rares, une administration libérale, enfin un pays où règnent l'ordre et la sécurité[35]. Pour les Romains, l'Inde est le pays des épices et des pierres précieuses. Ammien Marcellin évoque « l'esprit sublime des Brahmanes », et leur connaissance « des lois mathématiques du mouvement de l'univers et des astres[36]. »

Le seul des grands empire terrestres avec lequel les Romains ont une relation directe, séculaire, mais belliqueuse, est l'Empire perse sur lequel règne de 309 à 379, Sapor II. Au même titre que les

33. Ammien Marcellin, *Histoire,* op. cit. L. XXIII, VI, 67.

34. L'ouvrage de Jacques André et Jean Filliozat, *L'Inde vue de Rome*, Les Belles Lettres, Paris, 1986, recueil de *textes latins de l'Antiquité relatifs à l'Inde*, recense des citations de plus de cent auteurs.

35. Arthur L. Basham, *La civilisation de l'Inde ancienne*, Paris, Arthaud, 1993.

36. Ammien Marcellin, *Histoire,* op. cit. L. XXIII, VI, 67.

Romains, les Perses se posent en héritiers de l'Empire d'Alexandre. Par une longue suite de guerres où alternent défaites (Crassus en 53 avant J.-C., l'empereur Valérien prisonnier en 260) et victoires (Trajan en 115, Verus en 165, Galère en 298), les Romains connaissent bien ce vieil adversaire.

Dès l'instant où la puissance romaine se substitue en Orient aux royaumes grecs issus du morcellement de l'empire d'Alexandre, un conflit récurrent oppose les deux empires pour le contrôle de l'Asie mineure, objectif des Perses, et le contrôle de la Mésopotamie, objectif des Romains. La frontière avec l'empire Perse, toujours disputée (elle le reste encore de nos jours entre l'Iran et l'Irak[37]), se déplace au gré des succès de l'un ou de l'autre. Ce conflit frontalier récurrent avec l'Empire perse n'a cependant jamais constitué une menace existentielle[38]. Après la mort de Julien au cours d'une campagne contre les Perses, l'abandon par les Romains de cinq provinces mésopotamiennes aboutit à un équilibre stable et à une réelle accalmie de ce front.

Les autres frontières qui marquent la délimitation extérieure de l'Empire ne sont pas le résultat d'un diktat de la géographie à l'histoire, par-delà ce facteur d'unité qu'est la Méditerranée, devenue bassin intérieur, *mare nostrum*. La frontière du Rhin et du Danube, qui peut paraître « naturelle », résulte pour une large part d'un hasard, à savoir l'anéantissement sous Auguste de trois légions par des Germains révoltés, coup d'arrêt définitif à l'extension de l'Empire à l'est du Rhin.

Au-delà des frontières de l'Empire, les populations « Barbares » ne sont qu'« une multitude sans importance, et, comme de vils troupeaux, ils parcourent des contrées méprisées des autres nations[39]. »

Ainsi, en Afrique, « les Maures : ce sont des cœurs sans foi, que ne réchauffe jamais le culte de l'hospitalité ; leur vie errante se traîne dans un impitoyable brigandage[40] ».

37. Ammien Marcellin, *Histoire,* op. cit. mentionne la production de naphte et de gaz naturel, L. XXIII, VI, 15 à 17.

38. A fortiori les autres grands empires terrestres d'Inde et de Chine, connus de Rome, mais virtualités du fait de l'éloignement géographique.

39. Avienus, *Description de la Terre,* op. cit. p.97.

40. *Ibid.,* p.27.

Au Sud de l'Égypte, les Blémyes : « leur peau est noire, leur taille mince et élancée[41] ». Au-delà, l'Éthiopie est organisée sous le royaume d'Axoum, qui prospère du commerce entre les Romains et l'Inde, et aussi le reste du continent africain. En 327, le souverain Ella-Amida saisit des bateaux romains dans la mer Rouge en représailles d'opérations ordonnées par Constantin contre ses alliés Blémyes. Ce royaume se convertit au christianisme sous le règne de son fils Ezana, influencé par des conseillers gréco-syriens, Frumentius et Aedesius[42].

De l'autre côté de la mer Rouge, « un grand nombre de peuplades entourent les rivages des Arabes, c'est une foule obscure[43]. »

Au Nord de l'Empire, Scythes, Germains, Suèves, Goths, Alains, occupent d'immenses espaces. « Dans toutes ces régions, il y a cinquante peuples », écrit Orose.

Les frontières de l'Empire et les relations avec les barbares

Entre ces multiples peuples Barbares et l'Empire, le contact pose deux problèmes symétriques. Les Barbares peuvent avoir la tentation de s'installer dans l'Empire pour bénéficier de conditions de vie plus favorables, et l'Empire se doit de défendre les intérêts immédiats de ses ressortissants, donc en premier lieu leurs biens.

Les Barbares constituent donc la principale menace militaire qui pèse sur l'Empire romain. Depuis l'occupation de Rome par les Gaulois, aux premiers temps de la République, en passant par l'invasion des Cimbres et des Teutons arrêtés par Marius, cette menace a été un élément permanent et déterminant de la stratégie militaire et diplomatique des Romains, bien plus que les conflits avec la Perse.

Tous les empires du vieux continent ont été confrontés à la pression de populations nomades sur leur frontière nord, pression à laquelle ils répondent par des moyens similaires, fortifiant leurs frontières par une ligne plus ou moins continue et y maintenant

41. *Ibid.*, p.29.

42. Francis Anfray, *Les anciens Éthiopiens*, Armand Collin, Paris, mars 1990. Socrate de Constantinople, dans son *Histoire ecclésiastique* L. I, XIX (Les éditions du Cerf, Paris, 2004), fait un récit détaillé de cette conversion.

43. Avienus, *Description de la Terre,* op. cit. p.81.

en permanence des dizaines de milliers d'hommes. La similitude entre l'Empire romain et la Chine des Hans est sur ce point remarquable. Le mur d'Adrien, quasi contemporain de la grande muraille de Chine[44], joue le même rôle pour l'Empire romain que celle-ci pour l'Empire chinois.

L'Empire romain n'est pas entouré d'une frontière délimitée et bornée, au sens moderne, même là où il existe une ligne fortifiée. Sa limite, « le limes », est plutôt une zone de contact, marquée par un commerce transfrontalier important, pour partie lié à l'approvisionnement de l'armée frontalière.

L'influence de l'Empire va bien au-delà de ses limites strictes. Des traités d'alliance « *foedus* », sont régulièrement passés avec les peuples Barbares, qui deviennent alors « fédérés ». Pour la garantie de ces traités, il est en général procédé à l'échange d'« otages d'honneur », échanges qui ont surtout pour rôle de permettre aux deux parties de mieux se connaître[45].

Le pouvoir impérial

L'inadaptation des institutions traditionnelles de la République Romaine à la gestion d'un État démesurément agrandi provoque une crise politique majeure au Iᵉʳ siècle av. J.-C.[46]. Les tentatives de mise en place d'un pouvoir personnel se succèdent sur fond d'agitation et de guerres civiles qui ne gênent d'ailleurs pas la poursuite de l'expansion territoriale. Ces tentatives restent cependant dans l'apparence du cadre institutionnel de la République avec une utilisation abusive et détournée de la « dictature[47] », procédure

44. Charles Whittaker, *Les frontières de l'Empire romain*, 1989, Annales de l'Université de Besançon, diffusées par les Belles-Lettres : « L'État chinois et l'État romain ont tous les deux fourni l'effort énorme de porter plusieurs centaines de milliers d'hommes à la périphérie de leurs empires. »

45. Arminius, le chef germain qui anéantit les trois légions de Varus, en 9 ap. J.-C., arrêtant l'expansion de l'Empire au-delà du Rhin, et Attila au vᵉ siècle sont deux exemples de ces fils de chefs barbares, otages d'honneur et formés à la cour impériale auprès des élites de l'époque.

46. Depuis Platon jusqu'au xviiiᵉ siècle, l'idée dominante était qu'un gouvernement républicain, dont Venise ou les Républiques helvétiques sont de bons exemples, n'est pas adapté aux grands États. La fondation des États-Unis est le premier exemple inverse.

47. Les Romains sont ainsi les inventeurs de la théorie des « circonstances exceptionnelles », dont une application se retrouve dans le célèbre article 16 de la Constitution du 4

exceptionnelle et temporaire destinée à faire face à des situations de crise (les pleins pouvoirs sont accordés pour une période de six mois non renouvelable à un des deux consuls).

Dans l'Antiquité, de grands États ont été organisés selon une forme monarchique, la Perse et l'Égypte par exemple. Mais à Rome la forme républicaine de gouvernement, issue de la révolution de 509 av. J.-C. contre Tarquin, le dernier des sept rois de Rome, est un principe fondateur de la vie politique.

César n'a pas été le premier à avoir rêvé la transgression de ce tabou républicain, mais le premier il a tenté de faire accepter aux Romains l'établissement formel d'une monarchie héréditaire. Son assassinat, au sein même du Sénat, est la réaction quasi-immédiate à une tentative d'essai de diadème, symbole royal, organisée quelques jours plus tôt par Marc-Antoine pour, en quelque sorte, tester l'opinion publique[48].

Un parcours rapide de toute l'histoire de l'Empire romain montre à l'évidence que son fonctionnement institutionnel a longtemps souffert d'être une monarchie inavouée, reposant sur une distorsion des institutions républicaines traditionnelles maintenues en façade. La recherche d'une transmission dynastique du pouvoir est permanente, mais ne devient explicite qu'au IVe siècle.

Octave invente une monarchie virtuelle

Face à Marc-Antoine, compagnon d'arme de César et son successeur aux yeux de l'armée et à ceux, plus doux, de Cléopâtre, Octave, petit-neveu de César, réussit à se concilier le Sénat, en se posant en restaurateur des traditions romaines. Cette habileté, condition nécessaire à sa victoire finale, lui impose de veiller avec une hypocrisie subtile et une attention méticuleuse à éviter la moindre apparence monarchique à son pouvoir personnel. Après sa victoire finale sur Marc-Antoine, en 31 av. J.-C., l'apparence formelle des institutions républicaines traditionnelles[49]

---

octobre 1958

48. Suétone, *Vie des douze Césars*, Vie de César, § LXXIX.

49. Le souvenir de cette fiction sera invoqué en mai 1804 au moment de la transformation du consulat en une monarchie héréditaire, appelée « Empire » pour les besoins de la

est conservée. Ainsi, tous les ans deux consuls continuent d'être nommés... désormais par l'empereur. En Occident, les consuls et le Sénat de Rome survivront même à l'Empire.

Le système impérial c'est, dans le cadre républicain, un général en chef (*imperator*), en même temps le premier (*princeps*) des sénateurs, et enfin le chef religieux (*pontifex maximus*)[50]. Un seul homme incarne les trois fonctions traditionnelles des sociétés indo-européennes, le prêtre, le soldat, le producteur (c'est-à-dire le reste de la société).

L'inconvénient, peu évident au départ, de ce subterfuge institutionnel est qu'il ne règle ni la légitimation ni la transmission du pouvoir. Ainsi, à la mort d'Auguste, Tibère dans un premier temps refuse l'Empire. Cette attitude a été discutée : refus sincère ? hypocrisie ? Son comportement tyrannique ultérieur donne à penser que ce fut de l'hypocrisie ; mais au fond, puisque l'Empire lui est imposé, pourquoi ne deviendrait-il pas ensuite tyrannique ? Les contemporains ont trouvé naturel que la question soit posée. Elle le sera encore bien plus tard pendant des périodes de crise au IIIe siècle, puis par l'empereur Julien qui affectait vouloir restaurer la République.

Pendant presque un siècle, de la victoire d'Octave à Actium au suicide de Néron, aucun des cinq empereurs constituant la dynastie Julio-Claudienne[51] n'eut de fils en âge de lui succéder. Aussi, les successions impériales se firent-elles sans ordre réel, mais toujours au sein de la famille du divin Jules.

---

cause. La constitution du 4 octobre 1958, prévoit en son article 89, deuxième alinéa, que « la *forme* républicaine de gouvernement ne peut faire l'objet d'une réforme constitutionnelle » ; certes, ce texte est circonstanciel, (quelques républicains se méfiaient des mouvements militaires du mois de mai précédent, voire de de Gaulle lui-même et celui-ci avait en mémoire l'escamotage institutionnel du 10 juillet 1940) mais il montre la force du principe de la forme républicaine dans un pays de tradition juridique romaine.

50. César avait eu l'habileté de se faire élire *pontifex maximus*. Aussitôt son assassinat, Marc-Antoine eut la précaution de faire élire un de ses proches, Lépide. Celui-ci ayant vécu fort âgé, Octave dut attendre sa mort, vingt ans après son succès final sur Antoine, pour pouvoir devenir enfin *pontifex maximus*, dans le strict respect des institutions traditionnelles. Ensuite tous les empereurs le furent automatiquement, y compris les premiers empereurs chrétiens, notamment Constantin et Constance II, jusqu'à ce que Gratien refuse les insignes de cette dignité qu'il juge incompatible avec sa foi chrétienne.

51. Auguste, Tibère, Caligula, Claude et Néron. Au moment de son décès, Claude est le seul à avoir un fils vivant, Britannicus ; mais celui-ci, né du premier mariage de Claude avec Messaline, est trop jeune pour lui succéder.

La faiblesse fondamentale du système d'Octave

Néron se suicide en juin 68, face à la conjonction d'une révolte militaire et de l'opposition ouverte du Sénat qui prononce sa déchéance. L'extinction de la famille julio-claudienne[52] remet en cause tout l'édifice institutionnel mis en place par Auguste.

Le vieux Galba[53], désigné par le Sénat, perd de nombreux partisans en annonçant l'adoption du sévère et rigoureux Pison. Dès la mi-janvier de l'année 69, ils sont massacrés par les prétoriens. Othon, inspirateur de cette révolte, règne trois mois, le temps pour l'armée du Rhin de gagner la plaine du Pô et de défaire les troupes prétoriennes moins aguerries. Le vainqueur, Vitellius, règne huit mois, le temps pour les armées de Palestine, encore mieux aguerries puisqu'engagées dans des opérations militaires difficiles, de regagner l'Italie et de le battre au même endroit. Leur général, Vespasien, devient à son tour empereur en décembre 69.

Cette « année des quatre empereurs » est l'exacte préfiguration de toutes les crises ultérieures de l'Empire. En l'absence de règle successorale explicite, une succession impériale peut ouvrir sur le désordre, faiblesse fondamentale de cette monarchie inavouée. La famille de Vespasien, les Flaviens, s'installe au pouvoir pour vingt-sept ans, dix ans le père, deux ans le fils aîné Titus et quinze ans le cadet Domitien dont l'assassinat clôt la série des « douze Césars ». Sa réputation détestable (un « Néron chauve ») ne réussit pas à entacher celle de sa famille, référence pour les siècles suivants.

Les Antonins, derrière la légende une vraie dynastie

Le vieux Nerva, proclamé par le Sénat le 17 septembre 96, au lendemain de l'assassinat de Domitien, a la prudente sagesse

52. Suétone, *Vie des douze Césars*, Vie de Galba § I. « La famille des Césars s'éteignit avec Néron ».
Dans son ouvrage *Continuité gentilice et continuité familiale dans les familles sénatoriales romaines à l'époque impériale,* éd. Prosopographica et genealogica, 2000, p. 269 à 284, Christian Settipani fait la démonstration de l'existence de parentés collatérales et féminines des Julio-Claudiens, survivant bien après la mort de Néron.

53. Apparenté à l'impératrice Livie, donc quand même allié aux Julio-claudiens.

d'adopter, dès le mois d'octobre, Trajan[54], le commandant de l'armée du Rhin. Il meurt ainsi dans son lit, après un règne de seize mois, ouvrant sans le savoir la prestigieuse dynastie des Antonins, succession de « bons » empereurs choisis par adoption.

Bien des historiens ont voulu voir dans ces adoptions, formalisation dynastique d'une cooptation, des empereurs éclairés recherchant, dans l'intérêt général, le plus digne dans l'Empire pour leur succéder, jusqu'à ce qu'aveuglé par l'instinct paternel, Marc-Aurèle, l'empereur-philosophe, ne laisse le trône à son fils, l'indigne Commode. La réalité des successions impériales de ce paisible siècle des Antonins, si cher à la mémoire des Romains, est plus complexe et tient d'abord aux circonstances. Certes l'adoption, probablement un peu contrainte, de Trajan par Nerva relève de ce schéma du choix du plus digne, ou du moins du plus apte, pour successeur, option initiale facilitée par le fait que Nerva n'avait pas d'enfants. Ses successeurs, Trajan, Adrien et Antonin n'ont pas non plus de fils pour leur succéder, mais ils sont liés par d'incontestables parentés.

Adrien joue un rôle central, d'abord à son profit, puisque sa proximité familiale (fils d'un cousin germain de Trajan, son épouse Sabine est la petite-nièce directe de celui-ci) lui permet, avec l'aide de l'impératrice Plotine, épouse de Trajan, de s'emparer du pouvoir sans adoption formelle[55]. À la fin de son règne, en 138, il règle non seulement sa succession, mais décide de celle de son successeur, Antonin. Ce dernier, excellent empereur, loué par la postérité, n'est pourtant qu'un second choix effectué au dernier moment. Au préalable, en 137, Adrien avait adopté le sénateur Aelius César[56],

54. Christian Settipani, *Continuité gentilice et continuité familiale.* op. cit. p. 286, met en évidence une parenté proche entre Trajan et les Flaviens. Neveu de l'épouse de Titus, Marcia Furnilla, Trajan était introduit dans les cercles impériaux. Mais son principal titre à l'Empire est le commandement de l'armée de Germanie ; Nerva, choisi par le Sénat, voulait s'éviter le triste sort de Galba.

55. Trajan paraît avoir eu une réticence agacée à l'égard de ce brillant neveu, trop intellectuel, pas assez soldat. Servien, beau-frère d'Adrien et sensiblement plus âgé, intriguait également pour tenter d'accéder au trône. Adrien veille vingt ans plus tard à ce qu'il se suicide, alors âgé de quatre-vingt-dix ans, pour être sûr qu'il ne se mêle pas de sa succession. Dans les *Mémoires d'Adrien*, Marguerite Yourcenar lui prête le commentaire suivant : « L'âge ne m'a jamais paru une excuse à la malignité humaine ; j'y verrai plutôt une circonstance aggravante. »

56. À partir de cette adoption le titre de « césar » désigne le successeur choisi par l'empereur. L'usage persiste dans l'Empire d'Orient jusqu'au XIe siècle.

avec lequel aucun lien de parenté directe ou indirecte ne peut être trouvé et dont aucune qualité éminente ne semble justifier une adoption au mérite. Mais, le premier janvier de 138, Aelius César précède dans la tombe Adrien, de vingt-cinq ans son aîné. Antonin, choisi par défaut, homme sage et respectable s'il en fut, dont le long et paisible règne marque les mémoires et devient pour la suite la référence indépassable, est l'époux de Faustine[57] l'Ancienne la plus proche parente d'Adrien. En l'adoptant, celui-ci lui impose la désignation de ses propres successeurs, Marc-Aurèle et Lucius Vérus. Vingt-trois ans plus tard, en 161, Antonin respecte cet engagement. L'accession de Marc-Aurèle, âgé de dix-sept ans en 138, donc trop jeune pour régner, est ainsi différée avec prudence, mais le maintien de la succession impériale dans la famille est assuré par ce neveu de Faustine, seul descendant mâle des familles de Trajan et d'Adrien[58]. Lucius Vérus, fils d'Aelius César, encore enfant, voit également ses « droits » réservés. Empereur associé pendant huit ans, il meurt en 169 à trente-huit ans, sans postérité et sans avoir encombré Marc-Aurèle. Ce fut là son principal mérite[59].

Crise récurrente et militarisation du système

Commode, fils de Marc-Aurèle et par sa mère Faustine la Jeune, petit-fils d'Antonin, a bien entendu tous les défauts dont les historiens écrivant sous une nouvelle dynastie se doivent de charger

57. En effet, Faustine est la nièce de l'impératrice Sabine, donc d'Adrien, et l'arrière-nièce de Trajan.

58. Dans la note de présentation de l'*Histoire des empereurs* d'HÉRODIEN (Les Belles Lettres) p.14 et 15, Denis Roques souligne la critique à l'égard « des irresponsables que leur jeunesse porte aux excès d'autorité et à la tyrannie ».

59. Ainsi disparaissent les seuls vrais « adoptés », extérieurs à la famille impériale. L'*Histoire Auguste* (*vie d'Aelius César* V-5 et 6) a bien voulu transmettre à la postérité qu'Aelius, membre de la très aristocratique famille des Ceionii, était l'auteur d'une recette de pâté de tétine de truie. Jérôme Carcopino, a cru pouvoir expliquer ces empereurs virtuels (mais abondamment statufiés, pour le bonheur des musées d'Europe et d'Amérique) par le fait qu'Aelius César aurait été le fils naturel d'Adrien, théorie trop séduisante pour ne pas être contestable ; d'autres ont noté qu'Aelius César était très beau, ce qui pouvait être un motif d'adoption suffisant pour Adrien. Dans les *Mémoires d'Adrien*, Marguerite YOURCENAR avance que, sous une apparence d'aristocrate dilettante, le personnage d'Aelius César n'était pas sans qualités réelles.

le dernier représentant de la précédente. Son assassinat[60] le 31 décembre 192, délivre peut-être l'Empire d'un fou sanguinaire[61], mais il ouvre à coup sûr une crise politique majeure. Son déroulement est le décalque de celui de la crise qui avait suivi le suicide de Néron. Le vieux Pertinax joue le rôle de Galba avec dignité. Didius Julianus est moins bon dans le rôle d'Othon. Puis, trois généraux se disputant l'Empire, Pescennius Niger, Clodius Albinus et Septime-Sévère, la guerre civile est un peu plus longue qu'en 69. La victoire finale revient à Sévère, chef de l'armée du Danube. Par-delà les talents militaires du vainqueur, c'est une indication concrète de l'évolution des problèmes stratégiques de l'Empire ; en 69, l'armée victorieuse est celle de la conquête de la Palestine, front principal d'un Empire en extension ; en 195, l'armée victorieuse est celle du Danube, front principal d'un Empire désormais sur la défensive.

Le pouvoir impérial, ouvertement militaire, relègue au second plan le Sénat. Septime-Sévère l'exprime crûment en une formule célèbre, à usage de recommandation pour ses fils : « Enrichissez les soldats et moquez-vous du reste. » Principe fondateur de l'État romain, l'esprit civique s'estompe. Au lendemain de l'assassinat de Caracalla en 217, la brièveté de l'intermède Macrin montre la force de l'idée dynastique. Le clan des princesses syriennes de la belle-famille de Sévère[62] en joue habilement pour « restaurer » la dynastie. Cette restauration prend un tour exotique, puisque ces princesses sont issues d'une lignée de prêtres du soleil à Émèse en Syrie. Ainsi, le règne de Bassianus dit « Héliogabale [63]» est manifes-

60. Les circonstances réelles de l'assassinat de Commode (avec la complicité de sa concubine Marcia, réputée chrétienne) sont bien connues et ne sont pas dénuées de piquant anecdotique, mais deux films américains, *La chute de l'Empire Romain* en 1964 et *Gladiator* en 2000 le font mourir dès 182, année du premier complot effectif contre lui (en dehors de l'issue finale, les scénaristes ont assez bien restitué les faits, somme toute assez minces, de ce complot de 182).

61. Mais qui s'était abstenu de persécuter les chrétiens, contrairement à son père.

62. Sévère avait épousé Julia Domna, issue d'une famille de prêtres du soleil originaire d'Émèse (Homs aujourd'hui) en Syrie, supposée descendre de Cléopâtre Séléné, petite-fille de Marc-Antoine et de Cléopâtre VII. Les deux nièces de sa femme, Julia Soaemia, mère de Varius Bassianus, dit Heliogabale, et Julia Mamaea, mère de Sévère Alexandre vont habilement manœuvrer pour reprendre le pouvoir au nom de leurs fils respectifs, après l'assassinat de Caracalla, en 217.

63. Varius Avitus Bassianus, proclamé officiellement sous le nom de Marc Aurèle Antonin, Héliogabale est un surnom lié à sa fonction de prêtre du soleil.

tement une caricature trop excessive pour ne pas avoir été forcée par les historiens[64]. Son massacre en 222, rejet brutal d'une greffe orientale, permet l'avènement de son cousin Sévère-Alexandre, César désigné, conciliant retour à la normalité et continuité dynastique. L'assassinat de ce dernier en 235 éteint la dynastie et ouvre une crise comparable à celles de 69 et 192[65], mais dans une séquence inversée.

L'année 238 bat tous les records avec six empereurs, sans pour autant déboucher sur une stabilisation du système. La crise se résout laborieusement et dans un premier temps l'aristocratie sénatoriale reprend le contrôle de la situation avec Gordien III, puis plus tard avec Dèce. Après les troubles qui suivent la disparition de celui-ci, en 250, les règnes assez longs de Valérien et de son fils Gallien voient l'apparition de nombreux empereurs « provinciaux », les « trente tyrans[66]. » En fait de trente, dix-huit usurpations provinciales de la pourpre se comptent. Le rôle de l'armée est alors déterminant, Rome étant confrontée à la fois à une pression accrue des Barbares sur la frontière du Danube et à une virulence renouvelée de l'Empire perse, à la suite du remplacement en 226 de la dynastie des Arsacides par les Sassanides.

En 268, le règne bref de Claude II ouvre la série des empereurs dits « Illyriens[67]. » L'armée restaure et la situation militaire et le pouvoir impérial. Le pouvoir est divinisé par référence au soleil, *sol invictus*[68]. Symbole de force, source unique de tous les biens, toujours intact par-delà les cycles diurnes et annuels, ou les nuages de l'instant, le soleil s'impose depuis la plus haute Antiquité comme symbole religieux, puis politique. Son utilisation politique

64. En particulier ceux de l'*Histoire Auguste* et Hérodien.

65. L'empereur ayant été assassiné sur le front des troupes, le premier successeur proclamé est un militaire. La proclamation de Gordien III, en 238, est un succès temporaire du pouvoir civil sur le pouvoir militaire.

66. Le mot « tyran », venu du grec, désigne, dans son acception romaine, un pouvoir illégitime. Le nombre de trente est une référence aux « trente tyrans » d'Athènes.

67. En raison de leur origine géographique, la province d'Illyrie, les Balkans d'aujourd'hui. Claude II, dit *le Gothique* en raison de sa victoire écrasante sur les Goths, est originaire de Naïssus (aujourd'hui Nish) en Illyrie; puis ce sont Aurélien et Probus, également illyriens. Originaire de cette même ville, la famille de Constantin essaiera de se poser en descendante d'un frère de Claude II. Mort d'une épidémie de peste au lendemain de sa victoire sur les Goths, Claude II a la rare particularité d'une mort naturelle.

68. Le soleil invaincu.

n'empêche pas la plupart des empereurs de cette période de mourir de mort violente. C'est le cas d'Aurélien dont le règne restaurateur ne dure pas plus de six années, puis de Probus[69] qui règne glorieusement de 276 à 282. Son successeur, Carus, est tué par la foudre. La période se termine, en 283, par un bref partage de l'Empire, entre ses deux fils Carin et Numérien.

La tétrarchie, l'échec total d'une construction intellectuelle

Dioclétien, empereur en 285, procède à de profondes réformes de l'Empire, esquissées depuis Gallien. Il en résulte la mise en place d'un véritable appareil d'État qui sera décrit au chapitre suivant, lors de l'inventaire successoral de Valentinien Ier. Cette organisation restera pratiquement inchangée jusqu'au terme de l'Empire.

Après les hécatombes impériales du IIIe siècle[70], Dioclétien sacralise la fonction. Il est le premier empereur à porter le diadème, symbole royal, et il met en place un rituel de cour. L'instinct de conservation pouvait l'y conduire au moins autant que l'intérêt de l'État (qui se confondait avec la personne sacrée de l'empereur).

Enfin, Dioclétien institutionnalise la division de l'Empire au motif que la charge et les problèmes sont trop lourds pour un seul homme (même divinisé). Pour tenter de régler les successions impériales, il se livre à une tentative séduisante et hors du temps. C'est la tétrarchie : deux empereurs associés pour un règne limité à vingt ans, les Augustes, et deux princes héritiers désignés, les Césars, strictement soumis à l'autorité de leurs Augustes respectifs[71].

Dioclétien s'associe donc, dès 286, un de ses compagnons d'armes, Maximien. En 295, ils désignent respectivement comme

69. Ce grand empereur et glorieux soldat a eu le mérite d'abroger un édit de Domitien limitant la plantation de la vigne en Gaule.

70. Sur vingt-cinq empereurs principaux répertoriés entre Septime-Sévère et Dioclétien, on en compte un seul mort de façon certaine de maladie, Claude II, peut-être Tacitus et peut-être même Gordien III, Carus tué par un orage et Décius mort au combat, tous les autres sont morts assassinés. Si Dioclétien meurt quand même dans son lit, les guerres civiles déclenchées par son « système » de tétrarchie ne sont pas moins meurtrières pour les empereurs. La statistique s'améliore sensiblement par la suite…

71. Un demi-siècle plus tard, Julien, nommé César par Constance II, ironise : « Je me suis contenté des pouvoirs qui m'étaient délégués et, en appariteur fidèle, j'ai rempli tes oreilles de ces succès… sans en attribuer le mérite aux risques que j'avais pris », AMMIEN MARCELLIN, *Histoire,* op. cit. XX.8.6.

Césars, Galère et Constance. Enfin, en 305, donnant l'exemple du fonctionnement du système, Dioclétien abdique et se retire dans le palais qu'il s'est fait construire à Salone[72]. Maximien, moins enthousiaste, doit faire de même. Lors de leur double abdication les deux Augustes sortants engagent les nouveaux promus à abdiquer à leur tour vingt ans plus tard. Le principe de la tétrarchie repose sur une adoption véritable. Ainsi, les deux Césars nommés en 293 n'ont aucune parenté préalable avec Dioclétien et Maximien. Des alliances matrimoniales ultérieures de consolidation ne sont pas exclues. Ainsi, Constance Ier répudie sa concubine Hélène[73], mère de Constantin, pour épouser une nièce de Maximien, Théodora, dont il a trois fils, Julius-Constance, Dalmace et Annibalien. La double abdication de 305 et la promotion à l'augustat des deux Césars, Constance Ier et Galère, implique la nomination de deux nouveaux Césars. Le choix se porte sur Maximin Daia et Severus, en écartant de propos délibéré[74], Maxence, fils de Maximien, qui déjà n'avait pas été nommé César en 293, et Constantin fils de la concubine répudiée de Constance Ier. La mort de celui-ci, survenue à Eboracum[75] en Bretagne le 25 juillet 306, provoque l'explosion du système. Face à Severus automatiquement promu Auguste, Constantin se fait proclamer Auguste par l'armée de son père. Cette auto-proclamation donne des idées à Maxence. Dans un premier temps, le 28 octobre 306, il se donne le simple titre de *princeps*. Puis, après avoir battu et tué Severus, le 16 septembre 307, il se promeut Auguste, et s'empare de Rome. Constantin consolide sa position, comme l'avait fait son père, en répudiant sa concubine Minervina[76], pour épouser en décembre 307 Fausta, fille de Maximien et sœur de Maxence. Maximien, qui n'avait abdiqué qu'à contrecœur en 305, décide de redevenir Auguste, tout en se rapprochant de Constantin contre son propre fils Maxence.

72. Palais dont les ruines impressionnantes structurent encore aujourd'hui la ville de Split (« *is palatium* ») en Croatie.

73. Hélène est d'origine très modeste, une servante d'auberge née en Anatolie.

74. Le récit qu'en fait Lactance montre la surprise des assistants quand ils apprennent le nom des nouveaux Césars.

75. La ville d'York aujourd'hui.

76. Mère de son fils aîné Crispus. Constantin répète le comportement de son père vis-à-vis de sa mère.

Du fond de sa retraite, Dioclétien tente désespérément de sauver son système. Le 11 novembre 308, il réunit à Carnuntum[77] Galère et Maximien pour régulariser la situation. Maximien consent à abdiquer une seconde fois. Un nouveau venu, Licinius, est proclamé Auguste en remplacement de Severus, avec pour mission d'éliminer Maxence. Constantin et Maximin Daia sont nommés « Césars, fils d'Augustes ». Ce compromis ne satisfait personne. Constantin refuse une rétrogradation même symbolique et décide de rester Auguste. Maximien en prend prétexte pour revenir une seconde fois sur son abdication. La suite de l'histoire, est celle de l'élimination par Constantin des trois autres auxquels se rajoute brièvement un usurpateur en Afrique du Nord, ce qui fait un cinquième Auguste[78] pour l'Occident. Maximien est arrêté, puis exécuté à Marseille en 310 sur ordre de son gendre Constantin. Pendant ce temps, en Orient, Maximin Daia devient légalement Auguste en 311, par la mort de Galère. Constantin se rapproche de Licinius qui épouse sa sœur Constancia et le détourne vers l'Orient. Constantin bat Maxence au Pont Milvius le 28 octobre 312 et règne seul en Occident. Parallèlement, Licinius devient seul maître en Orient après la disparition de Maximin Daia, mort en 313 de mort naturelle. Cela peut arriver…

Constantin et Licinius cohabitent pendant dix ans. En 324, Constantin attaque Licinius et l'élimine. Il est désormais seul empereur. L'échec institutionnel de Dioclétien est total. Le problème de la légitimation des successions à l'Empire reste entier.

Constantin et le christianisme ; le césaro-papisme, un euphémisme pour l'option arianiste

Dans sa guerre finale contre Licinius (déjà contre Maxence), le rapprochement de Constantin et des chrétiens paraît avoir joué un rôle. Mieux implantés en Orient, ils constituaient un appoint utile à sa victoire. Constantin passe donc progressivement du *sol invictus* au Dieu des chrétiens. Peu après sa victoire finale sur Licinius, il souhaite, dans une logique politique évidente, qu'un terme soit

77. Importante ville de garnison en Pannonie, au Sud de Vienne.

78. Cet usurpateur, Domitius Alexander, s'allie dans un premier temps à Constantin contre Maxence, mais ce dernier réussit à l'éliminer en 310.

mis aux querelles théologiques qui divisent les chrétiens autour des thèses d'Arius qui, au nom de la stricte unité de Dieu, nie la nature divine du Christ. Au printemps de 325, le concile général tenu à cette fin au palais impérial de Nicée condamne les thèses d'Arius. Mais, dès 326, Constantin revient à ce qui est désormais pour les chrétiens l'hérésie arianiste. Ce point essentiel est repris et développé au chapitre suivant, à propos de « la question religieuse au IVe siècle ».

Constantin, militaire et administrateur, n'est pas un théologien. Il a perçu le dogme de la Trinité comme une sorte de « Triarchie » divine qui constituerait au Royaume des cieux un fâcheux rappel de la calamiteuse tétrarchie.

> « L'unité politique est comme le pendant de l'unité divine, et l'on a remarqué que cette conception politico-religieuse d'Eusèbe, sinon de Constantin, trouvait sa cohérence dans la doctrine d'Arius qui insiste plus que le catholicisme, sur l'unité divine qui s'exprime dans le père[79]. »

Face à ces mauvais souvenirs terrestres, l'arianisme apporte une réponse simple. La relation biunivoque entre Dieu au ciel et l'Empereur sur terre, implique une unicité stricte au ciel pour qu'il en soit de même sur terre. À un Dieu non seulement unique mais un, ne peut correspondre qu'un seul empereur sur Terre. Les fantômes honnis de la tétrarchie sont définitivement écartés pour la satisfaction des premiers empereurs chrétiens.

Eusèbe de Césarée, principal conseiller de Constantin, expose avec clarté cette interprétation politique de l'arianisme :

> « Le roi aimé de Dieu, portant l'image de la royauté d'en haut, tient le gouvernail et dirige, *à l'imitation* du Tout-Puissant, tout ce qui est sur Terre[80]. » « L'un, le Sauveur

---

79. André CHASTAGNOL, *Le Bas-Empire,* Armand Collin, 1991, p.20.

80. Ce texte figure dans les *Louanges de Constantin* (§I, 6), réédité en 2001, aux éditions du Cerf, sous le titre : *La théologie politique de l'Empire chrétien.* C'est le discours prononcé par Eusèbe de Césarée en 336 pour la célébration des trente ans de l'avènement de Constantin. L'adhésion de Constantin à l'arianisme restant pour certains un sujet sensible, nous laisserons à Photius, patriarche de Constantinople au Xe siècle, le soin d'apprécier les convictions religieuses d'EUSÈBE DE CÉSARÉE : « Sur l'hérésie arienne, il ne

> commun de l'univers, par une puissance invisible et divine, tient à distance de ses brebis, comme le fait un bon pasteur, des puissances rebelles qui, volant dans l'air au-dessus de la terre, se jetaient sur les âmes des hommes, telles des bêtes sauvages; l'autre, aimé de Lui, voué d'en haut par Lui, des trophées remportés contre les ennemis, soumet par la loi de la guerre les ennemis publics de la vérité et les rend sages[81]. »

Ce même texte souligne, par un providentialisme satisfait, l'heureuse coïncidence entre les débuts de l'Empire et ceux du christianisme, dont le vaste Empire facilite la diffusion. Il donne en outre un fondement biblique à la monarchie : « Et les saints du Très-Haut recevront la royauté[82]. »

La succession de Constantin, premier empereur chrétien, se règle par un bain de sang familial[83], assez peu conforme aux préceptes des Évangiles. En septembre 337, dans un patriotique souci de simplification successorale, peut-être inspiré par le ou les bénéficiaires de l'opération (les trois fils de Constantin, mais Constance II est généralement considéré comme l'inspirateur) l'armée procède à un élagage brutal de l'arbre généalogique de la famille de Constantin, en massacrant ses trois demi-frères et leurs fils à l'exception des enfants encore jeunes de Julius-Constance, Gallus et Julien. L'Empire est alors partagé entre Constant, Constantin II et Constance II, sur la base des trois préfectures du prétoire créées et délimitées par leur père. Après quelques péripéties[84] et, en 350, l'usurpation de Magnence en Occident, Constance II règne seul. Sous son règne, le pouvoir politique exerce une forte emprise sur les affaires religieuses, le césaro-papisme, euphémisme pour ne pas parler d'arianisme politique. En effet, il va au-delà

---

dit rien de net… il ne veut pas mettre Arius en cause… il ne met rien en lumière de tous ces faits », (« *Bibliothèque* » de Photius, Les Belles-Lettres, Paris, 1959-1991, tome II, p. 100, éd.).

81. Eusèbe de Césarée, *Louanges de Constantin,* op. cit. §II, 3.

82. Ancien Testament, Daniel 7, 18, cité par Eusèbe de Césarée *Louanges de Constantin,* op. cit. (§ III, 3).

83. Voir au chapitre V le tableau généalogique de la famille de Constantin.

84. Constantin II meurt en 339 dans une expédition militaire contre son frère Constant. Celui-ci annexe ses États, mais est tué à son tour au moment de la révolte de Magnence, en 350.

de l'adhésion personnelle de son père aux thèses d'Arius ; il les soutient activement, allant jusqu'à l'intolérance ouverte à l'égard des nicéens[85]. Constance II meurt en novembre 361, au moment où son cousin Julien se révolte contre lui. N'ayant pas d'enfants il a, sur son lit de mort, le méritoire souci dynastique de désigner pour successeur le rebelle Julien.

Le règne de Julien, célèbre par une tentative de restauration du paganisme, est bref. Sa mort, le 21 juin 363 au cours d'une expédition contre les Perses, éteint la descendance masculine de la famille constantinienne[86]. Julien affecte de ne pas vouloir désigner un successeur, « quant au choix d'un empereur, je me tais prudemment ». Il se justifie :

> « Je crains d'omettre, par inadvertance celui qui en serait digne ou, si je désigne celui que je considère comme le candidat approprié, et qu'éventuellement on lui en préfère un autre, de le précipiter dans le dernier des dangers. »

S'en remettant en fait au choix de l'armée, il complète : « En digne fils de la République, je souhaite que l'on trouve après moi un bon souverain[87]. »

L'armée romaine aventurée en territoire ennemi, loin de ses arrières, doit improviser la désignation d'un empereur. Pour la première fois depuis plus d'un demi-siècle, ce choix doit se faire hors du cadre de la famille de Constantin. À vrai dire, cette élection impériale est peu disputée. Le préfet du prétoire, Salluste[88], premier désigné, refuse le trône au prétexte de son âge. Le second choix se porte sur un militaire, Jovien, général de 35 ans, issu de l'aris-

---

85. Ainsi, lors de son séjour à Rome en 353, après sa victoire sur Magnence, il n'hésite pas à exiler tous les évêques d'Italie, et à remplacer Libère, évêque de Rome, par un arianiste, Félix (II). La liste des évêques d'Italie exilés, telle que donnée par les contemporains ne marque alors aucune primauté de l'évêque de Rome.

86. Constance Ier, Constantin *le Grand* et ses trois fils Constantin II, Constant et Constance II, enfin leurs cousins Julien, Dalmace et Annibalien, le César Gallus et Népotien peuvent être également mentionnés dans un souci d'exhaustivité.

87. Ammien Marcellin, *Histoire,* op. cit. XXV.III.20. Auparavant, Ammien Marcellin avait noté que Julien « considérait que le juste exercice du pouvoir souverain a pour fin l'intérêt et la conservation de ses sujets » (XXV.III.18).

88. Descendant probable de l'historien, contemporain et ami de César.

tocratie pannonienne[89]. Par de substantiels abandons territoriaux, (les cinq provinces mésopotamiennes), celui-ci obtient des Perses qu'ils laissent l'armée romaine[90] faire retraite. Jovien rétablit le christianisme, mais n'a pas le temps de profiter de l'Empire. Le 17 février 364, il meurt dans son sommeil[91], arrivé à quelques étapes de Constantinople,

Pour la deuxième fois en moins d'un an, l'armée doit désigner un empereur. Pour la deuxième fois, elle désigne Salluste. Pour la deuxième fois, celui-ci se récuse pour lui-même, toujours trop vieux, et pour son fils, encore trop jeune. Valentinien est désigné, de nouveau un général d'origine pannonienne. Cette fois-ci, l'Empire a un maître. L'armée s'en aperçoit tout de suite. En effet, Valentinien, pressé de se désigner un associé pour éviter la répétition des vacances du trône impérial, répond avec fermeté : « Il a dépendu de vous de me donner l'Empire, mais l'ayant reçu, c'est à moi et non à vous de juger ce qui est utile pour le bien public[92]. »

Valentinien revient à des pratiques dynastiques

Valentinien affecte de consulter ses principaux généraux avant de désigner son associé. De Dagalaifus, commandant de la cavalerie, il s'attire la réponse suivante : « Si tu aimes ta famille, tu as un frère, si tu aimes l'Empire, cherche qui tu choisiras[93] », propos significatif de la liberté de ton entre les grands chefs militaires de l'Empire. Après quelques jours de réflexion, l'annonce du choix

---

89. La province de Pannonie correspond à l'Autriche d'aujourd'hui.

90. Ces provinces conquises sous Trajan, abandonnées sous Adrien, avaient été reconquises sous Dioclétien. Leur abandon a été vivement reproché à Jovien. Toutefois, la situation d'équilibre ainsi atteinte va de fait atténuer sensiblement le conflit séculaire entre Romains et Persans, ce dont l'Empire d'Orient profitera.

91. Plusieurs causes sont invoquées pour expliquer cette mort naturelle : son intempérance (étouffement par reflux gastrique), les émanations d'un poêle ou encore celles d'un mur de plâtre frais.

92. Théodoret de Cyr, *Histoire ecclésiastique*, op. cit. L.IV chap.5 et Sozomène, *Histoire ecclésiastique*, éditions du Cerf, Paris, 1998-2005, L.VI chap.6.
Ammien Marcellin *Histoire*, op. cit. L.XXVI, II, 6 à 10, cite de façon détaillée le discours prononcé alors par Valentinien où il déclare notamment : « On parviendra aisément à établir la concorde si votre soumission, s'accordant avec votre sens de l'équité m'accorde de bon gré ce qui est de ma compétence. »

93. Ammien Marcellin, *Histoire, op.* cit. L. XXVI, IV, 1. La descendance de Dagalaifus s'alliera un peu plus d'un siècle plus tard à celle de Valentinien (voir ci-après chap. XVI).

de son frère Valens est donc sans surprise. Celui-ci, de dix ans son cadet, sans expérience militaire, est sans ambiguïté dominé par la forte personnalité de son aîné. L'Empire étant divisé en trois préfectures du prétoire depuis Constantin, il attribue à Valens les territoires de la préfecture d'Orient, c'est-à-dire la Thrace, l'Anatolie, la Syrie, la Palestine, l'Égypte et la Cyrénaïque, avec Constantinople comme capitale. Il garde sous son administration directe les deux autres préfectures du prétoire, la centrale et l'occidentale, capitales Milan et Trèves, soit les deux-tiers de l'Empire, là où la pression de Barbares, notamment les Alamans sur la frontière du Rhin, pose problème. Lors de ce partage de l'Empire[94], il est pour la première fois procédé à une véritable répartition des armées entre les deux empereurs.

En 367, sous prétexte d'un problème de santé, Valentinien associe au trône son fils Gratien alors âgé de huit ans, affirmant ainsi un principe dynastique, bien entendu dans l'intérêt de la stabilité politique de l'Empire. Puis, en 370, il se remarie avec Justine et fiance Gratien à Constantia, la fille de Constance II, liant ainsi sa famille aux deux derniers vestiges de celle de Constantin.

94. C'est en fait le sixième partage si on compte celui de 211 entre Caracalla et Géta qui n'a pas eu le temps d'être effectif pour cause de fratricide, celui de 260 entre Valérien et son fils Gallien, celui de 283 entre Carin et Numérien, les partages institutionnalisés de la Tétrarchie en 295, et la succession de Constantin en 337.

Chapitre III

Valentinien Ier

De sa mort au désastre d'Andrinople (17 novembre 375 - 9 août 378)

Un petit grain de sable se mit dans l'uretère de Cromwell, ce petit gravier s'étant mis là, il est mort.
Blaise Pascal, *Pensées, 176*
Un empereur meurt debout.
attribué à Vespasien par Suétone

L'empereur Valentinien

À l'automne de 375, Valentinien Ier règne depuis bientôt douze ans sur l'Empire romain. Avec une poigne de fer, il maintient l'ordre à l'intérieur et il renforce l'autoritarisme du régime. Énergique, efficace, mais brutal, il conduit une politique militaire active, dont le coût induit un alourdissement de la pression fiscale, et des ponctions sur les grandes fortunes.

Il est chrétien, mais avant tout tolérant. Les historiens ecclésiastiques ont raconté une belle histoire, selon laquelle il aurait été disgracié sous Julien pour avoir affiché son mépris à l'égard des rituels païens. Lors de la visite d'un temple, en présence de l'empereur Julien, il aurait eu un geste méprisant pour essuyer ses vêtements aspergés d'eau lustrale. Acte qui lui aurait valu l'exil dans une lointaine garnison jusqu'à l'avènement de Jovien. L'anecdote[95] paraît douteuse dans la mesure où les questions religieuses ne semblent pas avoir été au centre de ses préoccupations. Valentinien Ier n'a pas non plus de position affirmée sur le grand débat théologique du temps autour des thèses d'Arius[96]. Justine, sa

95. Rapportée par Orose, *Histoire contre les païens*, op. cit. L.VII, 32, 2, par Sozomène, et par Théodoret de Cyr.

96. Le Nain de Tillemont, *Histoire des Empereurs*, op. cit. t. V p. 10, relève que cardinal Baronius, (1538-1607, bibliothécaire du Vatican, auteur des *Annales ecclésiastiques*), « … blâme cette espèce d'indifférence que Valentinien semblait avoir pour la foi chrétienne et catholique et il prétend que ç'a été la cause des malheurs de sa famille et de la mort funeste de Gratien et Valentinien II, ses enfants »…

seconde épouse, est même une arianiste militante, tout comme son frère Valens, qui règne en Orient. Son fils Gratien se montrera plus tard très attaché à la doctrine de Nicée, effet possible de l'influence de sa mère, l'impératrice Marina Severa, mais surtout de son précepteur Ausone dont les convictions religieuses sont parfois, à tort, mises en doute. Celui-ci est un chrétien convaincu, clairement attaché au dogme trinitaire de Nicée[97]. Valentinien paraît surtout avoir été attentif aux problèmes d'ordre public provoqués par les disputes entre chrétiens. Ainsi, à la mort de l'évêque Libère en septembre 366, Rome est agitée par de violents désordres, en raison de la double élection de Damase et d'Ursinus. Les partisans de ce dernier sont massacrés par ceux de Damase, après plusieurs jours de combats de rue. La seule reprise de l'église Sainte-Marie-Majeure occupée par les partisans d'Ursinus fit 137 morts. Le préfet de la ville, Pretextat, se préoccupe uniquement de rétablir l'ordre public[98]. Ainsi, les partisans d'Ursinus sont tour à tour exilés, puis autorisés à revenir à Rome, puis exilés de nouveau.

Valentinien passe pour avoir été de mœurs strictes, « cultivant en tout la pudeur dans sa vie privée et sa vie publique ; il ne fut jamais souillé par le contact d'aucune complicité obscène et ne commit rien d'impur[99]. » Or, en 370, il se remarie avec Justine. Là encore, une belle anecdote : sa première épouse Marina Severa, mère de Gratien, aurait fait son malheur en vantant la beauté de Justine vue au bain, ce qui aurait éveillé l'attention de son impérial époux pour cette trop belle sujette[100]. L'évidente inspiration biblique de cette anecdote n'en garantit pas l'authenticité, mais le remariage

97. Ce point est développé au chapitre IV, § « *le rôle d'Ausone* ».

98. Damase, âgé de soixante ans au moment de cette élection disputée, est d'origine lusitanienne. Il mourut le 11 décembre 384. Jérôme fut son secrétaire. Fin politique, il revendique la primauté de l'Église de Rome au sein du monde chrétien. Reconnaissante, l'Église l'a canonisé et a donné son nom à la première des cours situées à l'intérieur de l'enceinte du Vatican.

99. Phrase d'AMMIEN MARCELLIN, qui pourtant n'est pas un de ses admirateurs, *Histoire,* op. cit. Liv. XXX, § IX, 2.

100. L'anecdote est rapportée dans *l'Histoire ecclésiastique* de SOCRATE, op. cit. L IV-XXXI § 10-15. Elle rappelle fortement le récit du « péché de David avec Bethsabée » dans l'Ancien Testament, Livre II des Rois, chap. XI, ce qui n'est pas surprenant, en ces temps de christianisation de l'Empire, où l'assimilation des empereurs et des rois d'Israël est fréquente, assimilation flatteuse, et pour le grand Valentinien, et pour le fils issu de cette union, Valentinien Junior qui a donc vocation à être un nouveau Salomon. Voir également au chapitre VI « la répression de la sédition de Thessalonique et la pénitence

de Valentinien avec Justine est un fait incontestable qui embarrasse les historiens ecclésiastiques. Deux hypothèses permettent de l'expliquer, l'une et l'autre redoutables pour un empereur qui est un peu le restaurateur du christianisme, après les alarmes provoquées par Julien. Est-il divorcé ou bigame? Avec bon sens, Le Nain de Tillemont[101] évoque « une répudiation, selon l'usage romain ».

L'homme est réputé travailleur, juste, mais violent et emporté. Sa poigne de fer a commis parfois quelques brutalités. Il a eu la main lourde sur l'aristocratie sénatoriale. La postérité retient que ce chrétien bien tempéré se faisait accompagner de deux ourses, « Innocence » et « Miette d'or », dans la cage desquelles se sont achevées quelques audiences houleuses, avec la vie des audienciers! Au physique, bel homme,

> «son corps musclé et vigoureux, le brillant de sa chevelure et l'éclat de son teint, ses yeux tirant sur le vert... ainsi que la beauté de sa taille, sa silhouette droite et bien charpentée, réalisaient pleinement la beauté qui va avec la majesté impériale[102]. »

Ce portrait doit être nuancé par le fait qu'au cours de son règne « l'intempérance et les excès de table lui avaient fait prendre beaucoup d'embonpoint »[103], ce qui devait rajouter à sa majesté naturelle...

Mort subite d'un empereur

Sous Valentinien Ier, pour la première fois depuis deux siècles, le monde romain peut avoir l'illusion que la pression des Barbares sur

---

de Théodose », où Ambroise de Milan assimile explicitement Théodose au roi David pour justifier la pénitence qu'il lui impose.

101. Le Nain de Tillemont, *Histoire des empereurs* op. cit. T.V, Note XXVIII (sur l'empereur Valentinien), p. 682 et 683. Certes, l'Église a depuis le IVe siècle fixé sa position sur le divorce en considérant qu'un homme divorcé et remarié était bigame jusqu'à la mort de sa première épouse. Avant de trancher ce point, l'Église s'était aussi longuement interrogée sur le remariage des veufs.

102. Ammien Marcellin, *Histoire,* op. cit. Liv. XXX § IX, 5

103. D'après Aurelius Victor citant « Plusieurs historiens » (il ne dit pas lesquels) qui y voient la cause de sa mort subite, *Vie des empereurs romains*, p. 407, éd. Panckoucke, Paris, 1836.

ses frontières est parfaitement contenue. Les fortifications du Rhin et du Danube rénovées sont non seulement redevenues imperméables aux Barbares[104], mais de plus elles constituent autant de points d'appui pour des expéditions punitives ou préventives contre des Barbares outrecuidants qui auraient l'audace d'approcher d'un peu trop près la frontière de l'Empire. Au-delà de celle-ci, des espions permettent aux Romains de repérer et d'anticiper des mouvements inquiétants. Valentinien a bien mérité d'être appelé le nouvel Adrien[105].

En novembre 375, l'empereur est sur la frontière du Danube où lui ont été signalées de graves incursions de Quades (ou Marcomans) sur la rive romaine du fleuve. Certes, les Romains n'avaient pas respecté un accord antérieur. Ils avaient construit des fortins sur la rive gauche du Danube, puis ils avaient assassiné le roi des Quades au cours d'un banquet, trahissant les lois élémentaires de l'hospitalité. En représailles, ceux-ci s'étaient révoltés, avaient franchi le Danube, dévasté une partie de la Pannonie, et battu deux légions. Quels que soient les torts initiaux des Romains dans cette affaire, cette situation était intolérable et les faits assez graves pour qu'il y ait là matière à un déplacement de l'empereur en personne.

Pour cette tournée d'inspection, Valentinien est accompagné de l'impératrice Justine et de leurs quatre enfants. La famille impériale s'installe dans une villa située à Murocincta[106]. Le 17 novembre, l'empereur et son état-major sont à cent milles de là, soit une

104. Dans l'édition de 1938 de *L'histoire de Rome*, d'André Piganiol, P.U.F., ce dispositif fortifié est élogieusement comparé à la ligne Maginot (p. 487, note citant l'historien hongrois Aföldi). En fait, ce dispositif sera contourné à au moins deux reprises. Une première fois en 378 par l'effet du gel du Rhin (cf. Ammien Marcellin, *Histoire*, op. cit. XXXI, X, 4.) et surtout le 31 décembre 406, ce qu'il est convenu d'appeler la « grande invasion ».

105. Ammien Marcellin, *Histoire*, op. cit. XXX, §VIII-10, compare ces deux empereurs pour leurs caractères envieux: « L'envie, outre cela, brûlait cet empereur jusqu'aux moëlles […], il s'en prenait aux hommes courageux, pour paraître le seul à se distinguer par les vertus, défaut qui avait dévoré l'empereur Adrien. »
Adrien avait déjà installé un système fortifié pour protéger les frontières de l'Empire, en particulier par une ligne continue à la limite de l'Angleterre et de l'Écosse dont d'importants vestiges subsistent, le « mur d'Adrien ».

106. Villa de Parndorf, près de Carnuntum, à environ 40 kilomètres au Sud-Est de Vienne (à proximité de Frohsdorf). La province romaine de Pannonie correspond à la Basse-Autriche.

journée de cheval, au fort de Bregantio[107], au bord du Danube. Valentinien y reçoit une ambassade des Quades. Fort mécontent de récentes incursions, il les prend de haut, de très haut :

> « Les ambassadeurs ayant été introduits devant lui, lui parurent méprisables, de sorte qu'il leur demanda si tous leur ressemblaient. Ils répondirent qu'ils étaient les principaux et les plus considérables de leur nation. Quand il eut entendu cette réponse, il entra dans une colère furieuse et s'écria que l'Empire était bien malheureux d'être attaqué par de si misérables ennemis qui se devaient tenir trop heureux de pouvoir vivre au repos[108] », propos pour le moins peu diplomatique.

L'empereur s'emballe[109], l'admonestation devient une colère violente incontrôlée. Tout d'un coup, au milieu d'une phrase, d'un mot, il paraît se calmer. En fait, il ne peut plus parler. Il s'affaisse. Son entourage suspend précipitamment l'audience et le porte dans une pièce voisine. Les Barbares ne doivent pas voir la défaillance du maître du monde civilisé.

Dans la pièce où l'empereur est maintenant étendu, la gravité de la situation n'échappe à personne. Un médecin s'affaire, tentant désespérément une saignée. Pour couper court à d'éventuelles rumeurs d'assassinat, l'entourage laisse le plus grand nombre possible de personnes assister à l'impériale agonie.

Par la présence de ces nombreux témoins, Ammien Marcellin a pu disposer de détails précis, lui permettant une description saisissante de réalisme :

> « [...] il fut comme foudroyé, les voies respiratoires se bloquèrent en même temps que la voix et on le voyait enflammé d'une lueur de feu. Son sang s'arrêta brutalement, il fut trempé d'une sueur de mort... déposé sur un lit, il reconnaissait tous les assistants... comme l'ensemble des

107. Aujourd'hui la ville de Szöny en Hongrie, sur le Danube, au nord de Budapest.

108. Socrate, *Histoire ecclésiastique*, op. cit. L.IV, ch. XXI.

109. « Il fit de si prodigieux efforts en criant qu'il se rompit les artères » poursuit Socrate dans le texte cité plus haut.

> parties internes étant brûlantes, une saignée était indispensable... on s'y reprit à deux fois et même plus pour piquer la veine sans pouvoir lui tirer même une goutte de sang... Après avoir tenté de dire ou de faire comprendre quelque chose, comme l'indiquaient les râles rapprochés qui lui soulevaient ses flancs, le grincement de ses dents et le mouvement de ses bras qui assénaient des coups comme avec des cestes, désormais vaincu, le corps semé de taches livides, il rendit l'âme après une longue agonie[110]. »

La précision de ces termes permet d'attribuer sans aucune hésitation la cause de cette mort subite à un accident vasculaire cérébral, une hémorragie[111] qui change le cours de l'Histoire... Cette mort imprévisible s'avère après coup avoir été annoncée, comme il se doit pour un empereur romain, par de multiples présages : comète, cri de chouette, foudre sur un palais impérial... La nuit précédent ce fatal 17 novembre, Valentinien avait fait un rêve inquiétant, voyant son épouse en robe de deuil, aussi dès le matin était-il « contracté et l'air chagrin [112]» ; enfin, au moment de partir, son cheval s'était cabré et avait refusé de se laisser monter.

Aucun chroniqueur n'a relevé ce que les Barbares avaient pu penser de cette fin d'audience imprévue et précipitée. Ont-ils perçu que désormais l'Empire n'avait plus de maître ?

---

110. Ammien Marcellin, *Histoire,* op. cit. Liv. XXX § V.

111. Consulté, le professeur François Raveau a bien voulu établir le diagnostic suivant : « accident vasculaire cérébral "cataclysmique" dont l'étape initiale est énoncée, aphasie (ce qui permet de préciser le territoire lésé, l'artère sylvienne gauche), paralysie, conservation de la conscience. L'arrêt apparent de la circulation veineuse - indiqué par l'impossibilité de pratiquer une saignée - signe, ainsi que l'hyperthermie, l'habituel collapsus (hypoplasie) observé dans ces cas. Une issue fatale rapide était inéluctable. Aucun signe clinique cité ne permet de soutenir l'hypothèse de la septicémie aiguë », avancée dans la note 298, p.230, de la traduction d'Ammien Marcellin t.VI, *Histoire,* op. cit.
Les auteurs légèrement postérieurs ont repris les termes d'Ammien Marcellin, de façon plus sommaire, en parlant d'afflux de sang (Zosime), de coup de sang (Aurelius Victor), ou encore d'apoplexie (Orose).

112. Ammien Marcellin, *Histoire,* op. cit. Liv. XXX § V, 16 à 19.

Inventaire d'une succession impériale, l'Empire romain sous Valentinien

La mort subite de Valentinien est l'occasion de dresser un état des lieux, même sommaire, de l'Empire romain à la fin du IVe siècle. Cet « inventaire successoral » permettra de bien situer le dernier « point haut » de l'Empire romain, presque exactement un siècle avant sa disparition en Occident.

Le monde romain nous paraît proche du fait d'une filiation culturelle directe, mais il montre par rapport au nôtre des différences évidentes et fondamentales, ne serait-ce que par l'absence de la maîtrise de technologies dont la disposition nous semble aller de soi. Une description, même rapide, sommaire et incomplète, de ses principaux ressorts ne pourra que faciliter la compréhension de la suite de ce récit et prévenir des interprétations anachroniques.

L'organisation administrative

Les premières années de Valentinien sont marquées par une grande activité législative. L'essentiel des textes est promulgué en Occident. C'est donc bien son œuvre et non celle de son frère Valens. Ces textes ont permis d'affiner et de perfectionner l'organisation mise en place par Dioclétien et Constantin, sans cependant introduire de novation fondamentale[113].

Pour éviter la multiplication des tentatives d'usurpation, Constantin avait soigneusement veillé d'une part à séparer le civil du militaire, d'autre part à éviter que le préfet du prétoire, en sa qualité de chef de l'administration ne prenne trop de place et ne devienne une sorte de vice-empereur[114].

Les Romains ont très tôt posé en principe fondamental d'organisation sociale, le contrôle de l'usage de la force. La violence

113. Voir en annexe le diagramme de l'activité législative de la période 313/438 couverte par le *Code Théodosien*; les premières années de Valentinien montrent un pic évident.

114. Cf. Gibbon, *Histoire du déclin et de la chute de l'Empire romain*, éd. Robert Laffont, p. 448, où le préfet du prétoire est comparé au « vizir de l'Orient », donc selon une formule contemporaine et familière, exposé à la tentation de « devenir calife à la place du calife ». En fait, peu de préfets du prétoire accédèrent à l'Empire: Macrin succède brièvement à Caracalla en 217, et Philippe l'arabe à Gordien III en 244; Aper est éliminé par Dioclétien dans sa tentative de succéder à Numérien en 285.

légitime, le pouvoir militaire, doit être strictement subordonnée au pouvoir civil. *Cedant arma toga*, la célèbre formule[115] de Cicéron, exprime avec concision ce principe dont la remise en cause est le problème-clé de la fin de la République romaine[116], puis de l'Empire romain. La séparation des fonctions civiles et militaires vise à permettre cette subordination.

Constantin divise donc pour mieux régner (en cela au moins il se situe dans la tradition romaine). L'Empire partagé en trois préfectures du prétoire, celle des Gaules, celle d'Italie et celle d'Orient[117], est désormais organisé selon un modèle unique... Les villes de Rome puis de Constantinople sont également dotées d'un préfet, en raison de leur importance. Les préfets du prétoire contrôlent les frappes monétaires et les manufactures d'État veillent à l'entretien des routes (la longueur de ce réseau empierré est estimée à 74 000 kilomètres) et au bon fonctionnement de la poste impériale (véritable système nerveux de l'Empire), assurent l'approvisionnement des greniers publics, et rendent la justice[118].

L'empereur est assisté de quatre « ministres » du palais constituant le Consistoire impérial, dont les discussions et décisions sont enregistrées par les notaires impériaux[119]. Ces quatre ministres sont :

- le maître des offices qui supervise les travaux des quatre bureaux impériaux où travaillent 148 secrétaires, et les agents

115. « Que les armes cèdent à la toge », *Philippiques*, 2, 20. Cette phrase est reprise du *de officiis* I, 77, où elle est complétée par « *concedant laurea laudi* ».

À l'autre extrémité du vieux continent, l'Empire chinois a toujours posé ce même principe de primauté du civil sur le militaire, concept magnifiquement représenté par l'ordonnancement des statues de l'allée qui conduit aux tombeaux des empereurs Ming : les mandarins civils, au plus près des tombes impériales, ont la préséance sur les mandarins militaires.

116. Dans les guerres civiles de la fin de la République, Cicéron paie lui-même de sa vie son opposition à Marc-Antoine, incarnation du pouvoir militaire et cible de ses *Philippiques*.

117. Voir carte.

118. À la fin du IVe siècle, au moment du partage de 395, la préfecture d'Italie (la préfecture centrale) est divisée pour permettre la création d'une quatrième préfecture dite d'Illyrie, constituée des diocèses de Dacie et de Macédoine. Cette quatrième préfecture semble avoir déjà existé au temps de la tétrarchie. Sur cette question de la division de l'Empire, voir chapitre VI note 266, ainsi qu'au chapitre VII note 300, la discussion sur les États de Valentinien II. Voir également Zosime, *Histoire nouvelle,* op. cit. II, 33.

119. C'est le rôle du Secrétariat général du gouvernement institué en France en 1936.

en mission, inspecteurs itinérants parfois assimilés à des services secrets, chargés d'une mission de surveillance générale de l'action de l'administration[120]; il dirige également la poste impériale, c'est-à-dire le système de relais implantés depuis Adrien sur le réseau des voies romaines, assurant un acheminement rapide du courrier et des agents impériaux[121]. Enfin, il contrôle les arsenaux qui, dans 15 villes d'Orient et 19 d'Occident (dont 8 en Gaule), fabriquent armes offensives et défensives ainsi que machines de guerre, pour l'usage exclusif de l'armée ;

- le questeur du palais chargé de l'élaboration des projets de loi et de leur communication au Sénat ;
- le comte[122] des largesses sacrées, titre pompeux pour désigner la charge des finances publiques ; 29 receveurs provinciaux sont placés sous son autorité ; il supervise les mines, la frappe de la monnaie (il existe ainsi trois ateliers de frappe monétaire en Gaule), et contrôle le commerce avec l'étranger ;
- le comte des biens privés gère le patrimoine personnel de l'empereur, ainsi clairement distingué de celui de l'État.

Les relations d'un Empire universel avec l'« étranger » n'ont pas le caractère de relations diplomatiques au sens où on l'entend aujourd'hui. La création d'un ministère des Affaires étrangères[123] ne s'envisage donc pas. La fonction existe cependant, assurée par une partie des bureaux placés sous l'autorité du maître des offices où des interprètes permettent de communiquer avec les

120. « *Agentes in rebus* », leur organisation fait l'objet, au livre VI du *Code Théodosien*, de 23 lois au titre 27 « *de agentibus in rebus* » et de 8 lois au titre 28 « *de principibus agentum in rebus* ».

121. Les textes relatifs à l'organisation de la poste impériale constituent le titre 5 du livre VII du *Code Théodosien*, soit au total 66 textes de lois pris entre 315 et 407 qui régissent le fonctionnement et les conditions d'accès au bénéfice de ce service, méticuleusement modulées selon le rang du fonctionnaire utilisateur. En dehors de l'administration, l'usage de la poste impériale est un privilège appréciable ; il est donc significatif que des évêques se rendant à un concile puissent en bénéficier.

122. En latin le mot *comes* désigne à l'origine un proche de l'empereur, un membre de sa suite, son compagnon. Dès l'Empire tardif, le terme désigne une dignité, sens qu'il a conservé sous l'Ancien Régime, en dérivant progressivement vers une vanité bien souvent usurpée avec complaisance.

123. Jusqu'à la fin du XIXe siècle, l'Empire chinois n'avait pas de ministère des Affaires étrangères.

Barbares et de recevoir leurs envoyés. Les grands ministères de souveraineté de tout État organisé de l'époque moderne sont donc bien préfigurés dans cette organisation, similitude qui procède du fonctionnalisme.

La dignité de « patrice » est créée par Constantin au début du IVe siècle. Ce n'est pas une charge fonctionnelle, mais le protocole situe le titulaire de cette dignité immédiatement après l'empereur. Cette dignité est à son tour dévaluée par la multiplication des attributaires.

Les trois préfectures du prétoire sont subdivisées en 13 diocèses[124] ayant chacun à leur tête un vice-préfet appelé « vicaire[125] ». Ces diocèses sont eux-mêmes subdivisés en 116 provinces ayant à leur tête un gouverneur dont la mission essentielle est de rendre la justice. Des règles strictes régissent les carrières de ces hauts fonctionnaires pour tenter de limiter la corruption et les abus de pouvoirs. Leurs charges sont limitées dans le temps, en principe cinq ans non renouvelables. Il est interdit aux gouverneurs de provinces de s'allier à des familles et d'acquérir des biens dans l'étendue de leur juridiction.

Une économie essentiellement agricole

L'agriculture est l'activité économique principale de l'Empire. Dans les régions méditerranéennes, au climat caractérisé par des hivers brefs et sans froids vifs et des étés chauds et secs, la « révolution agricole du néolithique » a développé une agriculture de cultures sèches. Les systèmes agraires du monde romain sont issus de pratiques de cultures temporaires sur abattis-brûlis, apparues en zone méditerranéenne, puis répandues jusque dans les zones tempérées froides. Les terres labourables les plus fertiles

124. Voir carte en annexe, p. 418. Les diocèses sont :
- pour la préfecture d'Orient : l'Égypte, l'Orient, l'Asie, le Pont, la Thrace,
- pour la préfecture d'Italie : l'Italie, l'Afrique, la Pannonie (ou Illyrie occidentale), la Macédoine, la Dacie,
- pour la préfecture des Gaules : la Bretagne, les Gaules et l'Espagne (y compris la Maurétanie Tingitane, c'est-à-dire le Nord du Maroc actuel).

La préfecture d'Illyrie est constituée en 395 avec les diocèses de Dacie et de Macédoine...

125. Ces dénominations ont subsisté avec un sens dérivé dans l'organisation de l'Église. En France, le terme « préfet » est réutilisé depuis le Premier Empire dans l'administration d'État.

sont cultivées en céréales, en alternance avec une friche herbeuse (jachère) suivant une rotation biennale. À la fin du IVe siècle, ce modèle, certes amélioré et perfectionné, mais inchangé dans son mode de fonctionnement reste dominant, mais peu performant. L'économie du monde romain repose donc sur une agriculture de subsistance, fragile et dépendante des conditions climatiques, qui n'est en mesure de dégager qu'un surplus faible et aléatoire. La rupture alimentaire est toujours menaçante. Les disettes, voire les famines plus ou moins généralisées, sont chroniques dans toute l'Antiquité méditerranéenne, même à l'apogée de l'Empire. L'Égypte et la Gaule constituent deux cas particuliers. En Égypte, la crue du Nil a permis une agriculture irriguée par submersion assurant une grande richesse de production, donc une forte densité de population mais dont la gestion a très tôt imposé une forte structure étatique. En Gaule, des conditions naturelles plus faciles permettent une meilleure productivité[126].

Le territoire cultivé, travaillé de la main de l'homme, constitue l'*ager* dont la production de céréales assure les trois quarts de la ration alimentaire. À proximité immédiate de l'habitation, se trouvent les jardins et vergers, constituant l'*hortus*[127]. Les Romains étaient de remarquables jardiniers et horticulteurs. Les légumes cultivés sont essentiellement les pois et les lentilles, l'ail, l'oignon, le fenouil, le chou, et des plantes oléagineuses, œillette et colza. Des plantes textiles sont également cultivées : le lin et le chanvre qui constitue les mèches des chandelles, donc assure l'éclairage courant. En périphérie, des espaces non travaillés, le *saltus*, servent de parcours au bétail ; au-delà la forêt, *silva*, espace non approprié, non délimité. Le bétail joue trois rôles importants dans l'économie agricole. D'abord, il joue un rôle nourricier par sa production de lait et de viande. Ensuite, parqué la nuit sur les jachères, il transfère par ses déjections des éléments fertilisants vers les terres labou-

126. Ce modèle est parfaitement décrit dans l'ouvrage *Les agricultures du Monde*, Éditions du Seuil, 1996, par Marcel Mazoyer et Laurence Rondart. Pour l'Antiquité romaine, voir le chapitre VI « Les systèmes agraires à jachère et culture attelée légère des régions tempérées- La révolution agricole de l'antiquité ». Par ailleurs, les travaux de Jean-Pierre Brun montrent l'importance des cultures commerciales, vigne et olivier dans l'économie de l'Empire. Voir notamment *Archéologie du vin et de l'huile, en Gaule romaine*, éditions Errance, Paris, 2005.

127. Les traités d'agriculture de l'Antiquité (Varron, Columelle) sont essentiellement consacrés à cette activité.

rables de l'ager (le rendement de ce pacage de nuit est faible, aussi faut-il de vastes terrains de parcours pour fumer l'ager). Enfin, il sert à la traction de l'araire et au transport sur bât (équivalent de la selle posé sur le dos des animaux pour porter les charges). À partir de Dioclétien, la mise en place d'un cadastre de l'espace cultivé se généralise dans un but fiscal, sur le modèle de ce qui préexistait déjà en Égypte depuis plus d'un millénaire, bien avant les Ptolémées et la conquête romaine[128]. Cette organisation comprend aussi de grands domaines destinés à des cultures commerciales, la vigne et l'olivier. Le commerce du vin et de l'huile facilité par l'unité politique du bassin méditerranéen et la « pax romana » a une réelle importance économique, de même que les livraisons de blé depuis l'Afrique du Nord et l'Égypte pour les approvisionnements respectifs de Rome et de Constantinople.

L'attelage léger est une forte contrainte limitante du système. Il faut attendre le Moyen Âge pour l'invention du collier, invention essentielle qui permet une bien meilleure utilisation des animaux de trait, en triplant la charge tractée par un animal. Les transports restent difficiles, aussi les habitations sont-elles implantées à proximité des terres labourables, avec des villages de quelques centaines d'habitants dont la taille varie selon la fertilité et l'homogénéité du territoire. Surtout, avec cet attelage, l'araire ne peut que scarifier le sol, mais ne le retourne pas. Le rendement des récoltes de céréales reste de l'ordre de 5 quintaux par hectare cultivé, mais ce rendement peut varier du simple au double. Après la mise en réserve des semences nécessaires à la récolte suivante le surplus disponible est donc de l'ordre de 3 quintaux par hectare. Sachant qu'un actif peut travailler de 6 à 7 hectares d'ager, soit de 3 à 3,5 hectares de céréales, la production consommable par actif est de l'ordre de 11 quintaux, ce qui correspond à la ration de subsistance d'une famille de 5 personnes. La part mobilisable pour d'autres usages, ne serait-ce que le paiement de l'impôt en nature, est donc faible et aléatoire. Dans ce modèle d'agriculture, l'entretien d'un bovin est assuré par trois hectares de *saltus*, et permet la fumure d'un hectare de la sole cultivée de l'ager. La surface des parcours associée aux 6 à 7 hectares d'ager travaillés par un actif agricole est

128. Dernière dynastie avant l'occupation romaine, du IIIe au Ier siècle avant l'ère commune.

donc de 9 hectares, soit au total 16 hectares pour une famille de 5 personnes, donc une densité maximale de population de l'ordre de 30 habitants au kilomètre-carré cultivé. En appliquant ce mode de calcul à la Gaule romaine, compte tenu de l'urbanisation qui concerne un peu moins de dix pour cent de la population, et d'un taux de boisement estimé à près de soixante pour cent du territoire, un ordre de grandeur de la population de cette province voisin de 6 millions d'habitants peut être retenu.

Sur le total des terrains boisés, les forêts appartenant au trésor impérial représentent cinquante pour cent, soit la moitié du territoire. Les forêts dépendant des villas coupées pour le bois de chauffage ou servant de parcours pour les animaux, peuvent être estimées à environ 10 % du territoire. En Gaule, les fouilles archéologiques ont mis en évidence tant dans les villes que dans les villas campagnardes des équipements en hypocaustes qui consomment beaucoup de bois. La cheminée telle que nous la connaissons est une avancée technique de l'Empire romain tardif. Il faut entendre ici le mot cheminée dans son acception courante, « l'endroit où l'on fait le feu dans les maisons », donc un foyer ouvert à l'intérieur d'une maison, l'âtre. En effet, en latin, le mot n'apparaît dans le sens de foyer ouvert intérieur que dans la deuxième moitié du cinquième siècle, au détour d'une lettre de Sidoine Apollinaire[129] : « Du cryptoportique on accède à la salle à manger d'hiver, où le feu souvent allumé a sali de suie noire la cheminée voûtée. » Le chauffage courant se faisant par des braseros qui consommaient moins de bois. Globalement, la consommation de bois de chauffage par habitant devait être plus importante qu'elle ne le fut par exemple au XVIIIe siècle[130].

La population de l'Empire romain n'a pas fait l'objet de recensements, mais de nombreuses tentatives d'estimation ont essayé d'y suppléer. Ainsi, pour la Gaule une évaluation de la population a été tentée à partir du nombre de places dans les amphithéâtres (au

129. Epist II-2-11, p. 49, éditions Les Belles Lettres, « *A cryptoporticu in hiemale triclinium venitur, quod archatili camino saepe ignis animatus pulla fuligine infecit* ». Le mot « âtre » vient lui-même du mot latin « ater », noir, donc la partie du foyer noircie par les fumées comme l'écrit Sidoine Apollinaire.

130. Cours d' *Histoire des forêts françaises* de G. Huffel disponible à la bibliothèque du centre de Nancy de l'École Nationale du Génie Rural des Eaux et des Forêts, chapitre II, p. 14 à 16, « *La période gallo-romaine* ».

total, 370 000), lesquelles, avec une évaluation de la part urbanisée de la population, soit 5 à 10 %, corroborent l'ordre de grandeur de 4 à 6 millions d'habitants estimé à partir des rendements agricoles. Au début de l'Empire, une population d'environ cinquante millions d'habitants, répartis par moitié entre les deux parties de l'Empire, est l'évaluation usuellement retenue, la densité moyenne de population étant d'environ dix habitants au kilomètre carré, un peu plus élevée en Italie. Pour l'Empire d'Occident, les estimations sont, en millions d'habitants, 3,5 pour l'Italie, 5,5 pour la Gaule, de 3 à 6 pour l'Afrique et de 6 à 9 pour l'Espagne. Au IIIe siècle, guerres et épidémies provoquent un fort déclin démographique, de l'ordre du tiers de la population. En revanche, le IVe siècle est une période de reprise démographique, sans toutefois retrouver les niveaux antérieurs[131]. Sous le règne de Valentinien, plusieurs lois montrent que, conscient du problème, le pouvoir impérial tente d'intervenir. En 368, les mariages entre Romains « de quelque rang ou classe soient-ils » et Barbares sont interdits et sanctionnés de la peine capitale. Il en est de même de l'infanticide, « acte diabolique », en 374[132]. Le système d'hérédité des métiers mis en place par Valentinien fixe la démographie professionnelle. Le fils du boulanger doit être boulanger et surtout le paysan doit rester attaché à sa terre. La hantise du manque de bras pour l'agriculture conduit encore Valentinien à formaliser le servage ou colonat, pratique qui va marquer le millénaire à venir.

La société romaine

Décrire la société romaine en quelques lignes est difficile. Depuis l'édit de Caracalla en 211, tous les hommes libres de l'Empire sont citoyens romains. Mais les différences entre les provinces, où subsistent toujours des modes d'organisation issus des substrats antérieurs, sont peu prises en compte. Quelques généralités peuvent être énoncées. En premier lieu, c'est une société profondément inégalitaire. Au sommet des deux parties de l'Empire, peuplées

131. Jean-Pierre Bardet et Jacques Dupâquier, *Histoire des populations de l'Europe*, t.1 *Des origines à la Renaissance.*

132. Il s'agit respectivement des lois C. Th. III.14.1. du 28 décembre 368, et C. Th. IX.14.1. du 7 février 374.

chacune d'une vingtaine de millions d'habitants, l'aristocratie sénatoriale est constituée de quelques milliers de familles dont le poids repose essentiellement sur des fortunes foncières, parfois disséminées dans tout l'Empire. Nous disposons de quelques descriptions, qui vont des quelque cinq ou six domaines possédés par Ausone en Aquitaine, au patrimoine plus consistant de son ami Symmaque, et à l'énorme fortune de Pinien et Mélanie dont la dévolution à l'Église devient une affaire d'État[133]. Les revenus de ces familles peuvent atteindre plusieurs milliers de livres d'or par an. Tout au long de l'Empire une réelle continuité se constate, résultat de stratégies familiales et matrimoniales. Ces familles sont elles-mêmes subdivisées en *clarissimi*, *illustres* et *spectabiles.* Un lien existe entre ces classifications et l'accession aux fonctions de l'administration impériale.

En dessous, il est difficile de distinguer une classe moyenne. Le déclin démographique du IIIe siècle tend à instituer progressivement une organisation en caste, le fils devant reprendre le métier du père, façon de maintenir les effectifs d'un métier et d'organiser la transmission de savoir-faire alors que la grande majorité de la population est analphabète. Dans le cadre d'une économie agricole de subsistance, les hommes libres de l'Empire se consacrent dans leur grande majorité à l'agriculture. Par le colonat, ils sont de fait asservis à leur terre. Trois cas particuliers sont à considérer, les soldats, le clergé et les artisans. L'armée est un moyen de promotion sociale et d'intégration des barbares. L'appartenance au clergé présente de nombreux avantages, notamment financiers, obtenus par l'Église.

L'esclavage n'a probablement plus, à la fin de l'Empire, l'importance numérique qu'il avait dans la Rome conquérante des débuts. Un dialogue des *Saturnales* de Macrobe exprime clairement la position des élites romaines traditionnelles : « Ce sont des esclaves, dis plutôt des hommes[134]. » À cette critique de fond, le christianisme n'apporte rien de plus. L'esclave peut être chrétien, mais il ne peut faire partie du clergé. La loi interdit cependant à un non-chrétien d'avoir des esclaves chrétiens.

---

133. Voir chapitre VIII, « *Procès et mort de Serena* ».

134. MACROBE, *Saturnales*, éd. Les Belles Lettres, La roue à livre, Paris, 1997, L.I, XI, 7.

La fiscalité

Les Romains sont assujettis depuis Dioclétien à une fiscalité complexe, bonne préfiguration des fiscalités modernes. L'impôt de base est une taxe foncière, d'où la mise en place de cadastres. C'est un impôt de répartition, c'est-à-dire que les autorités d'une cité, les « curiales » sont responsables sur leur patrimoine personnel d'une certaine masse à répartir entre les propriétaires. L'inconvénient du système est qu'en période de régression économique, le poids relatif de la charge peut devenir accablant pour ceux qui restent. Il se crée alors un processus en chaîne de déstructuration de l'organisation sociale. Il existe également un impôt sur les transactions commerciales et une capitation, c'est-à-dire un impôt par tête d'habitant. Enfin, l'impôt en nature et des services obligatoires, tels que l'annone, obligation d'héberger les militaires, préfigurent les corvées.

Constantin, après les désordres monétaires du IIIe siècle, fixe la monnaie de base, le *solidus* au 1/72e d'une livre d'or[135]. Le sou d'or survivra à l'Empire d'Occident. En dessous, existent des monnaies divisionnaires en argent et en cuivre dont la valeur a été plus fluctuante.

L'organisation de l'armée romaine

Sous la République et dans les premiers temps de l'Empire, des armées à la fois massives et mobiles, constituent sur les limites une forte présence qui se veut dissuasive, ce que l'on appellerait aujourd'hui une défense de l'avant. Dans un deuxième temps, sous les Antonins, les armées frontalières d'un Empire qui ne recherche plus d'expansion, sont progressivement territorialisées.

À partir du règne de Marc-Aurèle, l'Empire est confronté à une pression croissante des Barbares, telle qu'au cours du IIIe siècle il ne parvient plus à faire respecter ses frontières. Par ailleurs, le traditionnel ennemi perse devient plus belliqueux, après le rempla-

135. Le sou d'or correspond donc à un poids d'or proche de cinq grammes. Il est remarquable que la pièce de vingt francs qui eut cours pendant le XIXe siècle, le « Napoléon», ait un poids de 5,80 grammes d'or. Nous verrons plus loin (chapitre XIII, note 574) que son pouvoir d'achat rapporté à des produits de base était également très proche de celui du *solidus*.

cement de la dynastie des Arsacides par celle des Sassanides en 226. Le pouvoir civil ne contrôle plus les armées qui font et défont les empereurs. Enfin, les désordres et surtout les épidémies provoquent un effondrement démographique, de l'ordre d'un bon tiers de la population de l'Empire. Aussi, les gouvernements impériaux sont-ils conduits à faciliter l'installation conditionnelle de Barbares sur le territoire de l'Empire, dans une perspective d'assimilation ; des peuples « fédérés » sont pour la première fois installés au sein de l'Empire. Le système de défense traditionnel est remis en cause. Sa réforme, amorcée sous Gallien, poursuivie sous Dioclétien, aboutit sous Constantin à une conception dualiste de l'armée avec des troupes frontalières et une force d'intervention mobile. Ces principes d'organisation de l'armée romaine restent en vigueur pendant tout le IVe siècle. Les difficultés du début du Ve siècle conduisent à de sévères critiques de cette organisation :

> « [...] retirant des frontières la plus grande partie des soldats, Constantin les installa dans les villes qui n'avaient pas besoin de protection, priva de secours ceux qui étaient sous la menace des Barbares... laissa s'amollir les soldats... et en un mot fut lui-même à l'origine et sema les germes de la ruine de l'État qui nous afflige aujourd'hui encore[136]. »

Constantin a en outre soigneusement veillé à séparer le civil du militaire et à soumettre le second à l'autorité du premier. L'administration militaire est parallèle à l'administration civile. Les armées sont dirigées par les « Maîtres des milices », c'est-à-dire l'infanterie et la cavalerie, le commandement suprême étant confié au maître des deux milices, *magister militum utriusque*. La garde impériale est constituée de trois mille cinq cents hommes, troupes d'élite commandées par le « Comte des domestiques ». À la tête des armées, deux maîtres généraux *magister militum*, l'un pour la cavalerie, l'autre pour l'infanterie, les armées des frontières – Rhin, haut et bas Danube, et Euphrate – ont également chacune deux maîtres-généraux, ce qui fait un total théorique de huit, mais en pratique moins car, fréquemment, le même maître-général a le commandement de la cavalerie et de l'infanterie. Au deuxième

136. Zosime, *Histoire nouvelle*, op. cit. II, 34.

niveau, trente-cinq commandements militaires : trois en Bretagne, six en Gaule, un en Espagne, un en Italie, cinq pour le Haut-Danube, six pour le Bas-Danube, huit pour l'Asie, trois pour l'Égypte, et deux pour l'Afrique. Cette répartition modulée en fonction des problèmes militaires concrets de l'Empire, eux-mêmes conséquence de la géographie : le Rhin et le Danube sont des zones d'infiltration des Barbares, l'Asie (la frontière de l'Euphrate) est la zone de confrontation avec les Perses, l'Afrique subit le voisinage de royaumes Maures plus ou moins soumis, la Bretagne est sous la pression des peuplades insoumises au nord du mur d'Adrien et d'incursions maritimes. En revanche, l'Espagne et l'Italie bénéficient d'une véritable sanctuarisation géographique.

Pour éviter toute interférence entre civil et militaire, les généraux ont l'interdiction stricte de se mêler de l'administration, de la justice et de la gestion des deniers publics. Mieux, le ravitaillement et la gestion des arsenaux sont confiés aux préfets du prétoire ce qui met les armées sous la dépendance du pouvoir civil. Constantin, renforçant en cela une évolution antérieure même à Dioclétien, divise l'armée en deux parties :

- le *comitatus*, au départ une garde impériale renforcée ; ces troupes sont positionnées à l'intérieur de l'Empire, où elles constituent une réserve stratégique, permettant une intervention vers une zone envahie de barbares.
- les gardes-frontière *limitanei*, dont la mission est de surveiller et de tenter d'arrêter le premier flot d'envahisseurs en attendant l'intervention du *comitatus*.

L'intérêt de ce dispositif est double. Il est dans un premier temps plus économique, et il permet de limiter le risque de révolte. Les soldats d'une armée fixée aux frontières seront difficilement entraînés dans l'aventure militaire incertaine que constituent toujours un coup d'État et une guerre civile. Ils ne vont pas courir le risque d'abandonner leur famille et leurs terres, exposées aux envahisseurs[137].

Cette conception dualiste de l'armée, troupes frontalières et forces de combat centrales, présente un inconvénient dont les

137. Éd. Luttwak, *La grande stratégie de l'Empire romain*, 1987, Economica, p. 107. « La territorialisation de l'armée romaine… doit avoir joué le rôle de frein vis-à-vis de l'avidité de prétendants… »

conséquences n'apparaissent qu'à long terme. En effet, les dégâts commis par des infiltrations répétées de Barbares à l'intérieur de l'Empire minent à la longue la base logistique du système, d'où le déclin de la sécurité de l'Empire.

Pendant cette période, l'effectif théorique d'une légion passe de 6000 à 1500 hommes, ce qui relativise le poids des 132 légions indiquées dans la *Notitia dignitatum*[138]. Sur le papier, les effectifs sont assez impressionnants : 248000 frontaliers en Orient, 136000 en Occident. Les effectifs réels de l'armée romaine sont relativement faibles eu égard à la taille de l'Empire, pour des raisons économiques et démographiques. Les effectifs engagés dans une bataille décisive, comme celle d'Andrinople, soit 30000 hommes, donnent une idée plus exacte de la réalité.

Une succession impériale semi-improvisée, mais dynastique

Valentinien n'était certes ni immortel ni infaillible. Il avait d'ailleurs préparé sa succession, mais il n'avait certainement pas prévu une ouverture aussi brutale et prématurée. Aussi, le règlement de celle-ci ne correspond-il pas à ce qui avait été préparé quand, à Amiens le 23 août 367, son fils Gratien avait été associé au trône lors d'une cérémonie de présentation à l'armée. À cette date Gratien est son seul enfant. Son remariage avec Justine et le mariage de Gratien avec Constantia lient sa famille à la dynastie impériale précédente[139], mais aucune disposition nouvelle n'est prise en vue de sa succession, aussi serait-il vain de chercher quelles pouvaient être ses intentions, huit ans plus tard, au moment de sa mort.

Dès le 22 novembre, Valentinien Junior, un grand garçon qui vient quand même de dépasser ses quatre ans[140], est transporté en litière au camp d'Aquincum[141]. Il est présenté à l'armée dans les bras de sa mère, et proclamé empereur. Proclamation improvisée, elle n'avait pas été préparée par son père, mais l'aurait-il exclue

138. Ce document est une sorte de répertoire administratif de l'Empire établi au début du cinquième siècle.

139. Voir le chapitre V, où ce point est expliqué de façon détaillée.

140. Ammien Marcellin, *Histoire,* op. cit. L. XXX-§ X, 4 « Un enfant alors âgé de quatre ans. » Il serait né le 2 juillet 371.

141. Le site d'Aquincum correspond à celui de Budapest, soit une trentaine de kilomètres au sud du site présumé de Bregantio.

pour autant ? Le dire serait nier la dimension politique de son remariage avec Justine.

Affirmer que les chefs militaires, Mérobaude et Equitius[142], y auraient poussé pour s'assurer la réalité du pouvoir dans la perspective de manœuvrer un enfant est un peu rapide. En d'autres circonstances, ils feront preuve de fidélité à l'égard de Gratien[143]. La crainte de l'attitude des armées restées en Gaule est aussi invoquée, mais justement cette armée est auprès et sous l'autorité de Gratien, que son père avait laissé à Trèves. Pour Justine et sa famille, l'intérêt est évident, aussi joue-t-elle un rôle actif[144]. Les relations souvent délicates, voire difficiles, entre une belle-mère et son beau-fils le sont a fortiori dans une famille impériale. Même si Justine, enjeu politique en elle-même, n'a pas cherché à provoquer la répudiation de la mère de Gratien, elle peut à bon droit nourrir de solides inquiétudes à l'idée de devenir la sujette de son beau-fils. Certes, Gratien au cours de son règne ne démentira pas sa réputation de gentillesse, et aussi de dévotion (contrastant sur ces deux points avec son père). Mais pouvait-on prévoir, à ce moment-là, que le pouvoir ne modifierait pas sa sympathique personnalité ?

Par ailleurs, l'ex-impératrice Marina Severa, mère de Gratien, est encore en vie à ce moment-là[145]. Même si on ignore sa position et son rôle exact, Justine et ses proches peuvent craindre qu'elle ne nourrisse quelques rancœurs à leur égard. De fait, les chroni-

142. Général qu'il ne faut pas confondre avec « le tribun Equitius auquel était alors [en 378] confié le soin du palais, et apparenté à Valens ». (Ammien Marcellin, *Histoire,* op. cit. L. XXXI-§XII, 15.)

143. Le Nain de Tillemont (op. cit. T.V note XXV, p. 723-724), corrige une transcription d'après Prosper : « Il [Gratien] avait Mérobaude pour général, et fut vaincu par trahison », ce qui n'impute pas la trahison à Mérobaude. En outre, il remarque que lors de l'usurpation de Maxime, (voir ci-après « Gratien est éliminé par le tyran Maxime »), Mérobaude, auquel Gratien avait par deux fois décerné les honneurs du consulat, en 377 et en 383, fut contraint au suicide (*Panégyrique de Théodose* par Pacatus, 28, 4.).

144. Philostorge, *Histoire ecclésiastique de Constantin à Honorius,* traduction du Président Cousin, « *ad usum delphini* », Paris, 1676, L. IX. 16 « Justine fit proclamer son fils Valentinien par l'armée qui était en Pannonie. »

145. Ammien Marcellin, *Histoire,* op. cit. L. XXVIII, 1,57 « comme il sera dit plus loin en son temps, le même Maximin, à cause de son insupportable orgueil eut la gorge tranchée sous Gratien… l'empereur, sur l'avis de sa mère… », cette phrase indique très clairement la présence et l'influence de Marina Severa dans les premiers mois du règne de son fils.

queurs nous laissent sur notre faim. Marina Severa avait quitté la scène dès l'instant de sa répudiation par son impérial époux. Dans ces moments qui suivent la mort subite d'un homme à l'autorité respectée et redoutée, les intrigues et jeux de cour, contenus depuis une décennie, ont dû se multiplier ; tenter d'en imaginer le détail relèverait du roman historique. L'examen des faits bruts, est en lui-même éclairant quant au rôle du « clan » familial de Justine. La thèse d'une prise de pouvoir par des généraux de Valentinien, profitant du bas âge de son second fils doit donc être écartée.

La villa où résidaient Justine et ses quatre enfants au moment de la mort de Valentinien n'est pas très éloignée. Valentinien y avait passé sa dernière nuit. Cerealis, frère de Justine, donc beau-frère de Valentinien, était aux côtés de celui-ci lors de son décès. Même si ses fonctions n'étaient pas éminentes, Valentinien affectant d'éviter tout favoritisme familial[146], la charge occupée par Cerealis, plus honorifique qu'opérationnelle, l'équivalent de celle de « grand écuyer », avait l'avantage de lui donner un accès permanent à son impérial beau-frère, donc une grande facilité pour faire valoir ses intérêts. Aussi, se charge-t-il du contact avec sa sœur et son jeune neveu.

Gratien, qui n'a pas été consulté (pas plus que l'oncle de Constantinople, Valens, désormais aîné des empereurs), paraît avoir accepté d'assez bonne grâce ce fait accompli. En pratique, Valentinien II, sa mère et ses sœurs, résident à Milan. L'enfant règne nominalement sur la préfecture d'Italie, c'est-à-dire l'Illyrie, l'Afrique, et l'Italie. Outre Justine, Gratien et ses conseillers paraissent quand même exercer une tutelle effective sur le jeune Valentinien. La suite des faits montre qu'un climat de confiance s'est instauré entre Justine et Gratien, ce qui laisse supposer que sa mère, Marina Severa, a bien cette fois-ci disparu de la scène[147].

L'Empire compte désormais trois empereurs, Valens, Gratien, et Valentinien II : un homme faible, un aimable jeune homme et un enfant. Trois empereurs donc, mais pas de maître. Chacun des trois sera appelé à une mort tragique.

146. L'attitude contraire sera reprochée plus tard à Théodose, par Zosime.

147. Peut-être faudrait-il aussi prendre en compte un rôle de la jeune épouse de Gratien, Constantia, elle-même apparentée à Justine.

Une exécution inexplicable et inexpliquée : la fin de Théodose *l'ancien*

Gratien, si aimable soit-il, inaugure quand même son règne par une épuration sanctionnant certains excès du règne précédent. Une exécution est très largement approuvée, celle de Maximin, ancien préfet de Rome,

> « ce farouche Maximin qui couvait les procès et, sans compréhension pour régler les différends, était à l'inverse, prompt à en livrer l'accès, a de sa chute et de sa tête payé les larmes de l'univers… Gratien remédiait ainsi aux maux de l'État et délivrait les sénateurs de la mort dont la tyrannie de Maximin les avait tous menacés[148]. »

Cette épuration comporte cependant une condamnation inexplicable, celle de Théodose l'Ancien, brillant général et comte d'Afrique. Affaire qui va prendre toute son importance et paraître d'autant plus paradoxale quand, moins de trois ans plus tard, les circonstances vont conduire Gratien à associer à l'Empire le fils du condamné. Par-delà l'exploitation facile qu'ont pu en faire certains historiens, y compris le récit d'un très édifiant baptême du condamné au pied de l'échafaud[149], il est difficile d'en cerner les motifs. Les règnes ultérieurs de son fils et de la descendance de celui-ci pourraient avoir permis d'effacer toute trace de quelque complot ou trahison qui aurait fourni une justification objective à la condamnation. Cette hypothèse ne tient pas[150], de même celle de l'application posthume d'une décision de Valentinien. Celui-ci

148. Symmaque *Correspondance*, Paris, Les Belles Lettres, 1972-1995, L.10, Ep.2 « *à Gratien Auguste* ».
Le même Maximin, en 368, avait fait mettre à mort des partisans d'Ursinus qui en 366 avaient tenté de s'opposer à la désignation de Damase comme successeur de Libère à l'évêché de Rome. Voir chap.7, note 23 sur Jérôme.

149. Orose, *Histoire contre les païens*, en particulier L.VII, 33, 7. Ce récit pourrait bien avoir inspiré le « fils de saint Louis, montez au ciel », prêté à l'abbé Edgeworth au pied de l'échafaud de Louis XVI.

150. Ni Ammien Marcellin, ni surtout Zosime qui, pour des raisons partisanes évidentes,(il est ouvertement favorable à la religion traditionnelle), est un critique systématique de Théodose, ne mentionnent cette affaire dont l'exploitation à charge leur eut été aisée.

est colérique et violent, mais il n'aurait pas donné l'ordre d'exécuter un de ses proches compagnons d'arme qui venait de pacifier sous son autorité la province d'Afrique, sans de réels et très sérieux motifs lesquels nous seraient alors parvenus.

Une telle exécution ne correspond pas à la personnalité de Gratien[151]. Son inexpérience aurait été mise à profit par une cabale de proches de l'ancien gouverneur de l'Afrique, Romanus, celui-là même dont les exactions avaient provoqué le soulèvement réprimé avec efficacité par Théodose l'Ancien. Deux faits, apparemment contradictoires, peuvent être rapprochés. Le premier, c'est la bonne qualité des relations entre Justine et Théodose. Le second, c'est que Théodose l'Ancien est exécuté en Afrique, donc dans la partie de l'Empire théoriquement dévolue à Valentinien Junior. Dans ces conditions, on peut accorder quelque crédit à ceux qui croient voir la main de Marina Severa dans cette affaire[152]. Pour celle-ci, soutenir des intrigues contre Théodose l'Ancien, c'était faire d'une pierre deux coups. D'une part, régler un compte avec un proche de Valentinien, peut-être trop proche au moment de sa répudiation, d'autre part, bien marquer à sa rivale Justine où est le pouvoir réel, y compris dans la partie dévolue à Valentinien Junior.

Cette affaire, lourde de conséquences sur le futur, reste énigmatique, mais apparaît comme une grossière erreur politique commise dans les premières semaines de son règne, par un jeune homme plein de bonne volonté, mais influençable. Ainsi qu'il a été dit plus haut, il n'est plus fait mention de l'ex-impératrice Marina Severa après ces premiers mois de règne de son fils.

Andrinople, une défaite écrasante comme un châtiment divin

Au début de l'année 378, la situation de l'Empire n'est pas dramatique, à défaut d'être tout à fait satisfaisante. Les trois empereurs cohabitent sans problème. En fait, Valens, bien que leur aîné, ne paraît pas intervenir dans les affaires de ses neveux et dans leurs rapports entre eux. Sur le front du Rhin, une incursion des

151. Certains aspects du comportement de Théodose devenu empereur, en particulier au moment de l'usurpation de Maxime, s'expliquent mieux si l'on admet qu'il gardait une sourde rancune à l'égard de son « bienfaiteur ».

152. Cf. note 145.

Alamans, facilitée par le gel du fleuve, permet à Gratien d'ajouter à ses multiples qualités les lauriers de la gloire militaire. En avril 378, plusieurs dizaines de milliers d'Alamans, aventurés dans la plaine d'Alsace, sont proprement exterminés à Argentarium, entre Strasbourg et Colmar[153].

En Orient, la situation est un peu plus difficile. Les éléments d'une crise majeure se mettent en place de façon insidieuse. Depuis 374, de nouveaux protagonistes, les Huns, ont accédé aux plaines de l'Europe centrale. Leur fracassante entrée dans l'Histoire suscite des descriptions effrayantes, voire apocalyptiques, régulièrement recopiées, quitte à être parfois anachroniques :

> « [...] ayant tous des membres fortement charpentés, la nuque épaisse, monstrueusement difformes et voûtés, au point qu'on les croirait des bêtes... s'ils ont figure humaine, toute disgracieuse qu'elle soit, on les a vu assez farouches pour n'avoir besoin ni de feu ni d'aliments assaisonnés, mais pour se nourrir de racines de plantes sauvages et de la chair demi-crue d'un bestiau quelconque qu'ils glissent entre leurs cuisses et le dos de leurs chevaux et tiédissent par un bref échauffement[154]... »

Leur origine asiatique est incontestée. Quelle fut la cause de leur migration vers l'Europe ? Un assèchement des plaines de l'Asie centrale ? L'affaiblissement momentané de l'Empire chinois divisé pour trois siècles en plusieurs royaumes, après la chute de la dynastie Han ? L'Empire romain n'est pas le seul des grands empires terrestres à subir le contrecoup direct ou indirect de ces mouvements des populations de l'Asie centrale[155]. Ce facteur contribue à

153. Voir note 104 du présent chapitre. La citation exacte d'Ammien Marcellin, *Histoire,* op. cit., XXXI, X, 4 est : « Les Lentiens [...] dans les frimas du mois de février passent le Rhin que le gel rendait praticable. » Citation reprise par Gibbon, op. cit., p. 776, « Quelques détachements qui passaient au mois de février sur les glaces du Rhin. »

154. Ammien Marcellin, *Histoire,* op. cit. XXXI, II, 2 et 3. Cette description, abondamment citée pour le pittoresque des manuels scolaires; est antérieure de près de trois quarts de siècles aux incursions d'Attila (cf. ci-après chapitre XIII, « *Les Huns et leur roi Attila* », note 643).

155. Jacques Pirenne, *Les grands courants de l'Histoire Universelle,* t. I, *Des origines à l'Islam,* Albin Michel, p. 470 : « L'effondrement de la puissance chinoise, en faisant disparaître le protectorat qu'elle exerçait sur l'Asie orientale ouvrait la voie aux Huns

une longue accalmie du front perse, les Sassanides étant confrontés au même problème.

L'arrivée des Huns provoque la destruction, en 374, du royaume goth qui s'était constitué sur l'emplacement de l'Ukraine actuelle. Les mouvements de population qui en résultent entraînent une recrudescence des incursions sur la frontière de l'Empire, notamment sur le Bas-Danube. Les Goths sollicitent alors la possibilité de s'établir dans l'Empire. Les conseillers de Valens sont partagés. Il semble que les propriétaires fonciers soucieux d'avoir du personnel pour la mise en valeur de leurs domaines aient poussé à cet établissement. Le philosophe Themistius avait déjà préconisé une politique de paix avec les Goths. Finalement, en 376, Valens accepte. À cela deux raisons : la première, l'arrivée de nouvelles populations est somme toute bien venue dans une Thrace dépeuplée ; la deuxième, l'ancienneté de la relation amicale entre les Goths et l'Empire. Cette relation s'était d'ailleurs accompagnée de l'évangélisation des Goths, entreprise et réussie par l'évêque Ulfila, (311-383), envoyé auprès d'eux par Eusèbe de Nicomédie[156] en 341, sous le règne de Constance II. Pour mieux évangéliser les Goths, Ulfila avait traduit la Bible en langue gothe. Mais à cette date, le pouvoir impérial est arianiste, aussi cette évangélisation a-t-elle converti les Goths à l'arianisme. Cette première évangélisation réussie à l'extérieur de l'Empire va donc être source de graves difficultés à long terme car, évangélisés dans les dogmes arianistes, ainsi d'ailleurs que tous les Barbares, les Goths s'y maintiendront. Quand, un peu plus tard, l'Empire va décréter religion d'État le christianisme trinitaire, selon le dogme énoncé au concile de Nicée, il en résultera un profond différend religieux avec les Barbares.

Ainsi, à un moment où les polémiques religieuses persistent dans l'Empire d'Orient, les Goths, installés en Thrace, ont la même interprétation du christianisme que l'empereur ; ils sont arianistes, et ce n'est pas le fait d'une conversion circonstancielle liée à leur installation. Toutefois, cette installation n'est ni loyale ni bien organisée.

occidentaux... poussant devant eux les Goths qui, franchissant le Danube, allèrent s'installer dans l'Empire romain et préparer sa perte... Ainsi, l'Empire romain fut profondément ébranlé par la chute de la puissance chinoise, origine directe de l'invasion des Goths. »

156. (Voir chapitre précédent). Eusèbe de Nicomédie est l'évêque arianiste qui eut l'honneur de baptiser Constantin sur son lit de mort.

La corruption, la suffisance et la mauvaise foi des fonctionnaires romains conduisent les Goths, affamés mais non désarmés, à se révolter contre leurs hôtes. Ils se soulèvent et appellent ceux de leurs compatriotes restés à l'extérieur de l'Empire. Les Romains perdent une première bataille et sont contraints d'évacuer la Thrace. Pendant ce temps, Valens est à Antioche, occupé à des préparatifs militaires contre la Perse. La Thrace est un territoire stratégique du fait de sa proximité immédiate de Constantinople. Mais Valens n'est pas trop pressé de venir défendre cette ville qui, douze années plus tôt, s'était donnée à l'usurpateur Procope[157], et qui ne partage pas ses convictions religieuses. De fait, la révolte gronde contre lui et les désordres provoqués par ses coreligionnaires. Finalement, il est obligé de revenir à Constantinople avec ses troupes pour rétablir l'ordre et mettre les Goths au pas.

Après son succès du mois d'avril contre les Alamans, Gratien qui avait prévu de joindre ses forces à celles de son oncle s'attarde en risquant quelques avancées au-delà du Rhin. Puis, alors qu'il est en route, une nouvelle incursion l'oblige à faire demi-tour, avant de repartir pour de bon pour l'Orient. Un serviteur barbare aurait surpris une conversation et se serait enfui pour prévenir ses frères au-delà du Rhin. Anecdote qui souligne le rôle d'agents de renseignement joué par les Barbares installés dans l'Empire[158]. Ces péripéties dessinent une réalité plus inquiétante, la capacité des différents peuples barbares à coordonner leurs actions contre ou vers l'Empire, quand celui-ci ne réussit pas à les manœuvrer pour les faire s'entre-tuer.

Lorsque Valens part de Constantinople à la tête de ses troupes, un solitaire, saint Isaac, l'aurait apostrophé :

> « Vous qui avez fait la guerre au vrai Dieu et qui êtes abandonné de son secours, cessez de lui faire la guerre, et il fera cesser celle que l'on vous fait. Rendez aux troupeaux leurs saints pasteurs et vous remporterez la victoire sans

157. En 364, Valens avait été peu après sa proclamation par son frère, confronté à l'usurpation de Procope. Celui-ci, cousin de Julien par la mère de ce dernier, n'était donc pas directement membre de la famille constantinienne. Il avait néanmoins profité de cette parenté impériale pour se faire proclamer à Constantinople, menaçant sérieusement Valens pendant quelques mois, jusqu'à ce qu'il soit défait, et mis à mort.

158. Ammien Marcellin, *Histoire*, op. cit, L.XXXI, X, 2 et 3.

aucune peine. Si vous livrez bataille sans l'avoir fait, vous perdrez votre armée et vous n'en reviendrez pas[159]. »

Après un tel incident, tout vieux Romain aurait été dissuadé de partir en campagne, cependant il s'agit de récits de propagande écrits après la bataille. Mais Valens se sentait sûr de lui et de ses troupes bien aguerries. La campagne débute par une série de succès ponctuels mais non négligeables, remportés par le général Sébastien dans ce qui est plutôt une guerre d'escarmouche. Au moment de la bataille décisive, la jonction avec l'armée de Gratien est proche. Valens a déjà reçu le renfort de quelques troupes occidentales commandées par Richomer mais, trop sûr de lui et de ses premiers succès, il décide[160] de livrer bataille sans attendre son neveu, pour se réserver seul la gloire d'être un nouveau Claude II[161].

Le déroulement de la bataille n'est connu que par le récit d'Ammien Marcellin[162]. L'armée romaine dispose d'une base arrière sûre avec la ville fortifiée d'Andrinople. La journée du 9 août se passe en une marche d'approche, sous une chaleur écrasante. Les Romains arrivent en vue des campements Goths, à environ quinze kilomètres au nord-est d'Andrinople, en début d'après-midi. Les Goths proposent au dernier moment une négociation, ce qui a pour effet de maintenir l'armée romaine l'arme au pied, sous un soleil de plomb. Cette offre était probablement sérieuse et fut prise comme telle par Valens qui décide l'envoi d'un émissaire. Après un refus d'Equitius qui, ayant déjà été prisonnier des Goths, ne veut pas avoir de contact avec eux, Richomer accepte. Mais, au moment où il se dirige vers l'ennemi, des archers Romains, probablement énervés par la chaleur, entament le combat sans ordre explicite de leur commandement. À l'instant où l'aile gauche des troupes romaines approche du campement des Goths et croit voir

159. Le Nain de Tillemont, *Histoire des Empereurs*, op. cit. t.V, p. 122, d'après Théodoret de Cyr et Sozomène *Histoire ecclésiastique*, op. cit. L. VI, C. 40-1, qui ont évidemment écrit cet édifiant récit après la bataille.

160. Sozomène, *Histoire ecclésiastique*, op. cit. L.VI, C. 40-2, « Valens combattit trop tôt et ne rangea pas bien ses troupes. » Libanios écrit quant à lui : « Il le fit avec plus de courage que de prudence. »

161. Claude II, vainqueur des Goths en 270, d'où son surnom de *Gothique*, voir chapitre II, note 67.

162. Ammien Marcellin, *Histoire*, op. cit. L. XXXI, § XII, 15-16.

se dessiner une victoire, un important corps de cavalerie surgit latéralement et bouscule le flanc gauche de l'armée romaine. En quelques instants le destin de la bataille bascule. L'armée romaine est enveloppée. Surpris sous une nuée de javelines, les Romains réagissent mal. La confusion tourne à la débandade générale, puis au massacre.

> «À la fin, les lignes des nôtres plient sous la poussée des Barbares et, seul secours qu'elles trouvèrent dans leur malheur, elles tournent les talons dans un sauve-qui-peut désordonné... Les Barbares, les yeux pleins de fureur, se lançaient donc aux trousses des nôtres, paralysés parce que la chaleur de leurs veines se liquéfiait[163]. »

Au soir de la bataille le bilan est écrasant pour les Romains. Sur un effectif de trente mille hommes engagés de leur côté, les deux tiers sont restés sur le champ de bataille, ainsi que plusieurs généraux dont, juste et inutile retour des choses, ceux qui avaient laissé s'engager prématurément le combat. Surtout, Valens est porté disparu ; son corps ne sera jamais retrouvé[164]. Plusieurs versions de sa mort circulent. La plus vraisemblable est qu'il est tout simplement tombé sur le champ de bataille. La plus répandue est que, blessé, il aurait été transporté dans une cabane de paysans à proximité du champ de bataille. Ensuite, les Goths dans les pillages sauvages et systématiques des campagnes environnantes

163. Ce récit d'AMMIEN MARCELLIN, *Histoire,* op. cit. L. XXXI, § XIII est exemplaire, en ce qu'il apporte une illustration presque parfaite de la théorie d'Ardant du Picq sur les batailles de l'Antiquité. Non pas une mêlée confuse multipliant les corps à corps individuels, mais plutôt une réaction de foule quand les deux armées arrivent au contact. L'une des deux, la moins disciplinée, la plus fatiguée, la moins préparée, « craque » et se débande, chaque soldat devenant vulnérable dans sa fuite, alors que les soldats poursuivants, grisés par le succès, agissent comme dans une sorte de folie meurtrière. ARDANT DU PICQ analyse le phénomène dans son ouvrage *Études sur le combat* écrit sous le Second Empire, (réédité chez Ivréa, Paris, 1999), en particulier p. 40 : « c'est presque toujours une attaque de flanc ou de queue, un effet de surprise quelconque qui gagne les batailles, surtout contre les Romains », et p. 46 : « La contagion de la fuite... et ce qui suit n'a plus besoin d'être expliqué, c'est la tuerie. » C'est ce qui explique l'aspect « tout ou rien » du nombre des victimes dans les batailles de l'Antiquité.

164. La disparition d'un souverain sur un champ de bataille, n'est pas exceptionnelle. Déjà, en 250, l'empereur Dèce, auteur d'une persécution contre les chrétiens, disparut pendant une guerre contre les Goths, englouti dans un marécage.

qui suivent leur succès inattendu auraient incendié cette cabane sans se douter qu'ils se privaient ainsi d'un précieux otage. L'image est trop belle en tout cas pour ne pas avoir tenté la propagande[165] : l'empereur hérétique brûlé vif par l'effet de la précipitation de ses vainqueurs et coreligionnaires en hérésie, instruments involontaires du châtiment de la divine Providence[166].

Un retard de Gratien est parfois invoqué pour expliquer ce désastre. En effet, la jonction des deux armées romaines aurait donné aux Romains une telle supériorité numérique que la victoire eût été assurée. Cet argument n'est pas suffisant, car la bataille est engagée alors que Valens a déjà reçu des premiers renforts de troupes occidentales qui arrivent à temps pour participer au désastre, puis en porter la nouvelle à Gratien. La cause essentielle de la défaite tient à ce que la bataille a été engagée presque accidentellement et au plus mauvais moment. À quelques dizaines de minutes près, avant ou après l'instant effectif de l'engagement, l'arrivée inopinée de la cavalerie des Wisigoths n'aurait pas eu le même effet et les Romains auraient bénéficié pleinement de leur meilleure organisation. Cependant, cette écrasante défaite, la plus grave subie par les armées romaines depuis Cannes[167], au dire des contemporains, n'a pas d'effets immédiats. La référence à Cannes est pour les Romains une façon de se rassurer. Rome a alors survécu, comme après la disparition de l'empereur Dèce, donc elle survivra encore. Les Goths qui viennent d'échapper à une bataille d'extermination, n'ont probablement ni mesuré l'ampleur de leur victoire ni été en mesure d'en tirer pleinement profit. Au lendemain de la bataille, ils échouent devant les murs d'Andrinople, où ils essuient des pertes non négligeables. Il en est de même quelques jours plus

165. Cette version des faits est citée par Ammien Marcellin, Zosime, Orose, et Sozomène.

166. Dans *What if,* (Mac Millan éd., Londres, 2000), des historiens militaires anglais imaginent ce qu'aurait pu être le destin de l'humanité si certaines grandes batailles avaient eu une conclusion différente. Andrinople fait partie des trente batailles étudiées. La tonalité vindicative de la plupart des historiens ecclésiastiques illustre clairement la virulence du débat entre arianistes et nicéens. Dans ce débat, le destin de l'Empire apparaît presque secondaire, face à la satisfaction que les nicéens éprouvent à la défaite de Valens. La plus que fâcheuse expression « divine surprise », employée par l'extrême-droite française lors du désastre de 1940 montre qu'un tel comportement n'est pas l'apanage de l'Antiquité romaine.

167. Ammien Marcellin, *Histoire,* op. cit. L. XXXI § XIII.19 : « Dans nos annales, à part la bataille de Cannes, on ne vit aucune affaire, menée à ce point jusqu'à l'extermination. »

tard quand ils se livrent à une vaine démonstration sous les murs de Constantinople[168].

La veuve de Valens, l'impératrice Domnica, accusée par ailleurs d'avoir entraîné Valens dans les chemins de l'hérésie, apparaît une dernière fois dans l'Histoire en organisant cette résistance. Elle mobilise des supplétifs sarrasins, plus barbares que les barbares.

> «Un détachement de Sarrasins... plus aptes à la rapine des attaques par surprise qu'aux combats de voltigeurs, avaient été récemment appelés en ce lieu : ayant vu surgir à l'improviste une bande de barbares, ils se jetèrent hardiment hors de la cité pour se mesurer à eux... la troupe orientale finit par l'emporter par un trait extraordinaire et jamais vu jusque-là. Sortant en effet de ses rangs, un soldat aux longs cheveux, entièrement nu sauf le bas-ventre, poussant un hurlement rauque et lugubre, dégaina son poignard, s'enfonça au milieu de la colonne des Goths et, ayant tué un ennemi, il colla ses lèvres contre sa gorge et suça longuement le sang qui s'écoulait [169].»

Le seul enfant mâle de Valens, Valentinien Galate, étant mort quelques années plus tôt, encore dans l'enfance[170], Gratien et Valentinien Junior sont désormais les seuls empereurs[171]. La famille impériale se réduit donc à un jeune homme de dix-neuf ans, et son demi-frère de sept ans, confrontés à une très grave crise militaire. L'Empire d'Orient, héritage de Valens, est pour le moins compromis. Les conséquences immédiates d'Andrinople sont militaires. C'est la première fois qu'une armée romaine est écrasée en rase campagne par des Barbares. Les Romains avaient jusqu'alors

---

168. Trente-deux ans plus tard, les Wisigoths d'Alaric finirent par prendre la ville de Rome, ce qui fait écrire à Chateaubriand dans les *Études Historiques*, op. cit. cette belle formule : « Ils virent Constantinople, ils prirent Rome. »

169. Ammien Marcellin, *Histoire,* op. cit. L. XXXI § XVI, 5 et 6.

170. Voir au chapitre V « l'empereur Valentinien Ier et sa famille » et le tableau généalogique n°4, consacré à « la famille de l'empereur Valens ».

171. Voir dans le *Code Théodosien* ; Gratien, Auguste depuis 367, étant désormais l'aîné, est le premier dans l'ordre de promulgation des lois. Toutefois, au lendemain du désastre, l'activité législative est suspendue et elle ne reprendra vraiment qu'après l'association de Théodose.

toujours bénéficié d'une avance en matière stratégique et organisationnelle, combinée à la qualité supérieure des armements issus de leurs arsenaux. L'impact psychologique de ce désastre est énorme car il inverse les rapports de crainte entre Romains et Barbares au détriment des Romains. Désormais, des Barbares devenus hostiles et sûrs d'eux campent avec arrogance au cœur de l'Empire.

> « Un prince goth disait en raillant, qu'il admirait l'impudence des Romains, de ce qu'ils ne voulaient pas leur céder ces provinces, mais espéraient encore de vaincre, eux qui se laissaient égorger comme des moutons ; que pour lui il avait souvent été las de ne faire autre chose que tuer[172]. »

La mort de Valens a également d'importantes conséquences politiques et religieuses. À l'intérieur de l'Empire, l'arianisme politique perd son principal soutien. Il survit à la cour de Milan par l'influence de l'impératrice Justine, mais n'est plus une force politique. Un infranchissable fossé religieux va se creuser entre les Barbares et l'Empire, facteur supplémentaire de complication de leurs rapports. Il ne faut pas s'y tromper. Le premier acte de Gratien est, depuis Sirmium[173], la promulgation, au nom des deux empereurs, d'une loi en faveur des chrétiens nicéens[174], ce qui lui vaudra d'être appelé par saint Ambroise, le « très chrétien[175]. »

---

172. Le Nain de Tillemont, *Histoire des empereurs*, op. cit. t. V, p. 152, d'après saint Jean Chrysostome.

173. Aujourd'hui Sirmich ou Mitrowitz, sur la Save, à 60 km à l'ouest de Belgrade.

174. Cette loi n'est pas reprise dans le *Code Théodosien*, car elle fut remplacée et complétée dès l'année suivante par la loi C. Th. XVI 5.5., datée du 20 août 379, à Milan, et contresignée de Théodose. Son texte se termine par la formulation suivante : « Le rescrit promulgué récemment à Sirmium est annulé, et il en reste seulement les dispositions relatives à la doctrine Catholique qui furent prises par Nos pères de mémoire éternelle et que Nous-mêmes commandons par des actes multiples, qui survivront éternellement. » Le Nain de Tillemont commente ainsi : « s'il condamne par la loi le faux zèle de son oncle pour l'arianisme, il ne laissa pas de tâcher à venger son sang. »

175. Cité par Chateaubriand *Études historiques*, op. cit. p. 255. Désignation reprise bien des siècles plus tard pour désigner les rois de France, alors que les rois d'Espagne sont les « rois catholiques ».

Chapitre IV

Théodose Ier, l'empereur d'Orient (10 août 378, 19 janvier 379, juin 388)

Théodose ne sollicite point la puissance : il n'eut pour intrigue que sa renommée, pour protecteurs que la nécessité. Il s'était exilé, fils d'un père injustement décapité ; il désirait paix et peu, et il eut guerre et richesse.

Chateaubriand[176]

Théodose crut que la République, ébranlée par la colère de Dieu, serait restaurée par la miséricorde de Dieu.

Orose[177]

Rappel et proclamation de Théodose

Au lendemain du désastre d'Andrinople, l'Empire coupé en deux, l'Illyrie « infestée » de Goths, Gratien et son jeune frère Valentinien (ou plutôt sa mère Justine qui gouverne en son nom), sont confrontés à une crise majeure. Autant le problème est simple à poser, autant sa solution est délicate. Choisir un nouvel associé pour remplacer leur oncle Valens et partager le fardeau (c'est le principe de tous les partages de l'Empire), à charge pour celui-ci de régler le problème des Goths, est la solution de bon sens qui s'impose. La mise en œuvre est difficile, sinon épineuse, car la composition de la famille impériale ne permet pas d'y trouver cet associé.

Dès la fin de l'été 378, Gratien décide le rappel de Théodose,

> « qui n'était pas moins recommandable par l'éclat de ses vertus que par le mérite de ses ancêtres. Il demeurait alors en Espagne, lieu de sa naissance et de son éducation, pour éviter les effets de la jalousie[178] ».

176. *Études Historiques; troisième discours sur la chute de l'Empire romain*, p. 255, éd. Lefebvre, Paris, 1838.

177. Orose, *Histoires contre les païens*, op. cit. L.VII, 34, 5.

178. Théodoret de Cyr, *Histoire ecclésiastique*, op. cit. L.V Ch. V.

Après avoir exercé avec distinction des commandements militaires aux côtés de son père, puis seul en Moesie en 374, l'exécution de son père en 376, l'avait déterminé à quitter l'armée pour vivre retiré dans ses domaines de Cauca, au nord de l'Espagne, aux confins de la Galice et de la Tarraconaise. Il mène là une vie édifiante consacrée à la gestion de ses domaines agricoles. Il prend même le temps de se marier avec Aelia Flacilla qui lui donne un premier fils, Arcadius né vers la fin de 377.

Dans un premier temps, Théodose s'est vu confier un simple commandement militaire. Il n'est pas à exclure qu'ensuite l'armée, satisfaite d'avoir à sa tête en cette période difficile un vrai chef qui venait de remporter quelques succès contre les Goths, ait un peu forcé la main de Gratien. Les historiens soucieux de se faire bien voir de la nouvelle dynastie ont surtout mis en avant les immenses vertus du personnage, disons même du héros, dont le choix, allant de soi, s'imposait de façon naturelle.

Le 19 janvier 379, Gratien procède à la proclamation de son nouvel associé devant les troupes réunies à Sirmium. Il attribue à son collègue l'ancienne préfecture d'Orient antérieurement dévolue à Valens. Savoir si les diocèses de Dacie et de Macédoine (l'Illyrie orientale), territoires sous la souveraineté théorique de Valentinien II, mais alors envahis par les Goths, sont en outre attribués à Théodose, est discuté[179] ; c'est un point important. À partir de la répartition décidée en 364 par Valentinien, deux tiers à l'Occident, un tiers à l'Orient, y a-t-il eu des étapes vers le rééquilibrage du partage de 395, en deux moitiés voulues alors égales ? Si Thessalonique, Goths obligent, est en 379 la capitale provisoire de Théodose, cette ville, et toute l'Achaïe, paraît bien être revenue sous la souveraineté de Valentinien II dès septembre 380, sans qu'il y ait eu modification des découpages antérieurs. La création d'une quatrième préfecture du prétoire, celle de l'Illyrie, par division de la préfecture d'Italie, n'a lieu qu'en 395 pour rééquilibrer les deux parties de l'Empire.

179. Voir carte en annexe, p. 418.

Le rôle d'Ausone

Le choix de Théodose comme nouvel associé peut paraître surprenant. La victoire de Colmar montre que Gratien disposait de bons généraux. (A contrario le désastre d'Andrinople peut laisser supposer que les généraux d'Orient étaient moins bons). Pourquoi le choix de l'exilé volontaire, fils du condamné de 376? Moins de trois ans après la mort de son impérial époux, cette femme subtile qu'était Justine avait réussi à gagner la confiance de son beau-fils, au point de devenir auprès de lui une conseillère écoutée et entendue. Il est donc probable qu'elle a joué un rôle dans le choix de Théodose. Ses motivations sont à rechercher dans une proximité relationnelle, sinon familiale, avec Théodose, et peut-être aussi dans sa volonté d'ouvrir le jeu par rapport aux autres généraux, évitant ainsi une trop grande dépendance de la dynastie dans une période de grande vulnérabilité.

Cependant, d'autres influences ont pu jouer pour déterminer le choix retenu par Gratien, en particulier celle d'Ausone, son ancien précepteur. Gratien avait un profond respect pour son maître. Devenu empereur, il le comble d'honneur et surtout de fonctions. Cependant, la première promotion d'Ausone est la préfecture d'Italie en 377, donc la partie centrale de l'Empire, Italie, Balkans, Afrique du Nord jusqu'à la Tripolitaine, dévolue à Valentinien II, ce qui suppose de bonnes relations avec l'impératrice Justine[180]. Puis il est nommé préfet des Gaules en 378, donc cette fois-ci chez Gratien, et enfin, honneur suprême, consul en 379 et même consul prior. L'autre consul, nommé au titre de l'Orient, est un personnage considérable, Clodius Hermogenius Olybrius, dont un descendant sera même plus tard, en 472, un des derniers et brefs empereurs d'Occident, de plus allié à la famille théodosienne[181]. Mais le reste de la famille Ausone est également appelé à de hautes fonctions. On peut ironiser sur la nomination de son père, préfet

180. Ce fait contribue peut-être à éclairer un peu plus un point d'histoire encore discuté, même s'il est généralement admis aujourd'hui que Justine était la petite fille de Julius-Constance, un de ces demi-frères de Constantin. Or, ceux-ci exilés à Toulouse, avaient eu pour professeur Arborius, l'oncle maternel d'Ausone, appelé ensuite à la cour de Constantinople.

181. Voir au chapitre XV « L'empereur Anicius Olybrius, un retour bref, mais ambigu de la famille théodosienne ».

d'Illyrie à 89 ans, mais en fait il ne s'agit que d'une subdivision de la préfecture d'Italie qui se met en place à ce moment-là. Son fils Hespérius lui succède dans ses deux préfectures après avoir été proconsul d'Afrique, où lui succède son gendre Thalassius.

L'examen détaillé des nominations montre également une étroite imbrication avec la belle-famille du futur empereur Théodose. Antonius, le beau-père de celui-ci, succède à Ausone à la préfecture des Gaules, Eucherius, oncle paternel de Théodose, est quant à lui nommé comte des largesses sacrées en 377. Un examen méticuleux montre d'autres liens plus subtils, par exemple le légat d'Hespérius en Afrique, Mucius Rufinus, est apparenté aux Théodose. Ce jeu de nominations, antérieur au retour en grâce du futur empereur, montre une liaison étroite; un lien familial entre Ausone et la belle-famille de Théodose n'est pas à exclure, par la grand-mère maternelle d'Ausone, la « Maure », sachant qu'Antonius est apparenté à des familles princières des royaumes Maures d'Afrique.

Curieusement, les positions religieuses d'Ausone sont parfois discutées. Le Nain de Tillemont conclut le chapitre consacré au règne de Gratien par trois pages sur Ausone. Il était janséniste, donc le poème consacré à la voluptueuse esclave Suève et l'érudition leste ne lui agréaient guère, aussi conclut-il: « Il semble bien qu'il fut chrétien, mais il serait à souhaiter pour l'honneur du christianisme qu'il eut été plutôt payen. » Cette méprise tient à ce qu'Ausone est représentatif de cette élite intellectuelle qui transforme la religion traditionnelle en élément culturel[182].

Plusieurs éléments confirment cependant le christianisme d'Ausone. Le premier est l'opinion des contemporains: même s'il avait de bonnes relations avec Symmaque, figure des milieux sénatoriaux attachés à la religion traditionnelle, ses relations étroites avec la famille de Théodose sont un excellent indicateur, de même la façon dont les historiens « non-chrétiens », Ammien Marcellin et Zosime, évitent de le nommer tout en l'épinglant par allusion. Ammien Marcellin fait un portrait élogieux de Gratien qu'il tempère par la phrase finale: « ... si sa nature se laissant aller

182. Expression employée dans « *Chrétiens persécuteurs, destructions, exclusions, violences religieuses au IVe siècle* », page 29, ouvrage collectif, sous la direction de madame Marie-Françoise BASLEZ, Albin Michel, Paris, 2014.

à des occupations dérisoires avec l'aval de son entourage le plus proche ne s'était détournée vers de vaines passions. » L'assassinat de Gratien fut « justifié » par le fait qu'il passait trop de temps à la chasse.

Les écrits d'Ausone sont clairs. Dans une lettre à Paulus, il rappelle qu'il doit quitter la Saintonge pour Bordeaux « car les fêtes prochaines de Pâques ne permettent pas à mon oisiveté de s'attarder ici [en Saintonge][183]. » Surtout, le texte des Vers pour Pâques[184] est très politique et anticipe sur la politique de Théodose. Il assimile les trois empereurs (à ce moment-là Valentinien Ier, Valens et Gratien) à une « Sainte Trinité », en des termes que saint Pierre Chrysologue reprendra presque mot à mot trois quarts de siècle plus tard pour désigner Galla Placidia, Valentinien III et Honoria[185] :

> « Croire à 3 issus d'un seul, c'est l'espoir aussi du salut pour qui confesse ce nombre en y ajoutant la vertu... L'empereur père, créateur de deux empereurs, embrassant son frère et son fils dans une pieuse puissance, partage une seule royauté sous la divinité. »

Au moment où le débat entre ariens et trinitaires est crucial quant à ses implications politiques, la position trinitaire d'Ausone est claire. Dans le contexte de l'époque, il fait même figure de précurseur.

Dans un souci d'exhaustivité il convient de regarder les textes promulgués quand Ausone était aux affaires. En pratique, plus d'une vingtaine de lois du règne de Gratien portent sa marque et sont adressées à des proches soit de sa famille soit de la belle-famille du futur empereur Théodose. Parmi celles-ci, deux lois adressées à son fils Hespérius, lui-même préfet du prétoire, les lois C. Th.16.5.4 et 16. 5. 5 (avril 376), visent à interdire les cultes

---

183. Éd. par R.P.H.Green Clarendon Press-Oxford, 1991, « *XXVII Epistolae, 2 Ausonius Paulo* », p. 193.

184. Éd. par R.P.H.Green Clarendon Press-Oxford, 1991, « *Versus paschales pro augusti dicti* », p. 15.

185. Voir chapitre XIII, § « Où l'on prête à la princesse Honoria une entrée remarquée dans l'Histoire », « la sainte trinité constituée par Galla Placidia et ses deux enfants » et la note 632.

traditionnels, la loi C. Th. 16. 6. 2 (octobre 377) concerne les donatistes. Par ailleurs, on peut relever avec amusement une des premières lois promulguées par Gratien, la loi C. Th.13. 3. 11 du 22 avril 376 sur le statut des professeurs d'université, qui prévoit comme par hasard une majoration de rémunération pour ceux qui résident à Trèves. Plus important, la loi C. Th. 1. 15. 7 sur « La fonction de vicaire », adressée à Antonius alors préfet des Gaules, pour bien séparer la fonction civile du « vicaire » de la fonction militaire du « comte », et réaffirmer la primauté du civil sur le militaire. Mais aussi, l'assouplissement des peines par exemple, sujet sensible chez les Romains en matière de faux testaments, ou encore l'interdiction de la torture contre les débiteurs en faute, loi C. Th. 9. 35. 2 de septembre 377. Enfin la loi 16. 1. 2 du 28 février 380 qui institue la religion catholique religion d'État (remplaçant et complétant une loi de Gratien du 20 août 379), même si elle est promulguée par Théodose, associe Gratien à un moment où Ausone est encore aux affaires (voir ci-après, dans ce chapitre le § « La religion catholique devient religion d'État »).

Les deux orientations politiques majeures de Théodose

Les premières décisions d'un règne en donnent le ton à venir. L'empereur inattendu qu'est Théodose, confronté à une situation critique prend très vite deux décisions qui vont marquer le dernier siècle de l'Empire romain.

Depuis Thessalonique, base arrière transformée en capitale provisoire, hors de la part qui lui est attribuée, il applique avec efficacité le vieil adage romain *divide ut imperes*[186]. Une partie des Goths est intégrée à l'Empire et à l'armée, afin de combattre les autres. Cette volonté politique d'assimiler, malgré Andrinople, une partie importante des Goths, reprend donc la politique d'intégration des Goths dans l'Empire tentée par Valens, avec une mise en œuvre pour le moins maladroite. Après quelques péripéties, le traité de 382 donne aux Wisigoths le statut de fédérés, en contrepartie d'une aide militaire.

Mais, ce traité diffère fondamentalement des traités antérieurs avec des peuples fédérés. Pour la première fois de l'histoire

186. Diviser pour régner.

romaine, un tel traité est passé avec des Barbares installés à l'intérieur de l'Empire dont la présence imposée est ainsi reconnue et acceptée. Le statut de fédérés ne fait pas des Wisigoths des sujets ou des citoyens de l'Empire. Ils restent des ressortissants étrangers, appartenant à un État lié par traité à l'Empire. Ils conservent leur organisation antérieure, sans être individuellement dispersés dans l'Empire.

À long terme cette décision va s'avérer très lourde de conséquences. Ce point n'a pas échappé aux contemporains. Ainsi, Ammien Marcellin rend hommage « à l'efficacité aussi salutaire qu'expéditive de Julius, maître de milice [187]» qui au lendemain d'Andrinople fit mettre à mort tous les Goths dispersés, antérieurement admis dans les provinces de l'Orient. Il suggère ainsi qu'une autre politique que celle de Théodose était possible, l'Empire ayant encore les moyens d'une élimination pure et simple des Goths.

En 380, Gratien envoie à Théodose des renforts, commandés par deux généraux d'origine franque, Bauto et Arbogast, lesquels sont appelés à jouer un grand rôle par la suite. Cet envoi de renforts de l'Occident vers l'Orient est la dernière manifestation dans l'histoire romaine d'une supériorité militaire de l'Occident.

La seconde décision marquante de Théodose est religieuse. Dès son installation, Théodose montre un véritable activisme en la matière. Il en fait une priorité, comme s'il était persuadé que le désastre d'Andrinople était la punition des penchants hérétiques de son prédécesseur. Cette politique religieuse va engager l'Empire romain jusqu'à son terme, voire le monde occidental jusqu'à nos jours.

La question religieuse au IVe siècle

La « paix de l'Église » et les premiers problèmes

L'émergence du christianisme dans l'Empire romain au début du IVe siècle est un des faits majeurs de l'Histoire[188]. Faire un point sur

187. Ammien Marcellin, *Histoire,* op. cit. L.XXXI, 16, 8.

188. Voir l'ouvrage de Paul Veyne « *Quand notre monde est devenu chrétien (312-394)* », Albin Michel, Paris, 2007.

la question religieuse au moment où Théodose devient empereur aidera à comprendre l'importance de ses options religieuses.

La « dixième » persécution, lancée par Dioclétien à partir de 303, ne fut pas la moins cruelle, en tout cas ce fut la plus systématique, mais ce fut la dernière. Lors d'une entrevue à Milan en février 313, Constantin et Licinius prennent la décision conjointe d'appliquer un édit pris par Galère en avril 311, peu avant sa mort survenue le 5 mai. Cette décision, improprement appelée « Édit de Milan », met un terme aux persécutions, et autorise le libre exercice du culte chrétien. Le texte qui nous est parvenu n'est en fait que celui d'une instruction d'application adressée au préfet d'Orient, datée du 13 juin 313[189]. Désormais, le christianisme s'exprime au grand jour et entre dans une nouvelle ère usuellement appelée « la paix de l'Église ». Ce rescrit reste néanmoins connu sous le nom « d'Édit de Milan ». Il interprète de façon libérale l'édit de Galère en faveur des chrétiens : « Chacun peut adorer à sa mode ce qu'il réside de divin dans les cieux. » Ce texte de tolérance générale s'inscrit dans l'exact prolongement d'une tradition romaine constante en matière religieuse, à laquelle justement le christianisme fait exception.

Le nombre de chrétiens est alors estimé à environ dix à quinze pour cent de la population totale. Cette proportion augmente ensuite rapidement, moins du fait de l'arrêt des persécutions et de la liberté de culte, que par l'effet du suivisme opportuniste suscité par l'engagement personnel de Constantin. Cette émergence du christianisme qui passe en quelques années des persécutions au statut de religion d'État, s'accompagne de redoutables problèmes théologiques qui n'étaient pas forcément prévisibles. Ceux-ci tiennent tout à la fois à la volonté du pouvoir impérial d'utiliser la religion chrétienne et à la subtilité raisonneuse de la pensée gréco-romaine appliquée à l'apparente simplicité du message évangélique dont la plasticité ouvre de larges champs d'interprétation.

Les contemporains ont très tôt remarqué, sinon souligné, que dès l'instant où les chrétiens ont cessé d'être persécutés, ils sont volontiers devenus persécuteurs[190]. Ceux-ci ont immédiatement

---

189. Ce texte ne figure pas dans le *Code Théodosien* (voir chapitre XIII) lequel ne reprend que les lois postérieures à 313.

190. Voir ci-après le texte d'Ammien Marcellin cité en note 200.

ouvert deux fronts, un front externe contre les religions traditionnelles, visant à leur disparition pure et simple et un front interne, à multiples facettes composées de ces infinies variantes interprétatives du message évangélique. Parmi celles-ci, l'arianisme pose un problème majeur, celui de la divinité du Christ. Le débat théologique entre arianistes et nicéens va durer des siècles et avoir des conséquences politiques considérables pour toute la période qui nous occupe (et bien au-delà, voire jusqu'à nos jours). Dans la plupart des autres cas, ces multiples hérésies ou schismes ont un caractère et un effet seulement régional. Cependant, l'effet centrifuge des troubles qui en résultent a fini par nuire à la cohérence de l'Empire. C'est le cas du donatisme dans la province d'Afrique.

Lors de sa « conversion », Constantin n'avait probablement pas envisagé l'éventualité, la complexité et aussi la virulence de ces débats. Les arbitrages internes aux chrétiens posaient d'abord un problème de procédure. Quelle est l'autorité investie du pouvoir de trancher le débat et de dire la vraie doctrine ? Que devait faire le pouvoir impérial, lui-même déjà investi dans la religion traditionnelle de l'autorité suprême du Grand Pontificat, donc extérieure au christianisme ? L'empereur tranche donc les débats théologiques, convoque les conciles, et les préside en personne ou par un délégué.

L'élimination des religions traditionnelles fut en fait très progressive. Constantin confirme, certes, un engagement chrétien par son baptême *in articulo mortis*. Mais sa conversion, acte personnel, ne met pas en cause la liberté religieuse de ses sujets. Il conserve son titre de *pontifex maximus* et respecte les rituels traditionnels. Lors de la fondation de Constantinople, tel Romulus, il délimite le pourtour de la nouvelle ville d'un sillon symbolique tracé avec une charrue guidée de ses impériales mains[191].

Ainsi, il n'est alors en rien porté atteinte aux religions traditionnelles. Tout au plus, certaines lois susceptibles de gêner les chrétiens, par exemple les lois d'Auguste réprimant le célibat, sont abrogées. Le règne de Constantin est donc une période de liberté

191. Les travaux commencent dès l'automne de 324, après la victoire sur Licinius. La dédicace de la nouvelle ville a lieu le 11 mai 330. Les travaux se poursuivent jusqu'en 336, peu avant la mort de Constantin dans le palais de Nicomédie.

religieuse dont le christianisme profite du fait de sa dynamique antérieure, renforcée par l'exemple de l'engagement personnel de l'Empereur.

Les choses changent avec ses fils Constant et Constance II. Ceux-ci s'attaquent aux religions traditionnelles[192], dont la persistance dans les campagnes est plus marquée dans un Occident moins urbanisé que l'Orient. La diffusion plus tardive du christianisme en Occident tient également à une plus grande distance géographique de la souche originelle de la nouvelle religion. L'origine du mot « paganisme » montre l'existence, dans les couches les plus simples et les moins évoluées d'une population, d'une forme d'attachement par habitude à la tradition religieuse. Dans les milieux urbanisés et plus évolués, il est alors de bon ton de mépriser et d'assimiler à de la superstition cette forme de religiosité qui finit d'ailleurs par s'effriter petit à petit avec les progrès de la nouvelle religion. À l'opposé, il existe une forme intellectuelle d'attachement aux religions traditionnelles que l'on trouve tout particulièrement dans l'élite romaine et dans les milieux philosophiques hellénisés des grandes villes de l'Orient[193]. La législation religieuse de l'Empire est codifiée au livre XVI du *Code Théodosien*. Son analyse permet d'établir une chronologie des mesures prises par les empereurs. L'interdiction des sacrifices est décidée dès 341. Cette mesure est renouvelée par une loi du 20 février 356 qui ajoute l'interdiction de vénérer les idoles[194]. Puis, le 1er décembre de la même année, les temples sont fermés, leur accès interdit, et leurs biens saisis.

192. L'expression « religion traditionnelle » est plus neutre que l'emploi du mot « paganisme ». En effet, les chrétiens emploient ce mot dérivé de « *pagus* », un terroir, un canton rural (d'où par extension, en français les mots pays, paysage et paysan), pour désigner par dérision les religions traditionnelles. Celles-ci ne peuvent être que ridicules et rétrogrades, pratiquées par les gens des campagnes reculées vivant loin de la vraie civilisation dans une obscurité que n'éclaire pas la Divine Révélation réservée aux populations urbaines dont l'évangélisation est facilitée par la concentration. L'emploi du mot « *paganus* » dans un sens religieux péjoratif apparaît dès le IIIe siècle dans les écrits du polémiste chrétien Tertullien. Par extension, le terme recouvre de façon générique les autres religions orientales concurrentes, culte de Mithra, mais aussi « *sol invictus* ».

193. Cf. *La crise de l'Empire romain* de Roger RÉMONDON P.U.F., p 161 où sont clairement distingués « un paganisme d'habitude et un paganisme de conviction », distinction d'autant plus intéressante qu'au fond elle ne s'applique pas qu'à la religion romaine traditionnelle…

194. Cf. C.Th.16.10.6., cette loi de Constance II prévoit la peine capitale pour ceux qui sacrifient aux idoles ; elle est cosignée par Julien César qui, cinq ans plus tard, devenu seul

La crise majeure que traverse le christianisme dès la fin des persécutions et son expression au grand jour porte sur un point d'interprétation du dogme qui s'avère fondamental. Arius, le prêtre d'Alexandrie qui a soulevé le problème, lui a donné son nom. De quoi s'agit-il? L'affirmation, en apparence simple voire évidente, du principe de l'unicité stricte de Dieu[195] conduit à se poser la question de la nature divine ou non du Christ. À partir du moment où la divinité du Christ est incontestable, l'unicité de Dieu conduit à la question subtile de savoir si le Christ avait été créé par Dieu ou s'il était Dieu lui-même. La thèse d'Arius selon laquelle la préexistence du Christ n'empêche pas qu'il ait été créé, fut présentée par ses adversaires comme portant atteinte à sa divinité. Mais le strict principe de l'unicité de Dieu a l'avantage d'une compréhension plus aisée. La volonté de réfuter les thèses d'Arius conduira à deux reprises au cours du ve siècle à l'apparition dans l'Empire d'Orient d'hérésies « inverses », le nestorianisme et le monophysisme[196]. Les débats « christologiques » vont persister pendant tout le ve siècle et au-delà.

Du bon usage politique du christianisme

Constatant l'effervescence et les disputes du monde chrétien autour des thèses d'Arius, Constantin avait décidé de faire trancher la question par la réunion en mai 325, dans son palais de Nicée, du premier concile œcuménique (puisque rassemblant tous les évêques de la chrétienté). Il préside en personne la séance d'ouverture, avec à ses côtés l'évêque Osius de Cordoue qui a la direction effective des débats. Après quelques semaines, il est décidé, à une large majorité, notamment sous l'influence des évêques d'Occident, que

empereur, s'empressera de rétablir la liberté de culte.

195. Ce que l'on retrouve aussi bien dans le judaïsme que dans l'islam. Le Coran réaffirme l'unicité de Dieu dans de nombreux versets, par exemple: « Il n'y a de Dieu que Dieu » (Sourate III, verset 62), « Il n'y a de Dieu que lui » (Sourate II, verset 255 et Sourate III, verset 18), et enfin « Votre Dieu est un Dieu unique! Il n'y a de Dieu que lui » (Sourate II, verset 163).

196. Voir chapitres XII et XIII.

le Fils consubstantiel au Père, avait été (tout au plus) « engendré, mais non créé[197] », donc préexistait de toute éternité.

De nombreux historiens occultent avec habileté, le plus souvent par omission, le fait que, peu après le concile de Nicée, Constantin a adhéré aux thèses arianistes[198]. Si personne ne nie qu'un évêque arianiste l'a baptisé sur son lit de mort, ce fait est présenté de façon anodine et circonstancielle : au moment où Constantin mourant décide de se faire baptiser, par une sorte de hasard malencontreux, un évêque arianiste passait par là… En fait, cet évêque, Eusèbe de Nicomédie, était auprès de lui depuis 326, date de son retour aux thèses arianistes. Après lui, son fils Constance II se montre un arianiste militant. L'empereur, représentant de Dieu sur terre, est le chef suprême de l'Église. Constance II l'exprime avec force. Il convoque les conciles. Encore aujourd'hui certains historiens ont de curieuses contorsions de plume, l'usage par exemple de l'expression « césaro-papisme » pour éviter le mot d'arianisme, quant à ses positions religieuses.

Par un curieux paradoxe, l'« Apostat » Julien, en rétablissant la liberté de culte, sauve les Nicéens[199] qui se gardent bien de lui reconnaître ce mérite. Ses commentaires religieux sont, il est vrai, d'une ironie cinglante et condescendante, difficile à pardonner pour ceux qui en sont l'objet. En outre, il ne cache pas ses arrière-pensées en rétablissant la liberté religieuse, car « il savait par expérience qu'il n'est pas de bêtes sauvages plus ennemies des hommes que le sont la plupart du temps les chrétiens, animés par des haines mortelles[200]. » Les successeurs de Julien, Jovien puis Valentinien et

---

197. Le Coran est très clair sur ce point :
« Oui, il en est de Jésus comme d'Adam auprès de Dieu, Dieu l'a créé de terre, puis il lui a dit : "sois", et il est. » (Sourate III, verset 59).

198. SOZOMÈNE écrit dans son *Histoire ecclésiastique*, op. cit. (L.II.21.7) : « Tout cela était extrêmement pénible à l'empereur, car il avait pensé que ces sortes de disputes prendraient fin avec le concile de Nicée, et contre son attente, il les voyait suscitées de nouveau. »

199. Sous Constance II, le clergé notabilisé est très certainement dominé par les arianistes. Deux pôles de résistance à l'arianisme subsistent, le premier en Égypte, avec Athanase, le second en Gaule avec Hilaire de Poitiers.

200. AMMIEN MARCELLIN, *Histoire*, op. cit. XXII.V.4.
Cette arrière-pensée ouvertement affichée fait que certains auteurs chrétiens assimilent le retour à la liberté religieuse sous le règne de Julien à une nouvelle persécution, la onzième !

Valens, derechef chrétiens, rétablissent ceux-ci dans leur position antérieure, sans intervenir, à l'exception de Valens, dans les débats internes.

La religion catholique devient religion d'État

Dans un premier temps, l'initiative en matière de législation religieuse vient de Gratien. La position personnelle de Théodose n'apparaît pas. Néanmoins, il est sûr qu'il n'a jamais porté le titre de « Grand Pontife ». Jusqu'alors les empereurs chrétiens avaient conservé leur fonction de « Grand Pontife » qui les consacrait chefs de la religion traditionnelle. Gratien est le premier à avoir refusé d'exercer cette fonction. Lors de sa visite à Rome en 379, il avait repoussé les insignes et la tenue de « Grand Pontife » qui lui avaient été présentés. Au cours de cette même visite à Rome, il fait enlever de la salle des séances du Sénat, la statue de la déesse des Victoires, déjà retirée lors de la venue à Rome de Constance II en 352, mais rétablie par Julien[201]. Cette désacralisation de la fonction impériale est une étape majeure de l'histoire de l'Occident.

Par la loi du 28 février 380, adressée depuis Thessalonique au peuple de Constantinople, Théodose va plus loin que la simple reprise des dispositions promulguées par Gratien le 20 août 379. Il décrète la religion catholique seule religion d'État :

> « C'est Notre volonté que tous les peuples qui sont soumis à l'administration de Notre Clémence pratiquent la religion que le divin Apôtre Pierre a transmise aux Romains... la religion qui est suivie par le Pontife Damase et Pierre évêque d'Alexandrie... nous croirons en la seule Divinité du Père, du Fils et de l'Esprit Saint, sous la notion d'égale majesté et de Sainte Trinité... Nous commandons que les personnes qui suivent cette règle embrassent le nom de Chrétiens Catholiques. »

Cette loi fondamentale sera codifiée, en C. Th. 16. 1. 2, puis placée en tête du *Code Justinien* qui en reprend exactement les

201. Lors de son séjour à Rome en 391, Théodose refuse de rétablir cette statue (voir chapitre VI « Théodose régent de l'Occident »).

termes, C. J. 1.1.1. Ici, le mot « catholique » doit être pris dans son sens premier, « universel ».

Vers la fin de 380, la santé de Théodose est menacée par une grave maladie. Gratien, inquiet, quitte la Gaule pour se rapprocher de l'Orient. Théodose guérit et se fait baptiser dans la religion catholique par l'évêque de Thessalonique. Peu après, fin novembre, il fait son entrée triomphale à Constantinople, capitale de son Empire. Pour mettre de l'ordre dans les disputes qui persistaient au sein de l'Église, il convoque à Constantinople au mois de mai 381 le deuxième concile œcuménique qui confirme celui de Nicée et la loi de Théodose. Le Père et le Fils sont donc bien consubstantiels.

De l'intérêt politique du dogme de Nicée

Au début de 383, les relations entre les deux cours se rafraîchissent. Théodose se sent assez solide sur son trône pour décider seul de la dévolution future de sa succession. Lors de l'entrée dans la cinquième année de son règne, il procède à la proclamation unilatérale de son fils Arcadius, alors âgé de six ans, comme empereur associé, avec le titre d'Auguste, sans en demander la permission à Gratien. Puisque Arcadius tient sa couronne de Dieu, à quoi bon demander l'accord de Gratien ?

Une anecdote[202] illustre cette interprétation politique du dogme de Nicée. Lors d'une audience, l'évêque d'Iconium aurait volontairement montré une familiarité déplacée à l'égard de l'impérial enfant. Au moment où il va être brutalement expulsé de la salle d'audience, il déclare à l'Empereur : « Tel est le traitement que le roi du ciel réserve aux hommes impies qui feignent d'adorer le Père en refusant de reconnaître la majesté divine et égale de son fils. » Théodose comprit immédiatement la portée politique de cette leçon nicéenne et « il embrassa tendrement l'évêque ». La légitimité du pouvoir politique se fonde sur une transposition terrestre du royaume de Dieu. Dans une telle relation biunivoque, le principe nicéen, plus complexe, est moins fort que l'unicité stricte de l'aria-

202. Rapportée par Gibbon, *Histoire du déclin et de la chute de l'Empire Romain,* éd. Laffont, Collection Bouquin, t1. p. 800, d'après Sozomène, *Histoire ecclésiastique* (L. VI, C6-4 à 6) et Théodoret de Cyr, *Histoire ecclésiastique* (L. V, C 16), citée par Le Nain de Tillemont dans ses *Mémoires pour histoire de l'Église des six premiers siècles.* Iconium est aujourd'hui Konya, en Cappadoce.

nisme, mais il offre l'avantage considérable de justifier la transmission du pouvoir de père en fils. L'hérédité monarchique est ainsi fondée, puisque la dignité impériale est acquise au successeur avant même qu'il ne soit conçu. Désormais les droits que les rois tiennent de Dieu sont acquis et transmissibles dans leur famille en toute circonstance.

En faisant du seul christianisme nicéen, la religion catholique, la religion officielle de l'Empire, Théodose prend une décision politique fondamentale. Il est ainsi l'inventeur de la monarchie héréditaire de droit divin telle qu'elle va fonctionner en Europe pendant un peu plus de douze siècles.

Cette politique du fait accompli est accompagnée d'une émission considérable de petite monnaie divisionnaire où l'enfant-empereur apparaît, couronné d'un diadème tenu par la main de Dieu, qui en l'occurrence sort du bord de la pièce, pour familiariser l'image de son fils auprès de ses futurs sujets[203]. Ainsi, Arcadius a *deo coronatus*[204] est le premier bénéficiaire de la monarchie héréditaire de droit divin, système politique voué à une longue postérité.

Les Théodosiens constituent donc la première véritable dynastie de l'histoire de l'Empire romain. Leurs règnes ont de la durée ; pour la plupart ils meurent dans leur lit. Ils sont une sorte de vérification expérimentale de la solidité pratique du système mais aussi, on le verra plus tard, de ses faiblesses.

Gratien est éliminé par le « tyran[205] » Maxime

Une période difficile s'ouvre pour Gratien. Après avoir perdu un jeune fils, Gratien[206], il perd sa jeune épouse Constantia vers la fin de 382. Il n'y aura donc pas de Valentinides issus de la descendance directe du grand Constantin. Le lien entre les deux dynasties est désormais uniquement assuré par Justine et ses enfants. Faisant son devoir de monarque héréditaire, il se remarie très rapidement avec Laeta, une aristocrate romaine.

---

203. Cf. Guy Lacam, *La main de Dieu, ses origines hébraïques, son symbolisme monétaire*, Éd. Klincksieck, Paris, 1994, p. 30 et suivantes.

204. « Couronné de la main de Dieu ».

205. Le terme « tyran » désigne un empereur illégitime, voir chapitre II, note 66.

206. Ce jeune Gratien était encore en vie au moment de la proclamation de Théodose.

Par ailleurs, au cours de l'hiver qui suit, Rome connaît alors une famine. Mais les difficultés de Gratien vont s'aggraver quand, à la fin du printemps de 383, il est confronté à une rébellion sérieuse, celle du général Magnus Maximus, ancien compagnon d'arme de Théodose l'Ancien, auquel il est très vraisemblablement apparenté[207]. Il vient de conquérir la totalité de l'île de Bretagne au nord du mur d'Adrien, ainsi que l'Irlande. Ces conquêtes vont être de courte durée pour l'Empire. Surtout, il en résulte la forte tentation pour son armée de mettre à la tête de l'Empire ce glorieux général, en lieu et place du gentil Gratien. Théodose étant en fait l'homme fort du trio impérial, l'évocation de sa parenté avec Maxime conduit à s'interroger sur sa position réelle dans cette affaire. Il semble bien avoir fait preuve d'une neutralité plus que bienveillante à l'égard de son ancien compagnon d'arme. Certains auteurs[208] vont jusqu'à évoquer un rôle souterrain de Théodose dans la rébellion de Maxime, lequel n'a pas manqué de dire qu'il avait revêtu la pourpre malgré lui et que Théodose lui-même l'avait poussé contre Gratien.

Gratien ne paraît pas avoir tout de suite mesuré la gravité de la situation. Le 17 juin il est encore à Vérone d'où il légifère pour « interdire d'obéir à toute personne se réclamant d'un ordre oral de l'empereur[209] », loi dont la justification est évidente. Le malheureux Gratien ne peut alors penser que très bientôt personne n'obéira à ses ordres. Maxime, revêtu de la pourpre, est « obligé » de débarquer sur le continent, ce qu'il fait fin juillet au niveau des bouches du Rhin. Pendant ce temps, Gratien a rassemblé à la hâte les troupes présentes en Gaule. Les deux armées se rencontrent près de Paris. Après quelques escarmouches, les troupes de Gratien se rallient pratiquement sans combat à l'usurpateur. Accompagné de trois cents cavaliers, Gratien tente de gagner l'Italie pour se réfugier dans les États de son frère. Au cours du trajet, toutes les villes ferment leurs

207. Cette parenté, est mentionnée dans le panégyrique de Pacatus, § 23, 43-44, cité par Le Nain de Tillemont (op. cit. t V, p. 376). Sur cette base, elle est admise par Piganiol (*Histoire Romaine* t. IV, p.242), et par Ch. Settipani (*Continuité gentilice et continuité familiale...*, op. cit. p. 381).

208. Guy Lacam, *La main de Dieu...*, op. cit. et également André Piganiol.

209. C. Th.1.3.1. du 31 juillet 383.

portes au fugitif. Le 25 août, Gratien est rattrapé à Lyon par Andragath, envoyé de Maxime, qui le fait mettre à mort.

Deux motifs complémentaires peuvent expliquer l'attitude de Théodose à l'égard de celui qui l'a mis sur le trône cinq ans plus tôt. Le premier est sa préférence pour un proche et un compagnon d'armes, général brillant, dans l'intérêt bien compris de l'Empire qui reste confronté à des menaces barbares. C'est implicitement ce qu'il reconnaît quand il justifie son refus d'intervenir contre Maxime[210], en déclarant que venger Gratien ne justifie pas de mettre en péril la sécurité de l'Empire. Le second est que Théodose n'a pas oublié les circonstances de la mort de son père. Ce souvenir douloureux devait quelque peu atténuer ses sentiments de reconnaissance, voire laisser subsister une sourde et tenace rancune à l'égard de Gratien.

Une subtile cohabitation

Valentinien II, qui vient d'atteindre ses douze ans, devient protocolairement l'aîné des empereurs, c'est-à-dire qu'il signe en premier les lois de l'Empire. Maxime est de fait reconnu par Théodose, à la condition tacite de ne pas toucher aux États de Valentinien, ce qui montre une fois de plus les bonnes relations entre la cour de Milan et celle de Constantinople. Plus subtilement, Théodose reprend à son compte le protectorat de fait que Gratien exerçait sur les États de son jeune frère, créant ainsi une zone tampon entre lui et Maxime[211].

Théodose ordonne d'exposer à Alexandrie les images de son collègue Maxime. Une preuve de la reconnaissance officielle dont bénéficie Maxime est involontairement apportée par le *Code Théodosien*. Toutes les lois promulguées pendant la période du « règne » de Maxime sont censées l'être par « les mêmes augustes » que pendant la période précédente, c'est-à-dire dans l'ordre protocolaire Gratien, Valentinien et Théodose. Cette

210. Le Nain de Tillemont, *Histoire des empereurs*, op. cit. t. V. p. 223 : « Théodose ne crut pas que la gloire de venger un prince mort fût un sujet suffisant pour entreprendre une grande guerre. »

211. Dans l'*Histoire nouvelle*, op. cit. Zosime précise, L.IV, XXXVII à propos du traité offert par Maxime : « ... mais en secret, il préparait la guerre contre lui et manœuvrait pour l'abattre. »

façon de ne jamais nommer explicitement les trois (quatre avec Arcadius) empereurs d'alors laisse penser que lors de la codification en 438, sous le règne de descendants de Théodose, les formules contenant le nom de Maxime ont tout simplement été remplacées dans une même série de lois par « les mêmes augustes », ce qui fait que Gratien paraît continuer à légiférer virtuellement jusqu'à la mort de Maxime. Cette astuce rédactionnelle, pour éliminer le nom du « tyran », est manifeste dans le livre XVI du *Code Théodosien*, au titre 5 « Des hérétiques », qui a fait l'objet d'une abondante législation : la loi 5 du 20 août 379 est la première à être promulguée aux noms conjoints de Gratien, Valentinien et Théodose, les lois 6 à 11, promulguées en 381, 382 et juillet 383, comportent la formule « les mêmes augustes » ; mais il en est de même des lois 12 à 16, promulguées entre le 3 décembre 383 et le 9 août 388 ; ensuite, après l'élimination de Maxime, la codification reprend son cours normal avec la formule de promulgation actualisée aux noms de Valentinien, Théodose, et Arcadius. Cette astuce permet en outre d'occulter le problème de la nomination d'Arcadius en janvier 383, alors non reconnue de Gratien.

Pendant quatre ans, Maxime règne donc sur la partie occidentale de l'Empire dont Trèves est alors la capitale, en respectant les États de Valentinien II. Il se signale par son christianisme, zélé jusqu'à l'excès dans l'affaire de Priscillien. Cet évêque espagnol faisait preuve d'une austérité qui gênait certains de ses collègues qui la trouvaient excessive. Il fut donc accusé de manichéisme. Pour donner satisfaction à des évêques espagnols, ses compatriotes, Maxime ouvre une ère nouvelle de quinze siècles en prononçant une condamnation à mort pour hérésie, malgré l'avis de Martin de Tours qui ne voyait pas d'hérésie dans les positions du malheureux Priscillien. Désormais le débat théologique est tranché avec la tête du fauteur de débat. Priscillien et ses comparses sont exécutés, pour la plus grande satisfaction de l'Église. Orose, fait l'éloge du règne de Maxime, en regrettant prudemment qu'il n'ait pas été un empereur légitime :

> « Homme actif et honnête, et digne d'être Auguste s'il ne s'était pas élevé à l'Empire contre la foi du serment ;

créé empereur par l'armée en Bretagne presque contre son gré[212]. »

Au même moment, la cour de Milan traverse des turbulences sérieuses pour des raisons religieuses. L'impératrice Justine, aux convictions arianistes[213] affichées, se heurte à l'opposition ouverte de l'évêque Ambroise. Celui-ci, fils d'un ancien préfet des Gaules, était gouverneur de Ligurie, quand ses qualités éminentes l'avaient fait élire évêque de Milan en 374, poste important puisque à l'époque Milan était résidence impériale et une des principales villes de l'Occident. Sa formation administrative lui permit de montrer dans ces fonctions une grande habileté politique et une grande efficacité au profit de l'Église. L'impératrice souhaitait qu'au moins une église dans Milan puisse être consacrée au culte arianiste. Ambroise s'y oppose et suscite une véritable émeute pour mettre en échec l'impératrice[214]. Un évêque, ancien gouverneur de province, organisant des manifestations contre le gouvernement impérial pour des motifs religieux, est sans conteste une figure peu commune. La mort de Gratien, faisant peser la menace d'une intervention de Maxime, calme le débat[215]. Mais cette situation ne peut que fragiliser une régence qui dure depuis dix ans, Valentinien étant alors âgé de quatorze ans et n'ayant pas de convictions religieuses autres que celles de sa mère.

À Constantinople, Théodose suit de loin la situation en Occident. Le 14 septembre 386, son épouse, Aelia Flacilla meurt à Scotumin, en Thrace, où elle prenait les eaux pour rétablir sa santé, deux ans après avoir mis au monde un deuxième

212. Orose, *Histoires contre les païens*, op. cit. L. VII, 34,9.

213. Théodoret de Cyr, *Histoire ecclésiastique*, op. cit. L.V, Ch XIII, croit devoir préciser: « La connaissance que Justine avait du zèle dont l'empereur son mari brûlait pour la foi, l'avait empêchée de déclarer ses sentiments (pro-arianistes) durant sa vie. Mais dès qu'il fut mort, elle les découvrit plus hardiment à son fils. »

214. Le *Te Deum* tire son origine des chants qui permettaient aux occupants des églises de se tenir éveillés la nuit pour empêcher une éventuelle intervention des forces impériales.

215. Socrate, *Histoire ecclésiastique*, op. cit. L.V, Ch XI, écrit pour expliquer la reconnaissance de Maxime par Valentinien II: « La mort de Gratien modère un peu la violence de la colère dont Justine est emportée contre Ambroise. Valentinien convient malgré lui et par la nécessité du temps d'associer Maxime à l'Empire. Probus (préfet du prétoire) redoutant sa présence quitte l'Italie et se retire à Thessalonique. »

fils, Honorius, né le 9 septembre 384. Elle laisse la réputation d'une sainte femme très aimée du peuple. Quand son corps est rapporté à Constantinople, « une fine pluie accompagne l'entrée de son cercueil dans la ville, le ciel s'associant ainsi aux pleurs de la population[216]. »

Pendant l'hiver de 387, Théodose est lui aussi confronté à une sérieuse difficulté interne : la sédition de la ville d'Antioche. Dans un premier temps la population refuse une levée d'impôt spéciale destinée aux célébrations de la cinquième année de « règne » d'Arcadius. Puis, emportée par son élan, la foule tue quelques soldats, met le feu à des bâtiments officiels, et enfin atteint les sommets du crime de lèse-majesté en abattant des statues de l'empereur, ce qu'il pourrait encore pardonner, mais aussi celles de son père et de feue l'impératrice Aelia Flacilla[217]. Quand l'incendie de l'émeute s'apaise, la population prend conscience de la gravité de la situation dans laquelle elle s'est mise, et paraît comme prostrée, terrorisée par la perspective des sanctions auxquelles elle sait s'être exposée. L'envoyé spécial de l'empereur croise sur la route l'évêque d'Antioche[218]qui se rend à Constantinople pour tenter d'obtenir une grâce impériale. Cette grâce est somme toute assez facilement accordée. Certes, un caractère colérique semble être un point commun entre le grand Théodose et le grand Valentinien. Chez Théodose s'y ajoutent probablement l'impulsivité et l'intempérance. L'examen attentif du déroulement chronologique des faits laisse toutefois apparaître que cette clémence ne procède pas de la seule impériale magnanimité, mais a un autre mobile, plus politique, l'évolution de la situation dans les deux autres parties de l'Empire.

216. Saint Grégoire de Nysse, *les funérailles de l'impératrice Aelia Flacilla*, cité par Le Nain de Tillemont.

217. Cette précision confirme qu'au printemps 387 Théodose n'est pas encore remarié, contrairement à ce qu'affirment certains auteurs.

218. L'évêque Flavien a un adjoint qui fait ici son entrée dans l'histoire et sera très vite célèbre, le futur saint Jean Chrysostome.

Maxime cède à une tentation politique

Pour un catholique zélé comme Maxime, l'implication hérétique de la cour de Milan ne peut qu'éveiller de fortes tentations, légitimant son intervention dans les États de Valentinien II[219]. Au printemps de 387, une double opportunité s'offre à lui, d'abord les difficultés de Théodose dont il est certainement informé, ensuite des incursions barbares en Pannonie. Ainsi la cour de Milan est conduite à lui demander son soutien pour une intervention militaire conjointe. De ce fait, Maxime est assuré de franchir les passes des Alpes sans difficulté puisqu'elles lui sont ouvertes, à un moment où la sédition d'Antioche semble être un problème sérieux, susceptible de mobiliser l'attention de Théodose. Dans ce jeu du chat et de la souris, Théodose a compris le sens des préparatifs de Maxime. Il l'a peut-être même en sous-main poussé à la faute. Ensuite, il règle au plus vite, en passant l'éponge, l'affaire d'Antioche pour avoir les mains libres en vue d'une intervention à l'Ouest.

Une fois les passes des Alpes franchies, le plan de Maxime est simple, marcher droit sur Milan. Pour les barbares de Pannonie, il verra après[220]. Ce plan simple se déroule parfaitement. La ville de Milan est prise sans la moindre résistance. Toutefois, par un miracle qu'au premier degré il serait mal venu d'attribuer à la divine Providence, l'hérétique Justine et ses quatre enfants parviennent à s'enfuir in extremis, pour se replier sur Aquilée, ville qui résiste quelques mois à Maxime. De là, ils rejoignent par mer Thessalonique, la ville la plus orientale de leurs États, se mettant ainsi hors de portée immédiate de Maxime, et à proximité de Théodose dont l'aide est sollicitée.

Théodose succombe à une tentation d'une autre sorte

Dès le mois d'août 387 ont lieu les premiers pourparlers entre la cour de Constantinople et les derniers Valentinides

219. Théodoret de Cyr, *Histoire ecclésiastique*, op. cit. L.V Ch. XIV, le dit clairement : « Maxime prend le prétexte religieux pour intervenir. »

220. En fait, il ne verra pas… Cette affaire de Pannonie est un désastre pour l'Empire. Cette province va être successivement occupée par les Goths, puis par les Huns, pour ne redevenir romaine qu'en 456, après la dissolution de l'empire d'Attila.

en exil, en fuite, sans soutien militaire, adhérant à une hérésie désormais minoritaire et proscrite dans le reste de l'Empire. Leur seul atout réside dans la portée symbolique de la continuité dynastique qu'ils incarnent, ainsi que dans le sens politique de Justine et l'ancienneté de ses bonnes relations avec Théodose. Celui-ci sait qu'il lui devait son trône, plus qu'à Gratien.

Les considérations stratégiques auxquelles Théodose est désormais confronté sont plus complexes. L'annexion des États de Valentinien II par un chef militaire de la qualité de Maxime bouleverse l'équilibre entre les deux parties de l'Empire. Maxime, quels que soient ses liens passés avec Théodose, devient désormais trop puissant pour ne pas lui porter ombrage, et constitue à terme une menace militaire. Implicitement, le partage de l'Empire ne se conçoit qu'entre membres d'une proche famille. Le raisonnement de Théodose est simple. À plus ou moins long terme un conflit surviendra entre les deux pour départager le vrai maître de l'Empire. Dans ces conditions, il vaut mieux pour lui régler l'affaire au plus vite pour ne pas laisser à Maxime le temps de s'affermir dans la possession des États de Valentinien. Théodose part donc pour Thessalonique, accompagné de ses principaux conseillers. Les entretiens portent d'abord sur un préalable indispensable, la question religieuse. Justine doit comprendre que la dépossession de son fils est la juste punition que Dieu lui inflige pour sa persistance dans l'hérésie. Le retour des exilés à une saine orthodoxie nicéenne s'impose. Les circonstances facilitent un règlement aisé de ce préalable.

Se poser en défenseur de la légalité, aller au secours de la veuve et du dernier fils du grand Valentinien, chassés de leurs possessions légitimes par un soldat de fortune constituent pour Théodose un avantage réel. Face à un tel enjeu, la perspective d'une restauration et d'un retour à Milan, Justine et ses enfants ne persistent pas longtemps dans leurs convictions hérétiques.

> « Théodose manda à ce prince fugitif qu'il n'y avait point lieu de s'étonner s'il était saisi de frayeur au lieu que l'usurpateur de l'autorité souveraine était rempli de confiance puisqu'il faisait la guerre à la piété et que l'usurpateur entreprenait sa défense… Mais lorsqu'il le

> vit implorant sa protection, il le retira de l'erreur, et le ramena au sentiment de ses pères, et ayant ensuite pris les armes, il le rétablit dans ses États[221]. »

Le mariage de Théodose avec la jeune princesse Galla, aînée des filles de Justine et de Valentinien scelle l'accord avec les exilés. La jeune princesse va sur ses quinze ans ce qui est bien l'âge de marier une jeune aristocrate romaine. L'Histoire a en outre retenu que cette « jeune fille en fleur » avait eu en héritage la beauté exceptionnelle de sa mère et une personnalité très vive, « Galla se distinguait par une extraordinaire beauté[222]. » Théodose est, quant à lui, depuis exactement un an, un jeune veuf de quarante et un ans. On a pu s'interroger sur les mobiles de ce remariage. À ce moment-là, Théodose avait déjà assuré sa postérité par ses deux fils, Arcadius et Honorius, respectivement âgés de dix et trois ans. Théodose aurait-il tout simplement succombé à la fraîcheur du et des charmes de la jeune princesse dont Justine, dans son rôle de mère et d'impératrice-régente en fuite, tire habilement parti ? Chez un homme d'âge mûr, cette forme de nécessité peut s'appeler un mariage d'amour. Si cet homme est empereur, la justification par la raison d'État est toujours aisée à trouver.

Qu'importe la différence d'âge, considération anachronique, d'autant qu'un empire est en jeu. Ce second mariage de Théodose rappelle celui de Valentinien et de Justine dix-huit ans plus tôt. L'histoire se répète donc. Dans les deux cas, ce second mariage, postérieur à l'accession au trône de l'intéressé, permet à celui-ci d'asseoir sa légitimité, en le reliant à une prestigieuse lignée régnante antérieure. Un lien direct avec Valentinien Ier, confortait sa légitimité face à celle de son collègue Maxime, son compagnon d'armes d'avant-hier, collègue d'hier, rival d'aujourd'hui. C'est un jeune beau-frère que Théodose s'apprête à secourir au nom de la légitimité.

Pour toutes ces raisons, il est permis de penser que le mariage est très rapidement célébré à Thessalonique, dès la mi-septembre 387, scellant les accords entre Justine et son désormais gendre

221. Théodoret de Cyr, *Histoire ecclésiastique*, op. cit. L.V Ch. XV.

222. Zosime, *Histoire nouvelle*, op. cit. L.IV, § XLIV.

Théodose. Cette union est rapidement bénie de Dieu par une naissance. C'est vraisemblablement à Thessalonique, où les deux familles impériales séjournent jusqu'à la fin du printemps, au début de juin 388, moment où Théodose part en campagne, que peut être située la naissance de cet enfant, une petite fille, Galla Placidia[223].

223. Alors que l'armée de Théodose part en campagne dès mai 388, les lieux de promulgation des lois cités dans le *Code Théodosien* montrent qu'il reste à proximité de Thessalonique. Certains auteurs font naître Galla Placidia à Constantinople en 390 ou en 392. Un examen de la chronologie permet d'écarter ces dates. En effet, Théodose ne regagne Constantinople où était restée l'impératrice Galla qu'en juillet 391. Or Galla meurt en couche en avril 394, en mettant au monde un enfant mort-né nommé Jean. Elle avait eu antérieurement un premier fils nommé Gratien dont on sait seulement qu' « il meurt avant son père ». Il semble difficile d'intercaler une troisième naissance, celle de Galla Placidia dans cet intervalle de temps de trente et un mois au plus.

Chapitre V

Les familles impériales

Et moi, qui sur le trône ai suivi mes ancêtres
Moi, fille, femme, sœur et mère de vos maîtres[224]
Racine, *Britannicus*, Acte I, scène 2.

La fille de Théodose et de Galla

Petite-fille, fille, nièce, épouse, sœur et mère d'empereurs, grand-mère d'impératrice, mais aussi reine des Wisigoths, grand-mère d'une reine des Vandales et arrière-grand-mère d'un roi Vandale[225], elle-même Augusta, impératrice associée, puis régente, enfin impératrice-douairière, telle sera la destinée de Galla Placidia, l'enfant qui vient de naître à Thessalonique.

Quatre siècles après Agrippine et malgré toutes les autres esquisses dynastiques, Galla Placidia est la première à faire mieux que celle-ci en matière de parentés impériales. Elle est le trait d'union entre les deux familles qui se succèdent alors sur le trône impérial, celle de Valentinien puis celle de Théodose et aussi la famille de Constantin, par sa grand-mère Justine. Les Valentino-théodosiens gouvernent l'Empire romain pendant près d'un siècle, de 364 à 455 en Occident (et à 453 en Orient[226]). Pour ces raisons, il est apparu utile de faire un point détaillé sur le réseau de parenté constitué par ces deux familles qui occupent une place centrale tout au long de ce récit.

Les deux termes du nom « Galla Placidia » donnent des indications intéressantes. Le premier, Galla, est tout simplement le nom

224. Ces vers célèbres reprennent une remarque de Tacite, *Annales*, Livre XII, 42 « … la seule jusqu'à nos jours qu'on ait vu fille, sœur, femme et mère d'empereurs. »

225. Valentinien Ier, Théodose, Gratien et Valentinien II, Constance III, Honorius et Arcadius, Valentinien III, sa petite-fille Placidia *la jeune* épouse Anicius Olybrius qui règne brièvement en 472, Ataülf, sa petite-fille Eudocie épouse d'Hunéric, fils et successeur de Genséric roi des Vandales et père d'Hildéric, roi à son tour.

226. Année de la mort de Pulchérie qui a en quelque sorte prolongé de trois ans la dynastie sous le règne de son époux Marcien (voir chap. XIV « Trois décès de "personnalités" changent radicalement le contexte »).

de sa mère[227], fille aînée du second mariage de Valentinien Ier avec Justine. Les quatre enfants de ce couple sont dans l'ordre Galla, Valentinien Junior, Justa et Grata. Valentinien et Grata (forme féminine de Gratien) sont des prénoms choisis dans la famille du père. Justa est une référence à Justus père de Justine. Galla provient donc de la famille maternelle de Justine dont l'importance est soulignée par le choix de ce nom pour l'aîné des enfants du couple.

Le second, Placidia, par déduction, ne peut venir que de la famille de Théodose. L'hypothèse selon laquelle « Placidia » ne serait qu'une simple variante de « Flacilla », nom de la première femme de Théodose, doit être écartée. Peu vraisemblable, ne serait-ce que parce qu'un tel choix n'aurait pas été du goût de sa seconde épouse, Galla. Par symétrie avec le choix de Galla en premier nom, Placidia pourrait venir de la grand-mère paternelle de Théodose, laquelle se rattacherait à la famille des Memmii Cethegi[228] dans laquelle Placidus, nom peu fréquent dans l'aristocratie romaine, est attesté au IIIe siècle.

L'empereur Théodose et sa famille

Théodose, né au Nord de l'Espagne, était le fils de Théodose l'Ancien, général de Valentinien Ier et compagnon d'armes de Maxime, avec lequel une parenté est aujourd'hui admise.

Aurelius Victor n'hésite pas à le présenter comme un descendant du grand Trajan[229]. L'allégation est un peu osée, d'autant qu'il est certain que Trajan n'a jamais eu d'enfants. D'autres contemporains, plus habiles courtisans, ont envisagé un autre lien hypothétique avec les Antonins par sa première femme, Aelia Flacilla, qui porte le même nom que l'empereur Adrien (Publius Aelius Adrianus). Originaires de la ville d'Adria, en Italie péninsulaire le long de la côte Adriatique[230], les Aelii, du moins ceux de la famille d'Adrien,

227. Elle est usuellement désignée sous ce nom seul, ce qui crée parfois une confusion entre elle et sa fille Galla Placidia. La PLRE *(Prosopography of the Later Roman Empire)* ne donne pas d'autre dénomination complémentaire qui aurait facilité la distinction entre la mère et la fille.

228. Ch. Settipani, *Continuité gentilice et continuité familiale…*, op. cit. p. 416 et 418, ainsi que p. 141 à 144.

229. *Vie des Empereurs Romains*, op. cit. p. 411.

230. Aujourd'hui Atri, dans la région des Marches.

étaient installés en Espagne depuis l'occupation du Sud de cette province par Scipion l'Africain. C'est vers 200 av. J.-C. que fut fondée leur ville d'origine, Italica, dans la province de Bétique, à l'extrême sud de la péninsule. Évoquer cette parenté hypothétique à partir de l'origine espagnole commune pouvait flatter Théodose, probablement sans qu'il se fasse trop d'illusions. Cauca, point d'attache de sa famille se situe au nord de la Tarraconaise, donc de la péninsule, aux confins de la Galice d'aujourd'hui, à presque mille kilomètres d'Italica[231].

Le père de l'empereur, Théodose l'Ancien, est né vers 320 ; sa mère Thermancie vers 325. Outre l'empereur, un autre fils, Honorius, est issu de ce couple. De celui-ci, on ne sait rien, si ce n'est que, mort relativement jeune, il laisse deux filles, Thermancie et Serena, élevées et adoptées par le futur empereur. Plus tard, Théodose donne en mariage la seconde de ses nièces, Serena, à Stilichon, un de ses généraux de confiance[232], dont la mère est d'origine vandale. Vraisemblablement née vers 368, son mariage avec Stilichon peut être situé en 384 ; leur première fille, Marie, est née en 385, leur fils Eucherius[233] en 389, et leur dernière fille Thermancie en 391.

Par ailleurs, Théodose l'Ancien avait un frère, Eucherius, comte des largesses sacrées en fonction en 377 pour l'Occident. Après son avènement, Théodose montre son sens de la famille en faisant de cet oncle le premier consul qu'il désigne pour l'Orient, en 381. Âgé, celui-ci finit sa vie à la cour de Constantinople, auprès de son petit-neveu Arcadius[234]. Il n'est nulle part fait mention de son éventuelle postérité.

231. Une éventuelle parenté d'Aelia Flacilla avec l'empereur P. Aelius Adrianus, ne pourrait dans la meilleure des hypothèses que remonter à des collatéraux de celui-ci ; donc trois siècles plus tard cette parenté serait au mieux de l'ordre de quinze à vingt degrés, ce qui limite la portée du lien éventuel.

232. Voir chapitre VII « la "régence" de Stilichon ».

233. Eucherius est un prénom de famille.

234. Cf. PLRE et chapitre VII « L'Empire d'Orient se passe des services de Stilichon qui réussit à éliminer Rufin ».

Leur père, donc le grand-père de l'empereur, s'appelait Honorius[235], d'origine espagnole, et l'épouse de celui-ci, vraisemblablement Placidia[236].

Enfin, au moment de l'occupation de l'Espagne par l'usurpateur, dit « Constantin III », il sera fait mention de l'existence de cousins de l'empereur Honorius, Didyme, Vérinien, Lagode et Théodosiole, sans que l'on puisse préciser le degré et la nature de leur parenté exacte. Il est également question d'Elpide, un parent que Théodose veut marier à sainte Olympiade.

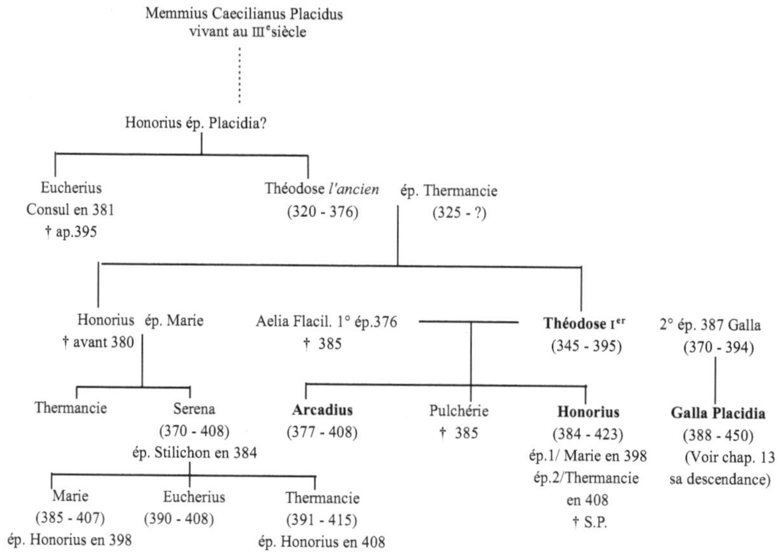

La famille de l'empereur Théodose

C'est vers la fin de 376 que Théodose épouse Aelia Flacilla qui devait être son assez proche cousine, (la parenté avec les Aelii leur serait donc commune[237]). Aelia Flacilla est la fille d'Antonius, ancien préfet des Gaules, consul en 382[238]. Sa sœur, dont le nom n'est pas connu, est la mère de Nébride, époux de Salvina, fille

235. Cf. PLRE.

236. Voir supra note 228.

237. Le patronyme Aelius n'est certes pas rare.

238. Voir au chapitre précédent, « le rôle d'Ausone », où l'on voit les liens étroits entre Antonius et Ausone, avant le rappel de son gendre Théodose au lendemain d'Andrinople.

de Gildon, comte d'Afrique, lui-même fils d'un roi Maure[239], Nubel. Cette alliance proche entre la famille impériale et la famille régnante d'un royaume maure d'Afrique du Nord mérite d'être soulignée, puisqu'elle préfigure ce qui va être une pratique matrimoniale des théodosiens avec les royaumes barbares.

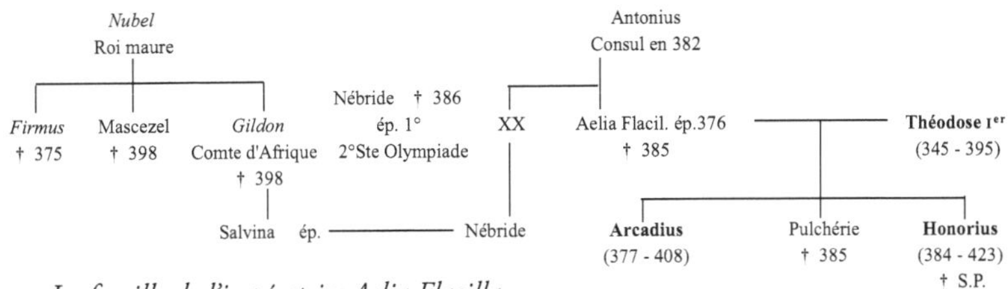

La famille de l'impératrice Aelia Flacilla

L'impératrice Galla, et la famille Valentinienne

Le second mariage de Théodose avec la jeune princesse Galla, le lie à la famille de Valentinien Ier qui l'avait précédé à la tête de l'Empire. Galla, ainsi que ses sœurs Justa et Grata, et l'empereur Valentinien II sont issus du second mariage de leur père avec Justine.

L'empereur Valentinien Ier, sa famille

Valentinien Ier et son frère Valens étaient les fils de Gratien, dit l'ancien, comte d'Afrique.

> « Gratien l'Ancien naquit à Cibales[240]en Pannonie d'une famille qui n'était pas noble. Devenu célèbre par sa force et son adresse dans les exercices militaires, après avoir passé par les grades de garde et de tribun, il eut la qualité de comte de l'armée d'Afrique[241]. »

Les origines modestes de cette famille impériale font que l'on ne dispose d'aucune indication quant à l'identité de la mère des deux

239. Selon la PLRE le père de ce Nébride serait un premier Nébride mort en 386. Ce premier Nébride, beau-frère d'Aelia Flacilla, veuf, se serait remarié à sainte Olympiade peu avant sa mort. Celle-ci refuse ensuite de se remarier avec Elpide, cousin de Théodose.

240. Aujourd'hui Swilei en Basse-Hongrie.

241. Ammien Marcellin, *Histoire*, op. cit. L.XXX §VII.

empereurs, pas plus qu'à celle des parents de Gratien l'Ancien. Le prénom de Gratien est ensuite porté, non seulement par un fils de l'empereur Gratien mort en bas âge, mais également par un frère de Galla Placidia mort dans sa première enfance.

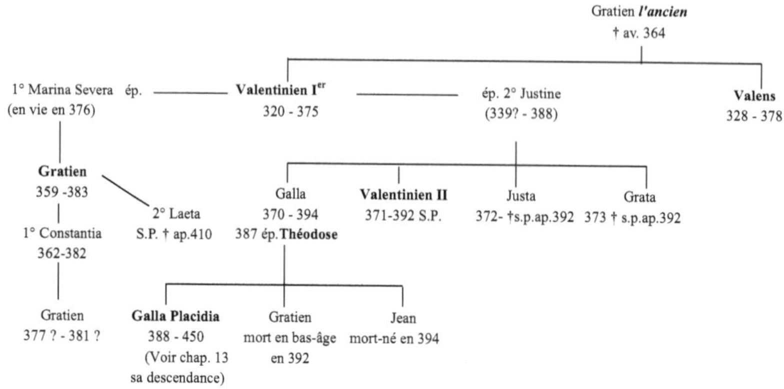

La famille de l'empereur Valentinien Ier

L'empereur Gratien, fils du premier mariage de Valentinien avec Marina Severa, est né le 18 avril 359, avant l'accession au trône de son père. Celui-ci l'associe par la proclamation devant l'armée le 24 août 367 à Amiens, puis le marie en 370 à Constantia, fille posthume de Constance II, née en 362. Quand Constantia meurt en 382, le jeune couple impérial est alors sans enfants survivants (un fils du nom de Gratien était vivant au moment de la proclamation de Théodose en 379, mais est mort peu après). Avant son assassinat le 25 août 383, Gratien avait eu le temps de se remarier avec Laeta qui lui survivra longtemps[242], mais il n'eut pas le temps d'avoir d'enfant de ce second mariage.

Le premier mariage de Gratien est en général présenté comme le lien entre les deux dynasties de Valentinien et de Constantin auquel il est souvent fait allusion, y compris par Galla Placidia elle-même. Ce lien, évident et indiscutable, ne suffit cependant pas à impliquer Galla Placidia en matière de parenté, ce qui incite à en rechercher un autre.

242. La famille de Laeta et de sa mère Tissamène est une des plus anciennes familles romaines. Par delà Laetus, préfet du prétoire sous l'empereur Commode, cette famille a des prétentions mythiques loin dans l'antiquité grecque, en l'occurrence jusqu'à Agamemnon…

L'empereur Valens, frère de Valentinien Ier eut de son mariage avec Domnica trois enfants, un fils Valentinien Galate né en 366 et mort en 376, et deux filles, Anastasia et Carausia, dont une fut mariée à un Procope dont on va retrouver bien plus tard la descendance[243]. Ces deux filles de Valens restées dans l'obscurité sont donc de proches parentes de Galla Placidia du côté de sa famille paternelle[244].

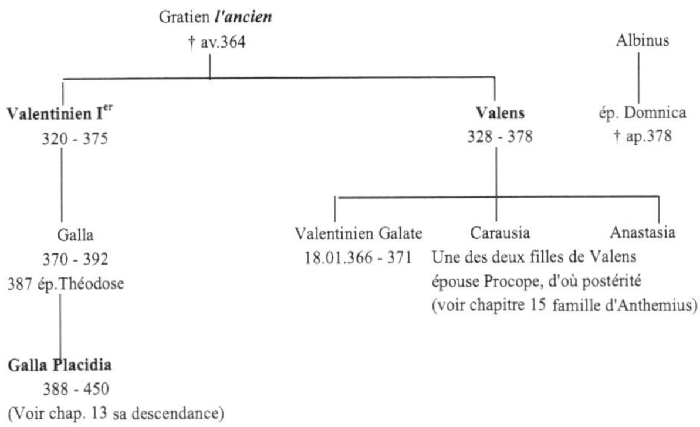

La famille de l'empereur Valens

L'impératrice Justine, une parente de Constantin ?

L'impératrice Justine, mère de Galla, donc grand-mère maternelle de Galla Placidia, mérite une attention toute particulière. Ayant accompagné son impérial époux lors de sa dernière campagne, sa relative proximité lors de la mort de celui-ci le 17 novembre 375 facilite la proclamation comme empereur le 22 novembre du jeune Valentinien II, alors âgé de quatre ans, au détriment de son demi-frère Gratien.

Mais qui est Justine ? Seconde épouse de Valentinien Ier, après la répudiation de la première Marina Severa, la mère de Gratien en 370[245]. L'Histoire retient habituellement, d'après Zosime, qu'elle était la veuve du tyran Magnence, usurpateur en Occident, après

243. Valentinien Galate fut consul en 372, il est parfois confondu avec son cousin germain l'empereur Valentinien II ; voir également au chapitre XV, l'empereur Anthemius qui est très vraisemblablement un arrière-petit-fils de Valens par celle de ses filles mariée à Procope.

244. Le second des Equitius, cité au chapitre précédent à propos de la bataille d'Andrinople, est mentionné comme parent de l'empereur Valens, sans autre précision.

245. Voir chapitre III, note 101.

sa proclamation à Autun en février 350 et l'assassinat de Constant. Plus tard, vaincu par Constance II, il se suicide en 353. Après ce premier mariage sans enfants, Justine restée veuve dix-sept ans, se remarie avec Valentinien Ier dont elle a quatre enfants en cinq ans.

Au moment de son usurpation, Magnence est veuf; aussi tente-t-il de négocier une alliance avec Constance II, également veuf à ce moment-là (pour la deuxième fois). Magnence propose à Constance II la main de sa sœur et lui demande en retour celle de sa sœur Constantina, en manque de trône depuis l'assassinat de son mari Annibalien en 337. Constance II refuse. La défaite décisive de Magnence étant survenue à Mursa dès septembre 351, un éventuel mariage de Magnence ne peut avoir eu lieu qu'à la fin de 350 ou au premier semestre de 351, avec une personne présentant un intérêt politique. Or, à Rome au mois de juillet 350, des membres de la famille impériale constantinienne avaient suscité une brève tentative de résistance à l'usurpateur. La proclamation de Flavius Popilius Nepotianus, fils d'Eutropia, demi-sœur de Constantin, échoue assez lamentablement au bout de moins d'un mois. La répression ordonnée par Magnence fut très dure et suivie du massacre de tous les membres de la famille de Constantin présents à Rome. Justine, alors âgée de treize à quatorze ans, aurait échappé à ce massacre. Magnence l'aurait épousée pour se raccrocher à la famille du grand Constantin, malgré la rebuffade de Constance II.

Ces supputations peuvent expliquer que la « veuve » du tyran non seulement a survécu (alors qu'au moment de sa défaite finale Magnence a lui-même organisé la mort ou le suicide de ses proches), mais a conservé une haute position dans la société romaine. Une grande beauté ne suffit pas pour épouser deux empereurs à vingt ans d'intervalle. Son très jeune âge au moment de son mariage avec Magnence, même si les Romaines étaient habituellement mariées à quinze ans, souligne l'évidence d'un mariage politique.

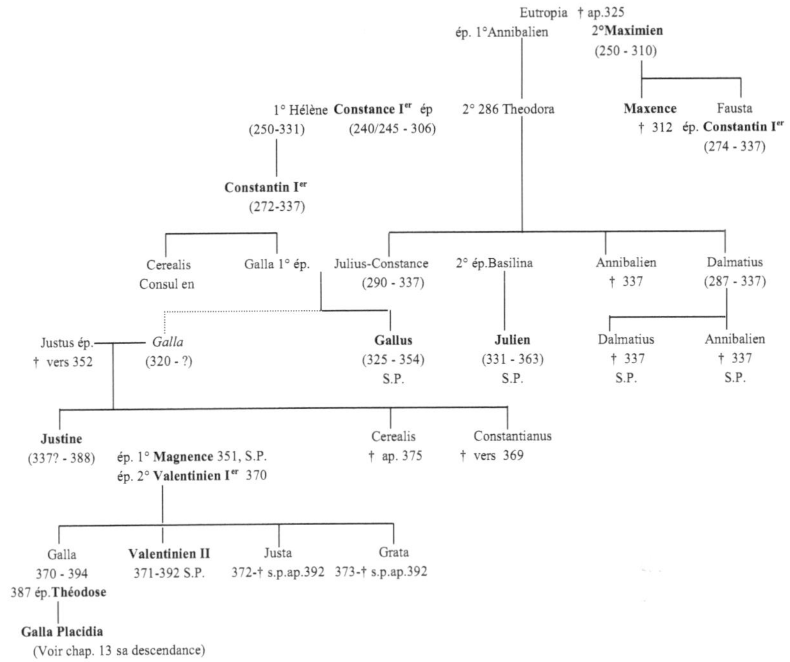

L'impératrice Justine et la dynastie constantinienne

L'onomastique fournit d'autres indices qui confortent cette hypothèse de l'origine « constantinienne » de Justine. Galla, le nom qu'elle et Valentinien donnent à leur fille aînée, est celui de la première épouse de Julius-Constance, demi-frère de Constantin. Il est issu du second mariage de leur père Constance Ier (Chlore) avec Theodora, nièce de Maximien, quand il est associé au trône en 286 lors de la mise en place de la tétrarchie[246]. Après le massacre de septembre 337[247], les seuls descendants mâles survivants de cette branche sont Gallus et Julien, encore enfants. Pendant sa campagne contre Magnence, Constance II confie l'Orient à Gallus, lui décerne le titre de César et le marie à sa sœur Constantina qui venait d'être demandée en mariage par Magnence.

Deux passages d'Ammien Marcellin consolident cette hypothèse. Évoquant la fin du César Gallus[248], en 354, il écrit :

246. Le renvoi est au chapitre II « La tétrachie, l'échec total d'une construction intellectuelle ».

247. Voir chapitre II « Constantin et le christianisme ».

248. Les excès de Gallus conduisent Constance II à lui retirer le titre de César, puis à le faire décapiter.

> « Gallus [...] était né (en 325) de Constance, frère de Constantin, et de Galla, sœur de Rufin et de Cerealis, honorés tous deux des dignités de consul et de préfet de province[249]. »
> Puis, à propos de la proclamation de Valentinien II :
> « Il était éloigné de cent milles et vivait avec sa mère dans un domaine appelé Murocincta. Tous ayant d'une voix unanime confirmé ce choix, Cerealis son oncle maternel fut aussitôt envoyé. »
> Ce dernier avait déjà été mentionné auparavant :
> « Constantius, tribun des écuries, allié de Valentinien, frère de Justine et de Cerealis fut victime d'un guet-apens et aussitôt tué par des voleurs[250]. »

Les deux Cerealis ne peuvent être la même personne ; en revanche, la similitude des noms ne peut que consolider l'hypothèse du lien familial.

De Justus nous savons qu'il fut condamné à mort sous Constance II.

> « Justus, père de Justine, était gouverneur du Picenum sous le règne de l'empereur Constance, eut un songe pendant lequel il crut voir du côté droit la pourpre impériale. Ce songe ayant été publié, et étant parvenu aux oreilles de Constance II, il s'imagina que c'était un présage, que Justus serait le père d'un empereur et envoya le mettre à mort[251]. »

En fait, Constance n'eut d'autorité en Occident qu'après la défaite de Magnence, donc après que Justine eut été brièvement l'épouse de Magnence. Ce récit recouvre peut-être le simple fait que Justus fut sanctionné pour avoir fait preuve de complaisance en donnant sa fille à l'usurpateur. Mais la position de Justus n'est pas telle en elle-même qu'elle justifie le mariage de Magnence avec sa fille Justine, d'où l'intérêt de l'hypothèse d'une parenté constan-

249. Ammien Marcellin, *Histoire*, op. cit. XIV, 11, 24 à 27.

250. Ammien Marcellin, *Histoire*, op. cit. XXX, 10, 5 et XXVIII, 2, 10 (les faits relatés se passent en 369).

251. Socrate, *Histoire ecclésiastique*, op. cit. L.IV.XXXI.

tinienne du côté de son épouse. Cette proximité avec le César Gallus, lui-même exécuté en 354, pourrait également avoir motivé la disgrâce et l'exécution de Justus.

L'ensemble de ces éléments conduit donc à penser que Justine serait une petite-fille du demi-frère de Constantin, Julius-Constance, et qu'une fille de celui-ci, née vers 320, serait sa mère, épouse de Justus, gouverneur de province. Justine serait donc née vers 337, ce qui est cohérent avec un mariage politique et non consommé avec le « tyran » Magnence en 351 et son remariage avec Valentinien, quand elle a légèrement dépassé la trentaine. Une solution cohérente ferait de la mère de Justine une sœur aînée du César Gallus, appelée Galla, d'où le choix du prénom de l'aînée du couple Valentinien et Justine.

L'engagement militant de Justine en faveur de l'arianisme est cohérent avec cette hypothèse d'une parenté constantinienne. Nous avons vu que Constantin revient à l'arianisme peu après le concile de Nicée, et que sa famille, en particulier Constance II, y adhère.

Une telle ascendance de Justine explique mieux son second mariage[252]. En mariant son fils Gratien avec Constantia fille posthume de Constance II, encore dans leur enfance tous les deux, et en épousant en même temps Justine, Valentinien Ier lie sa famille aux deux derniers vestiges de celle de Constantin[253].

La façon dont s'opère la proclamation de Valentinien II, premier exemple d'un empereur en titre proclamé dans l'enfance, et la réaction plus que modérée de Gratien, qui accepte de partager l'Occident, montrent que pour le moins Justine bénéficiait d'une forte position personnelle, qui s'explique mieux ainsi.

Ces considérations permettent d'apprécier la position respective des enfants de Théodose. Par rapport à ses demi-frères, nés d'un

252. Se fondant sur une phrase de l'*Histoire de Rome* de JORNANDÈS, on attribue parfois une origine sicilienne à Justine. LE NAIN DE TILLEMONT en fait mention, mais se demande dans une note, op. cit. T.V, p. 37, s'il n'y aurait pas eu une erreur de transcription entre « *secunda* » et « *sicula* ». Le contexte montre clairement qu'il faut lire « *secunda* » dans le texte de Jornandes : « son fils Gratien qu'il avait eu de Severa, sa première femme… associa au trône son frère Valentinien, né de Justine ***la seconde*** femme (de son père) ».

253. Voir l'*Histoire de la Gaule* par Camille JULLIAN, T.VII, p. 239, note 5 : « Ce besoin de légitimité, ce désir de créer une dynastie ou de se rattacher aux anciennes dynasties si sensible au IVe siècle, se montrera par le mariage de Gratien avec Constantia, la fille de Constance II et peut-être aussi par celui de son père Valentinien avec Justine. »

mariage antérieur à l'accession au trône de leur père, et a fortiori au surplus de la famille de Théodose[254], Galla Placidia bénéficie par sa naissance d'une position plus prestigieuse. Non seulement elle va être au centre d'un système dynastique, mais ses origines maternelles font qu'elle se considère et est considérée mieux née que ses frères, puisque petite-fille par sa mère du grand Valentinien et parente de Constantin. Dans le système monarchique qui se met en place, c'est une incontestable supériorité.

254. Dans le même esprit, Claudien présente comme une supériorité (sur son aîné Arcadius) le fait qu'Honorius soit né après l'accession au trône de son père.

Chapitre VI

Théodose Ier

Le « grand » règne et la fin des dieux (juillet 388-17 janvier 395)

Ces dieux révérés autrefois de toutes les nations, partagent la voûte de temples délaissés avec des chouettes et des hiboux. Les ors du capitole s'écaillent, la suie et les toiles d'araignées couvrent tous les temples de Rome.

Jérôme[255]

Théodose restaure Valentinien II sans coup férir

À la fin de l'été 387, Théodose est donc à Thessalonique au moment où il se décide à intervenir contre Maxime, scellant son accord politique avec Justine par son remariage avec sa fille Galla. Il connaît bien cette ville qui fut quelques années plus tôt sa capitale provisoire. Située presque à la moitié du chemin entre Constantinople et le débouché sur l'Italie du Nord, à partir des provinces illyriennes, c'est un bon point de rassemblement pour préparer le départ de ses troupes vers l'Italie. Il y prolonge son séjour en compagnie de sa jeune épouse pour organiser ses préparatifs militaires.

Comme des deux côtés nous avons affaire à d'excellents chrétiens, il n'est pas pensable qu'ils aient recours à des oracles ou à des augures pour sonder les dieux sur l'issue du combat à venir. De fait, ils bénéficient des prophéties de saints hommes par la bouche desquels s'exprime la parole de Dieu. Ce n'est pas du tout pareil[256]. Pour Maxime, saint Martin de Tours en personne s'est exprimé[257]. Probablement contrarié de ne pas avoir été entendu quand il avait demandé que les priscillianistes ne soient pas exécutés, il lui avait annoncé un succès facile contre Valentinien II, suivi d'une défaite

255. *Correspondance*, éd. Les Belles lettres, T.V., p. 144 et suivantes, lettre CVII, « à Laeta sur l'éducation de sa fille », datée de l'année 400.

256. On aurait tort de voir de l'ironie dans cette remarque. Un prophète est un homme par la bouche duquel Dieu s'adresse aux autres hommes. L'oracle est un signe matériel qui est interprété.

257. Sulpice Sévère, *Vita Martin*, vie de saint Martin de Tours.

finale rapide face à Théodose. Ce dernier fait consulter saint Jean l'Égyptien[258] qui lui prophétise un succès facile contre Maxime.

Dieu s'étant exprimé, il faut quand même que la campagne militaire se déroule. Théodose tergiverse longuement avant de prendre une décision, mais quand celle-ci est prise l'exécution est toujours claire et rapide. Son plan de bataille est simple : traverser les Balkans à marche forcée, atteindre l'Italie du Nord à hauteur du verrou constitué par la ville d'Aquilée, et y surprendre Maxime. Pendant ce temps Justine, Valentinien et ses deux jeunes sœurs Justa et Grata, regagnent Rome par mer. La jeune impératrice Galla reste à Thessalonique avec son bébé, le temps de se rétablir de ses couches, avant de se rendre à Constantinople pour y attendre le retour, à coup sûr victorieux, de son impérial époux. Bon général, précédé d'une réputation flatteuse, Maxime ne paraît pas avoir eu un plan de bataille clair au moment de ce combat décisif. Il donne presque une impression d'apathie[259]. Il envoie une armée au-devant de Théodose, mais reste enfermé dans Aquilée. Andragath, l'assassin de Gratien cinq ans plus tôt, conduit une escadre dans l'Adriatique. Aurait-il envisagé un débarquement de Théodose directement sur la péninsule à partir de la côte Dalmate ou encore, informé du retour maritime des exilés, aurait-il tenté leur interception ? La campagne se déroule très simplement. Parties fin juin de Thessalonique, les troupes de Théodose bousculent, début août, celles de Maxime à Seisseg[260] sur les bords de la Save, puis quelques jours plus tard à Pettau[261], où la bataille est un peu plus disputée. Les passes des Alpes Juliennes sont franchies sans la moindre difficulté. La ville d'Aquilée où s'est enfermé Maxime est investie, puis est prise après un semblant de siège, le 25 août, soit exactement cinq ans après l'assassinat de Gratien.

Maxime est arrêté sur son trône, puis conduit enchaîné devant Théodose. Celui-ci le sermonne, lui reprochant en particulier d'avoir laissé entendre qu'il avait agi avec son accord. Théodose

---

258. Théodoret de Cyr, *Histoire ecclésiastique*, L.V. ch. XXIV. L'existence de ce moine n'est connue que par ces seules prophéties.

259. Pacatus, *Panégyrique de Théodose*, § XXXVIII « Maxime… égaré comme un fou, sans aucun dessein, sans aucun plan ».

260. Aujourd'hui, Sisak, petite ville de Croatie à cinquante kilomètres au sud de Zagreb.

261. Aujourd'hui, Ptoj, petite ville de Styrie en Slovénie, à vingt-cinq kilomètres au sud-est de Maribor.

obtient ainsi de Maxime un aveu public qui le dédouane. En raison de leurs liens passés, il est concevable que Théodose lui ait promis la vie sauve en échange de cette déclaration qui le disculpait de tout soupçon de complicité ou du moins de neutralité bienveillante dans la mort de Gratien. Théodose renvoie Maxime[262]. Des soldats prennent alors l'initiative de le décapiter, le privant ainsi du bénéfice de la clémence de leur chef qui donnait l'impression d'avoir la faiblesse de vouloir le gracier. Sur ce point du récit on ne sait ce dont il faut le plus s'étonner, de l'aplomb du chroniqueur ou d'un manque apparent d'autorité de Théodose sur ses troupes. Le destin de Victor, fils de Maxime, alors en Gaule, éclaire cependant les intentions réelles de Théodose. En effet, il envoie Arbogast, son meilleur général en qui il a toute confiance, se saisir du jeune Victor et le faire égorger, sans avoir envisagé de le faire bénéficier de sa mansuétude. Andragath, quant à lui, est encore en mer à bord de son escadre quand il apprend la défaite de son maître Maxime. Pensant qu'il n'avait rien à attendre de Théodose, pourtant bénéficiaire final de l'assassinat de Gratien, il choisit la solution la plus simple. Il se jette à l'eau.

L'épouse, la mère et les filles de Maxime sont non seulement épargnées, mais pensionnées sur le trésor impérial[263]. Cette attitude inhabituelle confirme la proximité familiale de Théodose et de Maxime ; le descendant d'une des filles de ce dernier joue un rôle important deux tiers de siècle plus tard[264].

La jeune impératrice et son beau-fils : un premier contact difficile, lourd de conséquences

Théodose est parti à la reconquête de l'Empire de son jeune beau-frère accompagné de celui-ci et de sa famille. Valentinien II débarque à Rome sans encombre avec sa mère Justine et ses sœurs Justa et Grata. Seules, la jeune impératrice Galla, maintenant âgée de seize ans, et sa petite fille Galla Placidia sont restées à Thessalonique, isolées du reste de la famille impériale. La petite Galla Placidia est confiée par sa mère aux soins d'une nourrice, Elpidia,

262. Pacatus, *Panégyrique de Théodose*, § XLIV.

263. Cité dans des lettres de saint Ambroise.

264. Petronius Maximus, empereur en 455, voir Chap. XIV et XV.

et d'un médecin, Marcellus, qui resteront toute leur vie auprès d'elle, à son service.

Dès que son état le lui permet, la jeune impératrice rejoint, en compagnie de sa fille, la résidence impériale de Constantinople où les attend l'« empereur » Arcadius. De celui qui, dans la sixième année de son « règne » et la treizième de son âge, est supposé régner sur l'Orient en l'absence de son père, l'Histoire ne retient qu'une figure assez remarquable de dégénéré inoffensif, aussi apathique intellectuellement que sans grâces physiques. Un portrait précis du personnage nous est parvenu :

> « Arcadius était de petite stature, de délicate complexion et de poil noir. La stupidité paraissait dans sa manière de parler, et dans ses yeux même qu'il tenait presque toujours fermés[265]. »

Quand la jeune belle-mère se trouve en présence de ce jeune empereur et beau-fils de trois ans son cadet, les dangereux penchants de Phèdre et d'Hippolyte ne se renouvellent pas, (supériorité de l'éducation chrétienne ?). Ici, pas de coupable élan amoureux, Arcadius est d'ailleurs sans grâces ni séductions, au contraire une mésentente sur fond de gamineries agite le palais impérial. Finalement, Arcadius quand même un peu empereur, fait acte d'autorité et expulse sa belle-mère et sa demi-sœur du palais impérial et les relègue dans une résidence à la périphérie de Constantinople[266]. Cette situation va se prolonger près de trois ans, jusqu'en 391, pendant que Théodose s'attarde en Occident jouant au mentor auprès de son jeune beau-frère. La réaction de Théodose à son retour de campagne, trouvant sa ravissante et vive épouse et sa fillette hors du palais impérial, n'est malheureusement pas connue.

---

265. PHILOSTORGE, *Histoire ecclésiastique de Constantin à Honorius,* op. cit. LXI, 13.

266. Cette anecdote, citée par TILLEMONT, provient des *Chroniques* de MARCELLIN, éditions Paleo, Clermont-Ferrand, avril 2014, traduction par Madame Desgrugillers. Le commentaire de l'article « *Arcadius* », dans « *Les empereurs romains* » de François Zosso et Christian ZINGG, éd. Errance, Paris, 1994, mérite d'être cité : « On ne connaît de lui [Arcadius] qu'un seul "haut fait" avant qu'il ne remplace effectivement son père en 395. Il hait à ce point Galla, sa belle-mère, qu'il n'hésite pas à la chasser du palais. »

Cette péripétie, insignifiante par elle-même, mérite d'être rapportée, parce qu'elle est peut-être à l'origine d'une mésentente qui va perdurer entre les deux branches de la famille théodosienne. Manifestement, Arcadius a mal vécu la venue au monde de cette demi-sœur aux origines plus prestigieuses que les siennes. Honorius, qui a sept ans de moins que son frère, est plus proche de sa demi-sœur, ce qui permet entre eux une relation plus simple qui se maintiendra jusqu'aux difficultés créées par leurs entourages dans les derniers mois de sa vie. Les antipathies enfantines des empereurs ont parfois des conséquences sur le destin des empires. La cour de Constantinople n'aura jamais une relation franche avec Galla Placidia. Cet état d'esprit va peser sur la suite des événements. Les deux Empires peuvent avoir des intérêts divergents, mais de bonnes relations entre les deux branches de la même famille placées à leur tête peuvent permettre une meilleure coordination entre eux.

Théodose, régent d'Occident, brise les idoles ; Dieu chasse les dieux

Valentinien II est rétabli dans ses États antérieurs, et aussi dans ceux de Gratien. Théodose n'a pas mis à profit son intervention décisive dans la restauration de son beau-frère pour procéder à quelque agrandissement territorial[267]. Pour l'heure, il s'attarde en Occident, où il forme aux fonctions impériales ce jeune beau-frère de dix-huit ans qui règne sans gouverner depuis bientôt quatorze ans, situation inhabituelle dans l'histoire romaine. Ce rôle tout à la fois facilité et rendu nécessaire par la disparition de Justine, est

---

267. Certains commentateurs modernes (par exemple dans la présentation des *Histoires contre les païens* d'Orose, éd. Les Belles Lettres, Tome III, note 17, p.146) disent que Valentinien ne fut rétabli que dans la préfecture des Gaules, c'est-à-dire les anciens États de Gratien. Les contemporains sont pourtant formels, ainsi Zosime : « Théodose remit donc à Valentinien l'ensemble du domaine impérial qui avait appartenu à son père », *Histoire nouvelle*, op. cit. L.IV § XLVII. Ce point de vue est confirmé par une analyse d'Émilienne Demougeot dans un article : « Le partage des provinces de l'Illyricum entre la *pars occidentis* et la *pars orientis* de la tétrarchie au règne de Théodose », repris, p. 17 à 42 du recueil, « *L'Empire romain et les Barbares, scripta variae* », Publications de la Sorbonne, Paris, 1988. « ...quand Théodose, après avoir vaincu Maxime en 388 et restauré Valentinien II, séjourna en Italie, l'Illyrie fut à nouveau administrée par le gouvernement de Milan, dans le cadre de la grande préfecture centrale d'Italie-Afrique-Illyricum. »

délicieusement commenté par Sozomène : « la mort de Justine lui (Théodose) laissant une liberté entière de régler comme il fallait les affaires de l'Église dans l'Italie[268]. »

Théodose reste presque trois ans en Occident. Au cours de ce séjour, il est accompagné d'Honorius et de sa nièce Serena qu'il avait fait venir de Constantinople au lendemain de la défaite de Maxime. Il s'installe d'abord à Milan. Survient alors un incident significatif. Au début du mois d'août 388, donc pendant la campagne contre Maxime, les chrétiens de Callinique, ville de Mésopotamie, avaient brûlé une synagogue dans un village du territoire de cette cité. Quand Théodose est informé de cette atteinte à l'ordre public, irrité, il ordonne que l'évêque de Callinique rétablisse la synagogue à ses frais et que les coupables soient punis. Ambroise estime que Théodose ayant pardonné bien d'autres affaires similaires, n'avait pas à punir celle-là, « exposant la foi chrétienne aux insultes de ses ennemis par un ordre si rigoureux ». L'Empereur cède. L'ordre est révoqué.

Théodose fait son entrée en triomphe à Rome le 13 juin 389, accompagné de Valentinien II et d'Honorius. Il séjourne trois mois, les seuls de son règne, dans la capitale historique de l'Empire. Au cours de ce séjour, par une loi du 7 août, il réglemente les jours fériés[269], tout en introduisant les fêtes chrétiennes. Le nombre de jours fériés est réduit à 125. Le repos du dimanche est institué. Les autres jours fériés sont Pâques et les sept jours avant et après, pour les chrétiens. Pour des motifs profanes, un mois au moment des chaleurs de l'été, un mois à l'automne pour la récolte des fruits, le 21 avril et le 11 mai pour les fondations de Rome et de Constantinople, le jour de l'an et le 2 janvier, enfin l'anniversaire de l'empereur ainsi que celui du jour de son accession. Théodose fait commencer les travaux de l'église Saint-Paul, dont Valentinien II avait ordonné la reconstruction trois ans plus tôt[270]. Il refuse de céder aux sollicitations de Symmaque qui réclame le rétablissement de l'autel des Victoires dans la salle des séances du Sénat. Il l'exile même brièvement pour sanctionner son insistance.

---

268. Sozomène, *Histoire ecclésiastique*, op. cit. L.VII, C.14.

269. C. Th. 2.8.19.

270. Ces travaux seront complétés par Galla Placidia peu avant sa mort.

Théodose continue de légiférer activement dans le domaine religieux[271]. Après avoir imposé la religion catholique comme religion d'État, il met en place un appareil répressif impressionnant contre les hérétiques, d'abord l'arianisme très présent en Orient, et contre le paganisme, en particulier l'interdiction de toute forme de sacrifices. Il ordonne la fermeture des temples et la destruction des statues, en précisant toutefois que celles qui étaient de bonne qualité artistique pouvaient être conservées dans un but décoratif. Lors de la fermeture du temple des Vestales, se situe un épisode anecdotique, mais lourd de conséquences. En l'occurrence, sa nièce Serena, présente à ses côtés, se livre à un vilain petit abus de pouvoir en s'attribuant le collier sacré de la « Grande Vestale[272] », ce qui lui vaut de sortir du temple, désormais désaffecté, sous les cris de malédiction de la Vestale[273]. Ensuite, il ordonne de nombreuses destructions de temples[274], parmi les plus spectaculaires, celle du temple de Sérapis à Alexandrie. L'évêque Théophile s'était fait attribuer un temple de Bacchus dont il ne conserve que le gros

271. Le Livre XVI du *Code Théodosien* comporte, pour la seule durée du règne de Théodose Ier, 16 lois contre les hérétiques et 6 lois contre les païens.

272. Vesta, déesse du feu sacré, fille de Saturne, fut autorisée par Jupiter à rester vierge après la défaite de Saturne, aussi son culte est-il exercé par des vierges. L'organisation de ce culte, comme celle du collège des pontifes, remonte à Numa qui fit construire un temple rond avec un feu sacré gardé d'abord par quatre vestales, puis six. Le Grand pontife désignait vingt fillettes de six à dix ans, parmi lesquelles le tirage au sort désignait une vestale. Après dix ans de noviciat, elles passaient dix ans en service effectif dans le temple, puis dix ans consacrés à la formation des nouvelles. Il fallut une ordonnance de Tibère pour qu'une impératrice ait le même rang qu'une vestale.

273. Zosime *Histoire nouvelle,* op. cit. L.V § XXXVIII, la note 88 p. 263 montre que le sacrilège de Serena date de la visite de Théodose à Rome en 389.

274. Dans les dernières pages des *Mémoires de la Méditerranée*, p. 350, éd. de Fallois, Braudel cite longuement le commentaire de Ferdinand Lot *La fin du monde antique*, p.54, sur les destructions systématiques de temples ordonnées alors : « Imaginons le roi de France voulant se convertir au protestantisme, religion d'une faible partie de ses sujets, armé d'un zèle pieux contre "l'idolâtrie", détruisant ou laissant tomber en ruines les sanctuaires les plus vénérés de son royaume, l'abbaye de Saint-Denis, la cathédrale de Reims, la couronne d'épines, sanctification de la Sainte-Chapelle, et nous n'aurons qu'une faible idée de la démence qui s'empare des empereurs du ive siècle. » Chateaubriand, *Études historiques*, op. cit., p. 291, avait quant à lui noté qu' « en lisant le récit de la spoliation des temples sous le règne de Théodose, vous avez cru assister à la destruction des églises, perpétrée de nos jours ». Au même moment à deux mille kilomètres de là, à l'extrémité orientale de l'influence grecque portée par l'Empire d'Alexandre, à l'Est de l'Afghanistan d'aujourd'hui, en un lieu appelé Bâmyân, des hommes s'affairaient sur une falaise pour sculpter de gigantesques figures de Bouddha...

œuvre, détruisant tout le reste, et tournant en ridicule les instruments de culte qu'il découvre. La population païenne se révolte et se réfugie dans le Serapeum (temple de Sérapis). Le préfet et le chef de la milice tentent d'arrêter la sédition. Théodose, informé, ordonne que tous les temples situés dans Alexandrie soient rasés. Après cela, les païens révoltés sont dispersés. Théophile fit démolir le temple et n'en conserve que le terre-plein. Toutes les statues de Sérapis sont alors détruites. La toise qui servait à mesurer la crue du Nil est transportée dans une église. Cette année-là, il se trouve que la crue est tardive. Saisi par le préfet, Théodose répond :

> « Plutôt que ce fleuve ne coule jamais si pour le faire couler il faut des enchantements, s'il se plaît aux sacrifices et s'il faut souiller par le mélange du sang des victimes, des eaux qui tirent leur source au paradis. »

L'abondante crue qui suivit enfin cette impériale réponse suscita de nombreuses conversions… Puis, Théophile montra que les statues étaient creuses et que les prêtres y entraient par des montées secrètes, pour abuser la crédulité du peuple. Il fit fondre les statues que l'empereur avait données à l'Église au profit des pauvres. Pour nombre de commentateurs, bien que ce point reste controversé, c'est à ce moment-là que fut détruite la bibliothèque d'Alexandrie, dont le directeur était le mathématicien Théon, père de la philosophe et mathématicienne Hypatie[275]. Ensuite, il est procédé à la destruction du temple de Canope dans le delta du Nil.

La destruction du temple d'Apamée, en Syrie a lieu peu après. Le préfet d'Orient s'était rendu sur place pour faire abattre le temple, mais il allait y renoncer du fait de la solidité de la construction. Un simple manœuvre va alors voir l'évêque, saint Marcel. Le temple étant bâti en hauteur et entouré de quatre galeries soutenues par des colonnes, il propose de creuser autour de trois de ces colonnes et d'étayer la fondation avec du bois d'olivier, ce qui est fait. Il ne reste plus qu'à y mettre le feu… qui s'éteint par l'influence néfaste de quelque démon. Saint Marcel asperge le bois d'eau bénite, ce qui suffit à ranimer la flamme. Le feu reprend, les étais brûlent et le temple s'effondre. Saint Marcel est tué peu après par des païens

275. Hypatie fut assassinée par des fanatiques en 415, voir ci-après chapitre X.

alors que, sujet à un accès de goutte, il se reposait un peu à l'écart du chantier de démolition d'un autre temple.

La répression de la sédition de Thessalonique et la pénitence de Théodose

Théodose quitte Rome au début de septembre 389. Peu avant, il est signalé l'apparition à l'Orient d'une comète qui disparaît vers le Nord au bout de quarante jours, puis au moment du départ de Théodose, deux jours de « grêle furieuse qui endommage les arbres et les troupeaux ». Il séjourne toute l'année 390 à Milan. De là, il ordonne, sous la direction théorique de Valentinien, celle effective d'Arbogast[276], une expédition sur le Rhin, contre les Francs.

Tout serait donc parfait si, lors de la sédition de Thessalonique au printemps de la même année, il ne se laissait aller à un débordement peu digne d'un empereur chrétien. La révolte est comparable à celle d'Antioche trois ans plus tôt. Un cocher homosexuel poursuivait de ses assiduités un esclave de Bothéric, le gouverneur de la ville. Celui-ci avait fait emprisonner le cocher. Mais ce dernier était très populaire pour ses talents aux jeux de cirque, aussi la population s'était-elle révoltée pour le libérer. Ensuite, emportée par son élan, elle avait massacré le gouverneur et une partie de la garnison. Contrairement à ce qui s'était passé trois ans plus tôt dans le cas d'Antioche, Théodose reste sur sa colère. Il ordonne à l'armée de réunir la population dans le cirque puis de procéder à son massacre systématique. Cette répression fait environ 10 000 morts. Circonstance aggravante, une armée constituée pour l'essentiel de Barbares reçoit de l'empereur l'ordre d'égorger de malheureux citoyens romains. Plusieurs raisons peuvent expliquer ce traitement infiniment plus sévère qu'à Antioche. La première, on l'a évoqué, c'est que, dans le cas d'Antioche, Théodose a peut-être été contraint à l'indulgence par les circonstances de l'invasion de l'Italie par Maxime. La deuxième c'est que, s'agissant d'une ville qui fut sa capitale provisoire dix ans plus tôt, le lieu de son remariage moins de trois ans avant, puis de la naissance de sa fille Galla Placidia, il ressent personnellement l'affront. La troisième est que l'ampleur du mouvement est allé au-delà de ce qui s'était

276. Sur Arbogast, voir chap. IV dans « le rappel et la proclamation de Théodose ».

passé à Antioche : là on s'était attaqué à des symboles, des statues, ici on s'attaque à ses représentants directs, ce qui est quand même un peu plus grave. Surtout, le motif de la rébellion n'appelle pas à son indulgence. D'abord, l'influence chrétienne est défavorable aux jeux du cirque ainsi qu'à ses vedettes. Ensuite, Théodose fait preuve à l'égard de l'homosexualité d'une violente intolérance. Au même moment, il décide que :

> « Toutes les personnes qui ont la coutume honteuse de condamner le corps d'un homme à prétendre être une femme, ce qui fait souffrir le sexe opposé, parce qu'elles n'apparaissent pas différentes des femmes doivent payer ce crime par des flammes vengeresses, à la vue du peuple[277]. »

Enfin, l'origine gothe du gouverneur massacré, Bothéric, comme ce nom l'indique, est un motif politique fort de la sévérité de Théodose. Il tenait à montrer que l'on n'avait pas à s'attaquer à un Goth intégré à un haut niveau dans l'administration impériale. La révolte de Thessalonique traversait sa politique d'intégration des Goths. Il ne pouvait l'admettre.

Cependant, quels que soient les motifs de la sévérité de Théodose envers les malheureux habitants de Thessalonique, l'évêque de Milan, Ambroise, considère que dans cette affaire la main impériale a été trop lourde. L'occasion est certes trop belle pour lui d'affirmer la supériorité de son pouvoir pour qu'il ne la saisisse pas. Jusqu'alors, cet empereur si plein de zèle à l'égard de la vraie religion lui offrait peu de prise. Quelle immense satisfaction pour Ambroise de le prendre en difficulté dans l'exercice même de sa fonction politique, d'autant plus que, venant de publier son ouvrage consacré aux pénitences, cette affaire lui offre une belle opportunité de passer à des travaux pratiques. Théodose se voit donc refuser publiquement l'accès aux sacrements.

> « Ne vous irritez pas, Auguste empereur, si l'on vous dit ce que le prophète Nathan dit au roi David : "vous avez commis un péché". Vous ôterez le péché, en humiliant votre âme devant Dieu… Le péché ne s'efface que par la pénitence et

277. Loi du 6 août 390, adressée à Orientus, préfet de Rome, C. Th. 9. 7. 6.

> par les larmes… Pour moi, je n'oserai offrir le sacrifice de la messe si vous voulez y assister. En effet, ce qui n'est pas permis en présence d'un homme qui a versé le sang d'un seul innocent, le sera-t-il devant celui qui est coupable du sang d'une infinité d'innocents[278] ? »

Les discussions durent plus de six mois. Théodose, conscient du caractère excessif du massacre qu'il a ordonné, est pris au piège. Comprenant qu'un élément essentiel de son impérial pouvoir est en jeu, il tente de gagner du temps. Rien n'y fait. Ambroise reste intraitable. Théodose finit par céder. Le jour de Noël 390, il se livre à une pénitence publique. Pour un acte de gouvernement, c'est un important précédent historique[279].

Avant de regagner Constantinople, Théodose donne encore quelques gages à l'Église, en renforçant la répression contre les hérétiques : « nous ordonnons d'expulser des villes la souillure contagieuse des hérétiques[280] » et contre l'exercice de la religion traditionnelle[281]. Cette dernière loi est adressée à Evagrius, préfet augustal, et Romanus, comte d'Égypte. La destruction du Serapeum d'Alexandrie sous la direction de l'évêque Théophile procède donc de l'application de cette loi.

Il confie le commandement militaire des troupes de Valentinien II à Arbogast, général de confiance. Le jeune empereur et

---

278. Lettre d'Ambroise à Théodose, L.I, Ep.11. Dans son *Apologie de David* AMBROISE reprend manifestement ce thème : « Le roi coupable d'assassinat, mais saisi d'un profond repentir. » En effet, pour conquérir Bethsabée, le roi David avait envoyé à une mort certaine son époux, Urie, un valeureux soldat. Nous avons déjà vu (chapitre III, note 100) l'utilisation du parallèle avec le roi David pour Valentinien Ier.

279. La loi IX, 40, 13 du *Code Théodosien* qui ordonne de différer d'un mois l'exécution des condamnations à mort, est en général présentée comme une conséquence de cette affaire. C'est inexact. Promulguée sous le triple timbre de Gratien, Valentinien et Théodose, intitulé certes maintenu par les rédacteurs du Code jusqu'à la fin de l'usurpation de Maxime, en août 388, mais surtout datée des consulats d'Antonius et de Syagrius, cette loi est sans ambiguïté de l'année 382, le 18 août. Son lieu de promulgation est Vérone où les séjours de Gratien sont fréquents. Le mérite de cette loi prudente et sage revient donc sans contestation possible au seul Gratien.
La décision de massacrer la population de Thessalonique n'est pas une décision de justice, mais un « acte de Gouvernement ». Cela étant, Ambroise pouvait reprocher à Théodose de n'avoir pas appliqué à sa décision sur Thessalonique, l'esprit de la loi de 382.

280. C. Th. 16.5.20., loi du 19 mai 391.

281. C. Th. 16.10.11., loi du 16 juin 391.

ses deux sœurs, Justa et Grata, vont s'installer en Gaule, à Vienne, résidence pratique puisque située à mi-chemin entre Trèves et Milan, les deux capitales de ses États[282].

À l'occasion de son retour triomphal à Constantinople en juillet 391, Théodose fait enfin la connaissance de sa fille Galla Placidia, ce bébé peut-être entr'aperçu trois ans plus tôt avant son départ en campagne. La vie de Théodose à Constantinople s'écoule dans une harmonie familiale retrouvée, toute la famille rassemblée dans le palais impérial sous son autorité patriarcale. Il s'emploie, avec une ardeur que justifient les charmes de sa jeune épouse, à donner à Galla Placidia des compagnons de jeu. Ces efforts, sans être vains, s'avèrent inutiles. Un petit Gratien naît en 392, pour mourir quelques mois plus tard. En avril 394, l'impératrice Galla, âgée de vingt-trois ans, meurt en mettant au monde son troisième enfant, un petit Jean, probablement mort-né.

Une mort bien mystérieuse déclenche une nouvelle guerre civile

Au printemps 392, de nouvelles complications surgissent à l'Ouest. Valentinien II a dépassé ses vingt ans. C'est un grand garçon robuste et sympathique, très religieux. Les portraits dont nous disposons donnent de lui une image édifiante.

> « À vingt ans, il avait les mœurs et la gravité d'un vieillard. Il se privait des divertissements ordinaires de la jeunesse. Ainsi, il renonça aux jeux de cirque pour lesquels il avait du goût. Ainsi il convoqua à la cour pour montrer son autorité, et sans la recevoir, une comédienne qui profitait de son extrême beauté pour corrompre la jeunesse… Personne n'a jamais été plus maître d'un esclave qu'il l'était de son corps et de ses sens… Il assistait à l'examen qu'on faisait des affaires dans son conseil et lorsque les plus anciens hésitaient ou que les plus jeunes étaient arrêtés par la considération de

282. C'est donc à tort que le choix de cette résidence a pu contribuer à entretenir le débat sur les États de Valentinien II. Vienne, à mi-chemin entre Trèves, capitale de la préfecture des Gaules, et Milan, capitale de la préfecture d'Italie, est une simple commodité géographique.

> quelque personne puissante, on voyait ce jeune prince aller droit à ce que voulait la justice avec la lumière et la vigueur d'un Daniel... Il ne pouvait souffrir que l'on chargeât les peuples de nouveaux impôts ; ils ne peuvent, disait-il, payer les anciens et on leur en imposera encore d'autres ? ... Il aimait ses sœurs jusqu'à en oublier sa majesté impériale, non pas néanmoins jusqu'à violer la justice en leur faveur[283]. »

Ses grandes qualités paraissent prometteuses :

> « Le jeune Valentinien avait toutes les qualités de corps et d'esprit qui pouvaient le faire juger parfaitement digne de l'Empire ; et s'il eut pu arriver jusqu'à un âge avancé, il aurait même surpassé son père en courage et en amour pour la justice[284]. »

Pour l'heure, il mène avec ses deux jeunes sœurs, Justa et Grata, une vie de famille sans histoire, peut-être un peu infantile. Malheureusement, il finit par se rappeler qu'il est l'empereur en titre, ou plus exactement il finit par trouver pesante la tutelle d'Arbogast.

Au cours d'une audience officielle, le 14 mai, le jeune empereur remet à Arbogast une lettre par laquelle il le démet de ses fonctions. Celui-ci la déchire immédiatement, en jette les morceaux à terre et quitte la salle d'audience en déclarant qu'il n'acceptera d'être démis que par celui qui l'a nommé, donc Théodose. L'insolence de ce strict respect du parallélisme des formes n'échappe pas au jeune Valentinien, qui entre dans une colère violente, digne de celles de son père. Ses proches doivent le retenir alors qu'il s'est levé, l'épée à la main[285], pour poursuivre Arbogast au moment où celui-ci quitte la salle d'audience. Il est clair qu'une crise grave est ouverte. Il est non moins clair qu'Arbogast se comporte comme s'il avait des instructions précises de Théodose et la certitude d'être couvert. Compte tenu de la suite des événements, ce point doit être souligné, car il ne l'a pas été suffisamment. Théodose ne

283. Saint Ambroise, cité par Le Nain de Tillemont.

284. Sozomène, *Histoire ecclésiastique,* op. cit. L. VII, C 22, 3.

285. Voir chap. XIV où son petit-neveu, Valentinien III, achève en quelque sorte ce geste sur la personne d'Aetius.

devait pas juger raisonnable de laisser le destin de l'Empire entre les mains de son tout jeune et inexpérimenté beau-frère, et devait juger nécessaire de le garder en tutelle. Il est non moins sûr qu'il avait des solutions de rechange pour régler l'incident et que cette crise n'avait rien d'insoluble.

Cependant, la situation devient plus que délicate quand, le lendemain matin, veille de Pentecôte, Valentinien est retrouvé mort dans sa chambre. Les contemporains et tous les historiens postérieurs ont longuement débattu sur la base de l'alternative: crime ou suicide? Arbogast comprend que, suite à l'algarade de la veille, il va être suspecté de meurtre, aussi fait-il tout pour accréditer la thèse du suicide. Or, à l'examen, chacune de ces deux options se heurte à des objections sérieuses, au point que les positions exprimées par les historiens contemporains ou quasi-contemporains sont parfois à l'inverse de ce que leurs engagements partisans auraient dû induire. Alors que la sincérité de l'engagement religieux de Valentinien ne fait aucun doute, que depuis quatre ans il est définitivement sorti des ornières de l'hérésie, et que ses sœurs et lui sont en contact épistolaire permanent avec Ambroise resté, depuis Milan, leur directeur de conscience, des historiens ecclésiastiques penchent pour la thèse du suicide. En revanche, des historiens « païens », qui pourraient avoir tendance à laver de tout soupçon Arbogast, dont les engagements religieux sont plus que tièdes à l'égard du christianisme, penchent pour le meurtre.

Considérons ces deux hypothèses. Le meurtre ne peut avoir qu'un seul commanditaire: Arbogast, qui a en apparence un mobile évident. Mais ce mobile est-il suffisant? La crise ouverte par l'algarade de la veille aurait sûrement été arbitrée par Théodose et Ambroise, et aurait fini par être réglée subtilement à son avantage. L'un aurait continué à régner et l'autre à gouverner. Arbogast, au pire, aurait repris un commandement militaire auprès de Théodose, et celui-ci aurait trouvé d'autres modalités d'exercice de sa tutelle sur Valentinien. Au moment de l'incident, Arbogast agissait dans le cadre des instructions de Théodose qui lui a confié ses commandements. Il sait donc qu'il ne risque rien. Le déroulement des faits après la mort de Valentinien montre un Arbogast pris au dépourvu, et qui ne dispose d'aucune solution immédiate ; la suite va même montrer que la mort de Valentinien lui complique dangereusement la vie.

Le suicide n'apparaît pas non plus une hypothèse très vraisemblable. Certes, la situation de Valentinien n'est pas des plus plaisantes : il se croyait empereur et voilà qu'un général placé auprès de lui par son beau-frère le nargue en public. Est-ce suffisant pour qu'un jeune homme de vingt ans se suicide, à l'encontre de convictions religieuses auxquelles il est très attaché, et à la veille d'une fête religieuse importante ? Pour qu'il laisse à l'abandon ses deux sœurs Justa et Grata, alors âgées de dix-huit et dix-neuf ans, qui vivent auprès de lui. Certes, la condamnation du suicide par la religion catholique n'a pas encore la rigueur absolue qui est à venir, mais elle est déjà claire. Dans ces conditions, un jeune empereur très chrétien se suicide-t-il à vingt ans dans la nuit qui suit une grosse contrariété ? C'est d'autant plus douteux qu'il avait commencé à prendre des dispositions et écrit à Ambroise qu'il envisageait de se réinstaller à Milan avec ses sœurs.

Au fond, aucune des deux possibilités n'est vraiment satisfaisante, ce qui fait que chacune a ses partisans de façon un peu arbitraire comme on l'a vu. Curieusement, l'hypothèse d'une simple mort naturelle, pourtant retenue par saint Ambroise dans son oraison funèbre de Valentinien II[286], n'est pas envisagée.

286. Le contexte et l'indépendance habituelle de saint Ambroise vis-à-vis du pouvoir politique, conduisent à rejeter l'idée que saint Ambroise aurait pudiquement écarté l'évocation du suicide en raison de sa condamnation par l'Église. De toutes les sources dont on dispose, il est le plus proche dans le temps et dans sa relation avec les protagonistes de l'affaire. Les termes qu'il emploie sont clairs : « cette mort est arrivée par un accident tout naturel », alors qu'il avait tous les motifs religieux et politiques de charger Arbogast. Dans leur *Histoire générale du Languedoc*, Devic et Vaissette, citent de façon exhaustive toutes les sources antiques pour ne pas conclure sur ce point ; le reproche qui peut être fait à ce travail est qu'il ne fait aucune critique de ces sources. Leur énumération commence par Cassiodore qui écrit 150 ans après les faits : « Il [Valentinien] s'étrangle lui-même dans un moment de désespoir, de ne pouvoir se débarrasser d'un ministre odieux. » Ils citent ensuite Rufin et Sozomène, dans *Histoire ecclésiastique*, op. cit, L VI, C 22, 2 : « l'on ne sait si quelqu'un d'autre que lui fut l'auteur de sa mort », puis saint Épiphane qui parle d'un bruit vague de suicide. Orose en revanche est catégorique dans *Histoires contre les païens*, op. cit. L.VII, 35, 10 : « Il fut criminellement étranglé à Vienne par son comte Arbogast, et pour qu'on pense qu'il s'était résolu à une mort volontaire, il fut pendu à un nœud coulant » ; de même Zosime qui écrit, *Histoire nouvelle* op. cit. L. IV, § LIV, 3, qu'Arbogast « se jette sur lui, lui assène un coup mortel et le fait passer de vie à trépas». Enfin, dans *La cité de Dieu*, L.V-26, éd. La Pléiade, 2000, p.219, saint Augustin ne tranche pas cette question, écrivant : « Ce prince [Valentinien II] étant mort dans un guet-apens ou de tout autre accident. »

Le père de ce jeune empereur est mort d'un accident vasculaire cérébral à un moment où il exprimait violemment une grosse contrariété[287]. Pourquoi pas le fils ? Au moment de l'incident sa colère est si violente que son entourage a dû le maîtriser. Le risque d'accident vasculaire de ce type a un caractère héréditaire signalé. Une mort naturelle de toutes les façons n'aurait pas pu être alors prouvée, faute de moyens médicaux d'investigation. Mais c'est la seule hypothèse qui a le mérite d'être parfaitement cohérente avec la personnalité de Valentinien II et les intérêts bien compris d'Arbogast.

Avec ce cadavre impérial sur les bras, celui-ci se rend compte qu'il est le suspect parfait, situation bien plus délicate que celle de la veille. C'est ce qui le conduit dans un premier temps à tenter, de façon plus ou moins adroite, d'accréditer la thèse du suicide. Les choses se passent dans la dignité. Arbogast prend contact avec Ambroise et Théodose. Valentinien est enterré à Milan avec toute la solennité requise pour son impériale personne, alors que Maxime n'avait pas même permis d'obsèques dignes pour le malheureux Gratien.

C'est seulement dans un deuxième temps que, confronté à une attitude fermée de Théodose, trois mois après la mort de Valentinien, au mois d'août, Arbogast se décide à proclamer un empereur, en l'occurrence Eugène, célèbre rhéteur de l'époque qui occupait de hautes fonctions administratives à la cour impériale. L'auto-proclamation d'Arbogast était inconcevable pour deux raisons : c'eut été mis à charge contre lui et de toute façon il était Franc, donc barbare d'origine, ce qui, jusqu'à la fin de l'Empire, excluait de l'accès à la fonction impériale.

Théodose doit une nouvelle fois reconquérir l'Occident

Théodose refuse de reconnaître ce nouveau collègue. Il est ramené à la situation de 387, mais cette fois les circonstances le confrontent à une de ses créatures, Arbogast, dont le contrôle lui a échappé à la suite d'un concours de circonstances imprévisibles et mal éclaircies. En fait, il paraîtrait disposé à temporiser, mais son épouse Galla s'est immédiatement persuadée que son frère a été

287. Cf. chap. III « mort subite d'un empereur », note 111.

assassiné. Sa forte personnalité s'exprime par sa volonté de venger la mort de celui-ci et « elle bouleversa la résidence impériale en pleurant son frère[288]. » Confronté aux exigences d'une épouse de vingt-six ans sa cadette, Théodose finit par céder car, comme cinq ans plus tôt, les mêmes raisons objectives justifient sinon nécessitent son intervention. Les scènes de Galla, ne servent qu'à le sortir de l'indolence dans laquelle il a tendance à se complaire tant que la nécessité ne s'impose pas totalement à lui.

Pendant un an, tout en faisant des préparatifs guerriers, conformément aux tendances profondes de son caractère, Théodose tergiverse, d'autant que sa santé s'est dégradée depuis sa fulgurante et victorieuse campagne contre Maxime. Au cours des dernières années, le luxe d'un mode de vie impérial a pu avoir un effet émollient. « Il faisait de plantureux repas, était à l'affût des plaisirs et tirait vanité de la présentation des théâtres et des courses de chevaux[289]. » Une nouvelle consultation de saint Jean l'Égyptien fait partie des « préparatifs » indispensables. Il y est donc procédé. Celui-ci prophétise une nouvelle victoire, mais beaucoup plus difficile que la précédente et qui précédera de peu sa mort[290]. Théodose part donc en campagne au début de l'été 394 avec des perspectives moyennement encourageantes pour affronter, derrière l'apparence du « tyran » Eugène, le plus brillant de ses anciens lieutenants, Arbogast. Le départ en campagne de Théodose est marqué par une note douloureuse, puisque la mort en couche de l'impératrice Galla prive sa nouvelle intervention militaire de son plus chaud partisan, et lui enlève une jeune, vive et belle épouse. Aussi, avant de partir, Théodose décide-t-il de confier la garde de sa fille Galla Placidia à Serena, sa nièce et fille adoptive, déjà en charge de son plus jeune fils Honorius.

La géographie ne permet que peu de variations sur le thème d'une intervention militaire en Occident à partir de l'Orient. Le débouché en Italie du Nord sur la plaine du Pô et son verrou Aquilée passe par le franchissement des Alpes Juliennes. Arbogast, contrairement à Maxime ne divise pas ses troupes. Astucieusement,

288. Zosime, *Histoire nouvelle*, op. cit. L.IV, § LV, 1

289. Zosime, *Histoire nouvelle*, op. cit. L.IV, § L, 1.

290. Théodoret de Cyr, *Histoire ecclésiastique*, L.V, Ch. XXIV ; voir supra note 256 du présent chapitre.

il fait fortifier le col du Poirier, accès principal par où il prévoit de laisser Théodose s'engager, mais il laisse des troupes à l'arrière pour couper sa retraite. Le gros des troupes d'Eugène reste au pied du col pour empêcher Théodose de déployer les siennes, et pour ensuite mieux les refouler[291]. Dans un premier temps, la bataille, connue sous le nom de bataille d'Aquilée ou de la « rivière Froide » du nom du cours d'eau qui part du col, se déroule comme prévu par Arbogast. Le premier engagement se termine par l'échec de Théodose dont les troupes ne parviennent pas à franchir le verrou. Théodose n'a pourtant rien laissé au hasard. Ainsi, il a soigneusement veillé à ce que ses chers auxiliaires Goths, commandés par Alaric, soient placés à l'endroit le plus exposé. Bel hommage aux qualités guerrières des Goths, et belle façon de ménager les troupes romaines. Alaric s'en apercevra et saura s'en souvenir après la bataille, dont ce ne sera pas la moindre des conséquences.

Après l'échec de ce premier engagement, particulièrement sanglant, Théodose est contraint au repli. Il envisage même une retraite rapide pour ne pas être gêné par l'hiver. Eugène et Arbogast se croient d'autant plus victorieux qu'ils savent qu'ils disposent de troupes cachées qui vont couper la retraite de Théodose pour la transformer en débâcle. Théodose passe sa nuit en prières. Intervient alors un double « miracle ».

Au petit matin, Théodose obtient le ralliement des troupes dont Arbogast avait confié le commandement à Arbition[292], troupes positionnées pour lui couper sa retraite. La nuit de prière a dû être une âpre négociation pour retourner Arbition. Ce ralliement, habilement présenté comme un signe miraculeux de la volonté de Dieu, permet à Théodose de galvaniser ses troupes, de leur faire faire demi-tour et d'attaquer par surprise les troupes d'Eugène qui fêtaient déjà leur victoire. Dans la mise en œuvre de son plan, Arbogast avait commis deux erreurs : la première de ne pas avoir maintenu un contact avec des troupes auxquelles était dévolue une

291. Cf. Zosime, *Histoire nouvelle*, op. cit. L.IV. L'annexe comporte un plan détaillé de la bataille établi par le traducteur, M. François Paschoud.

292. C'est également le nom d'un général de Constance II, cité trente-quatre ans plus tôt quand Julien succède à Constance II ; il peut difficilement s'agir du même, mais le nom étant peu fréquent, c'est très vraisemblablement son fils. Dans ces conditions, il est probable que lui et Théodose se connaissaient. Le père s'était distingué, par un sens remarquable de l'opportunisme qui semble se retrouver chez le fils.

mission essentielle ; la seconde d'avoir confié le commandement de ces troupes à un général qui n'était pas absolument sûr.

Survient alors le second miracle : un vent de terre extrêmement violent se lève qui obscurcit le ciel et semble arrêter les javelines des soldats d'Eugène :

> « Par toi, en bourrasques glacées, l'Aquilon descendit des monts
> Pour renverser l'armée des ennemis, pour retourner les traits
> Contre les mains qui les lançaient, pour repousser en tourbillon
> Les javelots… [293] »

En quelques instants la situation se retourne complètement. Quand Eugène voit entrer des soldats sous sa tente, il croit que ce sont les siens qui lui apportent la tête de Théodose, alors que ce sont ceux de Théodose qui viennent se saisir de sa personne pour le traîner devant ce dernier, puis le décapiter. Théodose a certainement moins d'hésitations encore que pour Maxime. Il ne connaissait pas Eugène qui n'est même pas un militaire. Arbogast s'enfuit dans la montagne et quelques jours plus tard se jette sur son épée, la situation étant pour lui sans issue.

L'empereur Théodose *le Grand*

Le 5 septembre 394, pour la première fois depuis trente ans et en fait la dernière de son histoire, l'Empire romain a un maître unique et incontesté, Théodose. De ce fait, il peut bien être appelé le « Grand ». Ce grand règne ne va durer que quatre mois. En effet, la santé de Théodose, devenu hydropique[294], se dégrade rapidement. Il s'installe à Milan. Comprenant que ses jours étaient comptés et qu'il ne rentrerait pas vivant à Constantinople, il fait venir auprès de lui Honorius, déjà proclamé Auguste au lendemain de l'usurpation d'Eugène, et Galla Placidia, déjà placée sous la

293. Claudien, *Panégyrique pour le troisième consulat d'Honorius*, vers 93 et suivants.

294. On n'ose envisager que cette hydropisie soit la conséquence d'une ascite ou en langage plus courant d'une cirrhose du foie ; l'intempérance paraît avoir été un des points communs de Théodose et de Trajan, non revendiqué par les hagiographes.

garde de Serena, l'enlevant ainsi à l'autorité ombrageuse de son demi-frère Arcadius. Le mari de celle-ci, Stilichon, est désormais devenu son principal général et son homme de confiance, donc le véritable homme fort de l'Empire.

Théodose meurt paisiblement dans la soirée du 17 janvier 395, soit très exactement seize ans au jour près depuis sa proclamation par Gratien.

> « Théodose sortit de ce monde dans la cinquantième année de son âge, laissant à ses deux fils Arcadius et Honorius deux Empires dans un calme profond[295]. »

Cette phrase d'Aurelius Victor peut être appréciée aussi bien avec ce qui précède qu'avec ce qui va suivre. Le corps de Théodose est embaumé puis porté à Constantinople où il est enterré au mois de novembre, en présence du seul Arcadius, Honorius et Galla Placidia n'ayant pu l'accompagner.

D'abord empereur d'Orient, Théodose meurt peu après avoir réunifié l'Empire à son profit, mais auparavant il avait eu à plusieurs reprises un rôle actif en Occident. Sa réputation de « grand » empereur tient d'abord à son rôle dans l'histoire religieuse, en faisant de l'interprétation nicéenne du christianisme la religion officielle de l'Empire, catholique parce qu'universelle.

Les contemporains ont laissé sur lui des appréciations nombreuses et contrastées, selon leurs options religieuses, qui permettent de tenter l'esquisse d'un portrait du personnage. Au physique, une mine avantageuse, une bonne taille et un port majestueux, ce qui est un peu convenu pour un empereur. Que l'on ait retenu, la douceur de son visage, de son regard et de sa voix, l'est moins. Sa personnalité est assez complexe. Son comportement a certainement été marqué par l'exécution de son père et les deux années d'exil volontaire qui ont suivi, consacrées à la gestion de ses domaines espagnols. Le retournement de situation qui suit a peu d'exemples dans l'Histoire. De cet exil, comme de sa vie militaire antérieure, il garde le goût des exercices physiques et de la promenade, ainsi que d'une vie simple consacrée à sa famille. Ses mœurs sont irréprochables. Devenu empereur, son attachement

295. Aurelius Victor, *Vie des empereurs romains*, op. cit. p. 417.

familial devient du favoritisme, et il cédera volontiers au goût du confort, voire au luxe de la table. « Par nature insouciant et enclin à toutes sortes de négligences… Lorsqu'il était délivré de tout souci, il se laissait asservir par les penchants inhérents à son naturel insouciant[296]. » Il garde un abord familier dont il ne se départira jamais. D'origine aristocratique, contrairement à ses prédécesseurs, il est plutôt cultivé, esthète à l'occasion ; une fois empereur, il ne montre jamais un comportement de parvenu. L'esprit vif, gai et ouvert, réputé bon et généreux, un des traits les plus remarquables de sa personnalité est la façon dont, en situation de crise, il s'attarde, hésite, tergiverse, pour décider brusquement et surprendre alors par sa rapidité et sa sûreté dans l'action. À la guerre, il se montre bon stratège, doté de sang-froid. Beaucoup plus dissimulé que ne le laissent voir ses hagiographes, la façon dont il manœuvre Maxime au moment de son usurpation est d'une rare duplicité. Capable de vues profondes et à long terme, son utilisation politique de la religion est exemplaire mais n'exclut pas une foi sincère, confinant au fanatisme. Sa législation religieuse est rigoureuse et intolérante, ce qui n'empêche pas l'indulgence dans son comportement personnel. Colérique, il lui arrive de s'abandonner à des emportements qu'il regrette ensuite, le massacre de Thessalonique en est l'exemple. Sans atteindre l'ivrognerie de Trajan auquel ses laudateurs se plaisent à le comparer, une certaine intempérance a pu aggraver son côté colérique et instable. L'ascite qui l'emporte à un âge encore jeune, emporte la conviction sur ce point.

296. Zosime, *Histoire nouvelle*, op. cit. L.IV, § L, 2.

Chapitre VII

L'empereur Honorius

La « régence » de Stilichon (18 janvier 395- mai 408)

Hélas, comme de brèves causes
peuvent ruiner de grandes choses.
Claudien[297]

Difficultés et ambiguïtés du partage de l'Empire

À défaut d'avoir laissé « deux Empires dans un calme profond » pour reprendre la délicieuse formule d'Aurelius Victor[298], la mort de Théodose n'est pas vraiment inopinée, et celui-ci avait eu le temps de prendre quelques dispositions. Arcadius, nous l'avons vu, avait été nominalement associé à l'Empire dès 383. Il ne succède donc pas à son père en Orient, mais il y est désormais seul empereur. Honorius, l'enfant de cinq ans qui en juin 389 accompagnait son père lors de son entrée triomphale à Rome, au lendemain de la victoire sur Maxime, a été désigné pour remplacer Valentinien II en Occident. Cette proclamation a été faite en deux temps, nommé César en janvier 393, puis promu Auguste le 20 novembre de la même année. Qu'une éclipse de soleil permette de certifier ce jour, un amateur de signes du destin peut être tenté de le relever et d'y voir un présage inquiétant. L'esprit courtisan du poète Claudien lui permet d'y voir un présage favorable :

> « Mais bientôt, quand par le cri coutumier les soldats t'élevèrent,
> Phébus dissipa la ténèbre et en même temps on donnait
> À toi le sceptre, au monde la clarté, ... [299]»

297. Dans le *Contre Rufin* du poète Claudien, vers 49, t. 2 traduction éd. Les Belles Lettres.

298. Cf. note 295 du chapitre précédent.

299. *Panégyrique pour le quatrième consulat d'Honorius*, vers 174 et suivants ; Claudien est mort dans le cours de l'année 404, avant que la situation de l'Empire ne se détériore gravement.

Il souligne ailleurs que la naissance d'Honorius après l'accession au trône de son père, lui conférerait comme une supériorité sur Arcadius, né alors que Théodose n'était qu'un simple particulier.

En mai 394, Théodose part en guerre contre Eugène. L'impératrice Galla est morte peu auparavant au mois d'avril en accouchant d'un garçon mort-né, Jean. Leur fille, Galla Placidia, est donc le seul enfant survivant de ce second mariage. Au lendemain de sa victoire sur Eugène, Théodose devient conscient que ses jours sont comptés. Les deux fils de son premier mariage, Arcadius dix-sept ans et Honorius dix ans, étant désormais associés au trône avec rang d'Augustes, la succession est réglée. Il n'est évidemment pas question de Galla Placidia, *nobilissima puella*, non pas au motif qu'elle est encore dans l'enfance – âgée de six ans elle n'a guère que quatre ans de moins qu'Honorius, mais parce que c'est une fille.

Théodose consacre donc ses dernières forces au partage de l'Empire entre ses deux fils et à l'organisation de leur tutelle, car ils ne sont pas encore aptes à porter le fardeau. Rien ne permet d'indiquer s'il se faisait ou non des illusions quant à leurs capacités réelles. L'Empire est donc de nouveau partagé, comme il l'a déjà été au moins cinq fois auparavant. Cette fois-ci, Théodose veut que ce soit selon deux parts égales, alors que les partages effectifs depuis la mort de Constantin avaient été réalisés sur la base des trois tiers correspondant aux trois préfectures du prétoire. À cette fin un rééquilibrage au profit de l'Orient est nécessaire. Le tiers correspondant à la préfecture centrale – Italie, Afrique et Illyrie – est donc redécoupé. Une quatrième préfecture, l'Illyrie, constituée des diocèses de Dacie et de Macédoine, est créée[300] et attribuée à l'Orient.

Pour asseoir le partage, un véritable inventaire de l'Empire et de ses ressources financières et militaires est dressé. Un document postérieur, la *notitia dignitatum*, permet d'avoir une appréciation de cet inventaire[301]. Ce partage laisse une insatisfaction profonde

300. Comme on a déjà eu l'occasion de le voir, le point de savoir si Théodose, initialement attributaire de la préfecture d'Orient a modifié ensuite les attributions à son profit est disputé. Le point de vue retenu ici est qu'aucune modification ne fut faite, jusqu'à la mort de Valentinien II (voir carte en annexe.).

301. La *notitia dignitatum*, sorte d'almanach de l'Empire romain, comporte une description de son organisation administrative et l'état de ses effectifs militaires théoriques.

des deux côtés. L'Orient estime le rééquilibrage insuffisant, considérant que la totalité de l'Illyrie aurait dû lui revenir. L'Occident regrette que l'on soit allé au-delà du partage de 364, en découpant la préfecture centrale.

Cependant, quelle que soit la précision de la délimitation de leurs parts respectives, les deux empereurs sont supposés régner conjointement, d'où l'importance de leur reconnaissance mutuelle, lors d'un changement de règne. Les consuls sont nommés de concert, un pour chaque Empire, et les lois sont promulguées dans les deux Empires, au nom des empereurs légalement reconnus, cités par ordre d'ancienneté d'accession.

Pour ce qui est de l'organisation de la tutelle, il est inexact de dire que Théodose avait confié Arcadius et l'Orient à Rufin, Honorius et l'Occident à Stilichon. Les situations respectives des deux Empires diffèrent sur plusieurs points. En Orient, Arcadius a atteint l'âge de la majorité. Il est déjà, de façon très théorique, dans la treizième année de son règne. En l'absence de son père depuis son départ en mai 394, il est supposé exercer effectivement le pouvoir, comme il l'avait déjà fait pendant la campagne contre Maxime et les trois années de séjour de Théodose en Occident qui suivirent. Enfin, Constantinople dispose d'un véritable gouvernement confié, depuis le retour de Théodose en Orient en 391, au préfet du prétoire, Rufin, gallo-romain brillant et intrigant, originaire d'Eauze[302] en Aquitaine. À la mort de Théodose, Rufin n'est donc pas une sorte de co-régent, mais le préfet en charge de l'Orient, qui vient de perdre l'aîné de ses trois empereurs.

En Occident, la situation est différente. Tout est à réorganiser après les deux usurpations survenues au cours des douze dernières années, depuis l'assassinat de Gratien. L'usurpation d'Eugène est une brève parenthèse, tout juste refermée. Le nouvel empereur, Honorius, est dans sa onzième année, d'où la « régence » de Stilichon. L'expression « régence » ne correspond pas formellement

302. « Elusa », aujourd'hui chef-lieu de canton de quatre mille habitants dans le département du Gers, réputé pour la qualité de ses armagnacs, vestiges gallo-romains, et musée archéologique où l'illustre enfant du pays n'est pas évoqué. Un article de Philippe d'Estalenx dans le n°68, décembre 2000, de la revue *Gascogne* fait avec talent et pertinence le point sur Rufin, montrant que les historiens ont surtout retenu les diatribes de Claudien qui était à la solde de son adversaire Stilichon.

au mode d'organisation du pouvoir[303] ; il s'agit en fait d'une tutelle exercée pour le compte de l'empereur supposé régner dans les faits. Par son mariage, Stilichon est membre de la famille impériale[304]. Ses talents militaires lui avaient permis d'obtenir la main de Serena, nièce et fille adoptive de Théodose qui la considère comme une fille aînée.

Il est vraisemblable que les intentions de Théodose étaient bien de confier à Stilichon, qu'il estime, qu'il a promu et admis dans la famille impériale, une mission sur l'ensemble de l'Empire. Stilichon s'en croit investi. Mais il souffre d'un handicap dont le poids va s'accroître avec son pouvoir et les difficultés de l'Empire : l'origine vandale de sa mère. Jusqu'à la fin de l'Empire d'Occident, une telle origine est un obstacle dirimant à toute velléité d'accession au trône, même pour un allié de la famille impériale. De plus, ce militaire pour qui les qualités guerrières du soldat passent avant son engagement religieux, est de ce fait suspect de tiédeur aux yeux de l'Église.

Stilichon élimine Rufin, mais ne parvient pas à s'imposer en Orient

Les précédents de conduite de l'Empire d'Orient pendant des absences de Théodose montrent qu'il était aisé pour l'entourage de manœuvrer Arcadius, dont la principale caractéristique est « de se laisser gouverner ou plutôt dominer comme une bête[305] », en flattant les sentiments d'indépendance de l'ombrageux adolescent. Pour un homme habile comme Rufin dont même Théodose était la dupe, rien de plus aisé. Pour conforter son pouvoir, il envisage « de fiancer à l'empereur la fille nubile qu'il avait, ce qui constituait un prétexte pour se ménager une voie d'accès[306] » (à l'Empire).

Dans un premier temps, Arcadius laisse clairement comprendre qu'il est assez grand pour gouverner sans Stilichon et en retour

303. Voir une explication plus détaillée au début du chapitre XII.

304. « Stilichon gouvernait l'Occident sous Honorius ; c'était un grand capitaine de race vandale. Il avait épousé Sérène, nièce de Théodose. Cette alliance enflait le cœur du demi-barbare » écrit Chateaubriand dans les *Études historiques*, op. cit. p. 295.

305. Zosime, *Histoire nouvelle*, op. cit. L.V, XII, 1.

306. Zosime, *Histoire nouvelle*, op. cit. L.V, I, 4 et III, 1.

celui-ci cherche par tous les moyens à déstabiliser le trop influent ministre de Constantinople. À cette fin, il dispose de relations étroites avec ses anciens compagnons d'armes. Rufin n'est pas conscient de sa profonde impopularité, accrue encore par les ambitions matrimoniales impériales qu'il nourrit pour sa fille.

La première partie de la manœuvre consiste à déjouer les projets de l'ambitieux ministre. Elle est conduite à la manière d'un vaudeville. Avec l'aide d'Eucherius[307], grand-oncle d'Arcadius, Rufin est éloigné quelques semaines pour traiter de problèmes survenus à Antioche. Cette absence est mise à profit pour procéder, de façon quasi clandestine, le 27 avril 395, au mariage d'Arcadius avec Eudoxie, fille de Bauto ce général franc que Gratien avait envoyé en renfort à Théodose en 380[308]. Bauto étant décédé en 385[309], c'est une orpheline, donc une jeune fille sans enjeux politiques, néanmoins réputée pour sa grande beauté, qui est ainsi destinée à Arcadius. À son retour d'Antioche, Rufin comprend qu'il a été joué, mais les choses en restent momentanément là.

Survient alors un événement d'importance. L'Orient est attaqué à la fois par les Huns et par des Goths « armés par les Romains contre les Romains », qui l'hiver précédent[310] avaient passé le Danube sur les glaces. Rufin va être accusé d'avoir suscité ces invasions pour se rendre indispensable et ainsi mieux équilibrer l'influence croissante d'Eutrope. Ce dernier est un eunuque[311], originaire d'Arménie, ancien esclave. Il avait réussi à se faire remarquer par Théodose qui

307. Zosime, *Histoire nouvelle*, op. cit. L.V II, 3.

308. Cf. chapitre IV.

309. Année où il avait eu les honneurs du consulat.

310. La répétition d'hivers très froids entraînant le gel du Rhin ou du Danube doit être soulignée; cf. chapitre III, notes 104 et 153, Ammien Marcellin, *Histoire*, op. cit. XXXI, X, 4, ainsi que la note 335 du présent chapitre.

311. Les eunuques existaient depuis la plus haute Antiquité, puisque l'Ancien Testament rappelle que Joseph fut vendu à un eunuque de Pharaon; Moïse les bannissait des assemblées du peuple. Ammien Marcellin et Claudien soutiennent que Sémiramis fut la première à faire mutiler des esclaves. Les Grecs les refusaient, en revanche les Romains en introduisirent l'usage chez eux aux débuts de l'Empire. Constantin et Léon Ier punirent la mutilation comme un homicide. Sous Constance II, son chambellan Eusèbe remplit les palais impériaux de ses compagnons d'infortune qui gardèrent ensuite une grande influence en Orient. Certains chrétiens, tels Origène en 185, se mutilèrent volontairement par une interprétation quelque peu extrême de l'évangile de Matthieu, (5, 29 « car il est préférable pour ton corps que périsse un seul de tes membres et que ton corps tout entier ne s'en aille pas dans la géhenne »).

l'employait dans la conduite de sa maison, puis l'avait chargé de la consultation de saint Jean l'Égyptien, avant la guerre contre Eugène.

Cette invasion fournit à Stilichon le prétexte qu'il attendait pour intervenir en Orient. Au printemps 395, il part donc avec les troupes d'Orient qui avaient été conduites en Occident par Théodose pour sa campagne contre Eugène et aussi les troupes occidentales d'Eugène qui s'étaient rendues à Théodose et avaient été intégrées dans son armée. Il fait donc l'inverse du chemin de Théodose l'été précédent. Stilichon tient les barbares à sa merci :

> « Si l'on avait alors livré bataille en ces dispositions d'esprit,
> La Grèce trahie n'aurait vu de tels désastres[312]. »

Rufin obtient alors d'Arcadius qu'il ordonne la restitution des troupes d'Orient, en application des clauses du partage de l'Empire. Stilichon est ainsi privé de toute possibilité d'intervention directe dans les affaires d'Orient. Il obéit donc et renvoie à Arcadius l'armée d'Orient et aussi la moitié du trésor de Théodose. Une opportunité d'anéantir les Wisigoths est perdue.

Avant de renvoyer l'armée d'Orient, Stilichon en confie le commandement à Gaïnas, un Goth rallié, en lui donnant instruction de tuer Rufin. Lorsque, le 27 novembre, l'armée arrive à proximité de Constantinople, Arcadius se rend au-devant d'elle, accompagné de Rufin. Dès que l'armée eut salué Arcadius, au signal donné par Gaïnas, des soldats isolent Rufin et le massacrent. Sa tête, la bouche maintenue ouverte par une pierre, est promenée au bout d'une pique dans les rues de Constantinople. On lui coupa également la main droite. Ses biens sont saisis au profit du trésor impérial[313]. Sa

312. Claudien, *Contre Rufin*, livre 2, vers 185 et 186, estime que si Stilichon avait pu livrer bataille à ce moment-là, les Goths auraient été écrasés.

313. Dans le livre IX du *Code Théodosien*, consacré aux dispositions pénales, deux lois du titre 42 « des biens des personnes proscrites ou condamnées » : les lois C. Th. 9.42.14 et 15, font suite à l'exécution de Rufin. La première, du 13 février 396, précise que les biens de Rufin doivent être dévolus au fisc impérial et que personne ne peut revendiquer lesdits biens de lui-même. La seconde dispose que les biens des proches d'un condamné doivent être distingués de ceux du condamné et préservés, notamment ceux de son épouse, dot comprise.

femme et sa fille sont autorisées à se retirer à Jérusalem où résidait déjà sa sœur sainte Salvie[314].

Les deux Empires jouent aux Goths pour se gêner mutuellement

L'élimination de Rufin permet à Eutrope de devenir grand Chambellan. À partir de ce poste, il pouvait conduire Arcadius comme il voulait. Il va très vite se révéler pire que son prédécesseur. Commence alors un jeu subtil entre les deux Empires et les Goths de l'armée romaine à la tête desquels s'affirme Alaric. Ceux-ci estiment à juste titre qu'au cours de la bataille de « la rivière Froide » Théodose les a surexposés et que leur bravoure et leur dévouement dans cette bataille décisive qui permit d'en finir avec Eugène n'ont pas eu de juste récompense. Les Goths constituent une sorte de « Légion étrangère » insatisfaite, un « mistigri » que les deux Empires se renvoient en toute innocence.

Stilichon les détourne habilement vers l'Illyrie Orientale où ils réclament un établissement que Constantinople leur refuse. Ils ravagent l'Achaïe et mettent le siège devant Athènes. Alaric aurait alors eu une attitude remarquable, faisant savoir aux Athéniens qu'il voudrait bien lever le siège, s'ils consentaient à le laisser entrer seul pour visiter l'Acropole. À cette condition, un accord est conclu et respecté. Malgré son authenticité douteuse, cette anecdote donne d'Alaric, personnage qui va occuper une place importante dans la suite des événements, une intéressante image de barbare esthète. En 396, Stilichon débarque des troupes dans le Péloponnèse, remporte une première victoire sur les Goths, les oblige à se replier sur une montagne où il est sur le point de les réduire, leur ayant coupé les vivres et leurs approvisionnements en eau. Au dernier moment, Arcadius, souverain de la Grèce, ordonne à Stilichon de rembarquer et de laisser les Goths s'échapper vers l'Épire. Il les

314. Celle-ci prétendait avoir lu dans sa vie cent soixante millions de lignes de livres et en particulier plusieurs fois la Bible; en outre, depuis l'âge de dix ans elle ne s'était plus lavé le corps. Des considérations similaires se retrouvent dans la vie de sainte Mélanie (op. cit. I § 2) : « Si quelquefois selon la coutume ses parents l'envoyaient au bain, elle s'y rendait, bien que malgré elle, mais entrant dans l'étuve, elle se lavait les yeux à l'eau chaude, pour faire preuve de fidélité, elle s'essuyait avec ses habits et donnait des gratifications à ceux qui l'accompagnaient, pour les empêcher d'aller raconter à personne ce qu'elle faisait. »

prend sous sa protection. Peu après, Alaric est fait gouverneur de l'Illyrie Orientale, ce qui est peut-être la véritable explication de sa visite de l'Acropole, tout simplement effectuée dans le cadre de cette fonction officielle.

Stilichon obéit à l'ordre impérial et regagne l'Italie. Il lui sera plus tard reproché d'avoir à plusieurs reprises manqué une opportunité d'écraser les Goths comme si une sorte de complicité le retenait au dernier moment. Par deux fois, la responsabilité incombe entièrement à Constantinople. À ce moment-là, Stilichon est confronté à la révolte de Gildon, comte d'Afrique, auquel Théodose avait délégué le gouvernement de cette province stratégique[315] dont Rome dépendait pour ses approvisionnements en blé. Gildon était un roi maure, frère de Firmus qui s'était déjà révolté sous Valentinien Ier, en 372. Il eut l'astuce pour conforter son indépendance d'affecter de reconnaître la suzeraineté de Constantinople. Eutrope l'a certainement encouragé dans ce sens pour contrer l'intervention de Stilichon en Grèce. En avril 398, une armée romaine de cinq mille hommes est débarquée en Afrique sous la conduite de Mascezel, un frère de Gildon resté fidèle aux Romains. La victoire fut si aisée qu'elle en parut miraculeuse. Il fut dit qu'Ambroise, décédé quelques mois plus tôt en 397, était apparu pour soutenir les armées romaines. À son retour à Milan, Mascezel fut récompensé de cette victoire par une mort accidentelle mais bien suspecte, une chute dans une rivière, en présence de Stilichon.

> « Une fois qu'il se trouvait sur un pont qui dominait un fleuve, et que Mascezel l'accompagnait, les gardes du corps obéissent au signal qu'il avait convenu de leur donner et précipitent Mascezel dans le fleuve ; cependant Stilichon riait, tandis que le malheureux était emporté par le courant et se noyait[316]. »

---

315. L'existence de liens familiaux entre la famille de Théodose et les rois maures doit être rappelée ici. Salvina, la fille de Gildon, était mariée à Nébride neveu de l'impératrice Aelia Flacilla, donc un cousin germain d'Arcadius et d'Honorius (voir chap. V, Tab. 2 « la famille de l'impératrice Aelia Flacilla »).

316. Zosime, *Histoire nouvelle*, op. cit. L.V, XI, 4 et 5, très clairement accusateur. Orose, après avoir relaté « l'intervention » d'Ambroise, *Histoires contre les païens*, op. cit. L.VII, 36, 7, explique ensuite L. VII. 36, 13 que « Mascezel, emporté par l'insolence du succès, osa outrager même l'Église… et il apporta la preuve que le jugement de Dieu

Entre Rome et Milan, la famille impériale vit dans une austérité chrétienne

Loin de ces péripéties, l'empereur Honorius et sa jeune demi-sœur sont installés dans le palais impérial de Milan. Pendant deux années, ils bénéficient, pour leur première formation religieuse, d'enseignements dispensés directement par Ambroise, jusqu'à la mort de celui-ci.

Ensuite, à partir de 399, Galla Placidia quitte Milan et son frère pour suivre sa cousine et tutrice Serena qui s'installe dans le palais impérial de Rome. Au Palatin résident déjà deux personnages qui méritent mention : Laeta et sa mère Tissamène. Descendante de la plus vieille aristocratie romaine, Laeta est veuve, sans enfant, de Gratien auquel elle fut brièvement mariée dans les mois précédant son assassinat par Maxime. Depuis la victoire de Théodose sur Maxime[317], le souvenir de Gratien est valorisé. On l'imagine aisément confite en dévotion, entretenant le culte de son éphémère époux, mais très attentive à cette jeune nièce, dernière représentante de la famille de Gratien, pour elle une sorte de fille adoptive. La jeune princesse vit sous l'autorité de sa cousine dont le mari détient la réalité du pouvoir. La forte personnalité de Serena et son christianisme militant laissent penser que l'orpheline mène, dans une ambiance rigoureuse, une vie austère et sans trop de fantaisie. Cette situation sert par ailleurs les intérêts de Serena qui n'est pas sans arrière-pensées sur l'avenir de sa jeune cousine.

Les femmes des élites romaines christianisées faisaient, sous la houlette de saint Jérôme[318], assaut de dévotions et de mortifications ce qui crée une ambiance tout à fait différente de l'intellectualisme raffiné et bon vivant des élites immensément cultivées de la partie de l'aristocratie encore attachée à la religion tradi-

---

veille toujours doublement, puisque d'une part il fut aidé quand il espéra, et que d'autre part il fut tué quand il fit preuve de mépris. »

317. Cf. chap. V, note 242.

318. Saint Jérôme était issu d'une riche famille de Dalmatie. Célèbre pour avoir fait la première traduction de la Bible en latin, « la Vulgate », il fut le principal conseiller du pape Damase. Après la mort de celui-ci en 384, Jérôme est resté à Rome quelques années comme directeur de conscience d'un groupe de jeunes aristocrates romaines, Mélanie l'ancienne, Paula, Marcela, Albina, Asella, Blesilla, Eustathia, etc... avant de se retirer à Jérusalem en 386.

tionnelle. Les *Saturnales* de Macrobe[319] permettent de se faire une idée de ce monde. Il s'agit du récit de dialogues entre membres de l'aristocratie romaine pendant des banquets à l'occasion de la fête des Saturnales. Ces récits mettent en scène Symmaque, Pretextat et Nicomaque Flavien[320], chefs du parti païen traditionnel. Ces dialogues d'« honnêtes hommes », prétexte à un catalogue complet des traditions romaines, montrent que les chrétiens ne sont pas les premiers à avoir parlé de l'immortalité de l'âme et de l'égalité fondamentale des hommes[321]. Ces deux milieux, chrétiens et traditionalistes, liés par d'étroites parentés coexistent sans trop de problème.

En 398, pour ses quatorze ans, Honorius est marié à sa cousine Marie, fille aînée de Stilichon et de Serena, un peu plus jeune que lui. En raison du très jeune âge de la mariée, la consommation du mariage est différée. Elle le sera d'ailleurs définitivement du fait de l'incapacité du jeune marié. Peu importe au bout de combien de temps la petite impératrice comprend que son impérial mari est un impérial chapon. Dans une vie de cour, ces secrets d'alcôve se savent très vite, a fortiori dans l'intimité de la famille impériale. Indirectement, l'incapacité d'Honorius a des conséquences importantes sur la vie de sa jeune demi-sœur, Galla Placidia. Le mariage de celle-ci aurait été de toutes les façons une affaire importante, mais dans cette monarchie héréditaire qui se met en place, le mariage éventuel de la demi-sœur d'un jeune empereur impuissant et de santé médiocre devient une affaire d'État.

De la mort de Théodose jusqu'à l'année 400, l'empereur Honorius et Stilichon séjournent à Milan, résidence impériale depuis un siècle en raison d'une plus grande proximité des frontières. L'expérience avait montré, en particulier lors de l'invasion de l'Italie par Maxime, qu'une fois les défenses des Alpes franchies, Milan est une ville difficile à défendre. La situation aux frontières de l'Empire paraissant incertaine, en 402, Stilichon a l'idée de transférer la capitale à Ravenne. L'implantation de ce port

319. On sait peu de choses sur Macrobe. Il est aujourd'hui admis (cf. PLRE) qu'il vécut jusqu'à la deuxième moitié du ve siècle et que ses œuvres ont été écrites entre 430 et 440.

320. Nicomaque Flavien s'est suicidé au lendemain de la victoire de Théodose sur Eugène en 394 où il voyait la fin des valeurs romaines traditionnelles.

321. *Saturnales*, op. cit., L. I, XI.

militaire sur une lagune au bord de l'Adriatique, présente, nous l'avons vu, le double avantage de disposer de défenses naturelles par les marais qui en protègent l'accès et de permettre une évacuation par mer à destination de Carthage, de Thessalonique, ou même de Constantinople. Ce choix va très vite se révéler judicieux. En fait, Ravenne ne sera prise que de l'intérieur et par ruse en 425, lors de la guerre civile qui suit l'usurpation de Jean.

La « guerre de succession » d'Honorius

Désormais, de façon feutrée, la perspective de la succession d'Honorius va occuper et empoisonner plus de vingt ans de la politique impériale. Qui sera le successeur ? À cette question simple mais essentielle, le contexte permet d'envisager quatre réponses, susceptibles de se recombiner.

La première, celle que la cour de Constantinople dûment informée fait sienne: la mort d'Honorius sans postérité implique la réunification de l'Empire au profit d'Arcadius et de sa descendance. Cela ne peut que contribuer à envenimer un peu plus les relations avec le « régent » Stilichon dont l'épouse appartient à un rameau non régnant de la famille impériale. Une deuxième option peut tenter Stilichon: assurer cette succession pour son fils, petit-neveu et petit-fils adoptif du grand Théodose. Mais, des observateurs attentifs peuvent noter que si la mort d'Honorius survenait à un moment où la jeune Galla Placidia serait en âge d'être mariée, son conjoint, aristocrate romain ou général brillant, pourrait constituer une troisième option et chercher à se placer dans la course en faisant valoir en outre les prestigieuses origines maternelles de celle-ci, ce supplément de légitimité qui agace tant les cousins de Constantinople. Enfin, des ambitions extérieures à la famille théodosienne pourraient se fonder sur le simple constat de l'extinction de la descendance masculine de Théodose en Occident, mettant tout le monde d'accord.

Ces solutions peuvent se combiner pour se conforter. Stilichon qui sait bien que son règne personnel est exclu, alors même qu'il détient la réalité du pouvoir, met à profit l'écart de génération existant entre les deux branches de la famille. Les trois enfants qu'il a eus de Serena ont des âges qui correspondent à ceux des deux derniers enfants de Théodose. Eucherius est juste un peu plus jeune que Galla Placidia, une année, ce qui n'est pas vraiment gênant. Quant à Marie et Thermancie, leur âge correspond parfaitement à celui d'Honorius. Occuper la chambre à coucher d'un empereur, même impuissant, est une précaution utile, si on en a la possibilité. À toutes fins utiles, Thermancie reste célibataire au cas où sa sœur Marie viendrait à disparaître. Les successibles trop attendus ont en effet une fâcheuse tendance à survivre à des gens en pleine santé ; cette précaution va s'avérer prévoyance quand, en 407, Marie décède[322]. Le mariage du jeune Eucherius avec sa cousine Galla Placidia, serait une combinaison optimale de deux des solutions évoquées ci-dessus. Dans un poème de circonstance à la gloire de Stilichon, le poète Claudien va jusqu'à évoquer l'aimable éventualité de ces fiançailles, puis d'un mariage :

> « Ici Venus, depuis son char tiré par des colombes,
> Unit pour la troisième fois la famille du héros avec la maison princière,
> Et les fiancés par les liens de l'amour.
> Eucherius maintenant enlève le voile devant le visage rougissant
> De la jeune vierge, fille d'Auguste et sœur des Augustes[323]. »

En 408, lors de la disgrâce de Stilichon, cette tentative lui sera imputée à charge. Au moment où cette combinaison est échafaudée, personne ne semble s'être préoccupé de l'avis des deux adolescents, intéressés au premier chef. Pour ce qui est d'Eucherius, en bon fils obéissant, et bénéficiaire direct de ce mariage politique, poser la question, c'est y répondre. S'agissant de Galla Placidia, est-il même concevable que la question se pose, d'autant que les parents du promis sont ses tuteurs ? Or, ce mariage n'a jamais été célébré, donc Galla Placidia ne l'a pas voulu, mais surtout elle a pu faire prévaloir son point de vue. Dans le contexte de l'époque, cela suppose force de caractère, ténacité et volonté. Imaginer les raisons qui font que Galla Placidia n'ait pas souhaité convoler avec le petit cousin, compagnon de jeu de son enfance, est facile. Plusieurs viennent à l'esprit sans qu'il soit nécessaire de les développer. Il est insinué que

322. Voir fin du présent chapitre.

323. Claudien dans *de Stilichon*, L. II, vers 354 à 359.

les convictions religieuses de Galla Placidia étaient choquées par la tiédeur de celles d'Eucherius. Rien ne le prouve, mais le faire dire est habile. Cependant, que Galla Placidia, orpheline sans poids politique personnel, ait su et pu résister aux pressions de Serena, sa tutrice, et de Stilichon, est beaucoup plus surprenant, compte tenu de l'importance pour eux de l'aboutissement de ce projet de mariage. Stilichon et Serena ont reculé devant l'idée de forcer ouvertement le consentement de leur pupille, tout en espérant que le temps la conduirait à de meilleurs sentiments à l'égard de leur fils ; il est également possible que Galla Placidia ait profité de la majorité d'Honorius[324] pour lui arracher, dans l'intimité familiale, un soutien qu'elle a pu opposer aux Stilichon ; il est tout aussi imaginable qu'elle ait pris des prétextes religieux pour ajourner un mariage auquel elle affectait de ne pas s'opposer frontalement. Pour jouer cette partie difficile, notre orpheline était isolée. Le seul soutien moral que l'on puisse concevoir dans son entourage est celui de l'impératrice Laeta, sa tante ; c'est là pure conjecture, mais vraisemblance.

Les deux Empires poursuivent leurs jeux subtils mais dangereux

Pendant ce temps à Constantinople, le remplacement de Rufin par Eutrope n'a rien amélioré des difficiles relations entre les deux Empires. Eutrope conduit une politique de division des Goths. Avec l'appui de Gaïnas, il réussit à se débarrasser de l'emprise d'Alaric et de ses troupes, cantonnées aux limites de l'Illyrie. Eutrope, premier et dernier eunuque de l'histoire à avoir accédé aux honneurs du consulat en 399, est massacré. Ensuite, en 400, se montrant trop présents et interventionnistes, Gaïnas et ses Goths ralliés sont victimes d'une épuration ethnique à laquelle la population de Constantinople participe allègrement. Contraint à la fuite, Gaïnas est tué par les Huns. Le problème goth est ainsi, vingt-deux ans après Andrinople, réglé pour l'Empire d'Orient

324. L'examen de la chronologie n'est pas très favorable à cette hypothèse, puisque le poème de Claudien est de l'année 400, alors que le premier séjour d'Honorius à Rome se situe de la fin de 403 à juillet 404 (année probable de la mort du poète, puisqu'il n'y a pas de poème pour le deuxième consulat de Stilichon en 405).

qui n'a plus qu'à diriger subtilement les troupes d'Alaric vers l'Occident.

Le règne d'Arcadius se poursuit, animé par les querelles théologiques dans lesquelles l'impératrice Eudoxie se lance avec passion face au talentueux évêque de Constantinople Jean, l'ancien adjoint de l'évêque Flavien lors de la sédition d'Antioche[325]. Ses talents oratoires lui valent d'être passé à la postérité sous le surnom de « bouche d'or » ou, à partir du grec, « Chrysostome ». Trop de talents oratoires exercés aux dépens d'une impératrice – qui aurait préféré que plus d'amabilités sortent de ladite bouche – se paient en sentences d'exil. Constantinople vit donc au rythme des alternances entre excommunications et sentences d'exil jusqu'à ce que ces joutes oratoires cessent, faute de lutteurs. Eudoxie meurt dans son palais, victime d'une simple fausse couche[326], en octobre 404, peu après l'exil définitif du saint évêque. Celui-ci meurt trois ans après, en septembre 407, toujours exilé dans de lointains confins de la mer Noire. Bien plus tard, le 27 janvier 438, une grandiose cérémonie de retour des cendres[327] est l'occasion pour (sainte) Pulchérie de faire prononcer par Théodose II un admirable discours désavouant leurs parents et « prosterné sur son cercueil de demander pardon pour l'injustice que son père et sa mère avaient commise pour lui ».

Pendant les dernières années du règne d'Arcadius, le pouvoir réel est exercé avec sérieux, rigueur et efficacité par le préfet du prétoire Anthemius, qui reste durablement en fonction pour le plus grand bien de l'Empire d'Orient[328].

---

325. Voir chapitre IV, note 218 .

326. Sozomène, *Histoire ecclésiastique,* op. cit. L. VIII, C 27-1 et 2 et Socrate, *Histoire ecclésiastique,* op. cit. L. VI, XIX-5 et 6, « un violent orage de grêle, s'abattit sur Constantinople (le 30 septembre 404), [...] on dit que cela se produisit par la vengeance de Dieu. La mort de l'impératrice Eudoxie fit se multiplier de tels discours, car elle mourut trois jours après (en fait le 6 octobre 404).

327. Théodoret de Cyr, *Histoire ecclésiastique,* op. cit. L.V. Chap.36.

328. La famille d'Anthemius fait partie des dirigeants de Constantinople pendant tout le cinquième siècle. Le préfet Anthemius est le grand-père de l'empereur Anthemius que Léon Ier va installer en Occident en 467, où il règne jusqu'en 472 (voir sur les liens familiaux d'Anthemius, le chapitre XV « l'empereur Anthemius et la cohabitation impossible », notamment la note 766 et le tableau généalogique n° 8).

Alaric, décidément difficile à contrôler, s'attaque désormais à l'Occident[329]. Durant l'hiver 402/403, il envahit l'Italie, est arrêté, sinon battu, à Pollentia[330] le 29 mars, jour de Pâques; contraint de se retirer vers la Pannonie, en cours de route il tente d'assiéger Vérone, en juillet 403. Rattrapé par Stilichon, il est battu mais, là encore, cerné, il parvient à s'échapper, à moins que pour des raisons tactiques Stilichon ne l'ait laissé fuir, ce qui lui sera reproché en 408 au moment de sa disgrâce.

Les illusions d'un triomphe

À la suite de cette victoire, Honorius se rend à Rome à la fin de l'année 403 pour recevoir les honneurs du triomphe. Alors dans sa seizième année, Galla Placidia retrouve cet être quasi-divin qu'est son demi-frère. Devant la jeune femme qu'elle est devenue, les fastes du triomphe n'ont pas dû suffire à camoufler la médiocrité et la faiblesse profonde du jeune empereur.

Au cours de ce séjour, Honorius élève au rang de « Saint et Martyr », Télémaque, solitaire d'Orient lapidé par la foule pour avoir tenté d'arrêter un combat de gladiateurs, et il confirme l'interdiction des jeux[331].

Honorius s'attribue pour l'année 404 un sixième consulat. Le panégyrique de l'empereur écrit par Claudien pour la circonstance présente l'intérêt d'une description de Rome à un de ses derniers grands moments.

> « Certes, aucune autre ville ne peut abriter convenablement le gouvernement du monde. Sur ces collines, la majesté impériale est vraiment elle-même et connaît ses droits à la domination suprême. Le palais domine les Rostres, et

---

329. Voir au chapitre XIV une évolution similaire dans les objectifs stratégiques d'Attila.

330. Polenza en Ligurie. Les critiques de Stilichon ne manquent pas de souligner que l'attaque de l'armée romaine prit par surprise les Wisigoths, ariens mais chrétiens, pendant qu'ils célébraient le jour de Pâques, alors que les troupes romaines étaient commandées par un général païen, sous les ordres de Stilichon.

331. Un rappel devait être nécessaire, puisque ces jeux ont déjà été interdits par les lois C. Th. 15.12.1., de Constantin, datée du 1er octobre 325, C. Th. 15.12.2., de Constance II et Julien-César, en date du 17 octobre 358 et C. Th. 15.12.3. d'Arcadius et Honorius du 6 juin 399.

de là on voit partout les temples qui l'entourent comme un cercle de divinités protectrices. En dessous, le temple de Jupiter Tonnant, des Géants suspendus à la Roche Tarpéienne, les portes ciselées du Capitole, les étendards qui flottent jusqu'aux nuages, les temples qui vont jusqu'au ciel, les proues de bronze de nombreux vaisseaux, les hautes colonnes, des constructions sur chaque escarpement où la main de l'homme a ajouté au travail de la nature, et des arcs sans nombre ornés de leurs trophées. Les yeux sont éblouis de l'éclat des métaux et du scintillement de l'or[332]. »

La « *Notitia* » permet de compléter cette description poétique par un inventaire des principaux monuments. En ce début du Ve siècle, Rome est sans conteste la ville la plus impressionnante du monde connu.

S'étant donc fait acclamer par le peuple de Rome, Honorius regagne à la fin de juillet ce lieu sûr qu'est Ravenne, où il retrouve ses marécages, ses volières et ses eunuques.

Stilichon finit par passer un accord avec Alaric, aux termes duquel les Wisigoths sont autorisés à s'installer en Pannonie, avec promesse d'intégration de ses troupes dans l'armée romaine, et du versement de mille livres d'or par an pour services rendus.

Les « grandes invasions » ou l'invasion du 31 décembre 406

Vers la fin de l'année 405, une nouvelle alerte vient ébranler l'Occident. Un raid massif et confus de Barbares, conduits par Radagaise, franchit le « limes » et déferle sur l'Italie du Nord après avoir surpris les passes des Alpes Juliennes. C'est le signe inquiétant d'une montée de la pression des Barbares à l'extérieur de l'Empire, alors que depuis une vingtaine d'années ils se tenaient à peu près tranquilles.

332. Claudien, *Le sixième consulat d'Honorius*, vers 39 à 52. Claudien revient sur l'éclat de Rome dans d'autres textes, le *Panégyrique pour le deuxième consulat de Stilichon*, vers 227, « Ils rencontrent au temple de la déesse [Minerve] dont l'éclat brille au-dessus du Palatin », puis le *panégyrique pour le troisième consulat de Stilichon*, vers 65 à 70 : « Regarde autour des sept collines de Rome, où l'éclat de l'or rivalise avec les rayons même du soleil ; regarde les arcs couverts des prises de guerre, les temples allant à l'assaut du ciel, et tous ces bâtiments qui célèbrent le triomphe. »

Ces bandes conduites de façon désordonnée sont assez aisément arrêtées à Fiésole[333]par les armées romaines commandées par Stilichon qui procède ensuite à leur anéantissement méticuleux, avec l'aide de Goths ralliés conduits par Sarus. Mais, pour ce faire, il a dû dégarnir la Gaule d'où il a précipitamment fait venir plusieurs légions…

L'arrêt de la soudaine invasion de Radagaise, suivi de l'anéantissement systématique de ses bandes, peut sur le moment paraître décisif. Ce n'est, malheureusement pour l'Empire d'Occident, qu'un nouveau symptôme de l'agitation et de l'effervescence que connaissent les populations au-delà des limites de l'Empire, soumises à la pression des Huns. Les Romains ne semblent avoir ni vu venir ni su apprécier l'ampleur du phénomène. En effet, si un gel exceptionnel est souvent invoqué comme élément circonstanciel ayant facilité le passage du Rhin, pris de glace, aucune source antique n'en fait mention. La volonté de le franchir, la jonction de trois populations d'origines différentes et l'organisation de cette population, nécessitent d'importants préparatifs qui ne s'improvisent pas en quelques jours. Car ce n'est pas une armée, mais trois armées, ce ne sont pas trois armées, mais trois peuples dans leur entier qui se déplacent, avec femmes, enfants et vieillards. La percée décisive a lieu à la hauteur de Mayence. Au cours de la nuit du 31 décembre 406, fin d'année et fin d'époque, un amalgame d'environ trois cent mille Vandales, Suèves et Alains traverse le Rhin.

Cela étant, l'organisation d'une telle migration et invasion ne pouvait pas être conditionnée par la survenue d'un éventuel gel du Rhin, gel qui certes ne paraît pas avoir été rare à cette époque[334], mais ne pouvait pas être prévu, ni dans sa date, ni dans sa durée, ni dans son intensité. Faire franchir le fleuve à trois cent mille personnes, femmes, enfants et vieillards, avec leurs biens et leur bétail n'a rien de comparable avec l'incursion de quelques milliers de cavaliers qui peut être pratiquement improvisée, comme ce fut le cas en février 378. L'existence d'un pont à Mayence permet d'avancer l'hypothèse plus vraisemblable d'un coup de main

333. Faesulae, en Toscane à quelques kilomètres au nord de Florence.

334. Cf. note 310 du présent chapitre et note 104 et 153 du chapitre III.

permettant aux barbares de prendre le contrôle du pont[335]. La mention d'hivers très froids et d'accidents météorologiques revient de façon répétitive dans les chroniques du ve siècle. Ce fait semble traduire un refroidissement climatique qui peut avoir contribué à miner les bases agricoles de l'économie de l'Empire d'Occident et à mettre en mouvement, au-delà des frontières de l'Empire, les peuples germaniques, eux-mêmes menacés de famine.

Cette traversée du Rhin, commencée le 31 décembre, s'est nécessairement étalée sur plusieurs jours, ce qui a permis aux troupes locales, pour l'essentiel constituées de Francs, de tenter une contre-attaque, passé l'effet initial de surprise. Les Francs finissent par être submergés sous le nombre, ne bénéficiant pas de troupes de soutien en profondeur. Effet paradoxal, mais pervers, sinon fatal, de l'invasion de Radagaise, ces troupes sont encore en Italie. Les combats ont dû néanmoins être acharnés, car si les envahisseurs bénéficiaient de l'effet de surprise et du nombre, ils étaient en situation d'infériorité tactique. Le roi des Vandales, Godégisel[336], est tué au cours de ces combats.

Une fois le passage du Rhin acquis, la Gaule s'ouvre devant les hordes barbares. Il est impossible d'y organiser une ligne de défense, en l'absence des troupes de couverture. Les Barbares se scindent en deux groupes. Le premier descend suivant l'axe Saône-Rhône, l'axe Trèves, Lyon, Arles. Le second contourne le Massif Central par le Nord-Ouest et descend par le seuil du Poitou vers l'Aquitaine. Les deux groupes se rejoignent au pied des Pyrénées au cours de l'été 407. Cette traversée de la Gaule en deux groupes coordonnés exclut l'improvisation et montre chez ces envahisseurs une connaissance du terrain et une vision géostratégique, d'autant plus intéressante à relever qu'elle apparaît à d'autres étapes de

335. Une phrase de Gibbon, op. cit, p. 888 « Et le dernier jour de l'année, dans une saison où les eaux du Rhin étaient probablement glacées, ils entrèrent sans opposition dans les provinces désarmées de la Gaule » est à l'origine de ce mythe du gel du Rhin permettant le passage des barbares. Yves Modéran dans son ouvrage *Les vandales et l'empire romain*, éditions Errance, Paris, septembre 2014, p. 64, relève « Plutôt que d'invoquer, comme on le fait souvent, un franchissement facilité par le gel du fleuve, ce qu'aucune source ne signale, un passage en force par le pont de Mayence lors d'une attaque brusque semble donc fort possible, d'autant que le système défensif était à ce moment-là probablement affaibli. »

336. Pour l'heure, son fils aîné Gunthéric devient roi ; son second fils Genséric succède à son demi-frère en 428.

leurs mouvements. Pendant leur traversée de la Gaule, ceux-ci ont laissé derrière eux destructions et pillages dont le souvenir est resté dans les mémoires et a profondément marqué les populations. Nombre de « trésors » découverts en Gaule datent de cette époque. Les populations affolées ont tant bien que mal essayé de mettre quelques biens à l'abri des pillages. Les « trésors » retrouvés sont ceux que leurs propriétaires ne sont pas venus récupérer...

Les Pyrénées sont supposées former un obstacle infranchissable, rendant ainsi à terme périlleuse la situation des envahisseurs. L'Aquitaine paraît constituer une nasse au fond de laquelle il ne devrait pas être trop difficile de les réduire, une fois repus de pillages.

Cette invasion du 31 décembre 406 est un événement majeur de l'histoire de l'Europe. Elle induit quelques réflexions complémentaires. Que sont devenus les effectifs de 250 000 hommes comptabilisés dix ans plus tôt au moment du partage de l'Empire ? Même en admettant que les troupes d'Alaric aient alors été comptées dans les effectifs de l'Empire, ce qui est vraisemblable et normal, (ces troupes venaient de participer à la guerre de Théodose contre Eugène), la fonte des effectifs réels de l'armée romaine est manifeste. Comme toujours, les catastrophes militaires sont commentées et exploitées à des fins de polémiques politiques. Ainsi Zosime[337], attribue à Constantin la responsabilité de l'invasion de 406, pour avoir mis en place un double dispositif, des troupes d'arrêt, prépositionnées sur la frontière et des troupes de couverture, mobiles en profondeur pour arrêter les éléments qui ont pu passer. Soixante-dix ans après la mort du « grand » Constantin, ce dispositif aurait pu encore fonctionner si les troupes de l'intérieur n'avaient pas été transférées en Italie au moment de l'invasion de Radagaise, aussi l'argument peut-il apparaître un peu polémique ; Zosime reproche d'abord à Constantin sa conversion au christianisme. De façon non moins polémique le transfert en Italie des troupes de couverture va être reproché à Stilichon, au moment de sa disgrâce, comme étant la preuve de sa trahison et de sa complicité avec les barbares.

Autre conséquence de ces invasions, l'Empire d'Occident au cours de l'année 407 est privé des recettes fiscales de deux provinces, la Gaule cruellement ravagée par les envahisseurs, soumise aux

337. Zosime *Histoire nouvelle*, op. cit. L.II. XXXIV, « abolissant cette sécurité, et retirant des frontières la plus grande partie des soldats... »

pillages et aux destructions, et la Bretagne, coupée du reste de l'Empire, du fait de l'invasion de la Gaule.

Ce tableau catastrophique est le résultat de l'incursion d'environ trois cent mille personnes dans un Empire à l'organisation séculaire, comptant en Occident une population d'environ vingt millions de personnes[338].

Un soulèvement de la Bretagne, tout à fait inopportun

Depuis l'auto-proclamation de Constantin le 25 juillet 306, les principales séditions sont le plus souvent parties de Bretagne, ce qui s'explique assez bien, s'agissant d'une province où l'Empire est contraint d'entretenir une importante garnison dans une position insulaire, excentrée et éloignée. Les troupes romaines de Bretagne sont bien aguerries, car soumises à une pression permanente à la limite septentrionale de l'Empire. En 383, l'usurpation de Maxime est partie de Bretagne. Cette fois-ci, plusieurs séditions sont tuées dans l'œuf, éphémères empereurs proclamés par les camps, massacrés le lendemain – Gratien, Marc. Ces troupes proclament enfin un simple soldat, non pas sur sa bonne mine, mais sur son nom. Cet heureux soldat s'appelle Constantin.

Même si la Bretagne a une longue tradition dans l'élévation d'usurpateurs[339], et si de telles proclamations n'ont pas pour but de faciliter la vie du gouvernement en place, ajouter une guerre civile aux circonstances d'une invasion étrangère n'a jamais arrangé les affaires d'un État. La justification de ce soulèvement est simple. Les troupes de Bretagne sont disponibles. La Gaule vidée d'une partie substantielle des siennes est envahie. Or, le gouvernement central de Ravenne ne paraît pas réagir sérieusement à cette invasion. Les troupes de Bretagne vont donc débarquer en Gaule pour en chasser l'envahisseur. Ensuite, l'Empire appartiendra naturellement au général vainqueur. Fort de ce raisonnement, le « tyran » Constantin (III)[340], nouvel avatar du grand Constantin, débarque

338. Dupaquier, *Histoire des populations de l'Europe*, t.1, *Des origines aux prémices de la révolution démographique*, notamment le chapitre 2, p. 120 à 144. Éd. Fayard, 2000.

339. Jérôme le relève, mais au travers de l'allusion politique, il vise surtout les thèses « hérétiques » de Pélage.

340. L'empire byzantin a eu un « vrai » Constantin III qui a régné en 641.

vers la fin de l'été 407, pour délivrer les Gaules des envahisseurs, apportant sa touche personnelle aux désordres du moment et ajoutant à la confusion ambiante.

Stilichon croit encore pouvoir temporiser, consolidant la protection de l'Italie et de l'Illyrie occidentale, restant confiant dans la barrière pyrénéenne pour assurer la protection de l'Espagne. Ravenne envoie en Gaule le contingent de Goths restés fidèles, commandés par Sarus. Celui-ci remporte quelques succès contre Constantin, mais doit lever le siège de Valence et regagne l'Italie dans des conditions difficiles, étant assailli par des bagaudes[341] pendant la traversée des Alpes.

Enfin, après que la cour impériale a séjourné à Rome pratiquement toute l'année 407, celle-ci se termine par un deuil domestique : la mort de l'impératrice Marie. Serena avait eu raison d'être précautionneuse et de garder Thermancie en réserve pour lui succéder auprès d'Honorius, dont elle devient la seconde épouse.

341. Les « bagaudes » sont des petites gens révoltées contre le système fiscal qui les a ruinées, et qui se sont mises hors la loi. Le phénomène prend de l'ampleur au cours du ve siècle. Ce point est développé au chapitre XII ci-après.

Chapitre VIII

L'empereur Honorius

Le sac de Rome
(mai 408 - 24 août 410)

Honorius élevait une poule appelée Rome,
et Alaric prenait la cité de Romulus
Chateaubriand[342]

Trois cent mille barbares, Vandales, Suèves et Alains, installés en Aquitaine après avoir ravagé la Gaule, un « tyran » venu de Bretagne qui prend le contrôle de la Gaule, cette province et la Bretagne coupées du reste de l'Empire, des supplétifs wisigoths révoltés, l'année 408, consulat d'Anicius Bassus et de Flavius Philippus[343], ne s'ouvre pas sous des auspices des plus favorables. Cet ensemble de problèmes préoccupe à juste titre Stilichon, mais la situation en Orient va détourner son attention et servir de détonateur à une autre crise.

La succession d'Orient

Alors que la grande préoccupation inavouée des deux cours est de se préparer au règlement de la succession d'Honorius, son aîné Arcadius décède à Constantinople le premier mai 408, âgé de trente et un ans, suivant de quelques années son épouse Eudoxie. Arcadius laisse un héritier, Théodose II, alors dans sa huitième année, mais associé au trône depuis sa première année, et quatre filles[344] dont Pulchérie, aînée du nouvel empereur, apparaît déjà à douze ans étonnamment brillante, précoce et prometteuse.

342. Dans les *Études Historiques*, op. cit., « Quatrième discours sur la chute de l'Empire Romain », p.294.

343. Les Anicii, famille d'Anicius Bassus sont au IVe et Ve siècle, une des plus puissantes familles de Rome, d'où sont issus de nombreux consuls. Celui-ci serait l'arrière-grand-père de l'empereur Anicius Olybrius (voir chap. XV). Le consul désigné pour l'Orient est un proche parent du préfet du prétoire Anthemius.

344. Flacilla née en 395, Pulchérie née en 396, puis Marina et Arcadia (voir chapitre XIII le tableau généalogique « la famille de Galla Placidia »).

Une invraisemblable légende[345] voudrait faire accroire que, sur son lit de mort, Arcadius aurait désigné comme régent de l'Empire d'Orient le roi de Perse Yezdegerd. Cette légende traduit tout au plus l'apaisement réel de la rivalité séculaire entre les deux Empires et la distance prise avec la cour de Ravenne. L'efficacité et le sérieux du préfet du prétoire Anthemius pourvoient à l'essentiel. Quelques années, après la jeune Pulchérie va mettre son talent précoce au service de l'Empire pour presque un demi-siècle.

Qu'Honorius[346] ait eu la lubie d'envisager de se rendre à Constantinople pour exercer une régence au nom de son jeune neveu n'étonne pas. Que Stilichon ait caressé la même chimère est plus surprenant et mérite d'être regardé d'un peu plus près. S'agit-il d'un désir de revanche par rapport à sa mise à l'écart des affaires orientales en 395 ? C'est une première explication. Pressent-il les graves difficultés qui l'attendent à Ravenne et cherche-t-il une diversion à Constantinople ? Ou encore ne voit-il pas là le moyen de mobiliser les forces des deux Empires pour faire face à l'accumulation des problèmes auxquels l'Occident est confronté ?

Après avoir cherché mutuellement à se convaincre de laisser partir l'autre pour Constantinople, Honorius et Stilichon finissent par comprendre que leur venue n'y est ni utile, ni opportune, ni souhaitée.

Un climat d'intrigues à la cour de Ravenne

Cet épisode est efficacement exploité par les adversaires de Stilichon pour éveiller les suspicions d'Honorius à son égard. La présence, aux côtés d'Honorius plus que dans son intimité, de sa seconde épouse la malheureuse Thermancie, ne constitue pas une garantie suffisante pour protéger Stilichon des intrigues de ses ennemis. L'eunuque Olympius finit par convaincre Honorius que Stilichon le trahit, que sa politique favorable aux barbares est

345. D'après Procope, *De bello persica*, op. cit. souvent approximatif pour les faits qui ne lui sont pas contemporains. Gibbon constate que sur ce fait « le silence des contemporains anéantit cette vaine tradition, recueillie dans l'âge suivant », remarque pertinente qui s'applique à bien des récits traitant de cette époque, tout particulièrement à ceux de Procope.

346. La mort d'Arcadius fait protocolairement d'Honorius l'aîné des empereurs. Désormais, il figure en premier dans l'en-tête des lois.

un échec, qu'elle conduit l'Empire au désastre, que d'ailleurs on y est, et que le but réel de Stilichon est, avec l'aide des Barbares, de désorganiser l'Empire pour s'en emparer directement, ou plutôt au profit de son fils Eucherius. Cette accusation sera maintenue contre Stilichon. Trente ans après les faits, Rutilius Numatianus écrit encore :

> « Il n'en est donc que plus cruel le forfait de Stilichon : le traître a livré le cœur de l'Empire[347]. »

Ayant abandonné leurs rêves d'Orient, Stilichon et Honorius finissent néanmoins par réunir des troupes en vue d'une intervention en Gaule contre l'usurpateur Constantin, puis pour en déloger les Barbares qui sont en train de s'y enkyster. Des troupes sont rassemblées à Pavie, où Honorius doit les passer en revue, le 20 août. Pendant la revue, une révolte éclate. Les officiers supérieurs d'origine barbare, notamment Goths, sont systématiquement massacrés sous les yeux d'un Honorius apeuré. Il se cache, mais est vite rassuré. Ce n'est pas à sa personne que l'on en veut, au contraire. Il s'agit de faire ce qui a été réalisé à Constantinople en 400 : procéder à l'élimination des Goths qui n'ont que trop longtemps bénéficié de la complicité active du traître Stilichon. Le contexte est différent de celui de Constantinople huit ans plus tôt. Il va en être de même des résultats… Le coup d'État réussit partiellement en ce sens que, validé par l'autorité légitime d'Honorius, il induit une inflexion de la politique de l'Empire d'Occident à l'égard des Barbares : désormais plus d'intégration dans l'Empire, mais une opposition frontale jusqu'à leur élimination. Cette politique irréaliste ne peut qu'aggraver la situation de l'Occident. C'est ce qui va se passer.

Stilichon voit donc désavouées par Honorius ses treize années de gouvernement pendant lesquelles il croyait avoir poursuivi, malgré les difficultés, la politique de Théodose. Resté à Ravenne, il dispose des moyens de résister. Il s'y refuse ; lassitude ou refus de provoquer une guerre civile inutile dans un Empire déjà confronté à trois crises graves. Réfugié dans une église de Ravenne, il finit par se rendre, est arrêté et immédiatement décapité sur ordre

347. Rutilius Numiatanus, *Sur son retour*, Paris, Les Belles Lettres, 1961, II, 40.

d'Heraclien. Ce personnage, dont c'est ici la première apparition, va jouer un rôle important dans les années qui viennent. Son seul mérite va être de rester fidèle à Honorius dans les pires moments… jusqu'à celui où, à contre-temps, la tentation sera la plus forte[348]. Pour l'heure, il est récompensé par une promotion aux fonctions de comte d'Afrique… en remplacement d'un beau-frère de Stilichon[349].

Ce coup d'État laisse songeur quant au degré d'aveuglement de certaines élites romaines, et à l'interprétation qu'il faut lui donner. La réussite de l'élimination de Stilichon ne doit pas occulter qu'au regard de ses objectifs, cette opération est pour l'essentiel un échec. Le résultat est plus la déstructuration de ce qui reste d'armée romaine à la disposition du gouvernement de Ravenne que l'épuration des éléments barbares, ce qui était sa justification. Surtout, les Goths se révoltent ouvertement. Le sac de Rome en 410 est la conséquence directe de ce massacre de Pavie. L'objectif de la manœuvre est de s'assurer de la personne d'Honorius pour gouverner en son nom. Celui-ci, âgé de vingt-quatre ans, est encore une sorte de grand enfant, et le restera. Jouet de toutes les factions, son rôle est simplement passif. Le soir de Pavie, il approuve, sans bien comprendre ce qui s'était passé, soulagé d'être encore en vie. Les intrigues relatives à sa succession lui échappent. Dans cette perspective, l'hypothèse de la famille Stilichon est définitivement écartée au lendemain de ces événements. Dans ces jeux, on perçoit mal quel aurait pu être l'intérêt et le rôle souterrain de Constantinople où, même sans l'intervention d'Honorius et de Stilichon, le règlement normal et paisible de la succession d'Arcadius, constituait à lui seul un sujet prioritaire.

Après treize ans de pouvoir quasi absolu dans une période agitée, Stilichon, sa famille et son entourage sont victimes d'une accumulation de rancœurs. Rancœur contre lui-même, demi-barbare mais cousin et beau-père de l'empereur, rancœur contre tous ces barbares en voie d'intégration mais qui n'ont pas su ou pu régler les difficultés du moment. Cette forme de politique du bouc émissaire, en général aggrave la situation qu'elle prétend traiter

348. Voir chapitre suivant, en particulier à propos des circonstances du mariage de Galla Placidia et d'Ataülf.

349. Zosime, *Histoire nouvelle*, op. cit. L.V, XXXVII, 2.

et, par réaction, obtient le plus souvent des résultats opposés à ceux attendus[350]. La chute de Stilichon permet le rétablissement immédiat de relations normales avec Constantinople, en particulier la suppression du blocus maritime avec l'Empire d'Orient que « l'ennemi public Stilichon avait imaginé[351] ».

Deux lois, promulguées avant la fin de l'année 408, visent le transfert de propriété des biens du « brigand public et de son fils, ou d'autres satellites[352] ». L'inclusion de ces textes dans le *Code Théodosien*, trente ans après les faits, n'a pu se faire qu'avec l'accord de Galla Placidia, alors régente de l'Empire d'Occident. Cette volonté de confirmer cette position, montre son approbation du coup d'État, et laisse supposer que, depuis Rome, elle observe le déroulement des faits avec la plus grande attention. Désormais, elle est libérée de la tutelle pesante de ses cousins. Serena a perdu toute possibilité de lui imposer un mariage avec son fils Eucherius.

La révolte des Goths et le premier siège de Rome

Les Goths comprennent la vanité de leurs espérances d'intégration pacifique dans l'armée romaine et d'établissement dans l'Empire. Alaric ne rompt pas ouvertement, mais il rassemble sous son autorité ce qui reste de Goths en Italie. Il rappelle son beau-frère Ataülf des confins de la Pannonie. Enfin, il s'adresse au gouvernement de Ravenne pour réclamer son dû, au titre des opérations militaires conduites pour le compte du gouvernement romain et divers services rendus, soit mille livres d'or par an. Il se réfère ainsi aux termes de l'accord conclu quatre ans plus tôt avec Stilichon, mais non respecté par les Romains. Réinstallé dans son palais de Ravenne, ayant surtout retrouvé ses volières (l'élevage des oiseaux, tout particulièrement des pintades, est son occupation favorite), protégé par ses lagunes inexpugnables, et le contingent

350. En 351, Constance II n'avait pas hésité, dans la guerre civile contre Magnence, à inciter les barbares à envahir la Gaule pour prendre son adversaire à revers. L'élite de l'Empire n'imaginait pas que cela puisse à terme déboucher sur une catastrophe.

351. C. Th. 7. 16. 1 du 10 décembre 408.

352. Ce sont les lois C. Th. 9.42.21 et 22 des 25 octobre et 22 novembre 408. Le Livre IX du *Code Théodosien* traite des dispositions pénales ; son titre 42 est constitué de vingt-quatre lois qui traitent de la dévolution « des biens des personnes proscrites ou condamnées ».

de Goths commandés par Sarus, Honorius se sent l'audace de refuser avec hauteur. Alaric décide donc de se servir et à cette fin va assiéger Rome.

Pendant ce temps, le gouvernement de Ravenne poursuit et parachève le règlement de compte avec Stilichon et sa famille. Honorius commence par renvoyer dans ses foyers romains sa cousine Thermancie, nouvelle épouse qu'il n'a pas honorée. Ainsi, il supprime son dernier lien avec ses cousins et, à vingt-quatre ans, il affiche renoncer à assurer sa postérité. Dans son malheur, Thermancie va avoir la chance relative d'être le seul membre de la famille Stilichon à mourir de mort naturelle[353].

Cousin d'empereur, fiancé virtuel de Galla Placidia repoussé avec une tenace subtilité, successeur éventuel d'Honorius, Eucherius, porte là trois éléments à charge qui prouvent son évidente complicité avec les « crimes » de son père. En des temps troublés, la nécessité d'un jugement et d'une condamnation formelle ne s'impose pas vraiment. Honorius autorise donc la mise à mort de son jeune cousin, dictée par la raison d'État, même si entre princes dévotement chrétiens cette décision pouvait paraître contraire à certains principes. Deux sicaires sont envoyés par Olympius, pour ne pas dire par Honorius, aux fins d'assassiner Eucherius. Rome est déjà investie par les Wisigoths dont ils traversent les lignes sans trop de difficultés. Prévenu, le jeune Eucherius se réfugie dans une église, mais au bout de quelques jours il finit par en sortir. C'est alors qu'il est « exécuté ». Les sicaires traversent, toujours sans trop de difficultés, les lignes assiégeantes et regagnent Ravenne pour y recevoir la juste récompense de leur courageuse action.

Rome n'avait pas été assiégée depuis huit siècles, quand des oies sauvèrent le Capitole de l'assaut gaulois. Alaric réitère sa demande, soit quatre années d'arriérés de solde, calculés sur la base des engagements pris par Stilichon en 405, à raison de mille livres par an. Le décompte s'établit donc au total à quatre mille livres. Le Sénat romain délibère, saisit Ravenne où le refus est

353. Elle meurt en juillet 415. Sa tombe et celle de sa sœur Marie furent retrouvées sur le site de la basilique du Vatican respectivement en 1543 et en février 1544 lors de la construction de l'actuelle basilique Saint-Pierre. Les corps comportaient des ornements impériaux, et pour celui de Marie de grandes richesses, dont trente-six livres d'or pour les seuls vêtements (d'après Le Nain de Tillemont, op. cit. t. V, p.556, 557, et 562, lui-même citant Jean Mabillon, *Voyages en Italie et musées d'Italie*, 1687).

maintenu avec d'autant plus de fermeté qu'il s'agit d'honorer un engagement du traître Stilichon. Les pintades n'ont pas vocation à sauver le Capitole… qui se sauve provisoirement lui-même en honorant la créance d'Alaric sur l'Empire. L'ambassade envoyée par le Sénat de Rome auprès d'Alaric est conduite par Jean, primicier des notaires[354]. D'ailleurs, les quatre mille livres[355] d'or sont certes un montant conséquent, mais qui n'est somme toute pas colossal, même au regard de la seule fortune individuelle de certains sénateurs.

Ce premier siège de Rome provoque de vifs débats dans une ville où la religion traditionnelle reste puissante, sinon dominante dans l'aristocratie sénatoriale. Le retrait tant controversé de l'autel des Victoires de la salle des séances apparaît du coup la cause évidente des malheurs du temps. Dans l'agitation qui saisit la ville assiégée, les sacrifices païens sont de nouveau célébrés et le pape Innocent Ier est bien obligé de les tolérer « préférant le salut de la ville à sa propre croyance[356] », sans quand même aller jusqu'à y participer, comme certains ont eu la malice de l'insinuer.

Procès et mort de Serena : le premier rôle public de Galla Placidia

Comme toujours dans de telles circonstances, l'agitation populaire est grande au point qu'en novembre le préfet de la Ville, Pompeianus, y laisse la vie, massacré par la foule. Dans cette ambiance surexcitée, où les plus folles rumeurs de trahison circulent, le sacrifice d'une victime expiatoire, illustre si possible, pourrait calmer le peuple. Cette idée simple s'impose au Sénat. La victime sera Serena. Après la mort de son mari et de son fils, sa fille Thermancie répudiée par Honorius, celle-ci n'a plus grand chose à perdre. Dans Rome affolée, elle n'a plus que des adversaires depuis la disgrâce de son clan. Les milieux attachés à la religion traditionnelle ont toujours entretenu quelque sourde rancœur à l'égard

354. Zosime, *Histoire nouvelle*, op. cit. L.V, XL, 2. Ce Jean est un futur « empereur » qui fait ainsi son entrée dans l'Histoire, voir chapitre XI, « la succession d'Honorius ».

355. Une livre romaine pèse 408 grammes. L'enjeu est donc de 1,6 tonne d'or, soit 48 millions d'euros, valeur 2014.

356. Zosime, *Histoire nouvelle*, op. cit. L.V, XLI, 2.

de la famille théodosienne, et l'aristocratie romaine a toujours conservé quelque distance par rapport à cette occupante de palais impériaux. Dix-neuf ans après les faits, l'affaire hautement symbolique du collier de la Vestale est encore dans toutes les mémoires[357], militantisme chrétien au service d'un caprice féminin, du temps où elle était au faîte du pouvoir. Les déboires de la famille Stilichon au cours des derniers mois sont bien la preuve de la puissance des dieux traditionnels et de la portée de la malédiction de la grande Vestale. Les effets de cette malédiction doivent donc être portés à leur terme, c'est-à-dire la disparition de Serena elle-même.

Surtout, les plus grandes et plus riches familles de l'aristocratie romaine ont depuis l'année précédente un contentieux concret sur un sujet pour lequel un vrai Romain ne pardonne jamais, une affaire de dévolution d'héritage : la succession de Mélanie la Jeune.

Mélanie et son jeune époux Pinien sont les détenteurs de ce qui paraît avoir été alors une des plus grosses, sinon la plus grosse fortune privée de l'Empire. Or, touchés par la « grâce divine », après la perte de leur deuxième enfant, ces deux encore très jeunes gens décident de se retirer dans un monastère près des Lieux Saints et commencent à procéder à la liquidation de leur immense patrimoine, en vue d'en faire don aux pauvres et à l'Église. Le reste de la famille tente de s'y opposer avec le soutien du Sénat[358]. Certes, depuis des années, l'Église a obtenu des empereurs le privilège de pouvoir recevoir des legs contre une avance sur les félicités éternelles. Toutefois, ici il ne s'agit pas de legs mais de la liquidation d'un patrimoine familial. Alors toute puissante[359], Serena intervient dévotement auprès de la très dévote cour de Ravenne et obtient d'Honorius que Pinien et Mélanie soient autorisés[360] à disposer de leur patrimoine familial en faveur de l'Église. En

357. Cf. chap.VI, note 272.

358. *Vie de sainte Mélanie*, Les Éditions du Cerf, Paris, 1961.

359. Dans la *Vie de sainte Mélanie*, rédigée après 450, l'action de Serena dans cette affaire est louée et elle est désignée sous le titre « l'impératrice Serena ». Reconnaissance tardive de l'Église ?

360. Un contrôle par l'État des legs à l'Église (ou à d'autres institutions) est ultérieurement décidé par Valentinien III (C. Th., N. Val. 3 du 28 août 439). Cette disposition du droit romain permettant de prévenir la constitution abusive de patrimoines de mainmorte, fut reprise sous la Constituante. C'est aujourd'hui l'article 910 du Code Civil dont les dispositions ont été sensiblement assouplies par l'article 21 de la loi du 17 mai 2011.

général, les bénéficiaires oublient plus vite ce genre de service que les dépossédés… Rappelons en outre que Stilichon a succombé sous l'accusation de conduire une politique trop favorable aux Barbares en général et aux Goths en particulier. Une évidence s'impose : les dieux traditionnels offensés provoquent les malheurs de Rome. Serena, outrancièrement chrétienne est une créature des Goths, elle est l'instrument de la punition divine, donc elle trahit. Le Sénat délibère et la condamne à mort, l'exécution devant être faite délicatement à domicile par strangulation avec un fil de soie. Ainsi Serena va périr par où elle a péché, en portant le collier sacré.

Or, même après la chute de son mari, Serena est toujours la nièce et la fille adoptive du grand Théodose, et la cousine germaine de l'empereur Honorius. Aussi, avant d'exécuter la sentence, peut-être vaudrait-il mieux la faire ratifier par la cour de Ravenne ou un représentant dûment habilité de l'empereur. Mais à ce point de l'affaire, Rome est entièrement investie par les Wisigoths, et les communications avec Ravenne sont coupées. Qu'à cela ne tienne, il se trouve justement que Galla Placidia, la discrète demi-sœur d'Honorius, est restée à Rome où, depuis sa majorité, elle vit dans un palais distinct de celui de Serena. Consultée, elle ratifie la sentence sénatoriale. Serena est étranglée. Le propos de Zosime[361] est sans ambiguïté : « Le Sénat entier, ainsi que Placidia la sœur consanguine de l'empereur, furent unanimement d'avis de la faire mourir comme responsable des malheurs présents. » Même si certains biographes[362] de Galla Placidia ont, dans une intention plus hagiographique qu'historique, essayé de solliciter les faits relatés par Zosime, ces faits sont là, incontestables.

L'attitude de Galla Placidia peut cependant s'expliquer, sinon se justifier, en se posant la simple question de savoir si elle pouvait faire autrement. Dans le contexte survolté de la ville assiégée, et face à la quasi-unanimité des partisans de l'exécution de Serena, tenter de s'y opposer eut été une héroïque folie. Une telle opposition eût été très vraisemblablement inutile, voire dangereuse pour elle. Le risque n'aurait pas été nul qu'elle disparaisse alors prématurément, entraînée dans la catastrophe de sa cousine. Dans le même registre du courage inutile, sagement évité, l'évêque Innocent se garde avec

361. Zosime, *Histoire nouvelle,* op. cit. L. IV §39,4.

362. Oost et Sirago notamment.

prudence de toute intervention. Serena n'est plus cette illustre princesse, cette grande chrétienne militante dont l'intervention décisive auprès de l'empereur permettait à l'Église d'entrer tranquillement en possession des biens immenses de Pinien et de Mélanie. Elle n'est plus que la veuve d'un traître récemment démasqué et exécuté grâce à la clairvoyance de l'empereur Honorius. Et puis Innocent est confronté à de bien plus graves problèmes, comme les velléités de retour aux sacrifices traditionnels, dure couleuvre à avaler pour un évêque[363].

Mais Galla Placidia n'accueille-t-elle pas avec suffisamment de satisfaction la mort de Serena pour qu'on puisse la soupçonner d'y avoir joué un rôle actif? Aussi, ses admirateurs croient-ils devoir la défendre d'un deuxième mobile. Serena était une parente qui a élevé cette impériale orpheline avec rigueur, dans une ambiance confinée et bigote, cherchant à faire d'elle l'instrument des ambitions de son mari Stilichon, lui ayant d'une certaine façon volé sa jeunesse pour en faire un simple pion de sa politique matrimoniale. Ainsi, les circonstances éliminent une parente avec laquelle ses relations sont devenues fraîches et qui pouvait malgré tout à terme s'avérer encombrante. Serena est belle femme, ayant dépassé la trentaine, à peine plus âgée que Justine au moment où elle fut demandée en mariage par Valentinien. Le propre des situations troubles étant d'évoluer rapidement et de se retourner aisément, Serena devenue veuve par la force des choses peut très bien, une fois le présent orage passé, se remarier demain avec un général heureux qui se placerait ainsi pour la succession d'Honorius. Sa mort a l'avantage d'éteindre une branche de la famille impériale et d'écarter définitivement une des options de la succession d'Honorius.

Pour conclure sur la mort de Serena, le Sénat avait suffisamment de bonnes raisons de lui en vouloir et de la condamner sans aller chercher la malédiction de la grande Vestale et surtout sans prêter à Galla Placidia un rôle d'instigatrice dans cette sinistre affaire. Mais celle-ci, outre qu'elle ne pouvait guère faire autrement, avait de solides motifs pour ratifier la condamnation sans trop d'états d'âme et sans remords inutiles. Aller au-delà serait lui prêter une profondeur de vues, alliée à une hypocrisie profonde qu'elle n'atteint pas, et que l'on peut tout au plus soupçonner chez son

363. Zosime, *Histoire nouvelle,* op. cit. L.V, 41, 2.

père. Cet épisode la montre rancunière et prudente, mais d'un grand sang-froid.

Ayant reçu du Sénat de Rome ses quatre mille livres d'or, Alaric lève le siège de la « Ville ». Après être passé à proximité des marécages de Ravenne, il s'en va hiverner en Italie du Nord, soumise à cette occasion à quelques pillages. L'évêque Innocent profite de cette accalmie pour quitter Rome et s'installer à Ravenne[364], séjour plus tranquille et plus sûr.

L'année 409 se poursuit dans les mêmes conditions de confusion. Honorius se garde de ratifier les accords entre le Sénat et Alaric. À Ravenne, les révolutions de palais se succèdent après l'élimination d'Olympius. Alaric remet le siège devant Rome[365]. Cette fois-ci, pour être sûr d'arriver à ses fins, il désigne empereur Attale, nommé quelques mois plus tôt préfet de la Ville, après le massacre de Pompeianus. Le Sénat, puisqu'on veut bien le lui demander, s'empresse de ratifier la désignation de ce nouvel empereur. En retour, Attale ne peut pas faire moins que de donner à Alaric le commandement de ses forces armées, et de nommer Ataülf comte des domestiques. Attale tente de prendre le contrôle de l'Afrique et pour ce faire s'imagine qu'il lui suffit d'envoyer un représentant à Carthage. Ce représentant est arrêté immédiatement et mis à mort par Heraclien qui décide le blocus des livraisons de blé à Rome. En fait, gardant un minimum de patriotisme romain, Attale donne l'impression d'avoir été maladroit pour éviter l'envoi direct d'un contingent de Wisigoths en Afrique. Mécontent de sa créature, Alaric lui enlève solennellement les insignes impériaux devant ses troupes à Rimini. Attale est retenu en otage alors qu'Alaric tente de renouer des pourparlers avec la cour de Ravenne.

Les tyrans s'activent et tentent de s'imposer en Gaule

Pendant ce temps en Gaule, le « tyran » Constantin croit avoir consolidé son pouvoir, et associe au trône son fils Constant qu'il fait sortir du monastère où il s'était fait moine. En 408, Constant réussit à se rendre maître de l'Espagne après une résistance plus qu'honorable des autorités légitimes, organisée et conduite par

364. Orose, *Histoires contre les Païens,* op. cit. L.VII.39.2.

365. Pour certains, un doute subsiste sur la réalité de ce second siège.

Didyme et Vérinien[366], cousins d'Honorius restés sur les domaines espagnols de la famille. Vaincus, ils sont livrés à Constantin qui les fait secrètement massacrer, tout en envoyant des émissaires à Honorius. La situation est telle qu'Honorius se rapproche de son compétiteur et l'associe à l'Empire. Ainsi pour l'année 409 Constantin s'autoproclame consul, aux côtés d'Honorius[367].

Profitant de la confusion générale, les barbares de la « grande invasion » de 406 que l'on pouvait croire pris dans une nasse, renfermés en Aquitaine, réussissent à forcer le passage des Pyrénées en septembre 409. Décidément bons connaisseurs de la géographie des territoires qu'ils envahissent, ils se livrent à un découpage de la province[368] dont ils se répartissent les morceaux par tirage au sort : aux Vandales Hasdings la Galice intérieure, aux Suèves la Galice côtière, aux Alains la Lusitanie et la Carthaginoise, et aux Vandales Silings la Bétique. Géronce, général de Constantin et de Constant, les trahit à son tour, proclame en Espagne un nouvel empereur, un homme de paille nommé Maxime, puis s'allie aux Vandales.

Le troisième siège et la prise de Rome

Les premiers mois de 410 se passent en vains pourparlers entre Alaric et la cour de Ravenne, pourparlers interrompus par une attaque à l'improviste de Sarus qui, par haine d'Alaric et d'Ataülf, voulait empêcher la paix. Alaric prend très mal cette attaque, arrête tout pourparler et, au mois d'août 410, met pour la troisième fois le siège devant Rome, poussé « par une force mystérieuse qui lui échappe[369] » : la volonté divine ? Cette fois l'affaire est rondement et durement menée. La famine sévit rapidement dans la ville assiégée. La prise de la ville ne résulte pas à proprement parler d'une trahison,

---

366. Les deux autres frères réussissent à s'échapper. L'un, Théodosiole se réfugie à la cour de Ravenne, l'autre, Lagode, à Constantinople.

367. Selon les fastes, l'associé d'Honorius pour son VIIIe consulat, est le jeune Théodose II qui accomplit ainsi son IIIe consulat.

368. *Chroniques* d'Hydace et *Genséric soleil barbare*, par Henri Gourdin, éd. Paris-Méditerranée, 1999, p.74.

369. Socrate, *Histoire ecclésiastique*, op. cit. L.VII, chap. X : « On dit qu'allant à Rome, il dit sur la route à un moine : "Je ne vais pas de ce côté-là de moi-même ; j'y suis poussé par je ne sais quoi qui me presse tous les jours en me disant : 'Va ruiner Rome'". »

mais, dans la nuit du 24 août, la patricienne Anicia Proba[370] fait ouvrir la porte Salaria, près des jardins de Salluste, pour mettre un terme aux souffrances inutiles de la ville. La passivité d'une population six fois plus nombreuse que ses assiégeants, protégée par les solides murailles d'Aurélien, et ayant subi deux tentatives les années précédentes est surprenante. L'impératrice Laeta et sa mère Tissamène apparaissent une dernière fois dans l'Histoire pour leur courage et leur charité pendant les épreuves de ce siège.

Alaric se montre d'une grande modération. Il s'engage à évacuer la ville après trois jours de pillages organisés qui vont permettre aux Wisigoths de disposer pour des siècles d'un trésor de guerre plus ou moins mythique, fruit de ce pillage. Il se montre d'abord chrétien. Aussi, bien qu'arianiste, a-t-il interdit de toucher aux églises. Tout se passe donc aussi correctement que possible à part quelques inévitables bavures, quelques viols, quelques chandeliers volés dans des églises et quelques incendies, dont celui des jardins de Salluste[371]. Enfin, les Wisigoths se retirent emportant avec eux quelques otages, dont Galla Placidia, qui après le premier siège n'avait pas jugé bon de se mettre en sécurité à Ravenne[372]. Mais bien plus que les trésors de Rome, ils emportent l'image de l'invincibilité de la ville et de l'Empire qu'elle a fondé.

Alaric pense ainsi détenir en la personne de la demi-sœur de l'empereur un moyen de pression décisif sur celui-ci, ce en quoi il se trompe. Claquemuré dans Ravenne, Honorius tient bon. Heraclien assure ses approvisionnements à partir de l'Afrique. Le renfort de quelques troupes d'Orient garantit sa sécurité immédiate. Au même moment, il repousse avec hauteur de nouvelles ouvertures du tyran « Constantin », appuyées par une incursion en Italie du Nord.

Une célèbre anecdote, rapportée un siècle plus tard par Procope, orfèvre en la matière, sent un peu la fabrique mais, trop belle pour être vraie, elle exprime bien comment fut alors perçue l'attitude de Ravenne. Honorius avait donné à sa pintade préférée

370. Membre des Anicii, famille du consul de l'année 408.

371. Ces jardins, devenus propriété impériale, doivent leur nom à l'historien, contemporain et ami de César.

372. Zosime soutient qu'elle aurait été interceptée dès 409, au moment du second siège. Cela apparaît peu vraisemblable. Voir chapitre suivant, note 379.

le nom de « Rome ». Il était précisément dans ses volières quand un chambellan arrive en courant lui annoncer « la fin de Rome », à quoi impavide il répond: « Ce n'est pas possible, il y a quelques instants elle picorait dans ma main[373]. »

Plus sérieusement, au moment même de l'entrée des Wisigoths dans Rome, imperturbable, le gouvernement ravenatte poursuit son activité législative. L'actualité de la période est même assez riche. Le 25 août une loi répressive de plus contre les hérétiques, le lendemain 26 août une loi réglementant les armements maritimes notamment pour le transport des grains depuis Alexandrie et Carthage, puis le 4 septembre une loi sur les libéralités entre époux, et enfin le 25 septembre une loi fixant au niveau de celui des proconsuls le rang protocolaire des chefs de bureau des services secrets, les « *agentes in rebus* [374]». Cette impavidité, preuve d'un fonctionnement administratif efficace, confirme qu'en temps de crise une bureaucratie bien rodée est parfaitement incapable de prendre la mesure d'un événement grave, moins inattendu que symbolique.

Sur un plan strictement militaire, ce sac de Rome n'est qu'une simple péripétie sans grande importance; ses effets matériels sont vite effacés et réparés. Cependant, alors même que depuis plus d'un siècle Rome n'est plus la capitale de l'Empire, ce premier sac organisé par les Wisigoths a une énorme portée psychologique et symbolique, bien au-delà de ce qu'Alaric avait pu imaginer… Depuis Jérusalem, Jérôme ressent vivement la nouvelle. Il y revient à plusieurs reprises dans sa correspondance, en des termes qui montrent bien le désarroi et la stupeur des élites de l'Empire,

> «.. la dévastation des provinces occidentales, et surtout celle de Rome ont tellement troublé mon âme… », « Une rumeur terrifiante nous parvient d'Occident… elle est donc prise la ville qui a pris l'univers », puis « …nous parvient d'Occident une rumeur terrifiante; Rome est assiégée; à prix d'or, on rachète la vie des citoyens; une fois dépouillés,

373. Procope *De bello Vandalico,* op. cit. L.I.2.25/26.

374. Ces lois sont respectivement codifiées, loi du 25 août, C.Th.16.5.51., loi du 26 août, C.Th.13.5.32., loi du 4 septembre, C.Th.8.17.2/3., et loi du 25 septembre, C. Th. 6.28.7.

> ils se retrouvent de nouveau encerclés, en sorte qu'après leur fortune, ils perdent aussi la vie... ma voix s'arrête... Elle est prise la ville qui a pris l'univers entier, que dis-je ? Elle périt par la famine avant de périr par le glaive... une ville antique s'écroule ; pendant tant d'années, elle fut la maîtresse du monde », et enfin « Horreur ! L'univers s'écroule, et en nous les péchés ne s'écroulent pas. Une ville illustre, la capitale de l'Empire romain a été détruite par un seul incendie. Nulle contrée qui n'ait des Romains exilés[375]. »

Perçu comme un signe de la fin des temps et de la volonté divine, le sac de Rome fait l'objet de deux interprétations diamétralement opposées selon que l'on est chrétien ou non. Les païens soulignent que Pierre, Paul et les reliques des saints martyrs n'ont pas protégé Rome. Les chrétiens soulignent qu'à la différence de Radagaise païen, Alaric est chrétien. Le monde romain prend conscience de ce que l'Empire peut disparaître. Saint Augustin dépasse le stade de la stupeur pour commenter l'événement qu'il présente comme procédant d'une évolution naturelle :

> « Vous vous étonnez que le monde périsse ; mais c'est comme si vous vous scandalisiez que le monde vieillisse. Il est comme l'homme : il naît, il grandit, il meurt... »

Son ouvrage *La cité de Dieu*[376] est la conséquence directe de ces débats. Comment les règles chrétiennes peuvent-elles permettre de gérer un empire ?

Pour l'heure, Alaric et ses hommes se dirigent en bon ordre, les chariots lourds de trésors et encombrés d'otages, vers le sud de la péninsule.

375. Ces citations sont extraites de la *Correspondance* de saint Jérôme, Paris, Les Belles Lettres, 1961, t. VII, lettre CXXVI, 2, à Marcellin et Anapsychia, Commentaire d'Ézéchiel, lettre CXXVII, 12 à la religieuse Principia, et lettre CXXVIII, 5, à Paulata.

376. Sermon LXXXI, 8. Le dédicataire des livres 1 et 2 de *La cité de Dieu* est le Marcellin destinataire de la lettre CXXVI déjà citée de saint Jérôme. Sur Marcellin, voir également, chapitre suivant note 395, les circonstances de sa fin.

Chapitre IX

L'empereur Honorius

Une princesse romaine reine des Wisigoths (25 août 410 - 416)

...et la fille du roi du midi viendra épouser
le roi de l'Aquilon pour faire amitié ensemble.
Mais elle ne s'établira point sur un bras fort,
et sa race ne subsistera point.
Daniel 11/5-6[377]

Une prisonnière de marque chez les Wisigoths

Galla Placidia prisonnière des Wisigoths, ou plutôt otage, l'aventure entre brutalement dans la vie ordonnée et réglée de cette princesse romaine, jusqu'alors un peu confinée et recluse. À vrai dire, ni la date ni les modalités de son « interception » par les Wisigoths ne sont exactement connues. Malgré l'absence de références explicites dans les textes, la date de 410 au terme du troisième siège de Rome peut être retenue[378]. L'importance de la détention par les Wisigoths d'une prisonnière du rang de Galla Placidia exclut l'idée d'une interception dès 409[379]. En effet, même

377. Cette citation des livres des prophètes de l'Ancien Testament s'appliquait aux conquêtes d'Alexandre, le roi des Grecs ruinant l'Empire des Perses. Comme la suite va le montrer, elle s'applique assez bien à cette partie de la vie de Galla Placidia pour que cela n'ait pas échappé à Hydace qui écrit (Olymp. CCXXXXVIII, §57) : « ainsi se réalisa la prophétie de Daniel qui dit : la fille du roi du Midi s'unira au roi du Nord, sans qu'il subsiste, cependant de cette souche » (voir ci-après, note 402, le commentaire de Philostorge, en des termes voisins).

378. Voir chapitre précédent. Là encore, dans sa concision, Hydace est précis, Galla Placidia fut capturée par les Goths « *in urbe* » (dans la ville). Si les Goths sont dans la ville, cela ne peut être qu'en 410. Orose, également contemporain des faits, dit très clairement, *Histoires contre les Païens,* op. cit. L.VII, 40,2 : « Au cours de cette irruption, Placidia, fut faite prisonnière par Ataülf ». De même Olympiodore, cité par Photius, Bibliothèque, op. cit. t.1, p. 117 : « Il [Alaric] en emporte des richesses innombrables et capture la sœur d'Honorius, Placidie, qui séjournait dans la ville. »

379. Cette éventualité repose sur une seule notation de Zosime, *Histoire nouvelle,* op. cit. L.VI, XII, 3. Le point reste débattu. Cependant, la convergence de toutes les autres sources et la vraisemblance conduisent à retenir que Galla Placidia ne tombe entre les mains des Wisigoths qu'au moment de la prise de Rome en 410.

si le devenir de sa demi-sœur ne paraît pas avoir ému outre mesure Honorius, les Wisigoths pouvaient croire détenir là une des clés de l'Empire. S'ils l'avaient interceptée en 409, le troisième siège de Rome aurait probablement été évité, car la négociation pour le rachat d'un otage de cette importance n'aurait pas manqué de relancer des pourparlers avec Ravenne.

Un esprit imaginatif verrait des soldats déchaînés envahir et saccager un palais, puis tout d'un coup, arrêtés par la majesté naturelle de Galla Placidia ou encore par le bras de quelque archange envoyé par Dieu pour sauver une illustre chrétienne, à moins que ce ne soit par l'arrivée inopinée de quelque chef qui saisit tout l'intérêt d'une telle prise. Trente ans après Andrinople, les Wisigoths ont appris à conserver les otages les plus précieux et à ne plus brûler accidentellement un empereur ou un membre de la famille impériale. Alaric dut être très satisfait de détenir la demi-sœur de l'empereur, surestimant l'intérêt de sa prise ou plutôt se méprenant quant à la réaction de Ravenne. L'ex-empereur fantoche, Attale, a dû d'emblée considérer que la sagesse, sinon l'instinct de conservation le plus élémentaire, lui conseillait la plus grande prudence dans cette affaire.

Les pensées intimes de la principale intéressée nous sont inconnues. Après le premier siège, Galla Placidia avait la possibilité de se réfugier à Ravenne, comme le fit l'évêque Innocent. Elle ne l'a pas fait. Aurait-elle ainsi couru volontairement le risque de se retrouver un jour prisonnière, poussée par l'arrière-pensée de jouer un rôle politique. Cette hypothèse ne mérite une mention que pour être écartée. C'est prêter à Galla Placidia une vision qu'elle pouvait difficilement avoir, face à un enchaînement de faits défiant toute prévision. Comment un habitant de Rome, après qu'il eut satisfait aux demandes d'Alaric en 408, pouvait-il imaginer être confronté à deux autres sièges et surtout à la prise et au pillage de la ville ?

Certes, les péripéties de cette phase si aventureuse et mouvementée de la vie de Galla Placidia ont pu exciter les imaginations romanesques, mais le scénario de leur déroulement ultérieur était difficilement imaginable. Rester à Rome après le siège de 408 n'était pas une décision absurde et pouvait résulter d'un choix raisonné. À l'exception notable de l'évêque, il n'est nulle part fait mention d'une émigration après les premiers sièges, tout le monde excluant une prise de la Ville et son pillage. Galla Placidia vivait au Palatin depuis dix ans, avait sa « maison », ses amis et relations, ses habitudes. A priori, elle ne courait pas de risques sur place, sa dévotion de bon aloi lui assurait les bonnes grâces de l'Église et des milieux chrétiens, et la mort de Serena garantissait de bonnes relations avec cette aristocratie sénatoriale toujours un peu païenne. Pourquoi aller s'enfermer, loin de toute vie mondaine, dans un confort relatif, au milieu des marécages, entre les mains de ce curieux demi-frère entrevu à Rome quelques années plus tôt, lors de son « triomphe » ? L'expérience venait de le montrer, le divin Aurélien avait doté la « Ville » d'une solide enceinte fortifiée sur laquelle ces Barbares qui ne maîtrisent pas les techniques de siège allaient inéluctablement être arrêtés, d'autant que les assiégés étaient six ou huit fois plus nombreux.

Les prisonniers de guerre de qualité ne sont pas maltraités puisqu'ils sont les gages vivants de rançon à venir. Devenue prisonnière, Galla Placidia perd donc sa très relative liberté de mouvement et le confort de son palais en dur pour celui, différent mais réel, d'une vie nomade sous la tente.

Les derniers mois d'Alaric

Respectueux de son engagement, Alaric évacue Rome après trois jours de pillages organisés, pendant lesquels chaque soldat Wisigoth emporte ce qu'il peut. Ce qui leur paraît beaucoup, n'est peut-être pas tant pour une ville où se sont accumulés huit siècles de conquêtes, de pillages et de recettes fiscales[380]. Après avoir quitté Rome, les Wisigoths d'Alaric traversent la Campanie, puis se dirigent vers le sud de la péninsule dans le but de prendre la mer pour la Sicile, puis l'Afrique. Là encore, ces barbares font preuve d'une vision stratégique pénétrante. Alaric a compris que « qui tient l'Afrique, tient Rome », par le contrôle des approvisionne-

380. Deux siècles plus tard, ce qui restait du sac de Rome constituait toujours l'essentiel du trésor des rois Wisigoths d'Espagne. L'importance du produit de ces pillages avait durablement frappé les imaginations puisque, même au vingtième siècle, des fantasmagories apparaissent sur ce thème, comme le mythique trésor de Rennes-le-Château.

ments en blé de la ville[381]. De plus, protégée par la mer, une fois occupée, l'Afrique est facile à conserver.

L'écueil dans la mise en œuvre de cette géniale vision stratégique c'est que ces barbares qui viennent de piller Rome, sans maîtriser les techniques de siège, ne maîtrisent pas non plus la navigation maritime[382]. Une flottille est réquisitionnée dans les ports de pêche du Sud de la péninsule, et l'embarquement commence. Survient alors une de ces tempêtes automnales brusques et brutales par lesquelles la navigation en Méditerranée peut s'avérer redoutable. La flottille est disloquée. Les quelques bateaux chargés de soldats qui venaient d'appareiller coulent. Depuis la côte, Alaric contemple le désastre. « Une statue sacrée dressée sur un promontoire en Sicile lui aurait barré le passage[383]. » L'expédition d'Afrique est annulée, en cette fin de novembre 410. Mais les trésors ne se mangent pas, aussi la situation des Wisigoths redevient-elle difficile. Ravenne joue sur cette forme de guerre d'usure.

Quelques jours plus tard, Alaric meurt subitement[384]. Homme remarquable, il a joué un rôle essentiel dans l'histoire des Goths de l'Ouest ou Wisigoths. Après la destruction du royaume goth par les Huns en 374, il a su, dans le cadre d'une forme d'intégration inachevée à l'Empire romain, défendre avec habileté et prudence les intérêts des divers groupes de Goths, face aux hésitations et aux manœuvres sournoises de la politique romaine. Faute d'avoir réalisé son rêve véritable, tout simplement devenir un vrai général romain, il a reconstitué une nation dont il est devenu le roi. Sa mort au lendemain d'un échec vite oublié, mais au surlendemain

---

381. Il a été écrit à l'époque coloniale que sous la domination arabe, puis sous la domination ottomane, la qualité de ce grenier à blé s'était considérablement dégradée. C'est oublier un peu vite que les provinces d'Afrique n'abritaient dans l'Antiquité, qu'au maximum 3 à 4 millions d'habitants, ce qui y permettait l'existence de grands domaines consacrés à l'approvisionnement en blé de Rome.

382. Plus tard l'Afrique sera conquise par les Vandales qui vont devenir de redoutables marins, ce que ne seront jamais les Wisigoths (cf. note 412 du présent chapitre).

383. D'après Olympiodore cité par Photius, *Bibliothèque*, op. cit. p.171. Voir note 433, du chapitre suivant.

384. On n'en sait pas plus. Sa mort est très vraisemblablement naturelle. La seule source qui précise ce point est Olympiodore (cité par Photius, *Bibliothèque*, op. cit. t.1, p.168, qui écrit : « Alaric mourut de maladie »). Alaric exerçait un commandement important dans l'armée romaine seize ans plus tôt, au moment de la bataille du Frigidus, aussi son âge devait-il approcher les cinquante ans au moment de son décès.

d'un succès mythique qui assure une richesse durable à son peuple, est donc un événement important. Ses obsèques sont célébrées avec un faste en conséquence. Pour la protéger pour l'éternité, sa tombe est creusée dans le lit du Buzantio, petit fleuve côtier du Sud de la Calabre au débit modeste et irrégulier dont le cours a été au préalable détourné. Alaric est enseveli avec une partie de ses trésors. Ceux qui ont participé au creusement de la tombe sont ensuite massacrés pour en garantir le secret et avoir l'honneur d'accompagner dans l'au-delà leur défunt roi[385]. Cette tombe paraît être restée inviolée à ce jour, peut-être faute de recherches systématiques, à moins qu'elle ne reste protégée par son sanglant mystère ou encore qu'elle n'ait été discrètement pillée depuis longtemps.

Ataülf, beau-frère[386] et bras droit d'Alaric, lui succède tout naturellement comme roi des Wisigoths. Plus jeune que son beau-frère, il n'a pas comme lui un solide passé dans l'armée romaine; il n'a pas servi sous Théodose; il ne voit pas dans le soldat romain un compagnon d'armes. Aussi, sa position initiale vis-à-vis des Romains est-elle a priori plus radicale. Ce n'est plus un supplétif demandant, de force puisqu'il le faut, son intégration dans l'armée romaine, c'est un étranger à l'Empire où il vit en ennemi. Arrivé en Italie au moment de l'affaire de Pavie, conscient de ses forces, il n'a aucune indulgence pour les Romains. Ses visions politiques le porteraient plutôt à rêver de substituer un Empire goth à l'Empire romain. Pour l'heure, après avoir rendu les derniers honneurs à Alaric, il reprend la route du nord de l'Italie en longeant la côte Adriatique. Ainsi, il passe non loin de Ravenne et de ses lagunes toujours imprenables, pour se réinstaller dans le nord de la péninsule.

385. Des pratiques similaires accompagnent un certain nombre de sépultures mythiques. Toutefois, à un certain niveau de la chaîne de commandement, le secret doit être partagé par des survivants. Dans un article déjà cité (voir chap. Ier), Amédée Thierry précise (ou interprète), p. 865, « dans la crainte que des mains romaines, excitées par la curiosité ou la haine, ne violent les cendres du violateur de Rome ».

386. D'après Sozomène, *Histoire ecclésiastique,* op. cit. L. IX ch. VIII « [...] Ataülf, frère de sa femme. » D'après Amédée Thierry, (même article, p. 864, note 2) ce nom signifierait, « Ata-ülf, secourable à son père ».

L'Empire élimine en priorité les « tyrans »

Pendant que ces événements dramatiques se déroulent en Italie, Géronce, le général qui, en Espagne, vient de trahir le « tyran » Constantin en proclamant empereur un obscur Maxime et en s'alliant aux Vandales, passe en Gaule. Constantin se replie sur Arles, où Géronce l'assiège. Son fils Constant est pris à Vienne où Géronce le fait tuer.

Honorius considère avec pertinence que la liquidation des usurpateurs est un préalable nécessaire à une lutte systématique contre les Barbares. À cette fin, il confie en octobre 410 le commandement de ses troupes à un général d'origine romaine, Constance.

> «… L'empereur Honorius voyant qu'avec tant de tyrans dressés contre lui, rien ne peut être fait contre les barbares, ordonne de détruire en premier les tyrans eux-mêmes. La conduite de cette guerre fut confiée au comte Constance. La République ressentit alors seulement quel profit elle retirait avec, enfin, un Romain comme chef… [387]»

Ce général est illyrien, d'une famille originaire de Naissus, comme celle du grand Constantin avec lequel il n'a cependant jamais revendiqué de parenté. Ayant exercé ses premiers commandements militaires sous le grand Théodose, il est alors âgé d'une quarantaine d'années. Il a participé à l'élimination d'Olympius, l'inspirateur du coup d'État contre Stilichon qu'il a fait battre à mort. Dès l'arrivée de Constance en Gaule au début de 411, les troupes de Géronce désertent à son profit. Celui-ci n'a plus qu'à s'enfuir en Espagne où il se suicide, poursuivi par ses propres soldats. Sa créature Maxime, considérée insignifiante, a la vie sauve et se réfugie chez les Barbares[388].

Constantin, qui entre temps s'est associé son deuxième fils Julien, est de nouveau assiégé dans Arles par Constance. Il attend des secours d'un chef Franc, Edobic. Mais Constance intercepte

387. Orose, *Histoires contre les Païens,* op. cit. L.VII, 42, 1.

388. Il tombe entre les mains des Romains au moment de l'expédition de Castin en 422 (voir chapitre XI « La succession d'Honorius»), ce qui lui vaut d'être exhibé pour les trente ans du règne d'Honorius, puis mis à mort.

Edobic avant sa jonction avec le « tyran » et bat ses troupes à Beaucaire. Edobic s'enfuit et se réfugie en Auvergne chez un grand seigneur gallo-romain, Ecdicius. Malheureusement pour Edobic, chez Ecdicius[389] la fidélité à l'Empire l'emporte sur les devoirs de l'hospitalité et il le fait mettre à mort. Sans autres secours, Constantin se voit perdu. Il abdique et se fait ordonner prêtre, espérant avoir la vie sauve. Constance le lui promet. Sur cette promesse, le père et le fils se rendent. Ils sont transférés à Ravenne. Mais avant qu'ils n'y arrivent, Honorius, qui a appris la mort de ses cousins Didyme et Vérinien, ordonne de décapiter l'usurpateur et son fils. Leurs têtes sont envoyées à Carthage et exposées là où l'avaient été celles de Maxime et d'Eugène.

C'est alors qu'un nouveau « tyran », Jovin, apparaît à Mayence au Nord de la Gaule. Les Goths entrent en Gaule au début de l'année 412, où ils se livrent aux habituels pillages. Sous les conseils d'Attale, Ataülf se rapproche de Jovin pour proposer une alliance contre Honorius. Sarus le Goth, resté jusqu'alors fidèle à Honorius, se brouille avec la cour de Ravenne et tente de se joindre à Jovin. À ce moment-là, ce dernier vient de s'associer son frère Sébastien, ce qui déplaît à Ataülf. Celui-ci décide alors de s'allier à Honorius, puis anéantit les troupes de Sarus et le tue. Ensuite, il s'empare de Sébastien dont la tête est envoyée à Ravenne en gage de bonne volonté. Assiégé dans Valence, Jovin se rend à son tour à Ataülf qui le remet sagement aux autorités romaines, en l'occurrence le préfet des Gaules Dardanus qui fait exécuter le prisonnier à Narbonne. La tête de Jovin rejoint celle de Sébastien à Ravenne. De là, les deux têtes sont expédiées à Carthage pour y être exposées, comme celles de leurs prédécesseurs en usurpation.

L'Empire se préoccupe également du salut de ses peuples

L'envoi pédagogique des têtes d'usurpateurs à Carthage montre bien toute l'importance de la province d'Afrique pour le gouvernement ravennate, qui se débat au milieu d'une crise multiforme. Aussi cette province est-elle l'objet d'une grande sollicitude de la part du gouvernement impérial. Honorius veut y éteindre définitivement le foyer schismatique du donatisme qui depuis un siècle

389. Ecdicius est le père du futur empereur Avitus, voir chapitre XV.

y est source de désordres endémiques. Ce schisme est né à la suite des persécutions de Dioclétien. Il s'agit d'intégristes qui refusaient la position tolérante de l'Église acceptant, après l'arrêt des persécutions, la réintégration en son sein de ceux qui avaient accepté, sous la menace, de sacrifier aux dieux traditionnels. Ce schisme a envenimé pendant tout le IVe siècle la vie de la province d'Afrique et s'est en outre doublé d'un mouvement de révolte sociale, les « circoncellions ». Aussi, le 14 octobre 410, Honorius dépêche-t-il en Afrique le tribun Marcellin, un ami de Jérôme et d'Augustin, avec pour instruction d'organiser une conférence, un « concile », entre les catholiques et les donatistes.

Ce concile de Carthage n'aboutit pas à un accord. À défaut, par la loi du 30 janvier 411, Honorius ordonne que « tous les donatistes, prêtres, clercs et pratiquants doivent retourner à l'Église catholique dont ils se sont séparés de façon sacrilège[390] », le tout sous peine de fortes amendes.

La révolte d'Heraclien apporte une complication inattendue

Au début de l'année 413, Galla Placidia n'est toujours que l'enjeu d'un échange dans les négociations un peu confuses entre les Wisigoths et le gouvernement de Ravenne. Le général Constance qui est en train de reprendre en mains la situation militaire pour le compte d'Honorius, perçoit l'intérêt qu'aurait pour lui la libération de cette princesse célibataire… la main de la ravissante demi-sœur de l'empereur, plus qu'une juste et agréable récompense pour un vaillant général, offre un accès naturel au trône impérial, le jour où s'ouvrira la succession d'Honorius. Il n'est pas loin de toucher au but. Un dernier point reste à régler pour concrétiser l'accord. Six cent mille mesures[391] de blé doivent être livrées aux Wisigoths, en échange de la libération de l'otage. À l'époque, une telle quantité

390. C. Th. 16, 5, 52.

391. Une mesure fait environ trente litres, soit pour du blé vingt kilos. Les six cent mille mesures de blé représentent donc environ cent vingt mille quintaux, soit la ration annuelle de cinquante à soixante mille Wisigoths. Pour produire cette quantité aujourd'hui, mille cinq cents hectares de bonnes terres beauceronnes suffisent. En l'état des techniques agricoles de l'antiquité (voir chapitre III), surtout en raisonnant en termes de surplus, une telle quantité représente une part significative du surplus susceptible d'être dégagé à l'échelle de l'Empire, dans un contexte où le risque de rupture alimentaire est permanent.

représente une part substantielle des approvisionnements que Rome reçoit de la province d'Afrique.

Survient une péripétie inattendue. Le gouverneur de la province d'Afrique est toujours Heraclien, l'exécuteur de Stilichon[392]. Jusqu'alors, il avait su rester fidèle à Honorius dont il avait été l'ultime soutien lors des pires moments de l'année 410. Au cours des années passées, Honorius lui avait fait porter, avec délicatesse, les têtes des tyrans vaincus, les Constantin et autres Julien, Sébastien, Jovin, au fur et à mesure de leur élimination, pour l'édification du peuple de Carthage et peut-être pour information, à toutes fins utiles... Pour l'année en cours, en reconnaissance de sa fidélité et de ses actions éclatantes, il vient d'être élevé aux honneurs du consulat. C'est donc quand la situation de l'Empire commence à se rétablir, qu'à son tour Heraclien cède à la tentation. Le moment n'est plus aussi favorable à une révolte que quelques années, voire quelques mois plus tôt. Il débarque près de Rome. Ses troupes se dirigent vers Ravenne mais sont battues à Otricoli, à cinquante kilomètres au nord de Rome, par une armée restée fidèle à Honorius, commandée par Marinus, en l'absence de Constance alors en Gaule. Lui-même s'enfuit piteusement, revient à Carthage où il est très vite arrêté et décapité[393]. Ainsi, l'exécuteur de Stilichon passe à la trappe de l'Histoire. Son nom est rayé des fastes consulaires :

> « Le nom d'Heraclien ne devra rester dans aucune mémoire publique ou privée, et Nous décrétons que tous les actes dits avoir été faits en son nom, seront nuls[394]. »

392. Voir chapitre précédent, « un climat d'intrigue à la cour de Ravenne ».

393. Dans l'ouvrage d'Yves Modéran, *Les Vandales et l'empire romain*, op. cit. page 108, celui-ci voit dans la bataille d'Otriconi une cause de l'affaiblissement de l'armée romaine d'Afrique. *Les Chroniques de Marcellin,* éditions Paléo, Clermont-Ferrand, avril 2014, sont une des rares sources de cet épisode, ainsi relaté : « Heraclien, comte d'Afrique, avec 700 vaisseaux, montés de 3000 soldats, partit de la ville de Rome. Effrayé à la rencontre du comte Marinus, il prit la fuite et revint seul à Carthage, après être monté dans un navire. Il fut tué. »

394. Dans le *Code Théodosien*, deux lois du 3 août 413 mentionnent cette affaire ; la loi 9.40.21, sur les peines, adressée aux dignitaires de la Province d'Afrique : « Nous déclarons Heraclien ennemi public, et Nous décrétons qu'il doit être puni et que sa tête malsaine doit être coupée... », et la loi du 15.14.13 sur l'invalidation des actes des tyrans ou des barbares, adressée au préfet du prétoire. Heraclien disparaît des fastes consulaire où Lucius, nommé pour l'Orient est mentionné « seul consul ».

Dans la répression qui suit tombe malencontreusement la tête de Marcellin, l'envoyé d'Honorius et l'ami d'Augustin et de Jérôme, une fâcheuse bavure qui vaut le rappel de son responsable, en l'occurrence le vainqueur d'Otriconi, Marinus, qui à son tour est disgracié pour cette « bavure ». Une énième loi contre les donatistes datée du 30 août 414 salue le souvenir de « Marcellin, un homme de respectable mémoire[395]. »

Galla Placidia impose un mariage qui bouleverse l'Histoire

La révolte d'Heraclien ne serait qu'une péripétie secondaire, alourdissant le récit d'un tissu touffu et complexe d'événements, triste fin d'un triste personnage, si elle n'avait eu un effet secondaire imprévisible. En effet, comme les livraisons du blé d'Afrique à l'Italie sont bloquées, l'accord entre les Wisigoths et la cour de Ravenne ne peut être mis en œuvre, d'autant plus qu'au même moment une famine sévit en Gaule. Galla Placidia reste donc l'otage des Wisigoths. À ce moment-là, les relations entre l'illustre prisonnière et son royal, mais un peu barbare, geôlier prennent un tour inattendu. Ils envisagent de se marier. La perspective d'une telle union ne peut qu'éveiller l'intérêt des chroniqueurs, mais elle change radicalement la nature des négociations avec Ravenne. Il ne s'agit plus de libérer Galla Placidia, mais que celle-ci obtienne d'Honorius, en tant qu'empereur et chef de famille, l'autorisation d'épouser son geôlier. Fidèle à son habitude, Honorius temporise, tergiverse, hésite et se garde bien de prendre une quelconque décision. Si le vaillant Constance est admis à exprimer son avis dans les conseils impériaux, il est vraisemblable que, traversé dans ses desseins secrets par l'apparition d'un rival inattendu, il pousse à une attitude de refus ferme face à la demande.

Ce bouleversement imprévisible de la relation de Galla Placidia et d'Ataülf est-il le résultat d'une insensible évolution antérieure qui se cristallise au moment où la libération de Galla Placidia est retardée ? La péripétie résultant de la révolte d'Heraclien permet alors l'expression de sentiments jusqu'alors inavoués pour cause de raison d'État. Est-ce au contraire l'apparition d'un nouveau calcul

395. C. Th. 16, 5, 55. Sous le règne d'Honorius, c'est la onzième loi répressive visant les donatistes.

politique: entreprendre par le haut la fusion des deux peuples ? La vigueur militaire du peuple goth vient régénérer le peuple romain, lequel apporte au peuple goth les raffinements de sa vieille civilisation.

> « Quand une abondante expérience lui [Ataülf] eut démontré que les Goths ne pouvaient en aucune manière obéir à des lois à cause de leur barbarie effrénée, et qu'il ne convenait pas à un État de supprimer les lois, lois sans lesquelles un État n'est pas un État, il avait choisi, à défaut, de rechercher pour lui la gloire de restaurer dans son intégralité et d'accroître le nom romain avec les forces des Goths, et d'être tenu dans la postérité pour l'auteur de la restauration de Rome, du moment qu'il n'avait pu en accomplir la mutation[396]. »

La mise en œuvre de cette belle idée suppose que soient réglés quelques préalables. L'Histoire est en fait muette sur la façon dont est traitée la question religieuse, car l'un est arianiste quand l'autre est une bonne catholique. Ataülf avait été marié. Père de nombreux enfants, il est veuf de sa première épouse. Quelques indices permettent de penser qu'une véritable inclination a pu naître entre les deux protagonistes de cette affaire. Galla Placidia passe pour avoir été assez jolie femme, réputation dont certes les chroniqueurs font assez facilement bénéficier les femmes de rang élevé (au cas particulier, confortée par celle dont avaient bénéficié sa mère Galla, et surtout sa grand-mère Justine), « sa noble naissance, sa beauté physique et sa chaste pureté[397] ». Une peinture sur verre qui la représente avec ses deux enfants, donc bien plus âgée, montre effectivement un visage plaisant. Ataülf bénéficie lui aussi d'une réputation flatteuse, « bien qu'il dût compter avec une fort grande taille, la beauté de son visage était à la hauteur de celle-ci[398] ».

Dans ces conditions, que le roi wisigoth et sa prisonnière romaine se soient entendus sur une vision politique originale et qu'une attirance mutuelle ait contribué à les rapprocher, n'est pas à exclure. La psychologie moderne ajoute une autre explication, à

396. Orose, *Histoires contre les Païens,* op. cit. L.VII, 43, 6.

397. Jornandès, *Histoire des Goths*, op. cit. XXXI, 159.

398. Jornandès, *Histoire des Goths*, op. cit. XXXI, 158.

savoir une certaine forme d'attirance qu'une personne séquestrée peut éprouver pour son gardien[399], ce qui a pu contribuer à lever d'ultimes réserves dans l'inconscient de Galla Placidia. L'attitude des Wisigoths qui considéreront dans toutes les péripéties ultérieures Galla Placidia avec le respect dû à une ancienne reine, avec laquelle ils gardent une relation privilégiée, semble prouver que ses futurs sujets prirent au sérieux sa relation avec leur roi Ataülf. Pour les contemporains, la jeune princesse fut l'inspiratrice de cette vision politique nouvelle :

> « Il (Ataülf) s'efforçait d'aspirer à la paix, étant disposé à tous les actes d'un bon gouvernement principalement par les suggestions et les avis de son épouse Placidia, une femme assurément d'esprit très pénétrant et d'une religion tout à fait pure[400]. »

Enfin, Candidianus, romain et conseiller d'Ataülf, contribue à convaincre Galla Placidia et à surmonter les dernières objections qui devaient porter en particulier sur la question religieuse. Il restera ensuite dans l'entourage de Galla Placidia.

Pour augmenter la pression sur les Romains dont les engagements ne sont toujours pas tenus, Ataülf tente de prendre Marseille mais il échoue devant la résistance de la garnison romaine. Il est même blessé. Les Barbares ne sont toujours pas de bons assiégeants. Ainsi, pour la première fois, Galla Placidia peut apprécier, en quelque sorte à ses dépens, les talents militaires du commandant de la garnison de Marseille, Boniface, que l'on retrouve plus tard.

Rétabli, Ataülf prend ses quartiers d'hiver à Narbonne, où son mariage avec Galla Placidia est enfin célébré le 1er janvier 414, sans plus attendre l'autorisation d'Honorius qui ce jour-là inaugure le premier consulat de Constance. Ces noces fastueuses ont inspiré maints poètes qui sur le moment y ont vu l'avènement d'une ère nouvelle. Un récit détaillé du mariage nous est parvenu :

399. C'est le « syndrome de Stockholm », décrit à la suite d'un fait divers survenu en Suède au début des années 1950 dans la capitale suédoise.

400. Orose, *Histoires contre les Païens* op. cit. L.VII, 43,7.

« C'était au début de janvier, dans la ville de Narbonne, dans la maison d'Ingénius, un des premiers citoyens de la ville. Là, Placidia fut d'abord installée dans une chambre nuptiale ornée à la romaine et avec des attributs souverains. On installa auprès d'elle Ataülf revêtu d'un manteau et des autres pièces du costume romain. Alors, parmi les autres cadeaux de noce, Ataülf offrit cinquante beaux jeunes gens, vêtus de soie ; chacun d'eux portait deux très grands plateaux dont l'un était rempli d'or et l'autre de pierres précieuses, ou plus exactement de pierres sans prix, fruits des pillages de Rome lors de sa prise par les Goths. On chanta ensuite les poèmes nuptiaux ; Attale préluda, suivi par Rusticius et Phaebadius et la fête s'acheva dans des amusements et des réjouissances où se mêlaient les Barbares et les Romains de l'endroit. [401] »

Ce récit précis est intéressant et révélateur. L'aspect religieux du mariage n'est pas évoqué, or c'est un cas unique d'union mixte ariano-catholique dont la relation existe. Mais à cette date, y avait-il une cérémonie religieuse formelle ? Pour l'essentiel, les « cadeaux » somptueux offerts à Galla Placidia sont les produits des rapines du siège de Rome. Le côté cocasse et indélicat de la situation échappe à Ataülf, costumé pour la circonstance en général romain. L'ex-empereur Attale est un peu pitoyable dans le rôle du griot de service[402].

Galla Placidia, reine des Wisigoths

L'année 414 est marquée par des pérégrinations des Wisigoths dans toute l'Aquitaine, jusqu'à Bordeaux et peut-être même au nord de la Gironde, voire au-delà. Cependant, Constance, d'autant plus motivé que Galla Placidia semble lui échapper définitivement, les maintient sous une pression militaire efficace. Il reprend Arles. Les Wisigoths finissent par passer en Espagne pour y attaquer,

401. Olympiodore, cité par Photius, *Bibliothèque*, op. cit. t. 1, p. 174.

402. Philostorge *Histoire ecclésiastique de Constantin à Honorius*, op. cit. L. XII résume la situation : « Ataülf épouse Placidia. On vit une race de terre s'allier à une race de fer. Mais, parce qu'une alliance de cette sorte ne saurait être de longue durée, Constance qui aimait Placidia aspirait de l'épouser, s'il pouvait vaincre Ataülf. »

au nom des Romains, les Barbares de la grande invasion. Belle application du *divide ut imperes*! Ils s'installent donc à Barcelone, et sont fermement priés de s'occuper, c'est-à-dire d'exterminer si possible, les Vandales, Alains et Suèves installés depuis 409 dans cette province, berceau de la famille impériale.

Au début de l'année 415, Galla Placidia met au monde un fils qu'elle et Ataülf n'hésitent pas à appeler du nom de Théodose, ce qui a le mérite d'être clair quant à la portée qu'ils souhaitent donner à cette naissance. L'union des deux peuples, d'ores et déjà réalisée au sommet, est désormais consacrée. Hélas, comme le fils d'Alexandre et de Roxane, ou comme l'enfant tant attendu de la quatrième églogue de Virgile, cette naissance ne tient pas ses promesses[403]. La divine Providence, dans ses desseins toujours impénétrables, retire parfois très vite ce qu'elle a donné. Cet enfant, porteur de tant d'espérances, meurt au bout de quelques semaines, comme à l'époque une majorité de nourrissons. Sa malheureuse petite dépouille déposée dans un cercueil d'argent est inhumée dans une chapelle près de Barcelone. Plusieurs indices montrent que Galla Placidia fut profondément affectée par la disparition de ce premier enfant. Trente-cinq ans plus tard une inscription atteste qu'en personne elle s'est occupée du transfert de Barcelone à Rome du cercueil du petit Théodose pour qu'il rejoigne sa famille dans le mausolée des théodosiens[404].

Ce premier malheur en annonce d'autres. Vers la fin du mois d'août 415, lors d'une inspection de ses écuries, Ataülf est poignardé par Everulf dont il moquait souvent la petite taille[405] et qui surtout était un proche de Sarus massacré comme on l'a vu. Les Goths paraissent avoir un sens vétilleux de l'honneur, qui en fait des personnages vindicatifs. Le plus étonnant dans cette affaire, c'est qu'Ataülf n'ait pris aucune précaution pour éviter

403. Voir au chapitre XVI, note 793, un autre cas similaire.

404. Cf. I. Oost, *Galla Placidia Augusta*, op. cit. Voir fin du chapitre XIII.

405. Jornandès, *Histoire des goths*, op. cit. première partie, § XXXI. Philostorge formule les faits en ces termes, *Histoire ecclésiastique de Constantin à Honorius*, op. cit. L. XII : « Ataülf s'étant porté bientôt après par les mouvements de la colère à de grandes violences, fut tué par un de ses domestiques. »

d'être victime d'un tel règlement de compte[406]. Après quelques heures d'agonie, il meurt.

Ségéric, s'empare alors du pouvoir. Il est le frère de Sarus, ce Goth longtemps resté fidèle aux Romains et adversaire constant d'Ataülf. La question peut être posée si la main des Romains, donc de Constance, n'est pas derrière l'assassinat d'Ataülf et la prise du pouvoir par Ségéric. La vendetta entre les deux clans est portée à son terme : les cinq enfants du premier mariage d'Ataülf sont massacrés dans les bras de l'évêque qui tentait en vain de les protéger[407]. Galla Placidia n'est plus reine, elle n'est même plus un otage respecté, elle redevient une prisonnière ordinaire, sinon une esclave.

> « Pour outrager la mémoire d'Ataülf, Ségéric contraignit la reine Placidia à marcher à pied devant son cheval, avec d'autres captifs, et le parcours de cortège s'étendit depuis la ville, jusqu'à la douzième borne[408]. »

Cette politique, s'affichant en réaction à la politique d'Alaric et d'Ataülf, ne plaît pas forcément à tous les Wisigoths, d'autant qu'elle est jugée trop favorable aux Romains. Aussi le règne de Ségéric est-il aussi bref qu'il fut violent. Au bout d'une semaine, une deuxième révolution le renverse. Ségéric est massacré à son tour. Le nouveau roi, Wallia, qui ne paraît pas avoir été apparenté à ses prédécesseurs, renoue avec la politique d'Alaric. Galla Placidia n'est pas Cléopâtre, elle ne redevient pas reine des Wisigoths, mais son statut s'améliore. Elle est de nouveau traitée avec les égards dus à un otage de haut rang.

---

406. Valentinien III fera preuve d'une légèreté similaire en conservant des fidèles d'Aetius dans la garde impériale, après l'exécution de celui-ci ; cela lui vaudra d'être assassiné en mars 455 (cf. chapitre XIV).

407. L'arianisme de l'évêque peut expliquer l'inefficacité de sa protection.

408. Olympiodore, cité par Photius, *Bibliothèque*, op. cit. t. 1. 176. Un parcours de douze lieues romaines, représente un peu plus de dix-huit kilomètres.

La libération de Galla Placidia

Cependant, Wallia « homme très décidé et prudent[409] » a d'abord été désigné pour lutter contre les Romains. Il reprend à son compte la tentative d'Alaric en direction de l'Afrique. Dans les derniers mois de 415, il traverse l'Espagne jusqu'aux « Colonnes d'Hercule[410] », mais une tempête détruit les quelques vaisseaux chargés de soldats et d'armes qui venaient d'appareiller[411]. L'Afrique n'est décidément pas une proie pour les Wisigoths. Cet échec et le souvenir d'Alaric le conduisent à rechercher la paix avec Honorius. L'importance stratégique de ces velléités maritimes de peuples Barbares n'échappe pas aux deux Empires. Peu après, une loi est promulguée qui instaure la peine de mort pour ceux qui auraient livré aux Barbares les techniques de construction de bateaux[412]. Cette loi pose donc un principe de sanction et de contrôle de ce que l'on appellerait aujourd'hui des transferts de technologie. L'Empire est conscient de la nécessité de conserver et protéger son avantage sur mer.

Les négociations reprennent avec Ravenne. Elles sont suivies et conduites avec la plus grande attention par le valeureux général Constance, qui vient d'être promu à la dignité de Patrice. Aux termes de l'accord enfin conclu, les Wisigoths obtiennent le statut tant attendu de « fédérés ». Ils se font attribuer une partie de l'Aquitaine, le long de la façade atlantique, de la Loire aux Pyrénées, mais sans accès à la Méditerranée. Toulouse devient leur capitale. Enfin, ils reçoivent les six cent mille mesures de blé, rançon de Galla

409. Jornandès, *Histoire des Goths*, op. cit. § 164.

410. Dénomination antique du détroit de Gibraltar.

411. Orose, *Histoires contre les Païens,* op. cit. L.VII, 43, 11/12 : « alors qu'une grande troupe de Goths, pourvue d'armes et de vaisseaux, entreprenait de passer en Afrique, prise par la tempête à douze mille pas du détroit de Gadès, elle avait péri d'une fin misérable. »

412. Loi C. Th. 9.40.24, datée de Constantinople le 24 septembre 419 : « Ces personnes qui ont trahi aux barbares l'art de construire des navires, lequel leur était jusqu'alors inconnu, échapperont à une sanction et à l'emprisonnement, du fait de l'intervention du Très Révérend Asclépiade, Évêque de la Cité de Chersonèse, mais Nous décrétons que la peine capitale sera appliquée aussi bien à ceux-ci qu'à toute autre personne qui dans l'avenir irait perpétrer une chose pareille. » Cette loi est également importante à un autre titre, car elle montre le rôle de l'Église qui en l'occurrence paraît avoir fait poser le principe que la sanction ne s'appliquait que s'il y avait une loi « *nulla poena sine lege* », pas de peine sans loi. Les sanctions sont désormais fixées pour le futur.

Placidia. Cette quantité représente une bonne année de nourriture pour ce peuple en marche, le temps d'organiser ses approvisionnements à partir de l'Aquitaine désormais sous son contrôle.

Galla Placidia peut être « libérée ». Elle est remise aux Romains, c'est-à-dire à son impérial demi-frère et à ceux qui gouvernent en son nom, en particulier Constance, adversaire si efficace de ses anciens sujets wisigoths et d'Ataülf. Elle conserve une garde personnelle de soldats wisigoths. Elle ne regagne pas Rome, mais va désormais résider à Ravenne. Attale, empereur fantoche presque malgré lui, « tyran » si peu tyrannique, désormais sans utilité pour les Wisigoths, est également remis aux autorités romaines. Pour les mœurs de l'époque son destin est relativement doux. Il garde la vie sauve. L'index coupé (il faut quand même sanctionner le signe du commandement), il est expédié aux îles Lipari où il meurt à une date indéterminée, après avoir figuré au triomphe qu'Honorius ne manque pas de célébrer à Rome vers la fin du printemps de 417... Étant désormais de loyaux sujets de l'Empire, les Wisigoths vont enfin procéder au nettoyage de l'Espagne infestée de ces Suèves, Alains et Vandales, mission dont ils s'acquittent avec zèle à partir de 417.

Au terme de cet épisode, soulignons un principe stratégique auquel l'Empire, dans une claire vision géopolitique de ses intérêts, va se tenir tant qu'il en aura les moyens. La Méditerranée doit rester *mare nostrum*, donc pas de façade maritime sur cette mer pour des Barbares fédérés qui pourraient avoir la tentation du grand large, et à terme menacer le monopole de navigation des Romains, nécessaire à la sécurité de Rome et de ses approvisionnements. De ce fait, leur implantation en Aquitaine s'explique par le souci de placer les Wisigoths en situation de surveiller les autres Barbares, venus lors de la « grande invasion » du 31 décembre 406, installés dans le Nord de l'Espagne depuis 409, sans interférer avec les voies de communication terrestres le long de la Méditerranée, raison pour laquelle le gouvernement impérial ne pouvait accepter une implantation durable à Barcelone. Les quasi-abandons de souveraineté que sont en fait les traités constituant les barbares en fédérés à l'intérieur de l'Empire, ne doivent porter que sur des zones périphériques, sans incidence sur la défense de celui-ci. Les territoires ainsi cédés sont excentrés par rapport à la capitale de l'Empire. Ils n'ont plus grand intérêt en raison de l'abandon de la Bretagne auquel Honorius vient de se résigner, alors même que depuis un siècle les routes commerciales de la Bretagne vers Rome avaient abandonné[413] leur itinéraire originel, sud de l'Angleterre, estuaire de la Gironde, Narbonne, Rome, pour un itinéraire Londres, bouches du Rhin, axe Saône-Rhône, Arles, Rome. Aussi, au début du cinquième siècle, l'Aquitaine n'est-elle plus qu'une province excentrée et isolée qui au surplus vient d'être ravagée en 407[414] par la traversée des invasions[415].

La fixation des Wisigoths en Aquitaine est une étape essentielle de leur histoire qui donne sa pleine importance au règne de Wallia, malgré sa brièveté. En effet, celui-ci meurt dès l'année 418, après un règne d'à peine trois ans. Son successeur Théodoric Ier est un gendre d'Alaric[416].

---

413. Probablement dès la seconde moitié du IIIe siècle, au moment des « empereurs » gaulois. Ainsi, en Charente-Maritime les fouilles archéologiques récentes du site de « Novio Regum », au « moulin du Fâ », à Talmont, sur la rive nord de la Gironde, ont mis en évidence son abandon au début du quatrième siècle, au moment du changement des voies commerciales traditionnelles avec l'île de (Grande) Bretagne, au profit de l'axe Rhin- Rhône.

414. Cf. récits de Paulin de Pela, le petit-fils d'Ausone, réduit à la misère par ces destructions et qui en rend grâce à Dieu.

415. L'Aquitaine ne retrouvera de réelle prospérité que des siècles plus tard quand le hasard des alliances renoue une relation privilégiée avec l'Angleterre, puis quand la découverte de l'Amérique redonne un intérêt économique à la façade atlantique de la France.

416. Cette parenté se déduit d'une phrase de SIDOINE APOLLINAIRE dans le *Panégyrique d'Avitus* (Carmen VII, vers 505) par laquelle Théodoric II, le second fils de Théodoric Ier, est présenté comme le petit-fils d'Alaric.

Chapitre X

Les empereurs Honorius et Constance III

Un mariage fait un empereur (1er janvier 417 - septembre 421)

Il y a de bons mariages,
je n'en connais pas de délicieux.
La Rochefoucauld

Après les épreuves de l'année 415 succédant à l'enthousiasme de l'année précédente, l'installation à Ravenne en 416, au terme de six années passées chez les Wisigoths, n'est pas pour Galla Placidia une joyeuse délivrance. Ravenne, siège du pouvoir, est pour l'ancienne reine des Wisigoths la résidence qui s'impose, si elle ne lui est imposée. Elle aurait sans doute préféré retrouver sa vie romaine antérieure. Pour Constance, véritable homme fort de l'Empire sous l'autorité nominale d'Honorius, Galla Placidia est un moyen direct d'accès légitime au pouvoir suprême. Elle le sait très bien. Elle reste l'objet d'un projet matrimonial politique, ce à quoi par principe, très jeune, elle s'est déjà refusée s'agissant de son petit cousin Eucherius. Depuis, elle considère que le choix de son mari lui appartient. Née princesse, elle n'a pas à servir à l'ascension de quelque soldat méritant. C'est plus que jamais son point de vue, alors que la jeune princesse, l'otage de 410, est devenue une femme aux abords de la trentaine, mûrie par six années d'aventures et d'épreuves, mariée, puis veuve, ayant connu la maternité, puis perdu son enfant, tour à tour otage, reine, prisonnière.

Deux bonnes raisons la conduisent à être plus que réservée à l'idée d'épouser Constance. La première est politique. Celui-ci a su conduire avec succès une politique strictement romaine qui a permis de liquider les « tyrans » venus de Bretagne et d'Espagne, de régler (au moins provisoirement) le problème wisigoth, et de cantonner, en attendant de les réduire à la première occasion[417], les autres Barbares, les envahisseurs du 31 décembre 406. Or, elle

417. Ainsi, en 418, c'est à une véritable extermination des Vandales que les Wisigoths se sont livrés dans le nord de l'Espagne pour le compte des Romains.

a mesuré à ses dépens l'efficacité de cette politique, exact opposé de celle que symbolisait son mariage avec Ataülf, une fusion des deux peuples.

Une deuxième, plus concrète, est sûrement prise en considération par cette jeune veuve : le général Constance, s'il a bien mérité de l'Empire, n'est pas pour autant très bel homme, loin s'en faut. Le portrait assez précis qui nous en est parvenu comporte des aspects contrastés, mais l'homme n'avait rien d'un séducteur :

> « Il était d'un extérieur morne et sombre ; il avait de grands yeux, le cou haut, la tête massive. Toujours penché sur l'encolure du cheval qui le portait, il jetait dans cette attitude un regard de côté, çà et là… Au repos et dans les banquets il était charmant et sociable[418]. »

Le 1er janvier 417, Honorius inaugure son onzième consulat auquel Constance est associé (pour un deuxième consulat). Il en profite pour forcer le destin et conclure le mariage de sa sœur.

> « Ses refus violents, en cette circonstance, mirent Constance en colère contre ses serviteurs à elle. Finalement le jour de leur entrée en charge, l'empereur Honorius, son frère, lui prit la main malgré elle, et la mit dans celle de Constance auquel il la donnait[419] », en les déclarant fiancés.

Le mariage est célébré peu après, dans la plus grande magnificence[420].

En obtenant ainsi, la main de Galla Placidia, et ce par un geste d'autorité d'Honorius, Constance se place de façon décisive dans la course à la succession. Il a l'habileté de se contenter du pouvoir réel. Il en use avec efficacité, ce qu'Honorius visiblement lui reconnaît

418. Olympiodore, cité par Photius, *Bibliothèque*, op. cit. t1, p. 174 et 175.

419. Olympiodore, cité par Photius, *Bibliothèque*, op. cit. t. 1, p. 180.

420. La formulation des *Chroniques* d'Hydace en dit long. En effet, cet évêque de Galice aux notations sèches mais précises, vivant loin de la cour, écrit « *Constantius Placidiam accepit uxorem* » (op. cit. olympiade CCIIC), traduit par « Constance épouse Placidia », dans l'édition citée ; une traduction plus précise serait « Constance reçoit Placidia pour épouse », ce qui introduit une sérieuse nuance… La nature politique du mariage comme le peu d'enthousiasme de la promise étaient connus loin dans l'Empire.

sans difficulté. Surtout, il se garde bien de toucher au symbole du pouvoir. Honorius règne sur l'Empire et gouverne ses volières. Constance gouverne l'Empire et s'est placé en situation de recevoir la dévolution naturelle de la succession impériale quand celle-ci s'ouvrira. Il réussit là où Stilichon avait échoué, succombant sous l'accusation de lèse-majesté, alors même qu'il était membre de la famille impériale[421]. Honorius, vainqueur par la grâce de Dieu et des talents militaires de son beau-frère, se rend à Rome accompagné de Galla Placidia pour recevoir les honneurs du triomphe. C'est le second de son règne. Pour la circonstance, Attale joue son dernier rôle, marchant devant le char d'Honorius, son glorieux vainqueur, avant de rejoindre son exil définitif aux îles Lipari.

À défaut de revivre de son plein gré les joies du mariage, Galla Placidia retrouve celles de la maternité. Au début de l'année 418, elle met au monde une fille, Justa Grata Honoria, puis le 2 juillet 419 un garçon, Placidus Valentinianus, avenir de la dynastie. Galla Placidia et Constance sont des parents comblés. Ils ont bien fait leur devoir dynastique.

Le gouvernement de Constance et le rétablissement de l'Empire

À en juger par les résultats, la reprise en main de l'Empire par Constance est incontestable et remarquable. Ce militaire énergique a dû bousculer l'ordre établi des bureaux ravennates, habitués à fonctionner sans autorité réelle et sans contrôle. En Espagne, on passe maintenant aux choses sérieuses : la liquidation des Barbares, par le soin des Wisigoths installés en Aquitaine[422], désormais alliés loyaux de l'Empire. « Wallia, roi des Goths, pour défendre le nom de romain, fait de grands massacres de barbares dans les

421. Trente-cinq ans plus tard, en 454, Aetius finit comme Stilichon pour avoir mis trop d'insistance à solliciter la main de Placidia la jeune, fille de Valentinien III, pour son fils Gaudentius, voir chapitre XIV. Vingt ans plus tard, en 472, dans les derniers temps de l'Empire d'Occident, le mari de Placidia la jeune devra à ce mariage d'être brièvement empereur jusqu'à sa mort naturelle au bout de quelques mois de règne. Cf. chap. XV. Constance agit pour son compte ; Stilichon et Aetius pour celui de leurs fils respectifs, c'est une différence sensible.

422. Voir chapitre précédent

Espagne[423]. » Certes la liquidation n'est pas totale mais, au terme de deux ans de combats, les Alains et les Vandales Silings sont rayés de la carte politique, les Suèves strictement cantonnés en Galice, et les Vandales Hasdings en partie anéantis. Mais les Vandales survivants arrivent à se replier en Bétique. Ils vont laisser définitivement leur nom[424] à cette province du Sud de la péninsule, d'où ils vont reprendre à leur compte le rêve africain d'Alaric et de Wallia[425].

À l'intérieur, le gouvernement impérial peut enfin s'occuper des vrais problèmes, de ce qui lui tient vraiment à cœur, le salut de ses sujets. Constance n'est pas qu'un bon général, c'est un chrétien rigoureux, malgré quelques approximations... Sous son influence la législation religieuse se durcit en une intolérance accrue[426].

Pour l'heure, Ravenne doit arbitrer l'élection de l'évêque de Rome successeur de Zosime[427] décédé à la fin de 418. Zosime avait été en fonction pendant deux ans et avait eu des positions pour le moins hésitantes sur le grand débat théologique du moment sur le péché originel et la grâce divine, opposant un évêque africain, aux convictions affirmées et doué pour la polémique, Augustin évêque d'Hippone[428], et un moine originaire de Bretagne, Pélage. La succession de Zosime est disputée entre Boniface et Eulalius, ce dernier soutenu par le préfet de Rome. Honorius et Galla Placidia doivent être ravis d'arbitrer cette succession sur un fond de débat théologique furieux.

Les grandes lignes peuvent en être rappelées ici, car c'est un débat dont il n'est pas sûr qu'il soit clos aujourd'hui[429]. Ce problème de la grâce divine est éminemment politique puisque au fond il s'agit

---

423. Hydace, *Chroniques,* op. cit. Olympiade CCIIC.

424. Deux décennies de présence des Vandales ont suffi pour changer le nom de la Bétique en (v)Andalousie. De même, mais avec une présence plus longue, la Catalogne tire son nom des « Goths-Alains ».

425 .Voir chapitre précédent.

426. Voir *Code Théodosien*: la loi 16.5.55 du 30 août 414 condamne les donatistes (faisant suite aux lois 16.5.52/53/54, datées des années 412 et 414), la loi 16.5.56 du 25 août 415 condamne les hérétiques, enfin la loi 16.8.24 du 10 mars 418 écarte les Juifs des fonctions publiques.

427. Homonyme de l'historien grec avec lequel il n'a aucun lien.

428. Aujourd'hui la ville d'Annaba (Bône au temps de l'occupation française de l'Algérie)

429. C'est le débat qui fit rage au XVIIe siècle entre les jansénistes et les jésuites, qui se traiteront d'ailleurs mutuellement de néo-pélagiens (les jésuites pour les jansénistes) et de manichéens (les jansénistes pour les jésuites).

de la liberté fondamentale de l'homme. Pélage professait que le péché originel ne s'était pas transmis, d'où une primauté au libre arbitre. Cette théorie, avec de nombreuses variantes admettant quand même, plus ou moins, un péché originel, fut finalement condamnée par des conciles provinciaux. Augustin, originaire d'une Afrique, par ailleurs toujours agitée par les séquelles du donatisme, se distingue comme un adversaire farouche du pélagianisme, position que peut expliquer son adhésion de jeunesse au manichéisme avant sa conversion au christianisme. Il tranche le débat avec rigueur, en posant le principe de la grâce gratuite et efficace. Ce faisant, Augustin met l'Église au service du pouvoir, en écartant le rôle du libre arbitre de l'individu par la théorie de la prédestination.

C'est l'époque où l'évêque de Rome commence à s'imposer comme l'autorité religieuse qui fixe la doctrine, de façon d'ailleurs bien hésitante dans ce cas précis, puisque dans un premier temps, Zosime avait refusé de condamner les théories de Pélage. Arbitrer sa succession, c'est en même temps arbitrer le débat théologique. Ravenne finit par arbitrer en faveur de Boniface qui fait une entrée triomphale à Rome au printemps de 419. Les théories de Pélage sont définitivement condamnées.

Considérée du seul point de vue politique, l'affaire est une sorte de troc où, par le jeu de la grâce divine, l'Église justifie la soumission des peuples au pouvoir politique en échange de la disposition du bras séculier pour réprimer les hérésies, et trancher ses débats internes avec quelques têtes[430] en cas de besoin. À ce moment-là, l'Église, influencée par Augustin, veut la disparition du pélagianisme.

Galla Placidia se complaît dans ces débats où se remarque la violence des écrits de saint Prosper pour qui les théories de Pélage sont un « âpre venin du serpent que la Bretagne enfanta en son sein[431] ». Elle exerce une pression permanente sur Constance,

430. Ce qui fait après coup de Maxime (cf. chapitre IV) un authentique précurseur, ayant mis au point la pratique aux dépens des priscillianistes, sans avoir eu le temps de la théoriser.

431. Saint Prosper ne fait probablement qu'un avec le chroniqueur. La phrase citée est dans son recueil de poèmes *Contre les ingrats*, éd. Vve Martin-Durand, Paris, 1679. Son traducteur, le célèbre et talentueux janséniste Le Maistre de Sacy, n'hésite pas à inclure dans sa « traduction » de Prosper des phrases reprises d'un sermon de Léon Ier…

exigeant la condamnation pour crime de magie de Libanius, protégé par son mari. Elle « menaçait Constance de se séparer de lui si on laissait vivre Libanius, un mage et un infidèle[432] ». Cette menace du divorce pouvait être prise au sérieux, même de la part d'une dévote comme Galla Placidia, parce qu'à l'époque la doctrine de l'Église sur le sujet n'est pas fixée. Elle intervient également pour faire détruire la statue qui avait si bien gardé le détroit de Sicile, lors des entreprises d'Alaric. Cette statue se trouvant sur un domaine propriété du couple impérial, elle donne l'ordre à l'administrateur de ses biens de la renverser[433].

Il est procédé à une réforme originale et novatrice de l'administration des Gaules et plus particulièrement de la Narbonnaise. Cette réforme s'explique aisément. L'installation des Wisigoths en Aquitaine donne une importance stratégique accrue à cette province qui assure les communications avec l'Espagne et bloque l'accès des Wisigoths à la Méditerranée[434]. Il s'agit d'une forme de décentralisation organisée dont la modernité apparente peut surprendre[435]. Des assemblées de notables sont chargées de délibérer sur les affaires de la province ; c'est créer une sorte de sénat local dans la plus ancienne des provinces romaines de Gaule[436]. Cette préfiguration un peu virtuelle d'une forme de démocratie civile montre en tout cas que l'administration ravennate avait pressenti que mieux associer les populations à la gestion de l'Empire était un élément de réponse aux difficultés du temps. La loi du 21 novembre 419 rappelant que « l'humanité doit tempérer la justice[437] », confirme les sages principes de ce gouvernement.

---

432. Olympiodore, cité par Photius, *Bibliothèque*, op. cit. t1, p. 183.

433. Olympiodore, cité par Photius, *Bibliothèque*, op. cit. t1, p. 171.

434. La ville de Narbonne sera d'ailleurs assiégée de nombreuses fois par les Wisigoths quand leurs relations avec l'Empire vont se dégrader, le siège le plus célèbre est celui de 438 L'occupation définitive par les Wisigoths est de 464.

435. Au point que dans leur célèbre *Histoire générale des États du Languedoc*, Devic et Vaissette ont cru y voir l'origine des États du Languedoc

436. La Narbonnaise, occupée afin d'avoir un passage toujours libre vers l'Espagne, fut constituée en province par les Romains en 120 av. J.-C. Six siècles plus tard, la géographie impose les mêmes considérations stratégiques.

437. C. Th., Sirm. 13.

Une période tranquille pour l'Empire d'Orient…

En 414, le préfet Anthemius, qui gouvernait l'Empire depuis la mort d'Arcadius en 408, se retire.

> « Pulchérie entrait dans sa seizième année, mais comme elle avait reçu de Dieu un esprit de sagesse très au-dessus de son âge, la Providence divine l'établit comme tutrice de Théodose II[438]. »

Elle fut déclarée Augusta le 4 juillet. Théodose II est un gentil garçon dont les quarante-deux années de règne doivent beaucoup à un entourage de qualité. Le portrait que nous en laissent certains historiens tient d'abord de l'hagiographie :

> « douceur, bonté, patience. Jamais il ne vengea les injures qu'il avait reçues, et jamais on ne le vit en colère ».
> Il aurait un jour répondu qu'« il est aisé de faire mourir un homme, mais quand on vient à se repentir de lui avoir ôté la vie, on n'est pas dans le pouvoir de la lui rendre, et il n'y a que Dieu qui puisse le ressusciter ».
> Ayant été éduqué dans les sciences et les lettres « il allait jusqu'à connaître la nature des pierreries, des plantes et des remèdes de la médecine, très savant en astronomie, habile dans le manège, extrêmement adroit à tirer à l'arc. Il avait une merveilleuse façon de peindre et de travailler en relief, d'où son surnom de calligraphe[439]. »

Le personnage n'était pas sans défaut. Il signait sans le lire tout ce qu'on lui présentait, au point qu'un jour, en riant, Pulchérie lui aurait fait voir qu'il venait de signer l'ordre de la mettre à mort. Saint Augustin écrit de lui qu'« il pouvait être déifié, en demeurant dans sa solitude ».

---

438. Sozomène, *Histoire ecclésiastique,* op. cit. L.9 Ch.1.

439. Ces trois citations sont de Théodoret de Cyr, *Histoire ecclésiastique,* op. cit. échantillon hagiographique…

Quand Théodose II atteint sa vingtième année, Pulchérie décide de le marier. La fille du rhéteur Léonce, la très belle Athénaïs[440] (née en 394, donc de six ans l'aînée de Théodose II), avait été spoliée par une entente entre ses frères lors du règlement de la succession de leur père. Celle-ci réussit à faire remonter ses plaintes jusqu'au palais impérial de Constantinople où Pulchérie la reçoit. Impressionnée par la beauté et l'intelligence d'Athénaïs qui n'ayant pas de liaisons familiales puissantes ne peut gêner l'Augusta, Pulchérie envisage d'en faire sa belle-sœur. Pour ce faire, elle autorise son frère à l'observer derrière un rideau. Celui-ci, ému par la beauté de la jeune femme se laisse aisément convaincre. Le mariage est célébré le 7 juin 421. Ainsi Athénaïs, baptisée Eudocia[441], devient impératrice d'Orient.

À cette date, l'Empire d'Orient était en guerre avec l'Empire perse depuis 420, sous le prétexte de défendre des communautés chrétiennes persécutées, mais aussi pour la défense d'intérêts commerciaux. Cette guerre au cours de laquelle s'illustre Procope, gendre du préfet Anthemius, se termine en 422 par une paix conclue pour cent ans et qui va tenir jusqu'en 508.

… mais l'assassinat d'Hypatie montre une certaine agitation religieuse

Nous avons vu qu'en 391, lors de la destruction du Serapeum d'Alexandrie sous la direction de l'évêque Théophile, la bibliothèque dont le directeur était le mathématicien Théon aurait également été détruite.

En mars 415, la foule d'Alexandrie, poussée par des milices cléricales excitées par un certain Pierre, lecteur de la cathédrale, massacre Hypatie, la fille de Théon, mathématicienne et philosophe, réputée pour sa beauté. Socrate de Constantinople a laissé un récit détaillé de ce meurtre :

---

440. Athénienne peut-être, grecque sûrement. Dans les *Études historiques*, op. cit., p.303, CHATEAUBRIAND a une très jolie formule : « Athènes, qui n'avait pas fourni de tyran à l'Empire romain, lui donnait pour reine, une muse. »

441. Eudocia, « la bonne volonté ». Ce prénom, choisi par Pulchérie pour sa belle-sœur, ne doit pas être confondu avec celui de la mère de Théodose II, Eudoxia, « glorieuse renommée ». Leur fille à son tour va s'appeler Licinia Eudoxia ; l'aînée des filles de celle-ci et de Valentinien III s'appelle enfin Eudocia.

« Il y avait une femme à Alexandrie nommée Hypatie, fille du Philosophe Théon, qui avait fait un si grand progrès dans les sciences qu'elle surpassait tous les Philosophes de son temps, et enseignait dans l'école de Platon et de Plotin, un nombre presque infini de personnes, qui accouraient en foule pour l'écouter. La réputation que sa capacité lui avait acquise, lui donnait la liberté de paraître souvent devant les Juges, ce qu'elle faisait toujours, sans perdre la pudeur, ni la modestie, qui lui attiraient le respect de tout le monde. Sa vertu, tout élevée qu'elle était, ne se trouva pas au-dessus de l'envie. Mais parce qu'elle avait amitié particulière avec Oreste, elle fut accusée d'empêcher qu'il ne se réconciliât avec Cyrille. Quelques personnes transportées d'un zèle trop ardent, qui avaient pour chef un Lecteur nommé Pierre, l'attendirent un jour dans les rues, et l'ayant tirée de sa chaise, la menèrent à l'église nommée Césaréon, la dépouillèrent, et la tuèrent à coups de pots cassés. Après cela, ils hachèrent son corps en pièces, et les brûlèrent dans un lieu appelé Cinaron. Une exécution aussi inhumaine que celle-là couvrit d'infamie non seulement Cyrille, mais toute l'Église d'Alexandrie, étant certain qu'il n'y a rien si éloigné de l'esprit du Christianisme que le meurtre et les combats. Cela arriva au mois de Mars durant le Carême, en la quatrième année du Pontificat de Cyrille, sous le dixième Consulat d'Honorius, et le sixième de Théodose[442]. »

Philostorge mentionne qu'Hypatie « fut déchirée en pièce par ceux qui soutiennent que le Fils de Dieu est de même substance que son Père[443] ».

Voltaire quant à lui persifle :

« Je me contente de remarquer que saint Cyrille était homme, et homme de parti ; qu'il a pu se laisser trop emporter à son zèle ; que quand on met les belles dames toutes nues ce n'est pas pour les massacrer ; que saint Cyrille a sans doute

442. Socrate, *Histoire ecclésiatique*, op. cit. L.VII, ch. XV.

443. Auteur arien, Philostorge ne manque pas cette occasion de souligner la brutale intolérance du clergé catholique.

> demandé pardon à Dieu de cette action abominable et que je prie le père des miséricordieux d'avoir pitié de lui. »

Le Nain de Tillemont relate cette affaire :

> « Au mois de mars de cette année [415] la ville d'Alexandrie fut agitée de divers troubles par la division qui se mit entre saint Cyrille évêque de la ville et Oreste gouverneur d'Égypte, venu de ce que saint Cyrille avait chassé tous les juifs de la ville l'année précédente. La célèbre philosophe Hypatie [qui était payenne] fut massacrée dans ce tumulte. On écrivit de part et d'autre à la cour, mais on ne voit point quelle part elle voulut y prendre[444]. »

Le contexte doit être rappelé. Tout d'abord, l'évêque Cyrille n'est alors en fonction que depuis octobre 412, moment où il succède à Théophile, son oncle. Cette succession familiale à un évêché aussi important que celui d'Alexandrie fut contestée, puis critiquée. Cyrille « dépassa Théophile en pouvoir, car c'est à partir de lui que le siège épiscopal prit la tête des affaires pour tyranniser, en outrepassant les bornes de l'ordre sacerdotal[445] ». Très rapidement, il s'oppose au gouverneur Oreste, pourtant chrétien, et organise l'expulsion des Juifs d'Alexandrie. Un jour Oreste fut agressé par une bande de moines. Le préfet reçut une pierre sur la tête et ne fut sauvé que par l'intervention de la population. Le moine qui avait jeté la pierre sur le préfet fut arrêté et mourut sous les tortures, ce qui lui valut une promotion immédiate au rang de « martyr » par l'évêque Cyrille. Celui-ci s'appuyait en outre sur des bandes armées les « *parabalani* » qui étaient en théorie des infirmiers et des fossoyeurs, jouant un rôle d'assistance. Hypatie, mathématicienne et philosophe réputée[446] est, bien que non chrétienne, une personne respectée, et même écoutée du gouverneur impérial

444. *Histoire des Empereurs*, op. cit. t. VI, page 28.

445. Socrate, *Histoire ecclésiastique*, op. cit. L.VII, C. VII, 4.

446. Damascius, cité par Photius, *Bibliothèque*, op. cit. t1, page 38, 164, s'exprime avec une certaine malignité : « Isidore différait beaucoup d'Hypatie, non seulement comme un homme diffère d'une femme, mais comme un vrai philosophe diffère d'une femme versée en géométrie. »

Oreste. C'est cette proximité qui lui vaut la vindicte de Cyrille et sa brutale élimination.

La question de la réaction de la cour de Constantinople à de tels troubles de l'ordre public est posée. Le fait que le pouvoir effectif soit exercé depuis l'année précédente par Pulchérie, sœur aînée du jeune empereur, peut expliquer un raidissement sur les questions religieuses. Ce mouvement de foule un peu vif fut sans conséquence sur la brillante carrière de l'évêque Cyrille[447].

Cela étant, le gouvernement impérial a réagi à ces troubles. Cette réaction, à défaut d'être flagrante et immédiate, est bien concrète et se manifeste en deux temps. Tout d'abord une loi du 20 octobre 415[448] précise que « s'il s'élève quelque dispute entre des chrétiens et des juifs qu'elle soit tranchée par les gouverneurs de province », ce qui est un désaveu clair des empiétements de l'évêque. Ensuite deux autres lois[449] portent sur l'organisation des « *parabalani* ». La loi du 29 septembre 416, après avoir rappelé que « par suite de la terreur de ceux que l'on appelle les « *parabalani* », il plaît à Notre clémence qu'il n'y ait rien de commun entre les clercs, les affaires publiques et celles relevant de la curie », limite leur effectif à 500 personnes, et encadre leur activité : leurs noms doivent être communiqués au préfet, il leur est interdit de participer aux synodes publics, et d'aller au siège de la curie ou au tribunal. La loi du 3 février 418 porte leur effectif à 600, mais rappelle leur rôle « affectés aux soins des corps malades des infirmes », les place sous la responsabilité de l'évêque et confirme les dispositions de la loi précédente, interdisant leur présence « à propos des spectacles, des affaires de justice et pour tout autre affaire[450]... »

---

447. Saint Cyrille d'Alexandrie, saint tant pour les catholiques romains que pour les orthodoxes, se fête le 28 janvier. Le 4 octobre 2007, dans l'*Osservatore Romano* le pape Benoît XVI écrit : « Cyrille, gardien de l'exactitude, gardien de la vraie foi. » « À la mort de son oncle Théophile, encore jeune, il fut évêque de cette influente Église d'Alexandrie qu'il allait gouverner avec grande énergie pendant trente-deux ans, visant toujours à en affirmer la primauté dans tout l'Orient, renforcée encore par ses liens traditionnels avec Rome » « grâce à des alliances judicieuses, il obtint à plusieurs reprises que Nestorius soit condamné. »

448. C. Th. 16, 8, 22.

449. C. Th. 16, 2, 42 du 29 septembre 416 et C. Th. 16, 2,43 du 3 février 418.

450. Dans *Chrétiens persécuteurs*..., op. cit. le chapitre 10, pages 285 à 310, rédigé par Madame Clélia Martinez Maza, professeur à l'université de Malaga, est consacré aux suites de l'assassinat d'Hypatie.

L'empereur Constance III

À l'exception de la Bretagne qui vit une sorte d'autonomie de fait, Honorius s'estimant dans l'incapacité d'intervenir comme il l'a expliqué aux envoyés de cette province en 410[451], la situation de l'Empire d'Occident, qui en 420 ne subit pas de pressions barbares significatives, est redressée. Le mérite en revient quand même plus à l'action militaire et diplomatique de Constance qu'à l'impavidité d'Honorius où certains ont cru déceler une forme subtile d'habileté. De plus, Constance et Galla Placidia ont assuré la pérennité de la dynastie qui se rattache à la lignée de trois glorieux empereurs[452], et à plus d'un siècle d'histoire romaine.

Dans un système monarchique, tout souverain consciencieux se doit d'assurer sa succession et, à défaut d'y pourvoir naturellement, doit la prévoir et l'organiser. À partir du 8 février 421, « Constance partagea le pouvoir avec Honorius qui l'avait choisi lui-même, mais presque malgré lui[453] ». Constance accède ainsi officiellement à la pourpre et Honorius pense avoir réglé le dernier problème épineux de l'Empire d'Occident, celui de sa propre succession, en suspens depuis vingt ans. Le même jour, le titre d'Augusta est décerné à Galla Placidia. Tout semble donc connaître une issue satisfaisante.

Mais une fois de plus le destin va se révéler capricieux. Le principal intéressé manifeste lui-même des états d'âmes qui nous sont parvenus. Les « regrets » de Constance paraissent avoir été suffisamment sincères et explicites pour avoir été rapportés par plusieurs sources contemporaines[454].

> « Le pouvoir lui pesait parce qu'il n'était plus libre comme avant de sortir, de s'en aller où il voulait et parce qu'il n'était pas permis à un souverain d'user des amusements dont il était coutumier. »

Malgré sa parfaite connaissance des palais impériaux et ses quatre ans d'intimité au sein de la famille impériale, Constance

451. Voir chapitre précédent.

452. Théodose, Valentinien et aussi Constantin.

453. Olympiodore, cité par Photius, *Bibliothèque*, op. cit. t1, p. 181.

454. Notamment Olympiodore, cité par Photius, *Bibliothèque*, op. cit. t1, p. 181.

aurait-il sous-estimé le poids et les contraintes du protocole et du rôle de représentation de la fonction impériale ? Ou exprimerait-il une réaction psychologique classique de désintérêt pour un but longtemps poursuivi, une fois celui-ci atteint ? Même si l'empereur n'est plus un dieu par lui-même, être le représentant direct de Dieu sur terre n'est pas rien. Donc, pour un représentant de Dieu sur terre, plus de chevauchées, plus de dîners et de beuveries entre soldats. La vie d'un empereur chrétien est une vie réglée, contrôlée. L'empereur est une idole isolée du monde que l'on ne voit plus, que l'on n'imagine plus à la tête de ses armées. Contrairement à ce que l'on croit souvent, le Bas-Empire est un temps où les mœurs sont bien plus austères et contraintes que sous le Haut-Empire (l'expression courante, « des mœurs de Bas-Empire », est le plus souvent employée à contresens).

Cette sacralisation de la fonction impériale a l'inconvénient majeur d'isoler le détenteur théorique et légitime du pouvoir suprême des réalités dont il est séparé par l'écran opaque de rituels de cour. La séparation entre la fonction symbolique du règne et la réalité du gouvernement, et surtout de la conduite des armées, n'est pas véritablement clarifiée. Cette absence de clarification dans l'organisation des fonctions et des pouvoirs est une cause discrète mais profonde d'affaiblissement de l'Empire. Le pouvoir suprême perd en efficacité ce qu'il a gagné en stabilité. La sacralisation de la fonction crée une sorte de vide paradoxal au sommet de l'État ; elle contredit l'essence militaire du pouvoir de l'« *imperator* ». Un empereur sacralisé ne conduit plus ses troupes. En 351, lors de la bataille décisive de Mursa[455], bataille acharnée et meurtrière, le « tyran » Magnence est à la tête de ses troupes, alors que Constance II, né fils d'empereur, loin à l'arrière est en prière[456]. Julien revient à l'empereur combattant et il en meurt. Théodose, déjà malade, à la tête de ses troupes lors de la bataille du Frigidus, est le dernier à exercer sa fonction militaire[457]. Ses fils sont dès l'enfance happés par le protocole et le confort des palais

455. Près du confluent de la Drave et du Danube.

456. Victoire d'autant plus remarquable qu'en l'occurrence ce jour-là Dieu exauce un prince adepte militant de l'hérésie arianiste, mais son adversaire était païen ! Les desseins de la Providence…

457. Mais Théodose n'est pas né empereur ; c'est un général qui fut élevé à la pourpre.

impériaux. Les regrets paradoxaux du général Constance, devenu Constance III, privé de sa liberté de mouvements, ne sont donc pas seulement intéressants par ce qu'ils révèlent de sa personnalité. Ils expriment le point de vue exceptionnel d'un soldat, associé au trône à une époque où est admise la transmission héréditaire d'une fonction impériale figée dans sa sacralisation.

Cependant, la cour de Constantinople décide le renvoi pur et simple des images du nouvel empereur. Ce refus de reconnaître le nouvel empereur, brutal et sans ambiguïté, équivaut à une rupture des relations diplomatiques. Cette réponse de Théodose II aux empereurs d'Occident associés, Constance III certes, mais aussi Honorius alors aîné des empereurs, est celle de son grand-père, le grand Théodose, aux envoyés d'Eugène en 392. C'est donc pratiquement un *casus belli*. Ce mouvement de mauvaise humeur démasque les arrière-pensées de Constantinople quant à la succession future d'Honorius. Constantinople considère avoir un droit de regard sur les affaires de l'Occident. Cependant, la vivacité de cette réaction étonne un peu. L'association au trône de Constance n'est que l'aboutissement attendu, logique, et prévisible d'un long processus. En aucun cas Constantinople n'aurait dû en être surpris. Depuis dix ans, Constance est à l'évidence l'homme fort d'un Empire d'Occident qu'il a sauvé d'une ruine menaçante. Même Honorius s'en est aperçu. De surcroît, il a assuré la postérité de la dynastie, mais c'est bien là où est le problème pour Constantinople, puisque la descendance de Galla Placidia est subrogée aux droits d'Honorius à l'Empire[458]. L'Histoire en général, et celle de l'Empire d'Occident en particulier, comporte de tels retournements de situation que tant que le règlement successoral n'était pas effectif, Constantinople pouvait toujours espérer réunifier l'Empire à son profit à la mort d'Honorius. L'association de Constance au trône impérial fermait cette perspective, et les derniers espoirs de la cour de Constantinople s'évanouissaient. La vivacité de sa réaction tient du mouvement d'humeur, face à la mise en place d'un règlement simple, régulier et purement occidental de la succession d'Honorius, organisé avec l'accord de

458. Neuf siècles plus tard, la formalisation en France de la succession héréditaire en ligne de primogéniture mâle, servira de prétexte à la guerre de Cent Ans, dans un cas de figure inversé par rapport à celui de la succession d'Honorius.

celui-ci. L'attitude de Constantinople est révélatrice non seulement d'arrière-pensées, mais aussi d'une mauvaise relation persistante des enfants d'Arcadius à l'égard de leur demi-tante Galla Placidia. Le refus par Constantinople des images du nouvel empereur est un geste fort. Cependant, même si Constance III est mortifié de l'affront qui lui est fait, l'Empire d'Occident vient de traverser de telles difficultés qu'il est peu imaginable de voir cet homme réaliste provoquer une guerre entre les deux Empires pour venger un affront protocolaire[459].

Cette crise n'aurait pas non plus dégénéré en conflit ouvert à l'initiative de l'Empire d'Orient. Théodose II est jeune marié. Un pacifique « calligraphe » ne se lance pas dans une aventure militaire risquée au lendemain de son mariage. La raison, de loin la plus sérieuse, procède d'un minimum de réalisme, car cette année-là l'Empire d'Orient est engagé dans une opération militaire contre la Perse, alors que les relations entre les deux empires connaissaient une accalmie de plusieurs décennies[460]. Dans ces conditions, on voit mal Constantinople aller au-delà de sa réaction immédiate et ouvrir un second front face à l'Empire d'Occident, d'autant que la situation n'est pas celle de la reconquête d'un Empire face à un usurpateur. Honorius, auteur de la proclamation contestée[461], est toujours là. Comment Théodose II pourrait-il justifier une attaque contre son oncle, aîné des empereurs ? Trois ans plus tard, lors de l'usurpation de Jean, cas de figure bien plus évident, Constantinople va hésiter longuement avant de se lancer contre l'Occident. Tous les bruits de guerre sur cette affaire semblent bien n'être qu'une exagération pure et simple. Le *Code Théodosien* apporte un éclairage concret. En effet, l'envoi de la loi du 10 mars 421[462], relative aux modalités du divorce quand celui-ci est demandé par l'épouse, comporte le visa des trois empereurs, dans l'ordre proto-

459. Philostorge est le seul à évoquer cette éventualité.

460. Cf. chapitres III et VIII (note 345).

461. Même si de toutes les façons il ne pouvait pas faire autrement.

462. C.Th.3.16.2. et C. Th. 2.27.1. Ces lois sont intéressantes, car sans instituer une exacte symétrie dans les droits des conjoints, elles ouvrent à l'épouse la possibilité d'une demande de divorce en cas de faute caractérisée du conjoint. L'influence de Galla Placidia sur la conception de ces textes est plus que probable, d'autant qu'elle cherche à maintenir une pression sur Constance. À l'époque, l'Église n'a pas encore pris une position définitive sur le sujet.

colaire d'ancienneté, Honorius, Théodose et Constance ; il en est de même de la loi du 28 juillet. Cette constatation ne signifie pas que la proclamation de Constance III aurait en fait été mieux acceptée que ne le laissent entendre les autres sources. Tout simplement, en 438, au moment de la promulgation du *Code Théodosien*, les rédacteurs orientaux, pour tenir compte des évolutions ultérieures des relations dans la famille, ont procédé à une rectification constituant une reconnaissance a posteriori de Constance III par égard pour son fils Valentinien III, alors empereur légitime de l'Occident[463].

La mort naturelle et rapide de Constance III dénoue cette crise de façon inattendue. En septembre 421, après sept mois de règne officiel, trois mois après la rebuffade de Constantinople, l'empereur Constance III meurt dans la force de l'âge, d'une banale pleurésie[464]. Aucun chroniqueur ne paraît avoir eu le moindre doute quant au caractère naturel de cette mort. Ravenne est certes un lieu militairement sûr, mais ces abords de lagunes et de marécages ne sont pas forcément très sains. Le nouveau mode de vie de Constance III, plus confiné, peut avoir fragilisé son organisme et l'avoir rendu plus sensible à un simple coup de froid survenu à l'arrivée des premières brumes de l'automne. Cette disparition rapide et imprévisible règle la question des relations avec Constantinople, mais rouvre le difficile problème de la succession d'Honorius.

Galla Placidia est donc de nouveau veuve, cette fois avec deux enfants bien vivants, Honoria et Valentinien. Sans être aussi difficile qu'au moment de l'assassinat d'Ataülf, sa situation redevient de nouveau délicate dans l'ambiance feutrée de Ravenne. Les femmes n'accédant pas à l'Empire, le titre d'Augusta est sans grande portée, sinon honorifique, pour une veuve. Politiquement, il n'y a pas de succession de Constance, puisque son élévation se situait

463. En fait, il n'est pas procédé à cette rectification pour les quatre lois, la loi C.Th.4.15.1, C. Th. 9.42.23.et C.Th.10.10.29 et 30, issues de la codification d'un même texte du 8 juillet 421, ainsi que pour la loi C.Th.16.2.45 du 14 juillet qui ne comportent pas le visa de Constance III mais ces lois sont situées dans des séries « les mêmes Augustes », en l'occurrence Honorius et Théodose II (on a déjà vu dans les périodes d'usurpation l'intérêt pratique de cette formule). La rectification ne porte donc que sur deux cas qui étaient voyants dans la présentation du Code.

464. Dans le vocabulaire médical de l'époque, le mot pleurésie a une acception large qui recouvre globalement les infections pulmonaires. Il peut donc s'agir aussi bien d'une pleurésie au sens strict que d'une pneumonie ou toute autre maladie respiratoire. La mort rapide de Constance III, laisse supposer une maladie infectieuse aiguë.

en fonction de la succession d'Honorius. Les droits éventuels de l'enfant Valentinien ne procèdent plus de son père mais de son oncle Honorius. Or, la santé de celui-ci se dégrade. Ainsi, au moment où l'éventualité de la succession semble se rapprocher, le nouvel héritier présomptif est plus éloigné et surtout beaucoup trop jeune pour régner.

Chapitre XI

L'empereur Honorius

Sa succession délicate et attendue (Septembre 421 - 23 octobre 425)

La curiosité de la grandeur d'un événement si rare,
et qui intéressait tant de millions d'hommes
Saint-Simon[465]

Une succession attendue, dans un contexte inattendu

À la mort de Constance III, Honorius est toujours là, ou plutôt est encore là, alors que sa succession est l'objet de supputations depuis vingt ans. Il règne sans gouverner sur un Empire miraculeusement préservé, après avoir touché le fond au milieu de son règne. Sans doute faut-il y voir l'effet de la volonté de Dieu de récompenser sa piété et celle du grand Théodose, « la très sainte foi de l'empereur Honorius ne méritait pas peu la miséricorde divine[466]. » Certes, la mort de Constance III le prive d'un appui essentiel et prive l'Empire d'un règlement successoral simple. Peut-être Honorius a-t-il ressenti la satisfaction maligne d'avoir, lui, l'hydropique bouffi et un peu débile, enterré son énergique beau-frère, ce général glorieux, cet homme actif, emporté par une banale pleurésie, un courant d'air. Cependant, son état de santé se dégrade progressivement. Plus que jamais, il est le jouet des factions qui se placent pour sa succession dans une rivalité exacerbée.

Constantinople a ses partisans au nom de l'unité de l'Empire et du légitimisme théodosien. L'Empire avait été partagé entre

465. Dans ses *Mémoires* (La Pléiade, T.1, p.771), Saint-Simon commente ainsi la succession de Charles II d'Espagne, mort à l'âge de quarante-deux ans, le 1er novembre 1700, sans enfants. L'extinction d'une ligne régnante est un des problèmes inéluctables des systèmes monarchiques. Par le fait d'Honorius, les Théodosiens rencontrent cette difficulté dès la seconde génération en Occident. Un parallèle peut être fait entre Honorius et Charles II d'Espagne, deux hommes faibles au physique et au moral, mariés plusieurs fois, dont les règnes assez longs ne furent que l'attente de l'ouverture de leur succession, et aussi entre les déceptions de Constantinople et de Vienne au moment du règlement successoral.

466. Orose, *Histoires contre les Païens,* op. cit. L. VII, 37, 11 ; voir également 42, 15.

les deux fils du grand Théodose, sa fille n'avait pas été appelée au partage, et n'avait donc pas à l'être. En l'absence de postérité d'Honorius, fils cadet, sa succession doit donc tout naturellement revenir à Théodose II, seul fils et héritier d'Arcadius, le frère aîné. Empereur depuis la mort de son père survenue en 408[467], Théodose le jeune est adulte et règne depuis déjà quinze ans sur l'Orient[468], pour l'heure sans gros problèmes. Le jeune Valentinien, fils de Galla Placidia, est certes lui aussi le petit-fils du grand Théodose, mais par sa mère. Dans le contexte de l'époque, celle-ci souffre du handicap d'être une femme, mais elle a déjà montré dans sa vie une grande volonté de pouvoir. À deux reprises, dans deux circonstances très différentes, elle y a déjà été associée par Ataülf puis par Constance interposés. De plus, par ses origines maternelles, elle s'est toujours considérée d'essence supérieure à ses deux demi-frères, donc à ce neveu qui règne à Constantinople. Néanmoins, le jeune Valentinien n'était encore qu'un très jeune enfant de deux ans et deux mois à la mort de son père. Il n'a pas encore bénéficié d'une association formelle au trône, mais le titre de *nobilissimus puer*[469], certes sans implications politiques directes, lui a été accordé « grâce à la contrainte exercée par Placidia sur son frère[470]. »

L'émergence d'un sentiment d'appartenance occidentale, par opposition à l'Empire d'Orient, opposition des Latins aux Grecs, doit être prise en considération. Pour les tenants de ce point de vue, la succession d'Honorius doit être occidentale, même, s'il le faut, hors de la famille Théodosienne. Constance III représentait une bonne synthèse entre les tenants de ce point de vue et les partisans de la famille Théodosienne. Ce clan considère, comme les partisans de la réunification au bénéfice de Théodose II que, du fait de son bas âge, la proclamation du jeune Valentinien n'est pas une option raisonnable. La position de Galla Placidia, veuve de Constance, était en plus affaiblie par le caractère manifestement contraint de sa relation avec ce second mari qui avait su lui être

467. Cf. au début du chapitre VIII, « la succession d'Orient ».

468. Pour employer une formule juridique qui aura du succès quelques siècles plus tard, mais encore anachronique à ce moment-là, la revendication de Théodose II sur l'Empire d'Occident, se fonde sur le fait qu'il est seul descendant de la famille Théodosienne en primogéniture mâle.

469. « très noble enfant ».

470. Olympiodore, cité par Photius, *Bibliothèque*, op. cit. t. 1, p. 181.

imposé, mais avec lequel elle a régulièrement marqué ses distances. De ce fait, elle ne rallie pas le soutien de tous les fidèles de celui-ci.

Pour bien marquer la réconciliation des deux parties de l'Empire, l'année 422, année des festivités de la trentième année de règne d'Honorius[471], s'ouvre sous le consulat conjoint des deux empereurs, le XIIIe pour Honorius et le Xe pour Théodose II. Au fil des mois l'atmosphère s'alourdit dans Ravenne. Après d'invraisemblables ragots[472] sur une relation trop intime, voire incestueuse entre le frère et la demi-sœur, leur relation s'aigrit sérieusement. Pour des raisons obscures, Ravenne connaît les prémices d'une guerre civile, avec quelques combats de rue entre les partisans de l'Auguste et ceux de l'Augusta soutenue par ses troupes personnelles constituées de Wisigoths qui n'oublient pas qu'elle fut leur reine. Dans la perspective de cette succession qui paraît enfin proche, l'administration impériale, excluant l'option orientale, joue désormais contre une solution dynastique, écartant le jeune Valentinien, en raison de son bas âge et probablement de la personnalité de sa mère.

Honorius, comme il le fut toute sa vie, est manipulé par son entourage au profit des deux cabales qui jouent contre Galla Placidia et son fils. À la fin de 422, une expédition est montée pour déloger les Vandales de Bétique avec l'appui des Goths, sous le commandement conjoint de Castin, comte des domestiques sous Constance III, et de Boniface, réputé proche de l'Augusta. Le double commandement s'avère inefficace. Boniface, nommé comte d'Afrique sur intervention de l'Augusta, abandonne les combats en Espagne, et les auxiliaires goths lâchent les Romains. Malgré quelques succès initiaux, Castin est battu et doit se replier à Tarragone, sans avoir réduit les Vandales. Cet échec est exploité contre l'Augusta.

L'ambiance à Ravenne devient telle que l'Augusta sent sa sécurité et celle de ses enfants menacée. Vers la fin de l'hiver 423,

471. Voir au tout début du chapitre VII : le décompte part de la désignation formelle d'Honorius, comme César pour l'Occident., en janvier 393.

472. Olympiodore, cité par Photius, *Bibliothèque*, op. cit. t1, p. 183, est la seule source de ce ragot repris par maints historiens : « Leur attachement immodéré et leurs continuels baisers sur la bouche firent naître des soupçons infamants chez la plupart des gens. » Il précise cependant que la cause de la brouille serait Elpidia, la nourrice de Galla Placidia qui avait pour elle les plus grands égards.

ils s'enfuient à Constantinople. Le choix de la destination peut surprendre, mais il n'en paraît pas d'autre qui soit raisonnable et, la suite va le montrer, c'est habile. Se réfugier ailleurs en Occident, c'était se mettre hors la loi et courir le risque de déclencher une guerre civile dans les plus mauvaises conditions pour elle. Se réfugier chez ses anciens sujets Wisigoths, désormais établis à Toulouse, n'était pas non plus envisageable.

Finalement, Constantinople est le seul endroit où Galla Placidia et ses jeunes enfants, alors âgés respectivement de quatre et cinq ans, peuvent s'établir en sécurité et comme de « simples particuliers ». C'est l'avantage de l'œil du cyclone, quelles que soient les arrière-pensées de ses neveux et de la cour de Constantinople. Certes, l'accueil est frais, mais pour quels motifs avouables les neveux de Constantinople porteraient-ils atteinte à la sécurité de leur tante Galla Placidia et de leurs jeunes cousins Honoria et Valentinien ?

La traversée est mouvementée. Le bateau à bord duquel ont embarqué Galla Placidia et ses deux enfants est en péril, pris par une violente tempête hivernale. Par ses prières, elle demande l'intercession de saint Jean l'Évangéliste, et l'intéresse à sa survie en faisant le vœu de construire une église qui lui serait dédiée, si elle et ses enfants s'en sortent vivants. Les flots ont dû finir par se calmer puisque Galla Placidia et ses enfants ont abordé saufs à Constantinople, aussi cet épisode nous est-il connu. Le vœu fut tenu. Une des premières choses que fit l'impératrice quand elle revint à Ravenne fut de construire l'église promise, dédiée à Saint-Jean-l'Évangéliste[473].

Constantinople, où elle débarque avec ses enfants est une ville qu'elle a quittée vingt-huit ans plus tôt, tout enfant. Elle ne pouvait en avoir gardé que des souvenirs flous. Pour une personne comme Pulchérie, toujours confinée dans son palais, et qui a fait don de

473. L'église existe toujours. Une dédicace attestait que le saint l'avait sauvée, elle et ses deux enfants, des périls de la mer. Il ne peut s'agir que de ce trajet, puisque de toute sa vie c'est le seul qu'elle fait en bateau avec ses deux enfants. L'inscription « *Sancto ac beatissimo Apostolo Johanni Evangelisto Galla Placidia Augusta cum filio suo Placidio Valentiniano Augusto et sua filia Justa Grata Honoria Augusta liberationis periculum maris votum solvent* » figurait dans l'abside détruite par un bombardement le 24 août 1944. Elle fut reconstituée sur une plaque de marbre offerte en 1953 par le Rotary-club de Ravenne. La scène est également représentée par une fresque de Longhi (1544-1618), peintre ravennate, destinée à l'église Saint-Jean-l'Évangéliste, exposée au musée national de Ravenne.

sa virginité à Dieu et à l'Empire, cette demi-tante instinctivement détestée par son père Arcadius n'est, malgré une naissance qui se croit plus prestigieuse, qu'une ancienne captive épouse d'un roitelet barbare, puis donnée à un général ambitieux. L'accueil est froid et distant; une sorte de charité hautaine et un peu dédaigneuse; vexation mesquine, issue des rancœurs liées à la proclamation de Constance III, Galla Placidia n'est plus reconnue comme Augusta. Elle retrouve cependant à Constantinople un patrimoine privé considérable. En effet, son père, qui n'était encore qu'empereur d'Orient lors de sa naissance, avait constitué une importante dotation en sa faveur. Il est vraisemblable que la résidence qui lui est attribuée est le palais hors des murs où Arcadius avait fixé la résidence de sa mère, et la sienne, en 390.

Fin et bilan de l'un des plus longs règnes de l'Histoire romaine

Honorius meurt enfin le 15 août 423 âgé de trente-neuf ans, après un règne long et mouvementé de vingt-huit ans, ou même trente ans en comptant depuis sa proclamation en janvier 393[474]. Il laisse un Empire en apparence intact, après avoir paru toucher l'abîme quinze ans plus tôt. La longueur du règne est d'autant plus remarquable qu'Honorius n'apparaît pas avoir jamais gouverné. Cette mort depuis longtemps prévue ouvre une succession finalement inorganisée, plusieurs options ayant été écartées auparavant. Aussi débouche-t-elle sur une crise politique majeure.

La médiocrité d'Honorius a quelque chose de pathologique, ce qui a pu fonder des accusations contre les Stilichon soupçonnés de l'avoir empoisonné pour laisser le champ libre à leur fils Eucherius. Toujours faible sinon débile, longtemps malade, disgracieux et ridicule, mais comme souvent les êtres très faibles, capable d'être sournois sinon vicieux, Honorius trouve peu d'admirateurs dans l'Histoire. Les vicissitudes de son règne, la crise dynastique longtemps sous-jacente et qu'il laisse entière, sont une bonne

474. En 423, seuls Octave et le grand Constantin (à condition de compter dès 306, année de son auto-proclamation) ont eu une durée de règne plus longue, respectivement quarante-cinq et trente et un ans. Avec Valentinien III, trente ans, et Théodose II, quarante-deux ans, la dynastie théodosienne a donc au moins à son actif des records de durée de règne.

illustration de la force, mais aussi de la faiblesse redoutable de la monarchie de droit divin telle qu'elle se met alors en place. Toutefois sa bigoterie profonde et sans failles a permis à l'empereur « Honoré » de bénéficier de quelques plumes aimables du côté des historiens ecclésiastiques, reprises par nos grands historiens classiques[475]. En revanche, Gibbon l'exécute en quelques mots : « un règne honteux de vingt-huit ans » ; il précise qu'à Constantinople « la mort d'un prince que l'on ne pouvait ni estimer ni regretter fut honorée de toutes les apparentes démonstrations de la douleur publique[476] », ce qui est bien la moindre des choses pour qui s'apprête à recueillir la succession.

Cependant, force est de constater qu'à sa mort l'Empire d'Occident paraît miraculeusement préservé, si bien qu'à défaut d'admettre une volonté divine de récompenser le zèle catholique de son père et sa piété méticuleuse, on peut à bon droit se demander si son impavidité ne comportait pas une part subtile d'habileté[477].

Constantinople et les illusions d'un automne

Théodose II, Pulchérie et la cour de Constantinople apprennent très vite la mort d'Honorius par leurs informateurs à Ravenne. Dans un premier temps, la nouvelle est gardée secrète, le temps de mettre en alerte la flotte de la mer Adriatique. Théodose II croit constater que l'Empire est réunifié sous son autorité. Désormais, il est le seul empereur. À ce moment-là, Galla Placidia voit s'envoler ses espérances impériales. Le jeune Valentinien est un enfant de quatre ans et un mois, exilé et réfugié chez celui dont il est un compétiteur potentiel dans la course à la succession de l'Empire d'Occident. Ce simple constat paraît régler la question. Toute l'habileté de Galla Placidia va être de rester attentive au déroulement des événements et de guetter l'opportunité lui permettant de retourner cette situation apparemment sans issue.

---

475. Le Nain de Tillemont, bien entendu, *Histoire des empereurs*, t. V, op. cit. mais surtout Dom Cl. Devic et Dom J. Vaissette dans leur *Histoire générale du Languedoc* op. cit. sont particulièrement indulgents.

476. Gibbon, *Histoire du déclin et de la chute de l'Empire romain,* op. cit. t.1, p.976, chapitre XXXIII, premier §.

477. Dans son ouvrage *Dieu laïque*, éd. Olbia littérature, mars 2000, Michel Rachline soutient ce point de vue paradoxal avec conviction et talent.

Conscient des faiblesses propres à l'Empire d'Orient, le gouvernement de Constantinople met trop de prudence dans la mise en œuvre de ses prétentions. En pratique, aucune prise de possession, même symbolique, n'est faite. Théodose II se contente de la satisfaction de signer seul les lois de l'Empire, ce qui n'était plus arrivé depuis bien longtemps, sauf à de brèves périodes sous Constance II, Julien, puis Jovien. En situation de crise, l'activité législative est ralentie, voire suspendue, mais pendant l'année 424[478] douze lois sont promulguées sous le timbre du seul Théodose II. Cela ne suffit pas pour que cette « réunification » de l'Empire, d'une durée « de facto » de quatre mois, mais « de jure » de quatorze mois, soit prise en compte. L'Histoire retient janvier 395 comme la date du partage définitif de l'Empire.

Au début de l'année 424, Constantinople a en effet le désagrément d'apprendre la réaction des élites occidentales face à cette réunification formelle. Un haut fonctionnaire de l'administration ravennate, le chef des notaires de la cour impériale, « Jean (ou Johannès) est fait empereur par la faction de Castin[479]. » Le Sénat romain ratifie la proclamation. Jean s'empresse de désigner Castin, le vaincu de 422, comme consul pour la nouvelle année. C'est un douloureux camouflet pour la cour de Constantinople[480]. Depuis près de vingt ans, la succession à venir d'Honorius y était à la fois le rêve, l'objectif fondamental et l'objet de tous les calculs politiques. Au moment où elle paraissait acquise, elle échappe au profit d'un étranger à la dynastie, qui n'est même pas un militaire. La cour de Constantinople refuse de reconnaître ce nouvel empereur. Le conflit est ouvert.

478. Les deux dernières lois sous le double timbre d'Honorius et de Théodose II sont respectivement datées de Ravenne le 6 août et de Constantinople le 8 août 423. L'activité législative reprend par la loi du 9 janvier 424. La première loi également signée de « Valentinien César » est du 16 octobre 424.

479. Pomponius Laetus, cité dans *« varii historiae romanes scriptores »*, 1568, t. IV, p. 1240 C.

480. Ainsi Castin n'est-il pas reconnu comme consul pour l'année et il n'y a dans les fastes consulaires qu'un seul consul désigné pour l'Orient, Victor, nom de bon augure.

Galla Placidia fait valoir son point de vue et ses droits

Après avoir cultivé des illusions et cru toucher au but, le réveil pour Constantinople est d'autant plus douloureux. Avoir des droits solides et incontestables sur cet Empire d'Occident en déshérence est une chose, les faire valoir contre un compétiteur inattendu, mais installé dans la place, en est une autre. Pulchérie et ses chefs militaires, notamment Ardabure et son fils Aspar, Alains intégrés à l'armée d'Orient, sont bien conscients qu'ils n'ont plus les moyens militaires d'une reconquête pure et simple de l'Empire d'Occident à la manière de Théodose marchant contre Maxime, puis contre Eugène trente ans plus tôt. Les deux Empires affaiblis ne peuvent s'offrir ni la guerre de 388, ni celle de 394.

À ce moment-là, Galla Placidia voit qu'elle a une carte à jouer. Le rôle de Castin lui montre clairement que Jean a été installé sur le trône impérial de Ravenne par la cabale qui l'a poussée vers l'exil l'année précédente. Elle réussit à faire valoir ses atouts et son point de vue à ses neveux de Constantinople, devenus désormais attentifs. Pour Constantinople, il vaut mieux, faute d'une réunification pure et simple de l'Empire, le maintien d'une unité dynastique, concrétisée par son fils (au nom duquel elle va régner de nombreuses années), que l'acceptation du fait accompli à Ravenne et à Rome. Cette solution, jusqu'alors écartée avec dédain et même sournoisement combattue, devient tout d'un coup plus facile à admettre pour l'amour-propre blessé et les espérances déçues de Pulchérie et de Théodose II. La consolidation du pouvoir de Jean en Occident est pour eux la pire des solutions. À long terme, elle peut constituer une menace militaire et conduire à une politique religieuse différente.

Dans le conflit qui s'amorce, Galla Placidia a quelques atouts concrets à faire valoir. En premier, Boniface, le comte d'Afrique ne reconnaît pas les nouvelles autorités de Ravenne sans pour autant faire allégeance à Constantinople. De ce fait, elle dispose d'un appoint militaire non négligeable et d'une action possible sur les approvisionnements en blé de Rome. En second, elle dispose de moyens financiers considérables qui peuvent lui permettre d'acheter des mercenaires. Elle bénéficie, outre sa garde personnelle de soldats Goths, de l'image d'une ex-reine qui incarne un lien que l'on peut qualifier de « féodal » entre le peuple goth et la dynastie théodosienne, l'alliance entre les Goths et l'Empire. De plus, Galla Placidia dispose des services d'un fin diplomate en la personne de Candidianus[481], qui avait déjà conduit les délicates négociations afférentes à son mariage avec Ataülf. Ainsi, elle réussit à persuader ses neveux que ses moyens joints aux leurs, peuvent permettre d'engager le conflit avec de solides perspectives de succès, la contrepartie étant qu'il s'agit désormais non pas de conquérir l'Occident pour réunifier l'Empire, mais d'y « restaurer » la dynastie théodosienne, en la personne du jeune Valentinien. Pour concrétiser l'accord et renforcer les liens entre les deux parties de l'Empire, il est décidé de fiancer le très jeune Valentinien, âgé de cinq ans, à sa petite cousine encore plus jeune, Licinia Eudoxia, fille de Théodose II et de l'impératrice Eudocia[482], âgée de deux ans. L'âge des promis doit figurer parmi les records historiques de jeunesse pour des fiançailles officielles. Le soutien militaire que l'Orient s'apprête à mettre en œuvre au profit de l'instauration du jeune Valentinien tient lieu de dot pour Licinia Eudoxia, et comme il s'agit quand même de la reconquête d'un demi-Empire, l'Illyrie occidentale, à l'exception de la Dalmatie, sera transférée à l'Empire d'Orient, au moment du mariage. Une soulte en quelque sorte[483]… Cet engagement sera tenu et le mariage célébré à Constantinople, en 437.

Pendant l'année 424, le gouvernement de Jean ne reste pas inactif. Tout d'abord un retour du vieux fond romain peut se constater, c'est-à-dire une plus grande tolérance religieuse, et au moins une certaine indulgence à l'égard du paganisme. Ensuite, l'incidence de cette situation sur les relations avec les Barbares qui vont en profiter, chacune des deux parties les appelant à l'aide pour participer à ce conflit dynastique entre Romains, sinon l'arbitrer.

481. Voir au chapitre IX, « Une princesse romaine reine des Wisigoths ».

482. Cf. chapitre précédent, le mariage de Théodose II, en 421, quelques mois avant la mort de Constance III en Occident ;

483. Certains historiens, à la suite de Cassiodore, y voient le principal abandon territorial à reprocher à Galla Placidia, (voir à la fin du chapitre XIII, « la fin de l'impératrice douairière », son bilan politique).

La guerre contre Jean

Certes, les Vandales, Suèves et Alains sont installés en Espagne là où la politique de Constance III les a soigneusement cantonnés. Les Vandales viennent de profiter des désordres récents pour s'échapper vers le sud de l'Espagne et s'installer en Bétique. Les Goths établis en Aquitaine et liés à l'Empire par un traité de fédérés, se montrent fidèles à la dynastie, et à Galla Placidia, leur ancienne reine. Ils ne reconnaissent pas le gouvernement de Jean, mais vont en profiter pour tenter une extension vers la Méditerranée. Aussi, le gouvernement de Ravenne sollicite-t-il l'intervention des Huns. Le négociateur de cette alliance avec les Huns au nom du gouvernement de l'usurpateur Jean, Aetius, fait ainsi une entrée plutôt malencontreuse dans l'Histoire. Issu d'une famille de l'aristocratie panonnienne, fils du comte Gaudence et d'une Romaine, il est né vers 390. C'est un contemporain de Galla Placidia dont il est plus jeune de deux ou trois ans. Otage d'honneur chez les Huns en 405, puis chez les Wisigoths[484], puis de nouveau chez les Huns en 408, il les connaît bien, d'où la mission que lui confie l'usurpateur. Il partage avec l'Augusta une bonne connaissance des Barbares, acquise dans des conditions certes très différentes. Sous Constance, il s'élève progressivement dans la hiérarchie militaire, pour apparaître enfin au premier plan auprès de l'usurpateur Jean. À ce moment-là, il venait d'épouser la fille de Carpilion, comte des domestiques. Théodose II proclame le jeune Valentinien, alors âgé de cinq ans, « César » en octobre 424. Pour 425, il l'associe au titre de l'Occident, à son XIe consulat. L'affichage politique est clair.

La perspective des opérations militaires n'empêche pas la poursuite de l'activité législative du gouvernement de Théodose II. Plusieurs textes portent sur l'organisation de l'enseignement. Une loi du 27 février 425 définit les fonctions de professeur d'université, dresse la liste des matières enseignées et attribue des locaux à ces activités. Elle est complétée par la loi du 15 mars 425 qui fait bénéficier du rang protocolaire de « comte de premier ordre », les professeurs d'université ayant vingt ans d'ancienneté, ce qui

484. Zosime, *Histoire nouvelle*, op. cit. L.V, 36, 1 et Grégoire de Tours, *Histoire des Francs*, L.II, VIII.

montre l'importance alors accordée par le pouvoir impérial à l'enseignement, donc à la transmission des connaissances[485].

La géographie ne permet guère d'autres variantes pour une reconquête de l'Occident par l'Orient, qu'une attaque de l'Italie du Nord à partir des Balkans. Aussi, les opérations militaires se déroulent-elles selon un scénario proche de celui des campagnes de Théodose contre Maxime, puis Eugène. Cette campagne comporte quand même des modalités qui lui sont propres. Tout d'abord dès l'instant où il avait été informé de la mort d'Honorius, Théodose II avait fait disposer des troupes en Illyrie occidentale, commandées par Ardabure et son fils Aspar, secondés par Candidianus, le fidèle de Galla Placidia. La supériorité militaire de l'Orient est évidente. Cependant, Jean dispose de deux atouts, le caractère théoriquement inexpugnable du site de Ravenne et l'intervention des Huns. Celle-ci aurait l'avantage, se faisant à partir de la Pannonie, de menacer sur leurs arrières des troupes orientales avancées en Italie.

Dans un premier temps, en mars 425, l'Orient tente de débarquer un corps expéditionnaire sur la côte Adriatique de l'Italie, tentative mise en échec par un tourbillon de vent qui disperse la flotte. Deux galères échouent sur le littoral italien. Ardabure est fait prisonnier. De façon surprenante, Jean, trop sûr de lui, confiant dans la protection de ses lagunes et marécages, épargne son prisonnier. Il le laisse même en semi-liberté dans Ravenne. Aussi, quelques semaines plus tard, alors qu'Aetius est allé négocier la participation des Huns, les autres troupes orientales, commandées par Aspar, font-elles leur entrée sans coup férir en Italie du Nord, peu protégée. Galla Placidia et ses enfants suivent l'avance de cette armée. Ardabure, depuis Ravenne où il dispose sans doute du relais tant des partisans de Galla Placidia que de ceux de Constantinople, est en mesure de faire passer des informations précises sur des itinéraires d'accès au milieu des marécages. Pour bien montrer que tout cela est le signe d'une volonté de Dieu en faveur des théodosiens, défenseurs de la vraie religion, il est dit

485. La loi du 27 février est codifiée C. Th. 14.9.3., dans un titre intitulé « Organisation des études dans les villes de Rome et de Constantinople », et C.Th.15.1.53 « Des bâtiments publics ». La loi du 15 mars 425 est codifiée au C. Th. 6. 21. 1 ; la traduction de son texte intégral figure en annexe.

que « ... un ange parut à Aspar sous la forme d'un paysan et lui montra un endroit par où il pouvait passer un étang proche de Ravenne[486]. » L'imprenable Ravenne est ainsi occupée par surprise. Jean est arrêté.

Quelques jours plus tard, Aetius débouche dans la plaine du Pô à la tête de trente mille Huns désormais inutiles. Un peu penaud, il n'a plus qu'à renvoyer dans leurs foyers ces encombrants alliés et faire allégeance au nouveau pouvoir, en espérant que cet écart sera oublié et que les circonstances lui permettront de mettre ses talents au service de la dynastie restaurée. Cette affaire va quand même avoir des suites sérieuses à très long terme, car Galla Placidia s'avère rancunière. Au fond, elle ne passera jamais l'éponge, d'autant plus qu'ensuite Aetius saura la contraindre. Le souvenir de cette péripétie pèsera en permanence sur leur relation, jamais confiante, puis sur celle d'Aetius avec Valentinien, pour s'envenimer progressivement jusqu'à l'exécution d'Aetius en septembre 454.

Jean, quant à lui, a droit à un traitement qui montre que la rancune de Galla Placidia, malgré sa dévotion, peut aller jusqu'à l'oubli momentané des principes évangéliques. Honorius avait été beaucoup plus indulgent pour Attale dix ans auparavant[487]. Les raffinements de cruauté infligés à Jean donnent la mesure de la crainte d'une élimination définitive du jeu politique que Galla Placidia avait dû éprouver deux ans plus tôt. Il est d'abord exhibé, ligoté sur le dos d'un âne, la main coupée[488]. Des comédiens l'escortent pendant son supplice pour le tourner en ridicule et l'humilier. Enfin, il est décapité dans le cirque d'Aquilée au milieu d'un grand concours de population qui a ainsi un petit succédané des jeux de cirque interdits par Honorius, on l'a vu, lors de son séjour à Rome en 404[489]. Quand ses intérêts fondamentaux sont en jeu, Galla Placidia sait montrer une belle capacité de dépassement des principes chrétiens. Les modalités de l'exécution de

486. Socrate, *Histoire ecclésiatique*, op. cit. L.VII, ch. XXIII.

487. En 417, Attale avait eu la vie sauve, l'index coupé, puis relégué aux îles Lipari (cf. chapitre IX) ; l'Histoire ne nous dit pas jusqu'à quand il a survécu et s'il était encore en vie au moment de l'exécution de Jean, pour apprécier la différence de traitement.

488. Procope *de bello vandalico*, op. cit. I, III, 9 et aussi Philostorge.

489. Lors de son séjour à Rome, en 404, Honorius avait confirmé cette interdiction (voir chap. VII).

Jean apportent un éclairage indirect sur son attitude réelle au moment de la mise à mort de sa cousine Serena.

La restauration de la dynastie théodosienne en Occident

Dès l'interception de Jean, Galla Placidia installée à Aquilée commence par abroger les lois de l'usurpateur. Les privilèges accordés à l'Église en général et aux évêques en particulier, remis en cause par l'usurpateur, sont rétablis en priorité[490]. « Les privilèges accordés à l'Église et aux clercs par des lois antérieures doivent être maintenus[491] » stipule une première loi, promulguée dès les premiers jours du mois de juillet.

Ce texte est repris de façon encore plus explicite dans l'introduction de la loi suivante[492] :

> « Nous restaurons, avec la plus ardente dévotion, toutes les églises dans leurs privilèges que le "tyran" a mis en cause contre Notre gré… il n'est pas juste que les ministres du service divin soient soumis au jugement des autorités temporelles. »

Par ce texte Galla Placidia, emportée par son élan, ou plutôt adroitement manœuvrée[493], va au-delà du simple rétablissement de la situation antérieure. Elle accorde un privilège de juridiction général, y compris pour les causes civiles, dont le clergé catholique n'avait encore jamais bénéficié. Il faut attendre la loi du 15 avril 452 pour que son fils Valentinien revienne sur ce privilège excessif, rupture grave des principes fondamentaux de l'État de droit[494]. On le verra au chapitre suivant, à propos de ses relations avec Aetius,

490. Ce point fait l'objet de cinq lois codifiées exclusivement au chapitre 16 du *Code théodosien* consacré à la législation religieuse, deux au titre 2 relatif à l'organisation des églises, les lois C. Th.16. 2. 46/47, et trois au titre 5 relatif à la répression des hérésies, les lois C.Th. 16. 5. 62/63/64. Ces cinq textes datés d'Aquilée respectivement des 6 et 17 juillet et des 4, 6 et 10 août, semblent provenir de la codification d'un texte unique la « constitution n°6 » du 9 juillet 425 reconstituée au début du XVIIe siècle par le Père Sirmond, publiée depuis dans les éditions du *Code Théodosien*.

491. Loi du 6 juillet 425, C. Th. 16.2.46.

492. Loi du 8 août 425, C. Th. 16.2.47.

493. Le Nain de Tillemont, *Histoire des empereurs*, op. cit. t. VI, reprenant un commentaire de Godefroy, écrit même « surprise ».

494. Voir chapitre XIV, Nov. Val. 35-1 ; l'Église en tiendra sournoisement rigueur à Valentinien III.

Galla Placidia paraît avoir été assez aisément influençable. En outre, à partir de ce moment de sa vie, ayant échappé au péril de la mer, puis ayant surmonté l'adversité avec une facilité miraculeuse, son comportement montre qu'elle s'est convaincue d'une relation personnelle avec Dieu. Une telle conviction peut obérer la capacité de jugement.

Dans le texte originel de la loi du 9 juillet 425 figure un membre de phrase significatif qui n'avait pas été repris lors de la codification. Il s'agit d'un commentaire incident sur le rétablissement des privilèges de l'Église « dans lesquels, Nous le confessons, le bénéfice est plus pour Nous[495]. » Tout, ou du moins l'essentiel, est dit. Par cette petite phrase, Galla Placidia pose, avec un cynisme inconscient, mais en des termes simples et clairs, les bases de l'alliance du trône et de l'autel, alliance promise à un bel avenir, d'un peu plus de douze siècles... C'est une des plus grandes transactions de l'Histoire (ce cinquième siècle est finalement plus fondateur que décadent). Le Nain de Tillemont commente avec satisfaction cette phrase, qu'il attribue à « Placidie ». Sa traduction « les princes en favorisant l'Église travaillent encore moins pour l'Église que pour eux », est encore plus explicite que le texte d'origine. Il estime cette loi « digne du respect que les princes doivent avoir pour l'Église » et il ajoute ensuite prudemment, « mais elles (ces lois) n'exemptent pas les ecclésiastiques de l'obéissance que saint Paul veut qu'ils rendent aux princes. Tant qu'ils disputent à qui se soumettra l'un à l'autre, ils seront toujours en paix.[496] »

Pour ce qui est des modalités pratiques de la « restauration » des théodosiens en Occident, Théodose II, en sa qualité de « *senior imperator* », décide de promouvoir Valentinien à l'augustat. Il avait prévu de se rendre à Rome pour y procéder, mais dès l'étape de Thessalonique il tombe malade et décide de s'arrêter là. Il délègue donc, pour cette cérémonie, le patrice Hélion qui, à Rome

495. C. Th., Sirmond 6, du 9 juillet 425 : « ... *in quo nos nobis magis praestitum confitemur* ».

496. *Histoire des empereurs*, op. cit. t.VI, p.187. Ce commentaire est une allusion à l'épître de Paul aux Éphésiens 6-7 : « Obéissez à vos maîtres d'ici-bas, avec crainte et tremblement, d'un cœur simple, comme au Christ. Servez de bon gré, comme si vous serviez le Seigneur et non des hommes. » Tillemont était janséniste. Il est mort quelques années avant la condamnation de cette doctrine par Rome. Jusqu'alors les jansénistes affectaient un conformisme zélé à l'égard de Rome pour prévenir le risque d'une condamnation.

le 23 octobre 425, a l'insigne honneur de procéder au nom de Théodose II à l'intronisation de l'empereur Valentinien III, alors âgé de six ans trois mois et vingt et un jours. Sa sœur Honoria reçut en même temps le titre d'Augusta.

Chapitre XII

Valentinien III

La « régence » de Galla Placidia (24 octobre 425 - 1er juillet 437)

Les épreuves diverses qu'un sort cruel fait depuis longtemps peser sur nous, la mutilation de nos biens,
sous le règne d'un empereur enfant.
Sidoine Apollinaire[497]

Le retour à Ravenne

Pour la troisième fois en moins de quarante ans, l'Orient est intervenu pour placer à la tête de l'Occident l'empereur de son choix. Pour la troisième fois l'Orient a gagné, confirmant ainsi sa position désormais dominante[498].

En cette fin 425, trente ans après la mort du « grand » Théodose, la médiocrité de ses deux fils n'a donc pas empêché la troisième génération de la dynastie de régner sur les deux parties de l'Empire. Certes, Théodose II n'a pas pu réunifier l'Empire à son profit, il n'en avait ni les moyens ni l'envergure, mais le pire vient d'être évité en Occident. L'usurpateur a pu être éliminé et la succession d'Honorius réglée au bénéfice de la dynastie incarnée par un enfant de six ans, Valentinien III. La promesse du mariage de cet enfant avec sa cousine Licinia Eudoxia, la fille de Théodose II, consolide la famille à la tête du monde romain. Fait peu fréquent, les deux empereurs déjà consuls pour 425, se reconduisent pour 426,

497. Carmen VII, *Panégyrique d'Avitus*, vers 531 à 533, où il présente le jeune âge de l'empereur au moment de sa proclamation comme une cause des difficultés du temps.

498. Cette suprématie de l'Orient sur l'Occident est, dans ce dernier siècle de l'Empire romain, l'inversion de la situation historique antérieure. Dans son *Histoire de la décadence de l'Empire romain*, publiée en 1734, Montesquieu note d'ailleurs qu' « il est remarquable que dans cette suite de guerres civiles qui s'élevèrent continuellement, ceux qui avaient les légions d'Europe vainquirent presque toujours ceux qui avaient les légions d'Asie ». Ce constat est exact jusqu'à la victoire de Constantin sur Licinius en 324, mais la situation s'inverse à partir de la victoire de Constance II sur Magnence en 351, (certes, le volume VI de *l'Histoire des empereurs*, celui qui traite du ve siècle, n'a été publié qu'en 1738, quarante ans après la mort de Le Nain de Tillemont).

manière de confirmer le nouvel ordre politique et de souligner qu'ils contrôlent bien la situation. Ainsi, Théodose II exerce son douzième consulat, et Valentinien, alors dans sa septième année, son second[499]. Félix, haut fonctionnaire de la cour de Constantinople, détaché pour aider à la remise en ordre de l'administration ravennate, est promu maître de la milice[500], donc commandant des armées d'Occident

En mars 426, trois ans après sa fuite, la famille impériale réintègre Ravenne où réside l'essentiel de l'administration de l'Empire. À cette date, des impératifs de sécurité n'en font plus un séjour imposé ; pourtant la famille impériale va y séjourner de façon permanente jusqu'à la majorité et au mariage de Valentinien en 437. Ensuite, celui-ci séjourne plus souvent à Rome qu'à Ravenne. Galla Placidia fait en revanche de Ravenne son séjour quasi définitif. Au moment de sa mort, un quart de siècle plus tard, elle y aura passé l'exacte moitié de sa vie. Le jeune âge de Valentinien III laisse à sa mère la perspective de longues années de plein exercice du pouvoir. Dans le contexte institutionnel de l'Empire romain, l'emploi du terme « régente » pour désigner son rôle est un anachronisme de commodité. Certes, l'empereur détient désormais son pouvoir de Dieu, mais il exerce une magistrature personnelle, comme sous la République. Cet enfant de six ans, Valentinien, est donc supposé promulguer les lois, nommer aux emplois et commander les armées. La « régente » n'a pas d'existence juridique. Ainsi, elle n'est jamais mentionnée dans le *Code Théodosien* en qualité de signataire des lois promulguées pendant cette période, seul apparaît l'empereur Valentinien dont elle a guidé la main, simple situation de fait.

Les événements qu'elle vient de vivre depuis quinze ans ont conforté Galla Placidia dans le bien-fondé des deux orientations principales de la politique de l'Empire, déjà fixées presque un demi-siècle plus tôt par son père, lors de son avènement en Orient : une attitude ouverte vers les Barbares, facilitant leur intégration et garantissant l'intégrité de l'Empire par d'étroites relations, et une défense constante de la religion catholique et des intérêts de l'Église. Ainsi, une loi du 8 avril 426 interdit à des parents juifs de

499. Au même âge, Théodose II en était lui aussi à son second consulat.

500. Cf. Hydace, *Chroniques*, op. cit. Olympiade CCCI.

déshériter ceux de leurs enfants qui se seraient faits chrétiens[501]. Elle commence les activités de construction qui vont largement contribuer à sa notoriété posthume, en s'acquittant de son vœu par l'édification de l'église Saint-Jean-l'Évangéliste[502].

Les premières difficultés de Galla Placidia

La situation n'est pourtant pas si satisfaisante qu'il y paraît. Cette sorte de guerre civile qui a suivi la mort d'Honorius, même brève et peu meurtrière, a eu des effets catastrophiques en mettant à nu des divisions artificielles du monde romain sous l'œil surpris, attentif, et intéressé des Barbares appelés à arbitrer cet étrange conflit plus ou moins dynastique. Visiblement, ils ont profité de ces deux ans de crise pour prendre leurs aises. À la mort d'Honorius, Théodoric n'avait pas reconnu l'usurpateur. Cette fidélité à son alliance avec l'Empire et à son lien personnel avec la famille de Théodose lui est un habile prétexte pour chercher l'accès à la Méditerranée qui lui avait été refusé. Il tente d'assiéger Arles, plus dans une recherche d'extension territoriale qu'en soutien à Galla Placidia dont il est supposé être l'allié fidèle. Le premier fait d'armes d'Aetius après son ralliement à l'impératrice en 425, est de forcer les Wisigoths à lever ce siège. Plus grave encore, les Vandales installés en Bétique se sont permis des incursions dans les îles Baléares[503]. Celles-ci ne sont pas un objectif stratégique, mais que des Barbares y fassent des incursions, est l'indice d'un fait nouveau important et inquiétant : les Vandales sont les premiers Barbares à disposer, sinon d'une marine, du moins de bateaux et d'une maîtrise des techniques de navigation.

Surtout, dès le début de la « régence » de Galla Placidia, sous les apparences d'une fausse tranquillité, se mettent insidieusement en place les éléments du drame qui à terme va susciter une crise aussi grave qu'inutile, dangereuse pour la cohésion de l'Empire d'Occident. Boniface, gouverneur de l'Afrique a fait preuve d'une fidélité sans failles à l'égard de Galla Placidia. De tous les chefs militaires de l'Occident, il est le plus loyal, le seul à être entré en

501. C. Th. 16. 8. 28.

502. Voir chapitre précédent, note 473.

503. Cf. Hydace, *Chroniques,* op. cit. Olympiade CCCI, 86.

dissidence au moment de l'usurpation de Jean pour soutenir Galla Placidia. Sa promotion au rang de comte des domestiques suscite la jalousie de Félix et d'Aetius. C'est à ce moment-là qu'il offre le flanc à la critique malveillante et aux insinuations. Veuf, il se remarie à Pélagie, d'origine vandale, rencontrée en Espagne probablement lors des opérations militaires de 422. L'Histoire retient de Pélagie qu'elle était fort riche, mais de religion arianiste[504]. Qu'un tel mariage ait pu susciter une réaction négative de l'impératrice, s'explique aisément. Galla Placidia, désormais persuadée devoir le succès inespéré de ses entreprises au soutien manifeste et constant du « vrai Dieu », devient un soutien encore plus inconditionnel de la religion catholique. Il lui est difficile d'accepter qu'un dignitaire de l'Empire, même fidèle entre les fidèles, épouse une hérétique et, de ce seul fait, devienne suspect de tiédeur religieuse. Et puis, sa réaction trahit peut-être aussi la jalousie plus ou moins consciente d'une femme âgée de trente-huit ans et déjà deux fois veuve ; assertion invérifiable, mais vraisemblable.

Du coup, la carrière d'Aetius connaît une ascension rapide profitant du vide ainsi créé autour de l'impératrice. Félix, détenteur officiel du pouvoir militaire, s'avère très vite au-dessous de son rôle. Aetius réussit ainsi à faire oublier le souvenir de son soutien au « tyran » Jean, et profite de sa présence à la cour pour distiller auprès de l'impératrice le venin du soupçon à l'encontre de Boniface. Celle-ci « était crédule et soupçonneuse[505] » ce qui peut ouvrir la porte aux manœuvres les plus tortueuses. Les récits convergent pour décrire une sorte de vaudeville tragique, lourd de conséquences à long terme. Aetius est au fond la personne dont Galla Placidia doit se méfier le plus. Et elle s'en méfie. Mais il réussit à lui faire croire que le fidèle Boniface voudrait se rendre maître de l'Afrique. Depuis quarante ans, de Firmus à Gildon,

504. Le Nain de Tillemont se référant à Baronius affirme en outre qu'elle était parente du roi des Vandales. Cette affirmation se réfère tout simplement au vers 204 du panégyrique de Majorien où il est fait mention à propos de Pélagie du « sceptre des Gètes ». L'interprétation de Baronius assimilant Gètes et Vandales est plus plausible que celle du traducteur des Belles Lettres qui confond « *getica* » et « *gothica* ». Ce point confirme la présence de Vandales intégrés à haut niveau dans l'Empire ; déjà Stilichon, né vers 360, était de mère vandale.

505. Cette phrase de Le Nain de Tillemont, *Histoire des empereurs*, op. cit. t.VI, p. 191, débute par une incise « selon le naturel de son sexe », qui est datée, ce qui n'enlève rien au fait que Galla Placidia était crédule et soupçonneuse, comme certains hommes…

puis Heraclien, les précédents ne manquent pas de tentatives d'usurpation sur fond d'agitation religieuse et sociale. Comme preuve de ses insinuations, il suggère à l'impératrice de convoquer Boniface à Ravenne, en lui annonçant qu'elle vérifiera alors qu'il ne vient pas. À cette fin, entre amis, soldats et compagnons d'armes, Aetius prévient Boniface de sa convocation à Ravenne et de ce qu'il est perdu dans l'esprit de l'impératrice. Il le fait en temps utile pour qu'il puisse prendre ses dispositions pour ne pas s'y rendre… Boniface croit l'ami, le soldat, le compagnon d'armes. À la réception de la convocation, il reste à Carthage. La preuve est alors faite, comme Aetius l'avait annoncé, de sa déloyauté. Un gouverneur de province qui ne se rend pas à une convocation du gouvernement central, c'est une province en dissidence. Ainsi, Galla Placidia se croit confrontée à la rébellion de celui qu'elle croyait jusqu'alors être son plus fidèle soutien.

L'année 427[506] commence par « la déclaration publique de la guerre à Boniface, parce qu'il avait refusé de se rendre en Italie[507] ». Dans cette situation inattendue, Boniface dispose d'un atout paradoxal mais en même temps inquiétant pour l'Empire : l'inefficacité de Félix. Une première armée envoyée en Afrique est défaite. Il en est de même d'une seconde commandée par le comte Sigisvult[508]. Au moment où l'Empire, affaibli par la présence de barbares, se remet à peine de la guerre civile provoquée par l'usurpation de Jean, ces jeux dangereux ne peuvent que surprendre. Cette nouvelle guerre, conséquence de futiles jeux de pouvoir à la cour de Ravenne, en dit long sur l'attitude des chefs militaires, Aetius, Félix, Sigisvult, et sur le mépris dans lequel est tenu le gouvernement civil incarné par l'impératrice et l'enfant empereur.

506. Sous le consulat de Hiérus et d'Ardaburius ; pour ce dernier, en reconnaissance de son rôle dans la victoire sur Jean.

507. *Chronique* de Prosper, citée par Le Nain de Tillemont. Voir aussi Ep. 70 de saint Augustin, et Procope, *de bello vandalico* op. cit. L.I, 3, 14/22.

508. Sigisvult est un général, goth d'origine, probablement arien, consul en 437, puis patrice en 448, (voir note 544 du présent chapitre).

Les Vandales débarquent en Afrique et provoquent une vraie guerre

Ces péripéties se poursuivent en 428. Mais ce qui n'était que séquelles de jeux de pouvoirs prend une tournure catastrophique avec le débarquement des Vandales en Afrique. Chassés de Galice, partiellement exterminés par les Goths alliés de Constance, réfugiés en Bétique, ils ne s'y sont jamais comportés en peuple fédéré. En 422, ils ont battu une armée romaine commandée par Castin. En 427, ils agrandissent leur territoire en occupant Séville. Surtout, leurs expéditions maritimes aux Baléares en 425 et 426 apparaissent, avec le recul, comme une sorte de répétition générale ou des « grandes manœuvres » leur permettant de vérifier leur degré de maîtrise des techniques de navigation et la valeur opérationnelle de leur marine. Ainsi, les Vandales vont être les premiers Barbares en mesure d'atteindre l'Afrique, le grenier de Rome, jusqu'alors sanctuarisée par la géographie, et de réaliser le rêve inassouvi d'Alaric, puis de Wallia, échouant l'un et l'autre par manque de moyens et de préparation[509].

Cette même année, leur roi Gunthéric est tué dans une expédition secondaire contre les Suèves. Son demi-frère Genséric lui succède. Comme Gunthéric, il était le fils du roi Godegisel, tué en 406, lors du passage du Rhin, mais sa mère n'était qu'une simple concubine. Sidoine Apollinaire écrit délicatement à son sujet : « S'il était fils de roi, il est constant que sa mère était esclave[510]. » Précautionneux, il fait ensuite noyer la veuve de son frère et ses neveux. Genséric va être un personnage essentiel du demi-siècle qui reste à l'Empire romain, ce qui justifie un portrait précis du personnage. Celui qu'en trace Jornandès[511] est assez expressif :

> « Il était petit de corps, devenu boiteux à la suite d'une chute de cheval. Il pensait beaucoup, parlait peu. Il méprisait la volupté ; mais était très emporté, fort ambitieux, prudent et

509. Voir chap. IX notes 382 et 412, et Henri Gourdin, *Genséric, soleil barbare* op. cit. p. 119 et suivantes.

510. *Panégyrique d'Anthemius*, vers 358, remarque significative du dépit des Romains.

511. Jornandès, *Histoire des goths*, op. cit. II, XXXIII, 168.

adroit pour mettre le monde dans ses intérêts, toujours prêt à jeter des semences de division et de haine. »

Il applique immédiatement ces qualités à son objectif: la conquête de l'Afrique.

Au mois de mai 429, Genséric organise le débarquement en Maurétanie[512] du peuple vandale dans son entier, soit quatre-vingt mille personnes, soldats, femmes, enfants, vieillards et esclaves, dénombrés à cette occasion. À cette fin, il se fait aider par des pirates dont le chef, Cotrade, pris plus tard par la marine de l'Empire d'Orient, sera décapité à Constantinople en 438[513].

Selon une légende tenace, leur débarquement aurait été facilité par la trahison de Boniface[514] pour se venger de l'attitude de Galla Placidia et du gouvernement de Ravenne. Rien de concret ne fonde cette affirmation. Pour résister aux armées envoyées par Ravenne, Boniface n'avait pas besoin des Vandales. Il va au contraire tout tenter pour arrêter leur avance[515].

La réalité est moins romanesque. Le succès des Vandales tient à deux facteurs. Le premier est que l'Afrique, bénéficiant par sa position géographique d'une protection naturelle contre les Barbares, ne dispose que de moyens militaires réduits, environ cinq mille hommes et des supplétifs. C'est le strict minimum pour assurer sa défense contre les incursions des Maures et y maintenir l'ordre en cas de troubles civils, fréquents tout au long du IVe siècle du fait du donatisme. De telles troupes ont « une faible préparation... à l'affrontement en rase campagne contre les guerriers germaniques[516] ». Le second est que le débarquement se fait

512. Il ne s'agit pas de la « Mauritanie » actuelle. La Maurétanie romaine correspond à la côte méditerranéenne, à l'ouest de l'Algérie et au nord-est du Maroc actuel. Voir également H. Gourdin, *Genséric, soleil barbare,* op. cit.

513. En application de la loi C. Th. IX. 40. 24 du 24.IX. 419, voir note 412, chap. IX.

514. Un récit similaire explique le débarquement « arabe » en Espagne au VIIe siècle.

515. Une preuve a contrario de l'innocence de Boniface dans l'invasion vandale nous est apportée par Victor de Vita, *Histoire des persécutions dans la Province d'Afrique,* Les Belles Lettres, Paris, 2002, L.I, 19. En effet, dans ce texte très orienté contre les Vandales, une anecdote relative au gendre de Boniface (voir chapitre suivant, note 597), est introduite par la phrase suivante: « Sébastien, gendre de l'illustre comte Boniface... »; formulation qui ne désigne pas Boniface pour un traître.

516. *Rome en Afrique,* Christophe Hugoniot, Flammarion éd., septembre 2000 ; chapitre 3, l'armée romaine d'Afrique, p.92. Voir note 393, l'appréciation d'Yves Modéran sur

au nord du Maroc actuel, dans une zone excentrée par rapport à Carthage, capitale de l'Afrique romaine. Aussi, les Vandales débarquent-ils dans une région dépourvue de troupes. Ils n'ont pas à créer une tête de pont dans un pays hostile, moment toujours difficile, puis à la défendre. L'Empire a été pris au dépourvu dans un véritable vide stratégique, et dans un premier temps a sous-estimé le danger représenté par ce débarquement. Une fois installés sur le sol africain, les Vandales étaient numériquement plus forts que les maigres troupes romaines locales. Des combats sérieux n'auront lieu qu'à l'approche de l'Est de l'Algérie actuelle, à plus de mille kilomètres du point de débarquement initial, mais les Vandales ont alors largement eu le temps de s'organiser et de nouer des contacts avec les Maures.

À ce moment-là, pour l'Empire le front principal reste la Gaule. Aetius combattait les Francs Saliens, conduits par Clodion le chevelu, qui avaient pénétré en Gaule. Il récupérait les territoires proches du Rhin où ils s'étaient établis. Finalement, il permet aux Francs de s'installer sur ces territoires, moyennant quelques sujétions et une reconnaissance formelle de la souveraineté de l'Empire. Cet accord confirme les Francs en alliés fidèles de l'Empire, ce qu'ils avaient été au moment de l'invasion de 406, et conforte ce qui n'était encore qu'une petite tribu, désormais vouée à un grand avenir… Cependant, il commet une lourde faute en ne dégarnissant pas ce front pour aller au secours de l'Afrique. Tout à sa rivalité avec Boniface, Aetius fait ainsi preuve d'une vision stratégique à courte vue. Ainsi, le pouvoir impérial, empêtré dans les problèmes artificiels créés autour de Boniface, n'organise pas de résistance sérieuse et perd un temps précieux, pendant lequel les Vandales poursuivent leur avance en Afrique.

Toutefois, à côté de cette incurie militaire, le pouvoir impérial pense renforcer le soutien de la population de la province d'Afrique en remédiant aux causes larvées d'un état de révolte provoqué par la corruption de l'administration et les exactions fiscales. Il tente d'améliorer l'administration de la province et de réagir contre certains excès, notamment en matière de levée d'impôt. L'Afrique « proconsulaire » député auprès de l'empereur le comte Bubulque pour exprimer les doléances de la province. En réponse, le 25

l'affaiblissement de l'armée d'Afrique consécutif à la révolte d'Heraclien en 413.

février 429, l'empereur adresse à Celer, proconsul d'Afrique, des instructions détaillées[517]. Ces instructions consistaient en une remise en ordre des modalités de perception de l'impôt portant sur quatre points qui paraissent aller de soi aujourd'hui. En premier lieu, quand une levée d'impôts est appelée, un délai de quatre mois doit permettre un règlement spontané avant que des poursuites ne puissent être engagées. En second lieu, un habitant du corps de ville n'est responsable que de ses biens propres. Ensuite, une quittance donnée par un proconsul est valable pour son successeur. Enfin, les poursuites sont interdites avant le temps indiqué par la loi. Le préfet du prétoire, Volusien[518], reçoit ensuite l'ordre d'étendre cette dernière interdiction à tout l'Empire. Ces mesures de bon sens donnent a contrario une idée inquiétante de ce que devait être la réalité de la collecte de l'impôt en ces temps-là.

La loi du 11 juin 429[519], inscrite dans le *Code Justinien*, promulguée à Ravenne et adressée à Volusien, comporte une formule remarquable :

> « C'est un aveu digne de la majesté d'un prince de se confesser obligé par la loi : car Notre autorité résulte de celle du droit. Un prince qui soumet sa dignité aux lois, est plus respectable par-là que par son pouvoir. Par le présent Édit Nous défendons aux autres ce que Nous Nous sommes interdits à Nous-mêmes. »

Texte important en soi, sinon fondamental, première définition de l'État de droit, il exprime la pensée politique de la « régente ». Pour une telle disposition de principe, elle ne s'est pas contentée de promulguer au nom de son fils, alors âgé de dix ans, un texte préparé par les bureaux impériaux, sans avoir donné son accord sur le fond et sans en avoir inspiré la rédaction. Malgré son importance,

517. Ce texte du 25 février 429 est codifié en quatre lois du *Code Théodosien* : C. Th.11.1.34, C. Th.11.30.68 et C. Th. 12.1.185/186. Le dispositif est complété par deux lois, C. Th.11.1.35. et C. Th. 12.6.32. des 14 et 27 février 429, adressées au préfet du prétoire volusien.

518. Oncle de (sainte) Mélanie la jeune, Volusien appartient à la plus haute aristocratie romaine ; il réapparaît au début du chapitre suivant pour négocier les modalités du mariage de Valentinien III.

519. Cette loi du 11 juin 429, codifiée C.J. 1.14.4.

cette loi ne figure pas dans le *Code Théodosien*. Destiné à ceux qui rendaient la justice, ce code, nous le verrons[520], avait une finalité opérationnelle. Les déclarations impériales de portée générale, on pourrait presque dire des textes de valeur « constitutionnelle », n'y avaient pas leur place, mais elles ont été reprises plus tard dans le Livre Ier du *Code Justinien*.

Les Vandales s'installent en Afrique

Dans un premier temps, le gouvernement sous-estime toujours l'importance de l'avancée vandale en Afrique. Il en est encore à prendre des mesures de caractère préventif, comme on vient de le voir, plutôt qu'à de véritables préparatifs militaires. Toujours sous le coup de la manœuvre dont Boniface est la victime, Galla Placidia procède à des mutations au sommet de l'armée. Félix est promu patrice. Cette promotion en fait le second personnage de l'Empire ; surtout elle libère le commandement de l'infanterie et de la cavalerie, poste essentiel alors confié à Aetius, qui a donc sa part de responsabilité dans l'insuffisance de la réaction romaine à l'invasion vandale en Afrique. Certes, quelques mois plus tôt, il s'était distingué en battant une troupe de Goths, de nouveau aventurée près d'Arles, et en faisant prisonnier leur chef Anaulph. Puis il avait conduit une campagne contre les Juthunges, peuple Alaman, en Rhétie. Au cours de ces campagnes Aetius est secondé par un jeune aristocrate gallo-romain, Avitus[521], appelé à jouer un grand rôle puisqu'il sera un jour, brièvement, empereur.

Pendant ce temps, à Ravenne, Galla Placidia finit par découvrir les fourberies d'Aetius. N'osant ou ne pouvant sanctionner le responsable, elle essaie au moins de rattraper les choses avec Boniface qu'elle cherche à regagner. Elle y arrive fin 429 par l'entremise du comte Darius. Celui-ci obtient également une trêve avec les Vandales. Mais ceux-ci préfèrent finalement continuer leur progression en Afrique plutôt que de se retirer en Espagne. Boniface tente de les combattre. Dans un premier temps il est défait

520. À la fin du présent chapitre pour son élaboration, et au chapitre suivant pour sa promulgation en 438.

521. Son père Ecdicius a joué un rôle important dans la lutte contre les usurpations en Gaule de 407 à 412. Sur sa participation à la campagne de 430 aux côtés d'Aetius, voir Sidoine Apollinaire (qui est son gendre), Carmen VII, vers 230 et suivants.

et se replie dans Hippone qui est assiégée en mai 430. L'évêque Augustin meurt le 28 août, au quatrième mois de ce siège. Pressés par la famine, les Vandales sont obligés de lever enfin le siège en juillet 431.

Une opération combinée est alors conduite par les deux Empires. Mais les troupes romaines commandées par Aspar et Sigisvult sont défaites à l'automne 431 après une bataille dont, curieusement, le lieu et les circonstances nous sont inconnus, malgré son importance. Parmi les prisonniers des Vandales, l'assesseur[522] d'Aspar, Marcien, un futur empereur d'Orient, sera appelé à régner de 450 à 457. Sa politique souple à l'égard des Vandales fera contraste avec sa fermeté à l'égard des Huns. Une belle histoire l'explique. Alors que Genséric observait des prisonniers romains, un aigle aurait de ses ailes fait de l'ombre au-dessus de Marcien pour le protéger du soleil.

> « Genséric ayant reconnu ce présage, le (Marcien) mit en liberté, et lui fit promettre avec serment qu'il n'entrerait point en guerre avec les Vandales quand il serait parvenu à l'Empire. »

Genséric aurait interprété ce prodige comme le signe de l'élévation future de Marcien et, prévoyant, en aurait profité pour en obtenir l'engagement de ne rien entreprendre contre les Vandales s'il devenait empereur; belle façon des Romains d'expliquer par des prodiges les comportements politiques dont les ressorts leur échappent.

Boniface rentre en Italie dès la fin de l'année 431, mais Aspar[523] reste en Afrique jusqu'en janvier 434. les combats qui se déroulent entre ces deux dates permettent, à défaut de leur élimination, de contenir les Vandales. Les habitants d'Hippone

522. Le terme d'assesseur pourrait être traduit par officier d'État-major. L'anecdote de l'aigle est rapportée par Evagre dans son *Histoire de l'Église*, L.II Ch. Ier, et par Procope, *de bello vandalico*, op. cit. L. I, 4, 2/11.

523. Il recevra les honneurs du consulat pour l'année 434, au titre de l'Occident pour sa participation à cette campagne. Yves Modéran note justement dans son ouvrage *Les Vandales et l'empire romain*, op. cit. p. 119, «Théodose II aurait-il élevé à la dignité consulaire un général vaincu? Il [Aspar] réussit à repousser les Vandales vers la Numidie et à créer les conditions de la négociation qui aboutit au traité de 435. Voir notes 530 et 531.

finissent par abandonner leur ville qui est brûlée par les Vandales. Les Romains conservent toujours l'Afrique proconsulaire et sa capitale Carthage, protégée par ses fortifications. Des tentatives de débarquement de Vandales échouent en Sicile et en Calabre sous l'action de Cassiodore[524]. Mais désormais l'Italie et tout le bassin occidental de la Méditerranée sont sous la menace d'une incursion de la marine vandale.

L'irrésistible ascension de l'ambitieux Aetius

Pendant ce temps, en 430, Aetius fait assassiner à Ravenne, sur les marches de la cathédrale, Félix et son épouse Padusie, prévenant un complot que ceux-ci organisaient contre lui. Le poste étant désormais vacant, il s'impose au rang de patrice, tout en conservant ses commandements militaires. Ensuite, il conduit avec succès une campagne contre des infiltrations d'Alamans en Norique.

Conséquence du départ des Vandales de la péninsule ibérique cette même année 430, les Suèves attaquent la Galice intérieure, sous le contrôle des Vandales Hasdings depuis le partage qui avait suivi l'invasion de l'Espagne en 409. En 431, les populations de Galice députent leur évêque Hydace auprès d'Aetius qui, à ce moment-là, conduit en Gaule une campagne victorieuse contre les Francs[525]. Aussi envoie-t-il son général, Censorius, pour négocier un accord entre les Suèves et les peuples de Galice. Cet épisode, relaté par Hydace, c'est-à-dire l'évêque chargé de l'intervention, est en lui-même significatif. C'est à l'évêque et non pas aux autorités civiles que s'adressent les populations de Galice. C'est au général en chef guerroyant quelque part au nord de la Gaule, et non pas au gouvernement de Ravenne, que l'évêque s'adresse. Au même moment, cependant, les Suèves repoussent l'offre qui leur est faite par les Wisigoths d'une alliance contre les Romains. Au premier janvier 432, le consulat récompense les succès militaires d'Aetius en Gaule, sur fond d'une situation bien compromise en Afrique, pour partie par l'effet de ses fourberies. L'honneur fait à l'ambitieux général est d'autant plus grand que son associé pour l'Orient, Valerius, est un frère de l'impératrice Eudocia.

524. Arrière-grand-père de l'historien du VIe siècle.

525. Hydace, *Chroniques*, op. cit. Olympiade.CCCII.96.

Cependant, lavé de tout soupçon, Boniface rentre en Italie. Reçu à la cour, il est élevé à la dignité de grand maître de la milice à la place d'Aetius. Celui-ci, après avoir tenté de se retirer en lieu sûr, décide de franchir son Rubicon[526]. Il passe en Italie accompagné de ses bucellaires[527], c'est-à-dire sa garde personnelle, pour affronter directement Boniface. La bataille a lieu non loin de Ravenne, à Rimini au bord de l'Adriatique. Aetius est vaincu, mais Boniface, blessé au cours du combat, finit par succomber à ses blessures trois mois plus tard, à moins qu'il ne meure tout simplement de maladie... La légende s'en est emparé, montrant Boniface sur son lit de mort, recommandant à Pélagie de se remarier avec Aetius si celui-ci devait un jour être veuf. Effectivement, devenu veuf, Aetius se remariera avec Pélagie en 438[528] ! Boniface mort, son gendre Sébastien, mari d'une fille d'un premier mariage, lui succède dans sa charge. Aetius, dépouillé de ses dignités, se retire sur ses terres. Attaqué, il se replie en Dalmatie, puis en Pannonie, puis chez les Huns. Il revient avec l'appui de ceux-ci ; les Goths soutiennent les troupes impériales. Finalement, Galla Placidia et Aetius négocient ce qui ressemble quand même à une capitulation de l'impératrice. Aetius est rétabli dans ses fonctions. En cette fin de l'année 432, l'empereur règne, mais n'a plus de réelle autorité sur l'armée. Obligé de se démettre, banni et chassé, Sébastien se réfugie à Constantinople[529] où il reste jusqu'en 435, début d'une longue et vaine errance qui se termine tragiquement à Carthage en 444.

Aetius rappelle à Ravenne Censorius qui est un de ses fidèles, avant l'aboutissement de la négociation engagée avec les Suèves. Après son départ, celle-ci se poursuit, conduite par l'évêque Symphosius, pour aboutir en 433 à un accord entre les popula-

---

526. Au sens propre de l'expression, puisque ce petit fleuve côtier que les armées romaines étaient supposées ne pas franchir (donc, ce faisant, César se plaçait hors la loi) s'écoule vers l'Adriatique immédiatement au nord de Rimini.

527. Les bucellaires, de « *bucellarius* » celui qui mange des biscuits, sont des soldats aux ordres d'un particulier. L'apparition de telles gardes personnelles auprès des grands chefs militaires est un signe de dissolution de l'État, annonciateur de la féodalité.

528. De ce remariage avec Pélagie, Aetius aura un fils, Gaudentius, qu'il tentera en vain de marier à Placidia, la seconde des filles de Valentinien III, comme on le verra au chap. XIV.

529. Voir MARTROYE, *Les Vandales*, op. cit. p. 125.

tions de Galice et les Suèves. En échange de l'arrêt de leurs pillages, les Suèves osent demander des otages pour garantir leur sécurité. Mais c'est en vain que Symphosius se rend à Ravenne : la cour impériale refuse de ratifier cet accord, trop avantageux pour les Suèves.

Pour bien souligner les bonnes relations entre les deux Empires, les deux empereurs s'offrent pour l'année 435 un troisième consulat conjoint, le XVe pour Théodose II, le IVe pour Valentinien III. À cette occasion, les empereurs se qualifient « modestement » de clarissimes, comme de simples sénateurs. Le 11 février 435, les Vandales concluent à Hippone un traité avec Trygetius[530], envoyé de l'empereur. Dans cette négociation, Genséric fait preuve d'une habile modération, belle leçon de diplomatie prudente[531]. Aux termes de ce traité, les Vandales conservent une partie de l'Afrique, soit les trois Maurétanies, et s'engagent à payer un tribut annuel à l'empereur. Pour garantir l'accord, le fils aîné de Genséric, Hunéric, alors âgé de vingt à vingt-cinq ans, vient vivre à la cour de Ravenne en otage d'honneur. Dans un premier temps, Genséric sait se montrer respectueux de ses engagements : « comme l'amitié des deux peuples s'accrut et finit par être grande, son fils Hunéric, lui fut rendu[532] », après avoir vécu plusieurs années dans l'intimité de la famille impériale.

Les bagaudes et la dissolution du tissu social dans les provinces

Outre les troubles civils que l'on vient de décrire, la difficile année 432 avait souffert d'un hiver extrêmement rigoureux, suivi de famines. De nombreuses personnes meurent de froid ou de faim[533]. Ce contexte difficile génère un soulèvement du centre et du nord de la Gaule sous la conduite d'un chef nommé Tibaton. Une crise sociale interne grave s'ajoute donc aux autres difficultés

530. Le Nain de Tillemont, *Histoire des empereurs*, op. cit. t. VI, écrit : « Ce traité se fait à Hippone où Trygèce le conclut pour l'empereur. »

531. Cf. Procope *De bello vandalico,* op. cit. L. I, 4, 13 : « Genséric, guidé par la crainte, garde la mesure. »

532. Procope, *De bello vandalico*, op. cit. I.4.14.

533. *Chroniques* de Prosper citées par Le Nain de Tillemont.

de l'Empire. Il s'agit des « Bagaudes[534] », petites gens écrasés par l'impôt, qui se liguent pour échapper aux barbares ou pour se soustraire aux violences des riches... ou encore pour échapper aux injustices des magistrats. Ces révoltes sont la preuve concrète de l'inefficacité du système impérial. La situation est arrivée à un point où le pouvoir est absent sur le terrain. Les populations sont livrées à elles-mêmes et aux exactions des Barbares. La première fonction de toute organisation étatique, garantir la sécurité de ses ressortissants, n'est plus assurée. Pire, quand l'État est présent, il ajoute à son inefficacité l'odieux des exactions de ses agents. Dans ces conditions, on assiste progressivement à une dissolution de l'ordre social dans les provinces ravagées par les Barbares.

Le phénomène des Bagaudes se développe largement en Gaule et en Espagne. Il est de même nature que les « circoncellions[535] » qui depuis un siècle agitent périodiquement l'Afrique, à partir du prétexte religieux du schisme donatiste. Déjà sous Dioclétien, une crise similaire avait contraint à envoyer Maximien (« Hercule »), conduire avec une délicatesse toute militaire une opération de pacification des Gaules (ce qu'en d'autres temps on aurait appelé des « opérations de maintien de l'ordre »). Aetius se livre au même exercice, ce qui permit deux ans plus tard de capturer Tibaton, de le tuer, et de noyer toute cette révolte dans le sang. Le contraste est saisissant dans les provinces de l'Empire entre la politique officielle du gouvernement civil de Ravenne qui somme toute, ainsi que le montre le *Code Théodosien*, fait une analyse lucide des faits et tente d'y remédier par des législations de bon sens, et l'action militaire brutale exercée au nom de l'État romain, plus dur encore que les Barbares. Salvien de Marseille n'hésite pas à écrire[536] :

> « [...] les Bagaudes qui dépouillés, opprimés, tués par des juges mauvais et cruels, après avoir perdu aussi l'honneur du nom romain. Et on leur reproche leur infortune... ! Nous

534. Le mot vient du latin « *bacaudiae* », pour vagabonds.

535. Le terme circoncellion désigne des populations campagnardes qui, en Afrique du Nord, dans le contexte troublé par le schisme donatiste, se révoltent et procèdent au saccage des grands domaines.

536. ...et Le Nain de Tillemont à le citer, cf. *Histoire des empereurs*, op. cit. t. VI, p. 109. La publication posthume de ce t. VI est sensiblement postérieure à celle des autres volumes, soit 1738 (Tillemont est mort en 1698. Le tome V avait été publié dès 1701).

> appelons rebelles, nous appelons scélérats des hommes que nous avons réduits à être criminels ! En effet, comment sont-ils devenus Bagaudes, si ce n'est par nos injustices, si ce n'est par la malhonnêteté des juges, par les confiscations et les rapines de ces hommes qui ont changé la perception des impôts en profit pour leur propre bourse… Ainsi est-il arrivé que les hommes étranglés par le brigandage des juges, sont devenus semblables à des barbares, puisqu'on ne leur permettait pas d'être Romains… ils ont été obligés de défendre au moins leur vie puisqu'ils voyaient que leur liberté avait complètement péri[537]. »

Depuis l'invasion de 406, les Bagaudes sont un phénomène fréquent dans les Gaules, avec des poussées paroxystiques quand des conditions climatiques induisant de mauvaises récoltes coïncident avec l'apparition d'une forte personnalité, comme ce fut le cas après l'hiver de 432, avec Tibaton. Ainsi dès 408, un chef militaire de l'envergure de Sarus avait eu le désagrément de se faire détrousser par des Bagaudes, lors d'une traversée des Alpes[538]. De tels soulèvements vont encore se produire en Gaule en 446, et en Espagne en 441, 443, 448 et 454[539]. Au cours de ces opérations militaires conduites sous les ordres de Litorius apparaît un jeune militaire, Majorien[540]. Ce futur empereur traverse avec courage les eaux glacées de la Loire, alors que les combats se poursuivent en hiver.

Outre les Bagaudes, Aetius défait, avec l'aide des Huns[541], les Burgondes révoltés. Ceux-ci étaient installés en Germanie seconde comme fédérés à la suite d'un accord passé avec le « tyran » Constantin, accord validé par Honorius en 413. En 435, leur roi

537. Salvien de Marseille, *Œuvres*, t. II, Sources Chrétiennes, éd. 1975, *de gubernatione dei* V § 24, 25, et 26. Le texte ci-dessus est celui de cette édition, aussi diffère-t-il légèrement de la traduction citée par Tillemont.

538. Cf. chap. VII

539. Voir chap. XIV. Il semble bien que le désaccord entre l'approche souple de Valentinien III et l'approche militaire brutale d'Aetius lors des Bagaudes de 454, ait été une cause de la crise finale de leur relation.

540. Voir chapitre XV.

541. Cf. Hydace, *Chroniques*, op. cit. §108 et sq., et aussi Orose, *Histoires contre les païens*, op. cit. VII, 40.4 et Zosime, *Histoire nouvelle*, op. cit. VI.3.3.

Gundar rompt ce traité. Aetius, après les avoir vaincus, les transfère en Sapaudie[542], où, avec l'intervention de saint Germain d'Auxerre, ils embrassent la foi catholique, pour mieux tomber dans l'hérésie arianiste, sous l'influence des Goths. Profitant de cette révolte, les Wisigoths reprennent en 436 leurs tentatives, déjà réprimées, de s'ouvrir un accès à la Méditerranée en assiégeant Narbonne. Ce siège se prolongeant, Aetius envoie le général Litorius, qui venait de « pacifier » les Armoriques, pour délivrer la ville. Celui-ci y arrive aisément en organisant un convoi de chevaux lestés de sacs contenant chacun deux boisseaux[543] de froment qu'il fait passer en force par une charge de cavalerie au travers des lignes assiégeantes.

Quelques succès en Gaule permettent à Aetius d'obtenir pour 437 les honneurs d'un second consulat, associé à Sigisvult[544]. Cela n'empêche pas les Vandales de ravager en début d'année les côtes de la Sicile. Ce n'est malheureusement plus exceptionnel, un trouble endémique dont l'Empire s'accommode.

L'Empire d'Orient connaît des jours plus calmes

Alors que l'Occident traverse une période difficile, l'Orient connaît des temps plus faciles. Aucune difficulté avec les Perses, et aucune pression significative de Barbares, jusqu'à ce qu'à partir de 432, sous Attila, les Huns ne deviennent des « alliés » de plus en plus encombrants. Le soutien apporté à l'Occident contre les Vandales en Afrique est la seule opération militaire significative à laquelle participent les armées d'Orient.

En 431, l'expédition contre les Vandales, coïncide avec une crise des approvisionnements en blé de Constantinople. Théodose II reçoit des pierres alors qu'il va visiter des greniers publics. La promulgation peu après de deux lois consacrées à la réorganisation des approvisionnements en blé d'Alexandrie et de Constantinople[545] est la suite logique de cet incident.

542. En Savoie.

543. Environ 40 kilos.

544. Voir note 508 du présent chapitre sur Sigisvult, le second consul. Il sera patrice en 448. En 428, il avait eu du gouvernement de Ravenne la malencontreuse et redoutable mission d'attaquer Boniface en Afrique ; probablement arien et d'origine gothe.

545. Lois C.Th.14.26.2. du 4 juin 432 pour Alexandrie, C. Th. 14.16.3. du 17 novembre 434 pour Constantinople et C.Th.6.24.11 du 11 juin 432 pour l'organisation de la

Le Code Théodosien

Comme toutes les périodes à peu près paisibles, celle-ci se caractérise par une abondante activité législative. De mars 432 à juillet 438 toutes les lois de l'Empire sont promulguées en Orient. C'est surtout le moment de l'élaboration du *Code Théodosien*, en application d'une décision prise durant le séjour de Galla Placidia à Constantinople de 423 à 425. Une loi de 429, adressée au Sénat :

- met en place un groupe de travail « pour la réalisation d'un travail si important et pour la composition du code… il faut choisir des hommes d'une totale confiance et d'une intelligence brillante »,
- définit les objectifs : « rassembler tous les textes produits depuis le renommé Constantin, par les saints Empereurs après lui, et par Nous »,
- fixe une méthode de travail, le regroupement des matières par titres, classés en fonction de l'ordre chronologique : « si un texte traite de plusieurs sujets, il sera divisé en autant de titres »,
- et confirme l'unicité de législation dans les deux parties de l'Empire : « Si dans le futur, il est de Notre (bon) plaisir[546] de promulguer une loi dans une partie de cet Empire très étroitement uni, elle sera valide dans l'autre partie… D'ailleurs, les lois seront promulguées conjointement, et il n'en sera pas autrement. »

En 435, une seconde loi reprend les principaux points de la précédente, actualise la composition du groupe de rédacteurs, et précise les principes de rédaction :

> « Afin que la loi soit contrainte par la brièveté et puisse être compréhensible avec clarté, Nous donnons aux hommes qui entreprennent ce travail [les rédacteurs du code], le pouvoir

garde impériale.

546. La célèbre formule des textes d'Ancien Régime, « car tel est notre bon plaisir », n'est donc que la reprise des formulations fleuries des lois romaines impériales.

d'enlever les mots superflus, d'ajouter les mots nécessaires, de lever les ambiguïtés et d'élaguer les incongruités[547]. »

Le concile d'Éphèse

Seuls de nouveaux débats religieux viennent apporter du trouble. Pour tenter de dépasser le débat créé par Arius autour de la divinité du Christ, Nestorius, évêque de Constantinople depuis 428, soutient une idée nouvelle. Du fait de la coexistence des deux natures divine et humaine du Christ, il serait préférable de dire que Marie est mère du Christ, « *christotokos* », plutôt que mère de Dieu, « *theotokos* » et a fortiori mère d'un homme « *anthropotokos* », du grec « *tokos* », qui enfante. Nestorius relève le risque de revenir indirectement à l'arianisme ou à des hérésies inverses.

Cette thèse est combattue par Cyrille d'Alexandrie qui va jusqu'à adresser des libelles à l'empereur et à ses sœurs, ce qui a d'abord pour effet de choquer la majesté de la cour impériale. La tendance initiale de Théodose II est donc de soutenir son évêque. Il convoque un concile qui se tient à Éphèse, ville où Marie est supposée avoir vécu et où aurait eu lieu son « assomption », au terme de la vie terrestre. Mais le concile réuni à Éphèse[548] en juin 431, au cours duquel Cyrille d'Alexandrie fit preuve d'un activisme remarquable, condamne les thèses de Nestorius. Finalement, Marie est bien la « mère de Dieu ». L'incendie qui ravage Constantinople le 17 août est interprété comme un signe divin confirmant la condamnation des thèses de Nestorius. Maximin le remplace à l'évêché de Constantinople dès octobre.

Théodose II doit légiférer pour condamner ce qui est désormais une nouvelle hérésie. Tel est l'objet de la loi du 3 août 435 qui prévoit des sanctions pouvant aller jusqu'à la confiscation des biens. Pour faire bonne mesure, une loi du 14 novembre de la même année fait de l'acharnement contre les païens : leurs derniers

547. Ce sont respectivement les lois C.Th.1. 1. 5. du 26 mars 429, et C.Th.1. 1. 6. du 20 décembre 435.

548. Ephèse était le lieu d'un temple célèbre, une des « sept merveilles du monde » dédiée à Artémis. Cette déesse, Diane chez les Romains, était l'avatar de la déesse-mère commune à toutes les religions primitives. Des colonnes de l'ancien temple seront démontées et transportées à Constantinople sous Justinien.

temples doivent être détruits jusqu'aux fondations et leurs sites purifiés par l'implantation de signes chrétiens, le tout sous peine de mort[549]. Les thèses de Nestorius continueront cependant de prospérer dans les communautés chrétiennes de Perse et persisteront longtemps en Asie centrale.

Préparatifs de mariage

Pour les cours impériales, la grande affaire du moment est le prochain mariage de Licinia Eudoxia, fille de Théodose II, avec son cousin Valentinien III. Les fiançailles, remontaient à l'accord conclu en 424 par Galla Placidia avec ses neveux de Constantinople pour organiser une action commune contre l'usurpateur Jean. La perspective des dix-huit ans du jeune empereur, le 2 juillet 437, âge de la majorité selon la loi romaine, permet de prévoir la célébration du mariage. Mais en raison de l'ancienneté de ces « fiançailles », une ambassade est envoyée à Constantinople à la fin de 436 pour organiser les préparatifs du mariage et les modalités d'application des accords de 424. Il s'agit en particulier des cessions de territoires de l'Illyrie occidentale (excepté la Dalmatie) prévues au profit de l'Empire d'Orient, réglant ainsi à l'entière satisfaction de celui-ci le contentieux territorial qui avait empoisonné les relations entre les deux Empires après la mort du grand Théodose, en 395. Cette ambassade confiée à Volusien[550] confirme donc les cessions territoriales prévues en 424[551].

Volusien, est l'oncle de Mélanie la jeune, cette richissime Romaine qui, trente années auparavant, avait mis en émoi l'aristocratie romaine par le don de ses immenses biens à l'Église[552]. Aussi, le récit de la vie de cette sainte comporte-t-il une relation détaillée de cette ambassade, avec nombre de détails pris sur le vif, ce qui peut justifier une légère digression. Mélanie, devenue quinquagénaire, vit retirée à Jérusalem. Elle ne veut pas laisser passer une telle occasion de revoir son vieil oncle. Surtout, celui-ci étant resté païen,

549. Loi C.Th.16. 5. 66 contre les nestoriens, et loi C.Th.16. 10. 25 contre les païens.

550. Volusien avait été préfet de Rome, en 417-418 puis préfet d'Italie en 428-429.

551. Cf. chapitre XI, note 483.

552. Voir chapitre VIII « procès et mort de Serena ».

elle veut le conduire vers les voies de la vraie religion[553]. Elle quitte donc Jérusalem pour Constantinople, « ayant confié ses monastères au Seigneur ». Le voyage de la sainte se déroule dans une simplicité très relative, « les évêques et les clercs lui rendaient des honneurs inexprimables ». Tout au long de sa route, les populations rencontrées « sollicitent l'honneur de voir la grande dame[554] », attitude qui s'adresse autant à l'aristocrate, proche de la famille impériale, qu'à la future sainte. Mélanie arrive à Constantinople vers le mois de décembre 436. Elle est logée très simplement, dans le palais du Grand Chambellan. Ses retrouvailles avec son oncle Volusien, dont l'ambassade vient de se dérouler avec succès, sont brèves, car celui-ci meurt peu après, mais néanmoins fructueuses. Mélanie a réussi à l'extraire enfin des ténèbres du paganisme. Le 6 janvier 437, il rend à Dieu une âme devenue chrétienne. En février 437, l'impératrice Eudocia accompagne Mélanie sur le chemin de son retour vers Jérusalem. Elles voyagent ensemble jusqu'à Antioche. Mélanie fait son entrée à Jérusalem le jour de la Passion, soit le 5 avril 437.

553. *Vie de sainte Mélanie*, op. cit. Voir p.225 et sq.

554. Ibid.

Chapitre XIII

Valentinien III

L'Empereur et l'Impératrice douairière (2 juillet 437 - 28 novembre 450)

Puis vient l'époque où le destin faillit accomplir
Le présage annoncé par les douze vautours
Sidoine Apollinaire[555].

Un mariage princier à Constantinople

Le 2 juillet, Valentinien III atteint sa majorité, ce qui met un terme théorique au rôle politique de sa mère, Galla Placidia, désormais « impératrice honoraire[556] ». Son mariage devait être célébré en octobre 437 à Thessalonique, ville riche en souvenirs pour la famille impériale[557]. Malgré ces souvenirs, au dernier moment, Valentinien, politesse faite à son beau-père ou curiosité bien compréhensible[558], exprime le souhait d'aller jusqu'à Constantinople, où le 29 octobre est célébré son mariage avec sa cousine

555. Carmen VII, *Panégyrique d'Avitus*, vers 357 et 358. Le vers 55, fait déjà allusion à cette prophétie « Que m'annonce, dis-moi, l'haruspice toscan avec ses douze vautours ? » Il s'agit des douze vautours aperçus par Romulus, lors de la fondation de Rome. Au premier siècle avant J.-C., un haruspice les aurait interprétés comme étant autant de siècles de durée pour la ville. Dans le contexte trouble de cette époque, c'était rassurant ; six siècles plus tard, c'est beaucoup plus préoccupant, puisque le douzième siècle de la fondation de Rome atteint son terme en 448.

556. Situation exceptionnelle dans l'histoire romaine. Après la majorité de Sévère Alexandre, sa mère était restée ouvertement à ses côtés, même auprès de l'armée en campagne ; la situation de Dioclétien après son abdication, est peut-être dans l'histoire de l'Empire celle qui se rapproche le plus de celle de Galla Placidia après la majorité de Valentinien III.

557. Capitale provisoire de Théodose en 379, lieu de naissance de Galla Placidia en 388, lieu d'un impérial et meurtrier mouvement d'humeur en 390, rattachée à l'Empire d'Orient depuis 395 (voir chapitre VI).

558. Socrate, *Histoire ecclésiastique*, op. cit. L.VII, ch. XLIV écrit : « Il (Théodose II) avait eu de l'impératrice Eudocia une fille Eudoxia que Valentinien son cousin à qui il avait donné l'Empire d'Occident lui demanda en mariage. Théodose la lui ayant promise, ils convinrent de se trouver aux frontières de l'Empire pour la cérémonie des noces, et choisirent pour cet effet Thessalonique, mais Valentinien écrivit qu'il irait jusqu'à Constantinople. »

Licinia Eudoxia. Le jeune couple reste à Constantinople jusqu'à Noël. Il est vraisemblable que ces deux mois de séjour ont permis d'associer Valentinien à la mise au point finale du Code promulgué par Théodose II six semaines après son départ de Constantinople. Puis le jeune couple gagne Thessalonique par bateau et visite la Grèce, avant de rejoindre Ravenne au printemps de 438.

Galla Placidia continuait de « veiller » aux destinées de l'Occident pendant les six mois d'absence de Valentinien. Rentré à Ravenne, celui-ci se fait construire un nouveau palais « *ad Laureta* », nom prometteur[559]. La naissance d'une première fille, Eudocia, survient dès 438, suivie de celle de Placidia la jeune en 440. Ensuite, le couple impérial n'a plus d'enfant. Ainsi, dès la fin des années 440, il apparaît qu'au-delà de Valentinien III la dynastie théodosienne est sans postérité masculine. Le problème de succession, récurrent dans toute l'histoire de cette famille, est donc de nouveau posé. Les filles de Valentinien III vont devenir à leur tour un enjeu politique, comme l'ont été leur grand-mère Galla Placidia et leur mère Licinia Eudoxia, et comme peut l'être aussi leur tante l'Augusta, Justa Grata Honoria, aînée de Valentinien. La raison pour laquelle le couple Valentinien et Licinia Eudoxia, âgés respectivement de vingt-deux et vingt et un ans à la naissance de leur deuxième fille, n'ont plus d'autre enfant, est inconnue. Les chroniques succinctes de cette époque ne mentionnent pas la naissance, à ne pas exclure pour autant, d'autres enfants, mort-nés ou morts en très bas âge. Une éventuelle mésentente, en l'occurrence démentie par les faits, n'aurait pas été une explication suffisante, surtout dans un couple impérial. Tout au plus peut-on remarquer que les théodosiens en général n'ont pas été très prolifiques. Les parents de Licinia Eudoxia ont eu cette fille alors qu'ils étaient respectivement âgés de vingt ans et vingt-six ans, puis ils n'ont pas eu d'autres enfants ayant survécu dans les vingt années qui ont suivi[560].

559. Aux lauriers. L'implantation des anciens palais impériaux de Ravenne est difficile à déterminer. Le mausolée de Théodoric aurait été construit à l'emplacement de l'ancien palais de Valentinien. Ce n'est pas invraisemblable, car le site du mausolée, bien qu'excentré par rapport à la vieille ville est situé à proximité du port antique, mais dans une zone de terre ferme ainsi qu'en témoigne sa bonne tenue.

560. Il semble que Théodose II et Eudocia aient eu une autre fille, Flacilla, morte en bas âge en 431. Le Nain de Tillemont cite, *Histoire des empereurs*, t. VI, p.38, saint Cyrille selon lequel « Eudocia se faisait gloire d'avoir donné à l'empereur une postérité qui perpétuerait sa famille », allusion à un fils prénommé Arcadius, mort en très bas-âge ?

La promulgation du *Code Théodosien*

Pour Théodose II, l'année 438, année de son XVIe consulat[561], est celle du « *Code Théodosien* ». Datée du 15 février, à Constantinople, la loi de promulgation précise, au nom des deux empereurs, qu'« à partir de la fin de l'année, on ne peut produire que ce qui est dans le Code[562] ». Cet ouvrage majeur du droit romain, de l'histoire du droit et de l'Histoire, est le grand œuvre qui permet à l'empereur calligraphe de passer à la postérité[563]. Commun aux deux Empires, ce code est approuvé par le Sénat de Rome au cours d'une longue séance d'acclamations, le 25 décembre 438. C'est en fait un répertoire de décisions impériales ayant valeur de loi, au sens moderne du terme, en raison de leur portée jurisprudentielle. C'est le début de la notion d'État de droit.

L'équipe de juristes mise en place en 429 avait d'abord procédé à un recueil des textes importants, puis les avait classés en seize livres selon les thèmes principaux, chaque livre étant subdivisé en un nombre variable de titres par sous-thèmes, les lois étant ensuite citées par ordre chronologique à l'intérieur d'un titre. Le code comporte 416 titres, soit une moyenne de 26 par livre, de 11 titres pour les livres XII et XVI, à 45 pour le livre IX. En tout, la codification de 438 comporte 2503 entrées, auxquelles, depuis l'édition Godefroy, sont rajoutés les 16 textes reconstitués par le Père Sirmond au début du XVIIe siècle, et 104 « novelles », nouvelles lois, essentiellement de Théodose II et de Valentinien III, mais aussi de Majorien, Marcien, Sévère III et enfin d'Anthemius. Le nombre de lois codifiées est donc en moyenne de six par titre, ce qui n'est pas très significatif, de nombreux titres ne comportant qu'une seule loi. Quatre titres comportent un nombre de lois exceptionnellement élevé, bon indicateur de l'importance des domaines concernés, à

561. Associé pour l'Occident à Anicius Acilius Glabrio Faustus, membre comme son nom l'indique de l'illustre famille anicienne, préfet de Rome en 429, après son père en 408, et plus tard préfet d'Italie en 442. Un Glabrio avait refusé l'Empire en 192, après l'assassinat de Commode.

562. C. Th., Nov.Th. 1.1.

563. Dans les *Études historiques*, op. cit, CHATEAUBRIAND écrit : « Le code qui porte son nom a fait la seule renommée de ce prince ; monument composé des débris de la législation antique, semblable à ces colonnes qu'on élève avec l'airain abandonné sur les champs de bataille ; monument de vie pour les barbares, de mort pour les Romains et placé à la limite de deux mondes. »

savoir, au livre VII, 66 lois au titre 5 consacré à la poste impériale, au livre XI, 68 lois au titre 30 consacré aux procédures d'appel, au livre XII, 192 lois au titre 1er consacré aux décurions, et enfin au livre XVI, 66 lois au titre 5 consacré aux hérétiques[564].

Outre son contenu juridique, ce code est une source précieuse pour l'étude de l'histoire romaine. Chaque texte comporte la date, l'énoncé des titulatures des empereurs signataires et celui des destinataires (préfets du prétoire, préfets de Rome ou de Constantinople, ou encore le peuple romain), enfin le lieu de promulgation, ce qui en fait un almanach sommaire de l'Empire romain du début du IVe siècle à la fin de l'Empire d'Occident. Ce recueil de textes donne une idée précise de l'activité des bureaux impériaux et apporte un éclairage précieux du contexte politique de tel ou tel événement, par la simple exploitation chronologique de son contenu[565].

Les textes relatifs à l'élaboration du Code avaient confirmé, entre les deux parties « étroitement unies de l'Empire », le maintien de l'unité de législation et en ont fixé les modalités. Aussi, contrairement à une idée répandue, la publication du *Code théodosien* n'est-elle pas le début d'une divergence de la législation des deux parties de l'Empire. En 448, Valentinien promulgue une loi de validation rendant applicable en Occident les lois promulguées

564. Depuis la Renaissance, ce code a fait l'objet de publications en latin, sa langue d'origine, de plus en plus complètes au fur et à mesure des découvertes de manuscrits. La première au début du XVIe siècle fut l'œuvre de Cujas. L'édition réalisée en France par Godefroy, jurisconsulte protestant vivant à Genève (son frère converti au catholicisme était historiographe de Louis XIII), au milieu du XVIIe siècle, toujours en latin et assortie de commentaires, a longtemps servi de référence.
Cependant, alors même que ses premières éditions modernes furent faites en France, le *Code Théodosien* n'a commencé à être traduit en français qu'à une date récente : la traduction en cours a commencé par le livre XVI où sont codifiées les lois religieuses. L'édition de langue anglaise réalisée aux États-Unis, en 1952, par Clyde Pharr de l'université de Princeton, semble bien en être la seule traduction complète en langue moderne ; elle a été établie à partir de la version du texte latin éditée en 1905 par Mommsen, avec en ajout les commentaires de Godefroy (traduits à partir du texte originel rédigé en latin).

565. Ainsi le *Code Théodosien* est, pour les IVe et Ve siècles, une des sources les plus utilisées des travaux de Le Nain de Tillemont, réalisés postérieurement à l'édition de Godefroy. Voir en annexe l'histogramme de l'activité législative au cours de la période 313/438 qui est l'exact reflet des situations qui se succèdent au cours de ces 125 ans.
Une des sources de la période, la chronique d'Hydace, ne mentionne ni la publication du *Code Théodosien*, ni le voyage à Constantinople et le mariage de Valentinien III.

en Orient depuis la publication du Code. « Les deux mondes sont régis par les mêmes règles et guidés par les mêmes lois »[566]. L'avant-dernière loi[567] codifiée au titre des « novelles », est une loi de validation promulguée en Occident par l'empereur Anthemius, le 19 mars 468, en des termes voisins de celle de Valentinien.

L'Orient poursuit un cours presque tranquille

Pour l'année 439, Théodose II s'offre les honneurs d'un dix-septième consulat[568]. Eudocia se rend en pèlerinage à Jérusalem, réalisant un vœu que Mélanie lui avait fait faire lors de sa venue à Constantinople à la fin de 436. Elle revient à Constantinople avec de saintes reliques, dont « une » main droite de saint Étienne, peu avant la mort de Mélanie qui survient le 31 décembre 439. Au cours de ce voyage

> « l'impératrice Eudocia, allant en Palestine passa par Antioche où, ayant harangué le peuple, elle finit son discours par ces vers :
> " *Je ne tenais en rien le lustre de mon rang,*
> *Quand je tiens à l'honneur d'être de votre sang* ",
> allusion à l'origine grecque d'Antioche[569]. »

Pendant ces années, Théodose II fait preuve d'une grande activité législative, d'abord dans le domaine religieux; il reste toujours quelques hérétiques et païens à ramener dans le droit chemin. Il faut aussi éviter que des tentations n'écartent ses sujets d'une vie chrétienne; à cette fin, une loi ferme les « lieux d'impudicité[570] ». En avril 440, une loi intégrée plus tard dans le *Code Justinien*[571], confirme le principe de la non-rétroactivité. « Les

566. Nov. Val. 26.1. du 3 juin 448, voir note 522.

567. La dernière loi, datée du même jour, porte sur les biens vacants

568. Associé à Festus pour l'Occident (Tillemont précise que ce nom est courant, mais qu'il ne voit pas lequel a pu mériter cette année-là les honneurs du consulat, surtout associé à un empereur. Selon la PLRE, il s'agirait du père de Rufius Postumius Festus, consul en 472 pour l'Occident).

569. Evagre, *Histoire de l'Église,* L.I chap. XX 3.

570. N.Th.18.1. du 6 décembre 439 sur les *entremetteurs.*

571. C.J. I.XIV.7. Le principe de non-rétroactivité figurait déjà dans le *Code théodosien,* la loi C. Th. 1.1.3. du 27 février 393 stipule en effet: « aucune disposition ne doit

lois n'ont point d'effet rétroactif; elles ne règlent que les affaires futures, à moins qu'il n'y ait une disposition expresse pour le passé, et pour les affaires actuellement pendantes », principe qui a traversé quinze siècles dans sa formulation d'origine.

Les Suèves et les Goths s'agitent, pour le plus grand profit des Vandales

Pendant ce temps, les difficultés s'accumulent en Occident confronté à une reprise des hostilités sur trois fronts sur le Rhin, avec les Goths en Gaule, enfin et surtout avec les Vandales en Afrique. Le gouvernement impérial, malgré sa profonde dévotion, s'interroge sur l'impact des privilèges fiscaux accordés à l'Église et au clergé, à l'origine d'une évasion fiscale excessive. Une loi du 28 août 439[572] adressée à Maxime, préfet du prétoire[573], défend de recevoir dans le clergé des curiales et décurions et toute personne ayant des biens excédant trois cents solidus[574]. Les motivations de cette loi sont claires :

> « Ceux qui entreraient dans le clergé ou y entreraient à l'avenir, doivent partager leurs biens entre eux et leurs enfants, et ne s'en réserver qu'une part égale à chacun d'eux, et ceux qui n'ont point d'enfants gardent le tiers de leurs biens, et cédant le surplus au corps de ville ou à un parent capable de s'acquitter de ces fonctions… étant juste que ceux qui ont l'honneur de servir aux sacrés mystères, soient

alimenter de chicane par des actes passés, mais toute disposition établit des règles pour le futur », principe déjà rappelé par la loi C. Th. 9.40.24., voir chapitre IX, note 412.

572. N.Val.3. Un point essentiel de cette loi soumet au contrôle de l'État l'attribution de legs à l'Église. Ce sujet, objet de débat sous la Constituante, fut inscrit dans l'article 910 du *Code civil* qui soumet à un contrôle de la puissance publique les délivrances de legs aux associations, notamment cultuelles, dans des conditions considérablement assouplies par une loi de mai 2011.

573. Le futur empereur, successeur de Valentinien III (voir chapitre XV).

574. La valeur du solidus est d'1/72e de livre d'or, soit un peu plus de 6 grammes. Il est divisé en 7200 pièces de monnaie divisionnaire. Tillemont donne en équivalence du solidus 40 boisseaux (soit douze litres) de froment, ou 270 livres de viandes, ou encore 200 chopines (soit 0,456 litre) de vin. Ces chiffres intéressants qui correspondent assez bien au rapport entre les valeurs modernes de ces produits de base et au pouvoir d'achat de la pièce d'or de vingt francs (dite « Napoléon »), dont le poids est de 5,80 grammes, et la valeur en 2014 d'environ 180 euros.

riches en foi et biens spirituels, plutôt qu'en biens temporels et terrestres. »

Cette loi et de nombreux autres textes similaires illustrent bien les difficultés du recouvrement de l'impôt auxquelles est alors confronté le gouvernement impérial. Dans un système de répartition de l'impôt, l'extension des privilèges fiscaux alourdit la charge de ceux qui continuent à le payer au point de le rendre insupportable. Il est donc nécessaire de limiter les causes d'évasion fiscale.

Aetius continue de diriger les opérations militaires en Gaule où des armées romaines remportent quelques succès contre les Goths[575]. Les Suèves font la paix avec les peuples de Galice après une nouvelle ambassade de Censorius[576]. Leur roi Hermeric, malade depuis quatre ans, abdique après un règne de vingt-huit ans en faveur de son fils Rechila (qui est païen). Il meurt trois ans plus tard. Sous leur nouveau roi, les Suèves repartent à l'offensive et s'emparent de Mérida, capitale de la Lusitanie, après avoir battu en Bétique une armée impériale.

Pendant qu'Aetius tient la frontière du Rhin, son général Litorius poursuit les opérations militaires contre les Goths. Fort de son succès devant Narbonne l'année précédente, et appuyé sur ses auxiliaires Huns[577], Litorius réussit à repousser Théodoric qu'il assiège dans Toulouse. Le problème goth paraît réglé. Mais Litorius est païen, aussi la Divine Providence veille-t-elle à ce qu'il ne soit pas le sauveur de l'Empire. Il repousse avec dédain les offres de pourparlers qu'Orens, évêque catholique d'Auch, un futur saint, lui adresse pour le compte de Théodoric, arianiste, mais quand même chrétien. La suite est édifiante. Sûr de lui, Litorius prépare l'assaut, non sans avoir sacrifié publiquement aux faux dieux et consulté leurs oracles. Théodoric passe la nuit en prières[578]. Entre un chrétien hérétique et un païen, le vrai Dieu choisit le premier ;

575. Cf. *Chroniques* d'Hydace, Olymp. CCCII § 112 attribuent à Aetius la mort de huit mille Goths.

576. Cf. *Chroniques* d'Hydace, Olymp. CCCII § 113.

577. Restes du corps expéditionnaire de Huns mobilisés par Aetius en 424 pour le compte de l'usurpateur Jean.

578. Comme l'arianiste Constance II à la veille de la bataille de Mursa en 351, et Théodose pendant la bataille du Frigidus.

son intervention est décisive. L'assaut du lendemain échoue. Les auxiliaires Huns sont anéantis. Litorius, blessé, est fait prisonnier. Après quelques jours de prison, Théodoric, pour se remettre de ses frayeurs, le fait mettre à mort.

Cette défaite des armées romaines devant Toulouse, échec infligé par les Wisigoths à l'action personnelle du patrice Aetius, a de graves conséquences pour l'avenir de l'Empire. Dans l'immédiat, les Wisigoths qui viennent de se sauver *in extremis* d'un risque réel d'extermination, épuisés par les combats, sont prêts à conclure une paix honorable avec l'Empire[579]. Celui-ci n'a pas les moyens d'envisager une revanche et un nouvel assaut sur Toulouse. On en revient donc au *statu quo ante*, aux apparences de l'ancienne relation privilégiée entre les Wisigoths et le gouvernement impérial, dans le cadre du maintien du statut de « fédérés ». La négociation de cet accord est confiée à un aristocrate gallo-romain, Avitus, alors préfet des Gaules[580]. Une autre leçon importante à tirer de cette affaire de Toulouse, tient au rôle et à l'attitude de l'évêque Orens. Manifestement, le clergé catholique, qui est près des populations, est réservé à l'égard de la politique conduite en Gaule par Aetius[581].

Effet immédiat de la bataille de Toulouse, l'astucieux Genséric en tire la conclusion qu'il a les mains libres en Afrique du Nord où l'Empire n'a décidément pas les moyens d'intervenir. Aussi, le 19 octobre 439, surprend-il plutôt qu'il ne prend Carthage, sans bataille, les Vandales s'étant infiltrés pendant des festivités. De ce fait, il devient le seul maître de l'Afrique du Nord.

Le gouvernement impérial en appelle au peuple romain

Au premier semestre de 440, année de son cinquième consulat, les dates des « novelles » de Valentinien III indiquent qu'il séjourne quelques mois à Rome. Est-ce une façon de s'affranchir de l'influence de sa mère restée à Ravenne ? Le retour du gouvernement impérial dans la capitale historique de l'Empire n'est pas

579. *Chroniques* d'Hydace.

580. Le futur empereur déjà mentionné au chapitre précédent, note 521.

581. Ce point réapparaît plus loin à propos de l'intervention de saint Germain à Ravenne en faveur des Bagaudes, et plus subtilement dans la querelle entre Hilaire d'Arles et le pape Léon en 445.

anecdotique, c'est l'affirmation d'une volonté politique, la preuve concrète de la pacification de l'Italie, qui n'est plus soumise à des menaces directes, après les tumultes et désordres des décennies précédentes. En s'établissant à Rome, où il séjourne de façon presque continue à partir de 445, Valentinien rapproche le pouvoir impérial de l'aristocratie sénatoriale, ce qui peut être habile dans la recherche d'une consolidation face au pouvoir militaire d'Aetius.

Cette même année 440, Léon succède à Sixte III comme évêque de Rome. Élection importante, car Léon va jouer un rôle marquant dans l'Histoire de l'Église et dans celle de l'Empire. Il va y gagner le surnom de Grand. Au moment de sa désignation, il était en Gaule pour arbitrer un conflit entre Aetius et le préfet des Gaules, Caecina Decius Acinatius Albinus.

Albinus est un personnage considérable[582]. Les Decii, issus de la famille de l'empereur du IIIe siècle, sont au sommet de cette aristocratie romaine aux vues politiques et aux intérêts opposés à Aetius. La famille impériale s'appuie sur ce clan pour faire pièce aux empiétements intempestifs du patrice. Le cursus de cet Albinus est exceptionnel; préfet de Rome en 426, nommé par Galla Placidia au lendemain de la restauration, il avait déjà occupé la fonction en 414. Préfet des Gaules en 440, puis préfet d'Italie de 443 à 449, consul en 444, il est nommé patrice de 446 à 449. C'est un homme de confiance de la famille impériale. En sa qualité de préfet des Gaules, il contrôlait les questions d'intendance, donc tenait de ce fait Aetius sous sa dépendance, conformément à l'organisation mise en place par Constantin pour donner au gouvernement impérial le moyen de tenir les militaires. Bien que la nature du conflit entre Albinus et Aetius ne nous soit pas connue, il est vraisemblable qu'elle tenait à cette situation fonctionnelle.

Valentinien III cherche à organiser l'Empire pour être en mesure de mieux résister. Son activité législative et réformatrice est incontestable. Il ordonne une remise en état des remparts de Rome par la loi du 3 mars[583] laquelle comporte en outre des dispositions sur la réquisition des matériaux nécessaires et sur l'entretien des aqueducs, ainsi que sur le statut des commerçants grecs à Rome.

582. Voir les nombreuses novelles dont Albinus est le destinataire es-qualité, notes 592, 593, 595, 596, 601, 603, 617, et 622.

583. N.Val.5 du 3 mars 440, adressée au peuple romain.

Ensuite, par la loi du 20 mars[584], il fixe des sanctions contre les déserteurs et ceux qui les hébergent. Enfin, par la loi du 24 juin[585], il adresse au peuple romain un véritable appel, invitant « chacun à prendre les armes contre les Vandales » et exhortant les populations de l'Empire à « agir en cette circonstance avec un courage de Romain ». Dans ce contexte difficile, qu'un certain nombre de lois, les plus importantes, soient directement adressées au « Peuple Romain », est nouveau et doit être souligné.

Au même moment, la pression des Suèves s'accroît dans le Sud de l'Espagne. Rechila assiège Censorius, envoyé une seconde fois en ambassade auprès de lui, à Mertola au Sud de la Lusitanie (le Portugal d'aujourd'hui), puis le retient prisonnier. Au début de 441, celui-ci s'empare de Séville et de toute la Bétique. Asturius, maître de la milice, est envoyé depuis Rome pour soumettre les Bagaudes de Tarraconaise, où l'existence de grandes propriétés (dont certaines appartenant à la famille impériale, originaire de cette province) créait un terrain favorable à l'apparition de telles révoltes. Aetius, quant à lui, continue de s'occuper des affaires gauloises. Il établit des Alains sur des terres en friches dans le Valentinois[586].

La remise en ordre entreprise par le gouvernement impérial implique la poursuite de la remise en cause des exemptions fiscales, en particulier celles dont bénéficie l'Église. Ainsi, la loi du 14 mars 441 stipule que :

> « Si des personnes ont acquis des terres du domaine impérial, soit de Ma Piété, soit de quelque personne de Ma parenté sacrée, ou encore qu'ils les ont acquises par une libéralité en usufruit, ou par un don direct, ou par moyen d'un échange, ou d'un achat, ils seront soumis aux mêmes conditions d'accomplissement des obligations de contributions aux services public que tous les autres propriétaires. »

584. N.Val.6 du 20 mars 440, adressée au patrice Sigisvult.

585. N.Val.9 du 24 juin 440, adressée au peuple romain.

586. Bas-Dauphiné, région de Valence dans la Drôme.

Plus loin cette loi rappelle que :

> « Si une personne de rang illustre ou de l'Église doit être assujettie à des taxes, que ce soit dans la très sacrée Ville ou dans quelques provinces et suivant l'exemple de Notre maison… elle supportera le fardeau commun, sans exception ni privilège »… « il avait toujours été injuste de donner des exemptions et ces discriminations qui augmentaient la charge des pauvres ; mais que c'était une injustice insupportable de les continuer en un temps où la misère était si grande et où les pauvres étaient entièrement accablés si on ne les soulageait[587]. »

Salvien de Marseille décrit le contexte de cette loi[588]

> « […] la perpétuelle ruine que leur infligent les taxes publiques, eux qui sont toujours menacés d'une lourde et infatigable proscription, qui désertent leurs maisons pour ne pas être tourmentés, et qui se condamnent à s'exiler pour échapper aux supplices ? Les ennemis leur sont moins redoutables que les collecteurs d'impôts. L'événement le prouve assez : ils fuient vers nos ennemis afin de se soustraire à la violence de la perception. Ce qu'il y a de plus pénible c'est que le fardeau n'est pas supporté par tous ; bien mieux les taxes imposées par les riches pèsent sur les pauvres diables : les plus chétifs portent le fardeau des plus forts. »

La piété et le soutien constants donnés par Valentinien III à l'Église face aux hérésies auront au final moins de poids que cette sage législation qui ne lui sera pas pardonnée.

587. N.Val.10.1 ; la loi N.Val.1.2 faisant suite aux attaques des Vandales en Sicile institue des exonérations d'impôts pour ceux dont les domaines ont été dévastés.

588. Salvien de Marseille, *Œuvres,* t. II, Sources Chrétiennes éd.1975, *de gubernatione dei,* V § 28 (voir note 537 du chapitre précédent).

Les deux Empires essaient de coordonner une action en Afrique

Genséric maintient une pression militaire sur l'Empire. Il débarque en Sicile, fait quelques razzias, et assiège en vain Palerme. Aussi, au terme des préparatifs administratifs et financiers, mentionnés plus haut, les deux Empires décident-ils une réaction militaire concertée. Théodose II envoie une flotte de guerre. Mais, au début de l'année 442, les Huns pénètrent en Illyrie et en Thrace et ravagent ces provinces. Théodose II, attaqué au cœur de son Empire, n'a plus les moyens de défendre son collègue occidental. Il rappelle sa flotte et ses troupes.

Au même moment, quelques problèmes perturbent l'atmosphère feutrée du palais impérial de Constantinople. Le préfet du prétoire, Cyrus, seul consul en 441, est brutalement disgracié. Il avait été acclamé à l'excès par le peuple dans le cirque de Constantinople : « Constantin a fondé la ville, Cyrus l'a renouvelée ». De telles acclamations étaient une atteinte flagrante à la majesté de Théodose II. L'homme qui détient désormais la réalité du pouvoir à Constantinople est Chrysaphe, un eunuque. Pulchérie et Eudocia sont écartées. Une invraisemblable accusation d'adultère sert de prétexte à la mise à l'écart de l'impératrice. L'histoire paraît bien mince. Théodose II aurait conçu des soupçons parce qu'ayant offert une pomme d'une taille exceptionnelle à l'impératrice, il découvre le fruit entre les mains du maître des offices Paulin auquel elle l'avait offerte à son tour. Cas exceptionnel, le bon Théodose II fait décapiter Paulin. Eudocia se retire définitivement à Jérusalem dans le monastère de sainte Mélanie. Plus tard, elle n'hésite pas à faire mettre à mort des envoyés de son mari qui venaient troubler ses méditations religieuses, ce qui lui vaut d'être réduite au rang de simple particulière. Eudocia meurt à Jérusalem en 461[589], se défendant jusqu'à son dernier jour des accusations dont elle avait été l'objet.

589. Les sources de cette histoire sont tardives (notamment Suidas et Zonare) ; les *Chroniques* de Marcellin sont la source la plus proche de ces faits. Elles relatent simplement que « Paulin, le maître des offices fut tué à Césarée, en Capadoce, sur ordre de l'empereur Théodose. »

L'Empire d'Occident négocie et reconnaît le royaume vandale d'Afrique

Valentinien III, laissé seul face au problème vandale, n'a pas les moyens de poursuivre les opérations, d'autant que cette année-là une épidémie de peste ravage l'Italie, la Gaule et l'Espagne. Il lui faut négocier la reconnaissance du fait accompli, sans trop perdre la face. Pour ce faire, son principal atout est que l'astucieux Genséric, conscient de ses faiblesses profondes, tient à éviter une guerre longue et préfère consolider ses premiers avantages pendant qu'il est en position de force. Il agira toujours ainsi. Le traité que l'Empire d'Occident est contraint d'accepter en 442 entérine donc un nouveau partage de l'Afrique résultant de la situation de fait créée par la prise de Carthage. Au terme de ce traité, les Vandales s'attribuent l'Afrique proconsulaire, la Byzacène, la Gétulie et une partie de la Numidie première, et laissent à l'Empire les trois Maurétanies, la Césarienne, la Tripolitaine et la Tingitane, ainsi que le reste de la Numidie. Carthage devient leur capitale. Ce royaume vandale ne peut être considéré comme un royaume « fédéré » ; avec un homme comme Genséric la notion ne pourrait être que formelle. L'Empire subit donc un recul territorial pur et simple. Après plus de six siècles d'occupation romaine, Carthage redevient le lieu d'une menace militaire. Seule la faiblesse numérique des Vandales les empêche de se lancer dans de véritables guerres de conquête, mais la pression permanente de leurs razzias, piraterie systématique, pèse sur l'Empire d'Occident.

Ce traité comporte une clause qui rappelle aussi bien le mariage de Galla Placidia et d'Ataülf que les fiançailles précoces de Valentinien et de Licinia Eudoxia. Leur fille aînée, Eudocia, alors au mieux dans sa quatrième année, est fiancée à Hunéric, fils aîné et successeur présumé de Genséric. En 442, celui-ci a déjà dépassé la cinquantaine. Hunéric qui a environ vingt-cinq ans (à peu près le même âge que Valentinien) est bien connu de la famille impériale puisqu'il a séjourné en qualité d'otage à la cour de Ravenne quelques années plus tôt[590]. Ainsi, au-delà des oppositions politiques et surtout religieuses, c'est bien l'idée d'un Empire maintenu par des liens dynastiques avec les royaumes barbares qui est poursuivie ici.

590. Cf. chap. précédent.

Vision politique nouvelle dans l'histoire romaine, mais permise par l'émergence d'une monarchie héréditaire de droit divin.

L'Empire poursuit des tentatives de réformes

La situation militaire paraît stabilisée. Le gouvernement impérial continue de légiférer activement, d'abord pour poursuivre son assainissement financier et se donner les moyens de lever des troupes. À cette fin, il n'hésite pas à s'attaquer de nouveau aux privilèges. Ainsi, la loi du 25 mai 443[591] ordonne non seulement de faire de nouvelles levées de troupes, mais précise que les terres des sénateurs ne sauraient être exemptées : « Ceux qui seront négligents sur ce point, donneront grand lieu de croire qu'ils ne sont pas Romains, ni affectionnés au bien public. »

Deux autres lois ont pour objet d'apporter une aide aux Romains dépossédés en Afrique, expulsés de leurs domaines africains par les Vandales, ou ayant préféré regagner l'Italie. Parmi ces familles, il s'en trouve qui, après le sac de Rome par Alaric en 410, avaient jugé plus prudent de s'installer en Afrique ! Elles sont indemnisées et leur intégration facilitée. Ainsi une loi[592] leur ouvre l'accès à la profession d'avocat, et une autre[593] les décharge des intérêts de leurs dettes, « étant juste que le public soulage par toutes sortes de moyens ceux qui sont tombés dans une misère si publique et si extrême ». Ces textes montrent que ce ne sont pas uniquement les grands possédants qui ont fui devant l'arrivée des Vandales en Afrique.

Une loi du 14 juillet 444[594] instaure un système de taxation des hautes classes, excepté, bien entendu en Afrique, « à cause des grandes dépenses qu'il fallait faire alors et des besoins extraordinaires de l'Épargne, ceux qui avaient été dans de grandes charges, hors les Africains, fournissent une certaine somme pour les nouveaux soldats ». Les « Illustres » devaient fournir pour trois, et les autres à due proportion.

---

591. Nov. Val. 6-2, adressée au préfet du prétoire, Quadratianus.

592. Nov. Val. 2-3, du 20 août 443, adressée à Albinus, préfet du prétoire. Les « juristes » bénéficient d'un traitement prioritaire, avant la généralité des cas.

593. Nov. Val. 12. du 19 octobre 443, adressée également à Albinus.

594. Nov. Val.6.3. adressée à Isidorus, comte des largesses sacrées.

La loi du 11 septembre 444, consacrée aux régimes matrimoniaux, est surtout intéressante par l'indication du fait que les principaux officiers de l'Empire, « hommes illustres et sublimes, pour l'intérêt du bien public, avaient été convoqués auprès de la très sacrée cour impériale[595] ». Ainsi, le gouvernement de Valentinien réunit l'ensemble des plus hauts fonctionnaires territoriaux de l'Empire dans la capitale, pour les entendre directement et chercher avec eux des solutions aux problèmes du moment.

Peut-être pour oublier ses difficultés de l'année précédente, Théodose II s'offre, pour 444, un dix-huitième et dernier consulat, auquel Albinus est associé pour l'Occident[596], honneur d'autant plus grand quand l'autre consul est empereur.

Mérobaude, renommé par ailleurs pour ses talents de poète, succède à son beau-père Asturius comme maître des deux milices. Il poussait avec succès la lutte contre les Bagaudes d'Espagne, mais est malgré tout rappelé à Ravenne à la fin de l'année 443, à la suite d'intrigues de cour. Son successeur à la tête des armées, Vitus, soutenu par les Goths surtout attirés par le pillage, tente, cinq ans après l'invasion de la Carthaginoise et de la Bétique par les Suèves, de dégager ces provinces. Finalement, après un échec des Goths, il se replie piteusement, laissant les Suèves piller les deux provinces.

Chassé de Constantinople, le gendre de Boniface, Sébastien, tente de se réfugier à la cour de Toulouse où Théodoric le reçoit mal, se montrant sur ce point loyal à l'égard des Romains. Sébastien finit à Carthage où, dans un premier temps Genséric lui fait le meilleur accueil. Mais, au cours d'un déjeuner, il presse Sébastien de se convertir à l'arianisme. Sébastien aurait alors ouvert un morceau de pain blanc et déclaré :

> « Pour que ce pain parvînt à une qualité digne d'une table royale, on a séparé les impuretés du son de la farine, on l'a pétri, il est passé par l'eau et le feu : voilà pourquoi on le trouve beau à voir et délicieux à manger. De même, passé par la meule de l'Église et purifié comme une blanche farine au crible de l'examen, j'ai été arrosé par l'eau du baptême et cuit au feu de l'Esprit Saint... Mais qu'il soit fait comme je

595. Nov. Val. 14.1. adressée à Albinus, préfet du prétoire.

596. Albinus (supra note 582), opposant notoire à Aetius, est alors préfet du prétoire.

te le propose. Que ce pain soit brisé en morceau, qu'il soit trempé d'eau, pétri une seconde fois et mis au four : s'il en sort meilleur, je ferai ce que tu m'invites à faire. »

Genséric, homme lui aussi de conviction, en tira la conclusion simple, qu'il devait faire tuer « sous un prétexte d'une autre sorte » cet hôte à l'esprit trop ferme[597]. Genséric, toujours méfiant et conscient de la fragilité de son pouvoir, en particulier du fait de la différence de religion avec ses sujets, pouvait craindre une tentative de Sébastien pour ramener l'Afrique dans le giron de l'Empire.

Pour l'entrée dans l'année 445, Valentinien s'offre à son tour les honneurs d'un sixième consulat, auquel Nomus est associé pour l'Orient[598]. La loi du 18 janvier traite d'un point fondamental : le cours de la monnaie. Elle est donc adressée au « peuple romain ». Elle fixe le cours du solidus[599] : personne ne peut refuser une de ces pièces d'or dont la valeur est également donnée par référence à la monnaie divisionnaire. La même loi annonce que des « étalons » seront ultérieurement fixés pour éviter des fraudes sur les poids. Cette mesure ne sera jamais appliquée.

Depuis Rome, Valentinien continue de légiférer avec toujours deux finalités. La première, réalimenter les finances de l'Empire et remédier à la situation difficile des populations rapatriées d'Afrique du Nord : la seconde, organiser la mobilisation contre les Barbares. Pour l'accomplissement de la première finalité, il limite les avantages donnés à l'Église, source d'évasion fiscale pour les contribuables de l'Empire. Ainsi la loi du 14 avril 445[600] dispose que :

«Tous les habitants de Rome qui avaient quitté les corps auxquels ils étaient agrégés, avant que de s'être acquittés de toutes les fonctions qu'ils devaient en cette qualité, seront

597. Anecdote rapportée par Victor de Vita, *Histoire des persécutions dans la Province d'Afrique* op. cit. L.I, 19, 20.

598. Préfet du prétoire à Constantinople, auquel sont adressées plusieurs lois de Théodose II.

599. Nov. Val.16, adressée au « Peuple Romain ».

600. Nov. Val 20, adressée à Auxentius, préfet de Rome.

remis dans le même corps, quand même ils auraient été élevés à l'état ecclésiastique, jusqu'au diaconat ».

Puis la loi du 21 juin[601] dispose qu'en Numidie et Maurétanie, les tributs sont réduits à la huitième partie, pour soulager les habitants de ces provinces conservées à l'Empire mais ravagées par la guerre et que les gouverneurs de provinces ne pourront en sortir que trois mois après être hors de charge afin, s'ils ont fait quelque faute, de disposer du temps de recevoir des plaintes et d'entamer des poursuites[602].

La loi du 8 juillet 445, loi de circonstance ou tournant historique?

Au titre des lois religieuses, celle du 19 juin 445[603] revient une fois de plus sur l'interdiction faite aux manichéens d'exercer leur culte. Cette loi n'est en fait que le rappel de lois antérieures. Mais la grande loi de l'année, encore évoquée, sinon invoquée de nos jours, est celle du 8 juillet[604]. En effet, cette loi est censée fonder en droit rien moins que la primauté des évêques de Rome. Croire que c'est l'expression de la piété profonde de la cour impériale est une explication un peu courte. Ce n'est pas non plus la contrepartie de la réduction des avantages fiscaux et privilèges de l'Église rendue nécessaire par les difficultés de l'Empire. Cette loi de circonstance procède de la volonté constante du gouvernement impérial de voir exercer un pouvoir arbitral au sein du monde chrétien, pour mettre de l'ordre et prévenir de stériles querelles théologiques, facteurs de troubles. Elle tient à un problème survenu en Gaule. L'affaire se résume brièvement. Arles est alors le siège de la préfecture des Gaules. Son évêque Hilaire (il sera canonisé peu après sa mort,

601. Nov. Val 13, adressée à Albinus, préfet du prétoire.

602. Le dispositif des lois de l'année 445 comporte également une loi du 8 décembre, Nov. Val.19, traitant des affaires criminelles.

603. Nov. Val.18. adressée à Albinus, préfet du prétoire.

604. Nov. Val.17 ; la traduction intégrale du texte de cette loi, souvent citée dans les histoires de l'Église (Gaudemet, etc.), sous forme de membres de phrases en latin abondamment commentés, figure en annexe. Prudemment, Tillemont n'en fait qu'une vague mention, « une loi contre saint Hilaire d'Arles », datée inexactement du 6 juin 445. Gibbon n'en dit rien.

survenue le 5 mai 449)[605], se comportant en Primat des Gaules, constate que, pour des raisons canoniques tout à fait justifiées, Célidoine n'aurait pas dû être ordonné évêque de Besançon. En effet, celui-ci, magistrat avant son ordination, avait été conduit dans ses fonctions à prononcer des peines de mort. En outre, il avait été marié à une veuve. Ces deux faits excluaient alors l'accès à l'épiscopat. Celui-ci est donc déposé par un concile provincial[606] convoqué et présidé par Hilaire, avec la participation notable d'évêques éminents, tous futurs saints, Germain d'Auxerre[607] et Eucher de Lyon. Mais Célidoine, ancien magistrat, par un réflexe de juriste, décide d'en appeler à Léon, évêque de Rome, qui, nous l'avons vu, est très au fait des affaires de la Gaule. Celui-ci, par-delà le fond de l'affaire, saisit l'opportunité d'affirmer son pouvoir arbitral suprême sur les Églises d'Occident. Aussi Léon, futur saint lui aussi, se fait-il un devoir de désavouer les trois autres futurs saints, en exigeant la renonciation d'Hilaire à la discipline des Églises de Gaule et en rétablissant l'évêque de Besançon, sans égard pour le fond de l'affaire.

Qu'une loi de Valentinien III vienne sanctionner cette décision, peut surprendre. La loi du 19 juin contre les manichéens est adressée au préfet du Prétoire Albinus, mais celle du 8 juillet est simplement adressée au Patrice Aetius, qui se comporte en maître en Gaule. Or, Hilaire d'Arles bénéficiait de la protection d'Aetius qui avait même mis à sa disposition une escorte militaire pour faciliter ses déplacements dans la province. L'occasion était trop belle pour Valentinien d'un désaveu public du patrice. Léon, fin politique, savait que le contexte de la Gaule lui permettait de pousser son avantage, avec le soutien du pouvoir impérial. Cet épisode est à rapprocher de la médiation de l'évêque d'Auch en 439[608] et plus tard de celle de Germain d'Auxerre en 448. Mieux

605. Par ailleurs proche parent de saint Honorat, fondateur du monastère des îles Lérins. Bien que, par-delà l'affaire évoquée ici, il soit une figure importante de l'histoire du christianisme en Gaule, il ne faut pas le confondre avec Hilaire de Poitiers, « Père de l'Église », vivant au siècle précédent.

606. On dirait aujourd'hui un synode.

607. Une rencontre de Germain avec Hilaire lors d'un déplacement à Arles en 431, fait l'objet d'une très brève mention dans la « *vita Germani* » op. cit. chap. 4 § 23, laquelle ne mentionne pas sa participation au litigieux « concile ».

608. Cf. note 578 supra.

que l'administration impériale, l'épiscopat est à l'écoute des populations auprès desquelles il jouit d'un réel prestige. Se sentant affermi par cette loi, Léon, à partir de cette date, relève à son profit le titre et les attributs de « grand pontife », titulature par laquelle l'évêque de Rome est encore de nos jours connu sous le nom de « Souverain Pontife ».

Persistance des problèmes de l'Empire d'Occident

En 446, fait exceptionnel pour un particulier, Aetius est pour la troisième fois consul[609]. Peut-être une façon d'envelopper la pointe de l'année précédente? Cependant, il s'avère incapable de répondre à la demande de secours que lui adressent les populations de Bretagne. Germain d'Auxerre fait alors un second voyage en Bretagne[610] pour lutter contre le pélagianisme. Il est le témoin des premiers combats avec les envahisseurs saxons, d'abord appelés par les populations de Bretagne pour les aider à lutter contre les Pictes et les Scots.

Valentinien poursuit sa politique d'adaptation des cadres législatifs aux difficultés du moment. La loi du 17 octobre 446, déclaration de principe devant le Sénat, mérite une citation intégrale:

> «Nous croyons utile, Pères conscrits, que si à l'avenir, à l'occasion d'une cause publique ou privée, on s'aperçoit de la nécessité d'une loi générale à laquelle les anciennes ne peuvent suppléer, elle doit être discutée auparavant, tant par les conseillers de Notre palais que par votre illustre assemblée; et si elle est approuvée par eux ainsi que par vous, elle doit être rédigée et présentée de nouveau à la discussion des sénateurs et des conseillers de Notre palais, réunis ensemble; et si elle est encore reçue à l'unanimité, elle doit être lue dans le consistoire de Notre Majesté, afin que Nous confirmions par Notre autorité, cette loi qui a reçu l'approbation générale. Sachez donc, Pères conscrits, qu'à l'avenir, Nous ne confirmerons aucune loi qui n'ait

609. Pour ce consulat, il est associé à Quintus Aurelius Symmachus.

610. Voir « *Vita Germani* » (vie de saint Germain). C'est son second voyage; il en avait fait un premier dix ans plus tôt pour combattre les pélagiens.

été formée de la manière décrite ci-dessus ; parce que Nous sommes persuadés que tout ce qui est fait par votre conseil, tend à la félicité de Notre Empire et à Notre gloire[611]. »

Cette loi organise donc ce que l'on appelle, dans le processus d'élaboration des lois, la « navette » entre le pouvoir exécutif et le législatif. Surtout elle recommande la retenue dans l'activité législative : ne légiférer que si nécessaire. Ces sages principes devront attendre un peu plus d'un millénaire pour être opérationnels et parfois oubliés...

Les lois du 21 octobre et du 26 décembre 446[612] modifient le régime des testaments. La loi du 15 décembre[613] réforme l'organisation administrative.

Toutes les lois de l'année 447 sont datées de Rome[614]. La loi du 13 mars 447[615] porte sur la démolition des tombeaux, alors abusivement utilisés comme source de matériaux, ce qui traduit tant un manque d'argent et de matériaux, qu'un manque de main d'œuvre, et aussi une perte de savoir-faire. La loi du 25 avril[616] enlève l'immunité de clercs à ceux qui sont « entrés dans l'état ecclésiastique en abandonnant l'emploi qu'ils avaient dans les largesses du prince, sans la permission de leurs officiers ». Une loi du 3 juin 447 traite de la succession des hommes libres[617].

Au début du mois d'août, Rechila, roi des Suèves, meurt après un règne de huit ans. Son fils Requiaire lui succède. Un des premiers actes du nouveau roi est un nouvel affront pour le pouvoir impérial. Censorius, envoyé de l'empereur, prisonnier depuis la défaite des armées romaines à Mertola, huit ans plus tôt, est égorgé à Séville.

---

611. *Code Justinien* 1.14.8. Traduction de Tissot en 1807, Behmer éditeur à Metz (Le Nain de Tillemont n'en cite que le membre de phrase relatif à l'accord du Sénat. Dans le contexte de la fin du XVIIe siècle, il n'avait probablement pas perçu tout le côté novateur de cette déclaration d'intention).

612. Nov.Val. 21

613. Nov.Val.22

614. Le choix des consuls de l'année s'est porté sur Ardaburius, général en chef des armées d'Orient, Alain d'origine et Faltonius Probus Alypius pour l'Occident.

615. Nov.Val.23.

616. Nov.Val.24, et Nov.Val.7-3.

617. N. Val.25.1, adressée au préfet du prétoire Albinus.

Les troubles continuent pendant l'année 448[618]. Théodoric a une politique matrimoniale active qui tend à créer des liens familiaux entre les royaumes barbares. Une de ses filles épouse Requiaire[619]. Une autre épouse un fils de Genséric. Ce mariage va se terminer tragiquement et s'avérer avoir des effets opposés à ceux initialement escomptés… Requiaire envahit la province de Carthagène que son père avait restituée aux Romains[620].

Le 21 avril 448 est le jour du douzième siècle de Rome. Il semble bien que ce nouveau siècle de l'histoire de Rome n'a fait l'objet d'aucune célébration. L'hypothèse selon laquelle, débordé par les difficultés, le gouvernement impérial aurait renoncé à de telles commémorations ou les aurait oubliées paraît devoir être écartée. Le coût d'une telle commémoration n'aurait pas été très élevé et n'aurait pu que galvaniser l'esprit romain à un moment où Valentinien redonne à Rome son statut de capitale de l'Empire, après une interruption de plus d'un siècle. Mais la fondation de la Ville n'est plus un fait digne de commémoration pour un Empire chrétien[621]. Position de principe renforcée peut-être par la vieille superstition selon laquelle les douze vautours vus par Romulus le jour de la fondation de la ville symbolisaient le nombre de siècles de la ville? On arrivait au terme…

Par la loi du 3 juin 448, soit la dixième année depuis la promulgation du *Code théodosien*, Valentinien procède à la validation[622] en Occident des lois de Théodose II.

> « Le plus glorieux des empereurs, Notre Seigneur Théodose, père de Ma Clémence, Nous a récemment adressé avec l'accompagnement des ordres impériaux sacrés, comme il l'a prévu par plusieurs lois, les lois qu'il a lui-même promulguées depuis la promulgation du Code qui porte son nom…

618. Sont consuls pour l'année, Zénon en Orient et Postumianus en Occident.

619. Hydace, *Chroniques*, Olymp. CCCVII, § 140.

620. Hydace, *Chroniques*, Olymp. CCCVII, § 142.

621. Aurelius Victor avait déjà noté, *De caesaribus*, 28, 2, à propos de la vie des deux Philippe qu' « ils célébrèrent (en 248) la dixième année séculaire de la fondation de la ville », mais que « de notre temps aussi [en 348], la dernière année du onzième siècle de cette fondation s'est écoulée sans qu'on l'ait solennisée par aucune des cérémonies d'usage », éd. Panckoucke, p.250, Paris, 1846.

622. N. Val. 26-1 adressée à Albinus, préfet du prétoire.

> Ces lois seront portées à la connaissance de tous... ainsi, comme les deux mondes sont régis par des règles indivisibles, ils seront guidés par les mêmes lois. »

Germain d'Auxerre à Ravenne, son intervention en faveur des Bagaudes

Les Armoriques, c'est-à-dire au sens large toute la partie de la Gaule située entre Loire et Seine, de Lyon à l'actuelle Bretagne, se soulèvent. Aetius fait face par le seul usage du recours à la force. En l'occurrence, pour réprimer le soulèvement il envoie Éocaric, roi des Alains fixés dans la région d'Orléans[623]. Germain d'Auxerre qui revient de son second voyage en Bretagne, intercède en faveur des rebelles. Il ne s'adresse pas à Aetius, mais directement à Éocaric :

> « La généreuse liberté avec laquelle le saint évêque l'arrêta en prenant la bride de son cheval donna du respect au barbare qui promit de ne pas avancer au-delà de la Loire, pourvu qu'il obtienne d'Aetius ou de l'empereur le pardon des Armoriques[624]. »

Une fois de plus, les chefs religieux de l'époque savent en imposer aux chefs barbares, ne serait-ce que par leur âge, leur habillement et un sens de la mise en scène. Ceux-ci sont conscients de ce qu'ils sont les vrais porte-parole des populations locales et que leur avis est à prendre en considération. Germain ne cherche pas à entrer en contact avec Aetius qui guerroie quelque part en Gaule. Malgré son âge, il décide de se rendre en Italie pour s'adresser à l'empereur. Il destine son intervention à Galla Placidia dont le prestige et l'influence sont intacts. « L'impératrice Galla Placidia gouvernait l'Empire romain avec son fils Valentinien qui était déjà un jeune homme. » L'accord entre celle-ci et son fils est parfait, surtout quand il s'agit de la Gaule et d'Aetius. Valentinien III fait

623. La toponymie garde trace de ces établissements, ainsi les villages d'Allaines et d'Allainville.

624. La *Vita Germani* fait de ce voyage à Ravenne un récit intéressant, de lecture agréable.

à ce moment-là un long séjour à Ravenne, ce qui ne peut que faciliter l'intervention[625].

Un déplacement de Germain attire toujours un grand concours de foule. Par souci de discrétion il arrive à Ravenne de nuit. Mystérieusement informée, la population l'attend, massée dans les rues éclairées de flambeaux. L'impératrice lui fait porter de la nourriture sur un plateau d'argent. Germain donne la nourriture aux pauvres, et le plateau est vendu pour faire des offrandes. En retour, Germain envoie à l'impératrice un morceau de pain dans une écuelle en bois. L'écuelle est sertie d'or et le « saint » morceau de pain placé dans un reliquaire. Assaut d'amabilités chargées de symboles…

L'intervention de Germain est entendue. L'empereur accorde un plein pardon aux peuples d'Armorique à condition que la révolte ne se renouvelle pas, ce qui ressemble à un désaveu d'Aetius. Cette condition ne sera pas respectée. La Gaule connaît un nouveau moment difficile pendant l'année 449, où sévit une grave famine accompagnée de peste[626], circonstance qui relance les Bagaudes. Mais ces populations auront un comportement loyal vis-à-vis de l'Empire, lors de l'invasion des Huns en 451. Cette partie de la Gaule restera même quelques années après la disparition de l'Empire d'Occident, un dernier bastion de romanité. Sa mission politique terminée, Germain s'attarde à Ravenne, le temps d'accomplir quelques miracles. Il « ressuscite [627]»le fils de Volusien[628], chancelier du patrice Sigisvult et, à la prière de l'impératrice, il guérit un officier de l'eunuque Accole, grand chambellan, qui était possédé. Épuisé par ces efforts, mais ne pouvant rien pour lui-même, il meurt à Ravenne le 31 juillet 448. Son corps est ramené triomphalement à Auxerre pour y être inhumé, jalonnant sa route de quelques miracles posthumes.

625. Voir ci-après l'affaire d'Honoria et la note 629 sur les dates du séjour prolongé que Valentinien III fait alors à Ravenne.

626. Le Nain de Tillemont, *Histoire des empereurs*, t. VI, « Baronius cite du pape Gélase que la peste fut jointe à la famine. » À l'époque le mot peste désigne toute épidémie de cause indéterminée. Cette famine et ses conséquences sont évoquées par la loi du 31 janvier 451, Nov. Val 31.

627. Si l'on en croit les chroniques, un certain nombre de saints de l'époque semblent avoir bénéficié de cette prérogative divine.

628. Donc le cousin de sainte Mélanie.

Où l'on prête à la princesse Honoria une entrée remarquée dans l'Histoire

En 449, Valentinien III prolonge son séjour à Ravenne ainsi que l'attestent deux lois. Celle du 17 juin qui précise un texte antérieur de Théodose II de 424 sur la prescription trentenaire : « Nous offrons une paix profonde au genre humain en décidant qu'après trente ans aucun procès ne pourra être entrepris, si une action n'a pas été introduite pendant ce délai », disposition que l'on retrouve à l'article 2272 du Code civil[629] ; et celle du 11 septembre relative à l'organisation des services secrets.

Honoria, sœur aînée de Valentinien III, semble bien avoir alors été au centre d'une crise politique grave. Le long séjour de Valentinien III à Ravenne s'explique mieux ainsi. La loi en faveur des agents des services secrets est peut-être un autre indice de ce que quelque chose d'anormal s'est alors passé. L'empereur a tenu à conforter des services de renseignement qui avaient fait preuve d'efficacité. Bien que les sources contemporaines soient finalement muettes sur l'épisode[630], il est trop connu et trop romanesque pour ne pas être examiné ici[631], ne serait-ce que pour essayer de comprendre ce qui a pu réellement se passer. Certes, les mœurs de l'époque font que peu d'attention est accordée aux femmes ; c'est pourquoi, on ne dispose que de peu d'informations sur la vie privée. Depuis sa naissance, Honoria, qui a obtenu le titre d'Augusta en 425, lors de l'instauration de son frère, n'est pratiquement pas mentionnée dans les textes de l'époque, si ce n'est par une allusion : « la sainte trinité constituée par Galla Placidia et ses deux enfants[632] » et, dans une poésie de Mérobaude datée

629. Nov. Val.27. Cet article du code civil stipule que « Le délai de prescription requis pour acquérir la propriété immobilière est de trente ans. »
Pour cette période, le *Code Théodosien* permet d'établir une chronologie des séjours de Valentinien. La novelle Val. 25-1 est datée de Rome le 3 juin 447. Sont ensuite datées de Ravenne les novelles Val. 26-1 du 3 juin 448, Val. 27-1 du 17 juin 449 et Val. 28-1 du 11 septembre 449. La novelle Val. 1-3 est datée de Rome le 5 mars 450, mais nous savons par d'autres sources que la famille impériale séjournait à Rome depuis le 20 février 450.

630. Hydace, Sidoine Apollinaire, et Salvien de Marseille n'y font aucune allusion.

631. Il a même fait l'objet d'un « film-peplum » en 1953, *Attila, fléau de Dieu*, où Honoria a les traits de Sophia Loren.

632. Saint Pierre Chrysologue, sermon 130, cité par Le Nain de Tillemont : « La mère du chrétien éternel et fidèle empereur, suivant et s'attachant à la Sainte Église par la

d'environ 440 : « lorsque sa sœur est à ses côtés, elle paraît comme l'astre fraternel, brillant de la lumière blanche d'une lune resplendissante[633]. » Ces formulations supposent à cette date une bonne relation entre le frère et la sœur. Il est donc vraisemblable que devenue adulte, elle a sa propre maison, comme sa mère trente ans plus tôt.

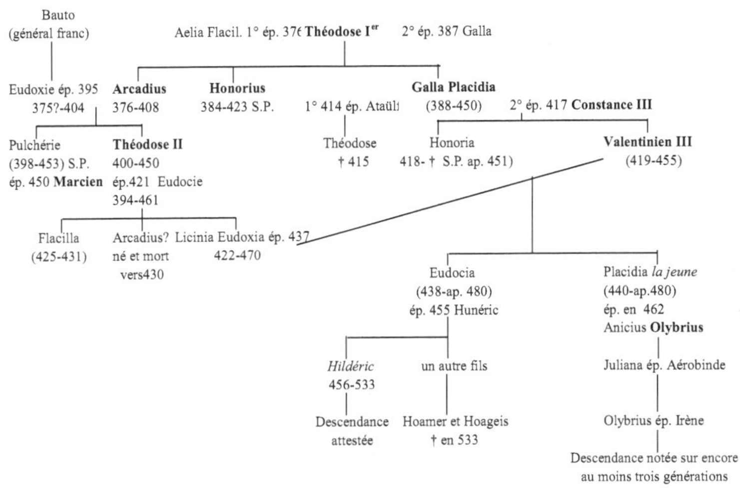

La famille et la descendance de Galla Placidia

L'affaire qui survient à son propos comporte deux temps, sur le déroulement desquels une confusion de date est souvent faite. Pour ne pas faire d'ombre à son frère Valentinien d'un an son cadet, Galla Placidia aurait inconsciemment traité Honoria un peu comme elle pouvait reprocher à Serena d'en avoir usé à son égard. Dotée, si l'on en croit ces récits, d'une forte personnalité et peut-être d'un fort tempérament, sa mère et son frère auraient eu la stupeur de lui découvrir un amant en titre, son chambellan Eugène. S'il s'est vu près du Capitole, il ne va pas jusqu'à la roche Tarpéienne[634]. Un échafaud ravennate suffit pour sanctionner son

foi et par l'exercice des œuvres de miséricorde, par une vie sainte et consacrée à l'honneur de la divine Trinité, mérite de mettre au monde, de voir et de posséder une auguste trinité » ; voir note 185.

633. Mérobaude, *Carmen* 1.13-14. « *Cum soror adsistit, nitidae candentia Lunae sidera fraterna luce micare putes.* »

634. Rocher légendaire proche du Capitole d'où les condamnés à mort étaient précipités dans les premiers temps de Rome, d'où l'expression proverbiale : « Il n'y a pas loin du

crime de lèse-majesté (en application d'une loi d'Auguste destinée à calmer les ardeurs de sa fille Julie ?). Quant à Honoria, un séjour prolongé à Constantinople auprès de sa cousine Pulchérie devrait lui inculquer les sain(t)s principes de vie d'une princesse chrétienne qui a fait don de sa virginité à Dieu. Ce premier temps est parfois situé contre toute vraisemblance dès l'année 434[635]. En effet, à cette date Honoria n'est âgée que de seize ans, donc elle ne dispose pas de sa propre maison. Il est donc plus cohérent de situer les faits à une date postérieure et de ne pas séparer les deux épisodes de l'histoire[636].

Le deuxième épisode est encore plus romanesque. Honoria s'ennuie dans l'ambiance dévote et austère de la cour de Constantinople. Aussi, pour rompre la monotonie des jours, décide-t-elle de faire porter par son page Hyacinthe[637] son anneau d'or à Attila en gage de leurs fiançailles, lui offrant ainsi sa main et à titre de dot, sa « part » de l'Empire d'Occident. Honoria, « fiancée d'Attila » sert désormais de prétexte aux interventions de celui-ci en Occident[638]. Elle est alors réexpédiée en Occident où sa mère et son frère la marient d'urgence à un vieux sénateur inoffensif, Bassus Herculanus[639]. Aucun élément concret ne permet de dater la mort d'Honoria et d'en préciser les circonstances. Tout au plus peut-on conjecturer qu'elle est en vie au début de 452, année du

---

Capitole à la Roche Tarpéienne. »

635. Les premières sources antiques du « roman » d'Honoria sont des sources orientales de la première moitié du VIe siècle :
- la *Chronique* de Marcellin relate l'aventure de la princesse et d'Eugène, en la situant en 434, «Honoria, la soeur de l'empereur Valentinien, se déshonora avec Eugène, son procurateur. Chassée du palais et d'Italie pour être envoyée à Théodose, elle pousse Attila contre l'empire d'Occident.»
- et l'*Histoire des Goths* de Jornandès, (op. cit. § 223 et 224), où l'affaire d'Honoria sert de justification à l'incursion d'Attila en Italie, au printemps de 452.
Procope, source habituelle de ragots, n'y fait pas la moindre allusion.

636. L' article « Honoria » dans la PLRE retient cette solution.

637. Le personnage de Hyacinthe n'apparaît que dans la chronique de Jean d'Antioche, soit à la fin du VIIe siècle.

638. Priscus qui peut être considéré comme une source fiable fait deux allusions :
- « Honoria… qui lui avait été promise en mariage » (fr. 15, année 450),
- « de surcroît, elle lui était unie par le mariage, un anneau qu'il tenait d'elle en constituait la preuve » (fr.16, année 451).
Ces deux allusions sont intéressantes mais, si on y regarde de près, elles n'expriment que des déclarations d'Attila.

639. Ce qui lui vaudra les honneurs du consulat en 452.

consulat d'Herculanus et constater que si elle avait été encore en vie au moment du pillage de Rome par Genséric en juin 455, son nom n'aurait pas manqué d'être mentionné parmi les « illustres captives » emmenées à Carthage.

L'histoire paraît se répéter, tout en basculant dans le roman-feuilleton. La présentation des deux épisodes du roman d'Honoria mérite cependant un examen critique. Pour le premier, l'aventure avec Eugène, la date de 434 doit être écartée par manque de vraisemblance. S'il s'est passé quelque chose, c'est en 448[640]. Le séjour prolongé de Valentinien III à Ravenne à partir du second semestre de cette année-là est un indice. La famille impériale, Galla Placidia comprise, mais sans mention d'Honoria, ne revient à Rome qu'en février 450.

Au moment de ces faits supposés, Valentinien III et Licinia Eudoxia, après dix ans de mariage, ont en tout et pour tout deux filles, Eudocia « fiancée » à Hunéric et Placidia la jeune. Les supputations doivent commencer sur ce qu'il adviendrait en cas de disparition de Valentinien III. Dans un tel contexte, le chemin du trône peut également passer par la main d'Honoria. Ce raisonnement peut avoir conduit la mère et le frère à penser que pour la tranquillité de l'Empire il vaudrait mieux qu'Honoria reste célibataire. Le récit de l'aventure avec Eugène est donc soit celui d'un fait réel, une pulsion d'Honoria aussi naturelle que politiquement intempestive, c'est ce que l'Histoire a retenu, soit plus vraisemblablement l'indice d'une cabale, sinon d'un complot, contre Valentinien III dont Honoria est l'objet, complice ou instrument involontaire à son corps défendant.

Le deuxième épisode est d'interprétation plus délicate. Certes, sa lecture au premier degré est plaisante. On imagine une jeune et belle princesse rebelle, abordant la trentaine avec pour seules perspectives les dévotions de sa cousine Pulchérie et cultivant dans le secret de son cœur le souvenir de son jeune amant décapité. Exaltée par le souvenir de sa propre mère, naguère reine de barbares, constatant que sa nièce est déjà gagée auprès des Vandales, elle prend contact avec la terreur du temps, Attila, et lui envoie une bague. Cette belle histoire n'est pas cohérente avec la date des faits

640. Cf. *Galla Placidia, la Nobilissima* par Vito Antonio Sirago, éd. Jaca Book, Milan, 1996, p. 121 et suivantes.

supposés. En 448 ou 449, Pulchérie a été depuis plusieurs années mise à l'écart par Théodose II. Celui-ci pose en outre, depuis 447, un grave problème à l'Église par son soutien à l'hérésie eutychéenne. L'envoi d'Honoria à la cour de Constantinople pour la soumettre aux leçons de sa cousine Pulchérie n'est pas envisageable dans le contexte de l'année 448.

Attila, informé des péripéties réelles et bon connaisseur de la cour de Ravenne, peut donc avoir ajouté de lui-même ce justificatif aux prétextes de son intervention. Il n'est pas à une fable près pour justifier ses incursions en Gaule, puis en Italie. Dans une rodomontade devant sa cour, il a pu présenter n'importe quel anneau comme ayant appartenu à Honoria. L'affaire plus ancienne des vases de l'évêque de Margum, sur laquelle on va revenir, montre un comportement similaire. Encore faut-il rappeler que le principal motif exposé à l'intention de l'empereur c'est, en sa qualité de loyal allié des Romains, de pénétrer en Gaule pour punir les Wisigoths de leur déloyauté à l'égard de l'Empire. D'autant plus que, allié des Vandales, Attila peut affecter de se préoccuper du problème posé par Théodelinde, cette fille de Théodoric mariée à un fils de Genséric, et renvoyée de la cour de Carthage, après avoir eu le nez coupé en punition d'un hypothétique complot[641].

Le contexte, le parallèle avec la vie de sa mère, avec les fiançailles d'Eudocia et d'Hunéric, les vicissitudes à venir de sa belle-sœur Licinia Eudoxia, une confusion entre des événements proches dans le temps, peuvent expliquer l'invention de ce qui paraît bien n'avoir été que « le roman de la princesse Honoria[642]. »

Cependant, l'absence d'héritiers mâles chez Valentinien III pouvait déjà éveiller des ambitions intempestives impliquant Honoria, sans même sa participation effective. L'exécution hypothétique d'un Eugène est le signe que quelque chose s'est passé vers le milieu de 448. Ensuite, Honoria fut mariée avec le sénateur Bassus

641. Priscus, cité par Le Nain de Tillemont, *Histoire des empereurs*, op. cit. t. VI : « Attila se prétendait encore attiré par des intérêts que mettait en mouvement une autre femme », phrase qui peut s'appliquer à la princesse wisigothe.

642. Dans son ouvrage sur Genséric, Martroye écrit clairement, p. 143, « Ce récit romanesque est en contradiction évidente avec des faits qui ne peuvent être révoqués en doute. » Plus loin, il conclut la note 3 de la même page par la remarque suivante, à propos des motivations d'Attila : « Il ne fut plus question d'Honoria dont les prétendues fiançailles ne sont probablement qu'un roman. »

Herculanus. Celui-ci, membre de la famille anicienne, est d'un rang tout à fait convenable pour épouser la sœur de l'empereur. Honoria disparut ensuite d'une scène politique dont elle ne fut probablement jamais actrice.

Les Huns et leur roi Attila

Les Huns apparaissent dans l'histoire romaine à la fin du quatrième siècle, Ammien Marcellin en fait une description tout simplement effrayante[643]. Les Romains saisissent très vite l'intérêt qu'ils présentent pour prendre les Germains à revers. Dès le début du cinquième siècle, il est procédé à l'échange d'otages d'honneur. C'est ainsi qu'Aetius séjourne à la cour du roi Octar et y noue des relations avec le neveu de celui-ci, Attila. À titre de réciprocité, celui-ci séjourne à la cour de Ravenne autour de l'année 410, où il dut être un témoin attentif des événements qui agitèrent cette période cruciale. En 412, Olympiodore participe à une ambassade auprès d'autres tribus de Huns dont les Romains venaient de faire tuer le roi. Il s'agit de porter des présents pour apaiser le nouveau roi.

C'était donc tout naturellement qu'en 425 l'usurpateur Jean avait chargé Aetius de s'assurer le concours de ces alliés. En 430, Théodose II leur accorde un statut de fédérés conforme à la tradition, donc hors des frontières de l'Empire, mais leur verse un tribut annuel de 350 livres d'or ce qui, par-delà la question de principe, reste modéré au regard d'un budget annuel estimé pour l'Empire d'Orient à 70 000 livres.

En 434, à la mort de son oncle Ruga, Attila, dans un premier temps associé à son frère Bléda, devient roi des Huns. L'importance du personnage et la trace qu'il laisse dans l'Histoire justifient la citation d'un portrait précis du personnage :

> « À l'abord, hautain, promenant son regard sur tout ce qui l'entourait, afin que sa puissance fût manifeste à chaque mouvement de son corps altier. Il aimait certes les guerres, mais était capable de contrôler sa propre violence. Il était d'un jugement très avisé, miséricordieux envers ceux qui le

643. Cf. Chap. III, note 154.

suppliaient, bienveillant envers ceux à qui il avait accordé une fois pour toute sa confiance. Au physique, il avait la taille courte, avec une large poitrine, une fort grande tête, de petits yeux, une barbe peu abondante, une poudre de cheveux blancs, un nez camus, un teint brunâtre[644]. »

Dans un premier temps, il travaille à unifier les Huns sous son autorité pour créer un véritable Empire. Au début de son règne, il exploite avec habileté une « découverte » accidentelle. Hérodote rapporte que, dans la haute Antiquité, les Scythes occupant les mêmes régions trans-danubiennes avaient :

> « dans chaque district de leur royaume un sanctuaire d'Arès, [le dieu Mars des Romains], dans chacun est planté un antique glaive de fer dont seule la pointe dépasse du sol ; et c'est là la représentation d'Arès. À ce glaive ils offrent des sacrifices annuels de bétail et de chevaux[645] ».

L'existence de ces « épées de Mars » était donc encore connue au ve siècle. Toute l'astuce d'Attila consiste à utiliser la blessure au pied d'un animal par un objet métallique enfoui dans le sol, comme un signe du destin. Ceci nécessite de bonnes connaissances. On imagine mal Attila en lecteur d'Hérodote, encore qu'il ait pu mettre à profit son séjour comme otage d'honneur à la cour de Ravenne pour quelques lectures..., mais cela se conçoit mieux dans son entourage, notamment les Romains vivant à sa cour. Qu'un objet métallique enfoui dans la terre blesse au pied un animal appartenant à un bouvier hun, ce ne peut être qu'une de ces épées. Attila exploite cette prétendue découverte avec ce sens aigu de la propagande que l'on retrouve souvent chez lui. Ce ne peut être qu'une pointe d'épée, une de ces épées rituelles des

---

644. Jornandès, *Histoire des Goths*, op. cit. § 182, p. 71. Dans *l'Empire des steppes*, Payot, Paris, 1965, p. 115 à 122, Grousset relève que ce portrait d'Attila par Jornandès, est celui du « *Hun-type* » et le compare au portrait d'autres conquérants mongols, vus par les Chinois.

645. *Histoires*, IV, 62, Les Belles Lettres, Paris, 1985, et NRF, La Pléiade, Paris, 1993. Le fait est donc rapporté un bon millénaire avant Attila. Dans son ouvrage sur Attila, déjà cité, M. Roger Caratini fait à juste titre le rapprochement entre Hérodote et l'anecdote du bouvier hun rapportée par Jornandès, *Histoire des Goths*, op. cit. § 183.

Scythes, la seule... Cette épée retrouvée est un signe du dieu de la guerre qui le destine à régner sur le monde !

À cette époque, l'Empire d'Occident dispose toujours de contingents huns. Mais Attila prend vite la mesure de la faiblesse de l'Empire d'Orient et de la terreur qu'il inspire. Il entretient soigneusement cette image inquiétante pour en jouer[646]. « Sous les sabots de ses chevaux l'herbe ne repousse plus... » est une expression quasi-proverbiale. En fait, les Barbares étaient numériquement peu nombreux, mais c'étaient des cavaliers, donc il fallait nourrir leurs chevaux. La consommation de fourrage de leur cheptel était comparativement beaucoup plus importante que leur propre consommation alimentaire. Le pâturage de semis de blé par les chevaux des Barbares compte certainement parmi les plus importants dégâts causés par les envahisseurs.

Par le traité de Margum[647], Attila obtient en 435 le doublement du tribut annuel versé par l'Empire d'Orient. Il s'installe en Pannonie. En 438, le meurtre de Bléda, lui permet de régner seul. À partir de 441, il attaque ouvertement l'Empire d'Orient, prenant prétexte d'un vol de vases sacrés dont il accuse, avec aplomb, l'évêque de Margum d'avoir été le receleur. Il procède au pillage de la Thrace, de la Macédoine, puis en 447 de la Thessalie. Théodose II tente d'acheter la paix, mais échoue dans ses tentatives de susciter des ennemis de revers contre les Huns.

L'Empire d'Orient étant ainsi rançonné depuis des années, en 449 Chrysaphe persuade Théodose II de mettre sur pied une tentative d'assassinat d'Attila. Pour ce faire, ils croient acheter Edeccon, un des deux envoyés d'une ambassade d'Attila, le second étant un Romain, Oreste[648]. Edeccon s'empresse de tout rapporter à Attila. Démasquée, la tentative tourne à la confusion complète des Romains. Attila en profite pour faire monter les enchères. L'affaire tourne en ridicule le gouvernement de Constantinople qui « joint le crime et la perfidie, à la faiblesse ». Le peuple a le sentiment d'être écrasé d'impôts inutilement, pour payer des rançons, consé-

646. Roger Caratini, *Attila,* Hachette, Paris, 2000, relève que l'expression « fléau de Dieu », d'origine biblique, a été employée par des chroniqueurs ecclésiastiques dès le VIe siècle.

647. Aujourd'hui Passarovitz.

648. Oreste est le père de Romulus-Augustule, détrôné en 476 par Odoacre qui n'est autre que le fils d'Edeccon (voir chapitre XVI).

quences d'une politique absurde. Jusqu'alors, Attila se comporte en allié « loyal » de l'Occident.

Théodose II fauteur de schisme religieux

L'influence de Chrysaphe s'exerce également dans le domaine religieux. Eutychés prend le contre-pied exact des thèses d'Arius. Au contraire de ces dernières qui reviennent à mettre en cause la divinité du Christ, Eutychès soutient que si le Christ a une double nature divine et humaine, cette dernière s'efface devant la nature divine. C'est le monophysisme. Le Christ ne peut pas être homme, étant Dieu. Ce raisonnement, correct en mathématique, ne l'est pas en théologie... Les théories d'Eutychès sont donc condamnées par Léon, évêque de Rome, et par un concile réuni à Constantinople en novembre 448, au motif que les souffrances du Christ lors de la Passion sont incompatibles avec sa nature divine, donc une nature humaine est nécessaire pour les subir.

Théodose II, poussé par Chrysaphe, décide de soutenir les thèses d'Eutychès, et pour ce faire convoque un concile universel chargé de trancher la question, contre l'avis de Léon qui estime qu'un concile général n'est pas nécessaire sur un point « qui ne peut souffrir aucun doute ». Le désaccord porte à la fois sur le fond et sur la procédure. Une fois de plus, Léon se montre audacieux, puisqu'il met à profit le problème théologique soulevé pour dénier à l'empereur la prérogative de convoquer les conciles. Un concile se réunit à Éphèse, en août 449, dans une ambiance tendue. Les thèses d'Eutychès sont validées sous les pressions du gouvernement impérial, malgré le point de vue exprimé par les légats de Léon[649]. L'histoire de l'Église retient ce concile sous le nom de « brigandage d'Éphèse ».

Pour la nouvelle année 450, les deux consuls sont d'Occident, Valentinien III pour la septième fois, associé à Avienus, influent sénateur romain, apparenté aux plus anciennes familles[650]. Le 21 février 450, la famille impériale se réinstalle à Rome, où Galla

649. Voir au chapitre suivant le désaveu de ce concile par le concile de Chalcédoine en 451.

650. Cf. Ch. Settipani, *Continuité gentilice et continuité familiale...*, op. cit. p. 160 à 164. Il s'agit des Corvinii et des Valerii. Une lointaine parenté avec les Théodose par les Cethegi n'est pas à exclure, voir chapitre V.

Placidia suit son fils. Dès le lendemain de leur arrivée, à l'occasion de l'office de saint Pierre dans la basilique du Vatican, la famille impériale a une entrevue avec Léon qui leur demande d'intervenir auprès de Théodose II, pour qu'il revienne sur sa position. La position de Léon est claire : « On doit reconnaître en Jésus-Christ deux natures, sans confusion, sans changement, sans division, sans séparation », et il souhaite réunir un nouveau concile en Italie. Valentinien III, Licinia Eudoxia et Galla Placidia écrivent donc à Théodose II, en vain.

Le 5 mars, Valentinien III procède à des remises d'impôts, par cette déclaration au Sénat : « Un propriétaire qui est appauvri est perdu pour Nous, mais s'il n'est pas surchargé, il Nous profite[651]. » Son activité législative de l'année consiste en deux lois « techniques[652] ». La première réglemente la batellerie fluviale qui assurait le transport à Rome du blé d'Afrique déchargé et entreposé à Ostie. La seconde porte sur l'organisation des porteurs de torches qui précédaient l'empereur et les grands officiers de l'Empire.

Le 28 juillet survient un événement aussi inattendu que décisif : la divine Providence apporte sa contribution au règlement du problème théologique causé par Théodose II. Ayant abandonné ses pinceaux de calligraphe le temps d'une chasse, il fait une chute de cheval mortelle. Les événements se précipitent. Pulchérie sort de son couvent et, ne pouvant être impératrice en titre, contracte un mariage « blanc » avec un vieux général, opportunément veuf, Marcien, qui est proclamé empereur le 25 août. Dans l'urgence, personne ne paraît s'être préoccupé des droits de Licinia Eudoxia, fille de Théodose II et épouse de Valentinien III. Volonté d'une solution orientale ou habile solution d'attente imaginée par Pulchérie ? Chrysaphe ne survit pas à son maître, étant promptement exécuté sans autre forme de procès. Le nouveau couple impérial va en priorité régler la question religieuse à la satisfaction de Léon et par une négociation directe avec lui, ignorant ainsi le gouvernement impérial de l'Occident, bien mal récompensé de son soutien constant.

651. Nov. Val. 1.3.

652. Respectivement Nov. Val. 29.1 du 24 avril, adressée au préfet de Rome, et Nov. Val 30.1 du 3 octobre, adressée au maître des offices.

La fin de l'impératrice douairière

Le 27 novembre « à Rome, mort de Placidia, la mère de l'empereur [653]», par une cause inconnue, mais à coup sûr naturelle. Elle est alors enterrée sur place dans le mausolée des théodosiens où elle venait de faire faire des travaux, en particulier le transfert des restes de son fils Théodose enterré à Barcelone trente-cinq ans plus tôt.

La postérité conserve une image positive de Galla Placidia. Sa vie, souvent romanesque, a inspiré beaucoup de plumes même s'il faut bien se résigner à admettre que sa personnalité réelle nous échappe pour une large part[654]. Avec la distance des siècles, la fin de cette impératrice semble précéder de bien peu celle de l'Empire d'Occident pour que ne lui soit pas attribuée une part de responsabilité dans celle-ci[655]. La suite de ce récit va montrer que le quart de siècle qui reste à l'Empire d'Occident est une durée bien suffisante pour contenir en elle-même les causes de la fin.

L'examen de la dernière partie du règne de Valentinien III permet une mise au point par rapport à la façon dont il est en général caricaturé, en particulier sur l'idée selon laquelle sa mère aurait soigneusement veillé à l'amollir pour conserver son pouvoir. Ce chapitre et celui qui le précède montrent une continuité dans la politique conduite pendant cette période. Devenu majeur, Valentinien conduit la même politique, indépendamment de sa mère puisque pour l'essentiel il réside à Rome et qu'elle reste à Ravenne. Il faut donc plutôt y voir une transmission de relais réussie, malgré les difficultés du temps. Voilà donc écartée la plus grave des critiques faites à Galla Placidia. Elle a correctement formé son fils à la fonction impériale. Elle n'a pas sacrifié la nécessaire continuité monarchique à la vanité de son pouvoir personnel.

---

653. Hydace, *Chroniques*, Olymp. CCCVII, § 148, une simple notice nécrologique…

654. Émilienne Demougeot dans un article intitulé *L'évolution politique de Galla Placidia*, remarque : « Ses biographes V.A. Sirago et S.I. Oost constatent que la vie personnelle de Galla Placidia nous échappe et que seule son activité politique nous permet d'appréhender sa personnalité. »

655. Selon Le Nain de Tillemont, *Histoire des empereurs*, op. cit. t.VI : « Quoiqu'il y ait eu quelque chose de fâcheux pour sa réputation après la mort de Constance III son mari, et que l'Empire ait subi de grandes pertes dans les vingt-cinq ans qu'elle en a eu la conduite, on n'a pas laissé d'avoir de l'estime pour elle. » Les *Chroniques* de Prosper relatent que « sa vie fut exempte de tout acte répréhensible ».

Cela étant, si on revient aux débuts de sa « régence » et aux circonstances de sa prise de pouvoir, les péripéties de la succession d'Honorius et de la restauration dynastique imposée par les armées de Constantinople lui créaient un fort handicap de départ. Le premier abandon territorial alors consenti à l'Orient est le seul reproche explicite qui lui est fait par les historiens de l'Antiquité.

> « Quoiqu'elle procurât de tout son pouvoir les intérêts de son fils, elle lui fit néanmoins beaucoup de tort en conduisant les affaires avec trop de mollesse, en donnant trop de repos aux soldats et en cédant l'Illyrie à Théodose II, en sorte que Valentinien III a perdu sous la tutelle de sa mère, ce qu'il aurait à peine pu perdre s'il fut demeuré sans tutelle et sans secours[656]. »

L'installation des Vandales en Afrique du Nord, séquelle des difficultés initiales de sa régence, en fait beaucoup plus grave que le transfert de l'Illyrie à l'Orient, n'a pas pris sur le moment l'apparence d'un véritable démembrement de l'Empire. Au moment de la mort de Galla Placidia, l'Empire d'Occident paraît à peine entamé et semble être une structure durable. L'avènement de Marcien à Constantinople quelques mois avant sa mort est cependant un avertissement inquiétant quant à l'avenir de la dynastie.

Galla Placidia a concrètement mis en œuvre les deux orientations qui transparaissaient dans son action antérieure. Ses relations avec les Barbares ont toujours été marquées du signe de la compréhension et de la temporisation, comme si elle était persuadée qu'à terme la civilisation les absorberait, là réside la signification profonde de son mariage avec Ataülf. Son soutien à l'Église ne s'est jamais démenti, surtout dans la deuxième phase de sa vie quand les circonstances de son exil puis la « miraculeuse » restauration dynastique l'ont persuadée d'un soutien direct de Dieu à sa personne. Sa principale difficulté est liée à son principal mérite. Elle a vu très tôt l'atout que représentait la légitimité dynastique et elle en a joué, à la fois pour prendre le pouvoir, et pour consolider un pouvoir civil face aux militaires. Mais là se situe son principal échec. Confrontée

656. Cassiodore, cité par Tillemont, écrivait au sixième siècle et n'était pas a priori favorable à la famille théodosienne.

en 425 à des coteries qui lui avaient toujours été opposées, Galla Placidia n'a pas trouvé les hommes sur qui s'appuyer, pire elle s'est fait manœuvrer pour finir par consentir une sorte de partage du pouvoir avec Aetius. Elle n'est donc pas parvenue à user de la légitimité conférée par le droit divin pour imposer la soumission de l'armée au pouvoir civil. Sa religiosité sincère et la recherche de l'appui de l'Église l'ont également conduite à des concessions pas toujours nécessaires qui, sur le long terme, ont obéré les finances de l'Empire.

La personnalité que l'on entrevoit est celle d'une femme fière de ses origines, convaincue d'avoir le soutien de Dieu, et dont la vie privée par-delà les apparences aventureuses a été irréprochable. Assez crédule et manipulable, elle a la mémoire longue et peut être rancunière. En situation difficile, elle fait montre d'un remarquable instinct de survie, de réactions rapides, de sang-froid, voire d'une certaine férocité. Son éducation de base dans son enfance solitaire dans les palais de Milan et Rome lui a permis d'acquérir une grande culture religieuse et juridique qui est la base de la remarquable qualité de la législation faite au nom de, puis par son fils. Ces textes constituent encore les bases de notre droit.

Chapitre XIV

Valentinien III

Le retour des ides de mars
(28 novembre 450 - 16 mars 455)

Mais il peut encore plus que tous ses conquérants,
Le moindre souvenir des Champs Catalauniques,
En peut mettre sous vos yeux des preuves trop publiques,
[...]Les Romains firent seuls cette grande journée.
Corneille[657]

À la fin de l'année 450, au moment de la mort de sa mère, Valentinien III, âgé de trente et un ans, est empereur en titre depuis un quart de siècle. Les dernières années de son règne, brève période de quatre ans et trois mois, en continuité politique avec la période précédente, sont assez mouvementées, mais mal connues, comme si l'intérêt retombait une fois sa mère disparue.

Valentinien III est en général présenté comme une sorte d'enfant gâté, un personnage insignifiant, n'ayant eu d'existence politique que par sa mère. Cette image négative tient beaucoup à la caricature dessinée un siècle plus tard par Procope[658]. À vrai dire, aucun chroniqueur contemporain n'a dressé de Valentinien III un portrait détaillé. Sidoine Apollinaire, dans le panégyrique d'Avitus ou dans sa correspondance, laisse quelques brèves notations, parfois contradictoires, selon le contexte, mais dans l'ensemble positives et sympathiques, ce qui incite à regarder s'il ne faudrait pas nuancer quelque peu l'appréciation traditionnelle portée sur lui.

Le mieux est d'examiner les actes du règne. Après sa majorité, du vivant même de sa mère, il avait su donner, dans la continuité, une marque personnelle à son action. Pendant près de vingt ans, de sa majorité à son assassinat, un objectif fondamental guide ses

657. Attila, acte I, scène 2, vers 176, 177, 178 et 181. Le sujet des trois premiers vers cités n'est autre que l'Empire d'Occident.

658. *De bello vandalico* L.I, III, 10 : « Placidia, sa mère, l'avait élevé et éduqué de manière efféminée, et cela explique que, depuis son enfance, il ait été d'une profonde méchanceté… comme il aimait particulièrement à s'éprendre des femmes d'autrui, il avait un genre de vie caractérisé par une foule de débordements… »

actes : au milieu des difficultés de l'Empire, se donner une marge de manœuvre lui permettant de tenter d'infléchir le cours des choses et de conserver son pouvoir, et d'abord se conserver lui-même et la famille impériale, face à la puissance d'Aetius.

L'Empire d'Occident et Valentinien III sont alors confrontés à trois problèmes. En premier lieu, au mépris de ses droits dynastiques, Valentinien vient d'être écarté de la succession de Théodose II ; en second lieu, le schisme eutychéen, legs de Théodose II, nécessite un règlement rapide ; enfin, la dégradation des relations avec les Huns que l'avènement d'un pouvoir plus ferme à Constantinople détourne vers l'Occident. Dans ce contexte, il poursuit son action législative caractérisée par la recherche de la justice et de l'équité. Le 31 janvier 451, il promulgue trois lois :

- les deux premières[659] portent sur les problèmes des colons en fuite et sur la confirmation des titres de propriété ;
- la troisième[660] est adressée à Aetius ; l'envoi remercie celui-ci d'avoir suggéré cette loi par ses sages conseils ; il s'agit de permettre le rachat, pour leur rendre la liberté, de personnes qui ont été vendues lors de « la si terrible famine qui très récemment a sévi à travers toute l'Italie[661] ».

Enfin, le 13 juillet de la même année, une loi[662] affecte 13 000 mesures de terres du domaine public de la province de Numidie et 200 livres d'or à ceux qui viennent d'être spoliés en Afrique, don assorti de cinq années d'exemptions fiscales. Cette volonté de mettre en valeur les territoires conservés par l'Empire en Afrique du Nord, jusqu'alors les moins exploités, tout en indemnisant ceux qui viennent d'être spoliés, traduit une politique de consolidation. La meilleure façon de se protéger des Vandales, voire à long terme de les prendre à revers, est encore la prospérité des possessions conservées par l'Empire en Afrique.

659.N.Val 31 et N.Val 32, adressées au préfet du prétoire Firminus.

660. N.Val.33

661. Une famine grave avait sévi en Italie et en Gaule en 449 ; voir chapitre précédent.

662. N. Val 34. Une mesure est l'équivalent d'un « jugerum », soit 25 ares. La date de cette loi, soit le 13 juillet 451, est celle du jour où a dû se dérouler la bataille des « Champs Catalauniques ».

La normalisation avec l'Orient et la reconnaissance de Marcien

À la fin de 450, la question la plus délicate à régler est celle de la normalisation des relations avec l'Orient. Valentinien III n'a pas dû reconnaître de gaieté de cœur le fait accompli de la proclamation de Marcien, organisée par sa tante Pulchérie. Il ne pouvait que s'incliner. Cependant, à cette date le maintien de la descendance de Théodose sur les trônes impériaux restait une perspective concevable, en fonction des combinaisons matrimoniales imaginables. Les bases d'un accord étaient somme toute faciles à concevoir. Le fait que Marcien n'ait lui aussi qu'une fille limitait le risque de tentation dynastique de sa part, mais en fait compliquait un peu les combinaisons ; si Marcien avait eu un fils, il eût été simple de lui faire épouser une des filles de Valentinien. Marcien ayant sept ans de plus que Pulchérie, celle-ci devait selon toute probabilité lui survivre, ce qui pouvait préparer la place pour un éventuel gendre de Valentinien choisi en Orient. Finalement, l'astucieuse Pulchérie avait peut-être imaginé une simple solution d'attente.

L'intitulé des lois des deux empereurs apporte une indication factuelle à cette question. Dès le mois d'octobre 450, donc du vivant de Galla Placidia, les deux premières lois promulguées à Constantinople le sont sous le double en-tête de Valentinien, (en premier, il est le plus ancien des empereurs) et de Marcien. Certes, celui-ci ne pouvait pas faire moins. Mais, pendant vingt mois, Valentinien garde l'illusion formelle d'être le seul empereur en signant seul ses lois. La cour de Rome n'accepte de reconnaître l'élévation de Marcien qu'entre la loi du 15 avril 452, sous le seul timbre de Valentinien et la loi du 29 juin de la même année[663] sous le timbre des deux empereurs. L'irruption d'Attila en Italie, en ce printemps 452, pourrait bien avoir eu un effet décisif sur la guérison des blessures d'amour-propre.

Le resserrement des liens entre les deux Empires est confirmé par la réception à Rome de Tatianus, envoyé de Marcien qui « lia

663. Respectivement N. Val 35.1. et 36.1, pour cette dernière voir ci-après notes 688 et 699.

entre ces deux princes une union très étroite[664]. » Pour que la date de cette ambassade soit cohérente avec les indications fournies par le *Code Théodosien*, il faut la situer au printemps de 452, au mois d'avril.[665]

Le règlement du problème eutychéen

Les relations délicates entre les deux cours impériales de Rome et de Constantinople n'empêchent pas une étroite concertation entre cette dernière et l'évêque de Rome pour régler l'épineux problème théologique causé par la prise de position de Théodose II en faveur des thèses d'Eutychès, jugées hérétiques par Rome. Celles-ci sont promptement réglées. Dès leur accession au trône, Pulchérie et Marcien font exécuter l'eunuque Chrysaphe, seul responsable bien entendu des errements théologiques du malheureux Théodose II. Chrysaphe était en outre coupable de malversations colossales et de la conduite vis-à-vis des Huns d'une politique humiliante (par le paiement d'un tribut annuel), sinon imbécile (par sa maladroite tentative de soudoyer l'entourage d'Attila pour faire assassiner celui-ci[666]). Le terrain étant déblayé, un concile est rapidement réuni à Chalcédoine, en étroite concertation avec l'évêque de Rome. Les conclusions du concile précédent, devenu désormais pour l'histoire religieuse « le brigandage d'Éphèse[667] », sont l'objet d'un désaveu complet. Le nouveau concile confirme la position de Léon sur les deux natures du Christ. Le monophysisme eutychéen va subsister en hérésie régionale, maintenue jusqu'à nos jours par l'Église copte d'Égypte. Cette affaire a une autre conséquence très importante : désormais la convocation d'un concile n'est plus une prérogative de l'empereur.

664. Lettre du pape Léon, citée par Le Nain de Tillemont, *Histoire des empereurs*, op. cit. t. VI, p. 295.

665. La principale source sur cette ambassade est la correspondance du pape Léon, citée par Le Nain de Tillemont, qui la situe cependant au printemps 451. Or, la loi de Valentinien du 13 juillet 451 n'est pas contresignée de Marcien.

666. Voir chapitre précédent.

667. Les terminologies fortes et colorées n'ont pas été dans l'histoire l'apanage exclusif des mouvements révolutionnaires du XXe siècle. Quand saint Prosper qualifie Pélage de « serpent venu de Bretagne », les vipères lubriques ne sont pas loin, même si les références bibliques sont ici évidentes.

L'incursion des Huns en Gaule

L'arrivée au pouvoir de Pulchérie et Marcien n'a pas pour seul effet de régler les problèmes religieux. Le nouveau couple impérial adopte une attitude nouvelle de fermeté vis-à-vis des Huns. Quand Attila réclame son tribut, Marcien répond par un refus que les chroniqueurs ont retenu selon deux belles formules : « il veut de l'or, je lui ferai manger du fer » ou « je garde l'or pour mes amis et je réserve le fer à mes ennemis[668] ». Il est désormais clair qu'un militaire vient de remplacer un calligraphe et un eunuque. Dans ces conditions, bien que fidèle allié de l'Empire d'Occident depuis des années, Attila cède à la tentation de se retourner vers cette proie qui apparaît désormais plus facile que l'Empire d'Orient. En effet, l'Occident est affaibli par la perte de l'Afrique et l'agitation permanente des « fédérés ». Les chroniqueurs religieux y sont d'autant plus sensibles que tous ces Barbares sont restés arianistes. « Il n'y avait pas une seule province où les barbares ne se fussent établis, avec la détestable hérésie des ariens dont ils étaient infestés[669]. »

La revendication de « la dot d'Honoria », est le prétexte romanesque et mythique mis en avant pour expliquer l'irruption d'Attila en Gaule. Mais, le raidissement de l'Empire d'Orient repris en main par Pulchérie et Marcien et l'affaiblissement concomitant de l'Empire d'Occident suffisent largement à motiver le changement d'Attila, malgré sa longue familiarité avec la cour de Ravenne et ses relations personnelles avec Aetius. Les Francs créent involontairement une difficulté supplémentaire entre Romains et Huns. La succession de ce petit royaume, ouverte par la mort de Clodion en 448, est disputée entre Mérovée et son frère aîné. Les Romains décident de soutenir Mérovée qui, dans le cadre de leur relation privilégiée avec les Francs, alliés fidèles, fixés depuis

668. Priscus cité par Le Nain de Tillemont, *Histoire des empereurs*, op. cit. t.VI, p. 292. La citation exacte est : « Il renvoya les députés d'Attila avec cette réponse qu'il ne paierait plus ce que son prédécesseur avait promis, qu'il lui enverrait des présents s'il voulait être son ami, et lui opposerait des armes qui vaudraient bien les siennes, s'il se déclarait son ennemi. »

669. *Chronique* de Prosper Tiro citée par Tillemont, t.VI, p. 243.

430 sur une frontière sensible, avait séjourné à Rome, à la cour impériale[670], aussi son rival va-t-il se réfugier chez Attila.

Les grandes manœuvres diplomatiques commencent dès l'année 450. C'est un jeu complexe entre les deux Empires, les Huns, les Vandales, les Wisigoths, et les autres barbares. Théodoric, roi des Wisigoths, se sent en situation de force. Il avait marié au début de 448[671] une de ses filles à Requiaire roi des Suèves et l'autre, Théodelinde, à un fils de Genséric (il est permis de douter que ce fût Hunéric, le fiancé virtuel d'Eudocia). Cette politique qui est un peu la transposition de celle de Galla Placidia, la création de réseaux d'alliances au sommet, pour faciliter et permettre l'intégration des Barbares dans l'Empire, aurait pu avoir l'effet redoutable d'une coordination des Barbares au détriment de l'Empire. Encore faut-il pour qu'une telle politique réussisse, que ces unions au sommet ne tournent pas en catastrophes intimes, et à la fin publiques. En l'occurrence, le mariage gothico-vandale tourne court de façon dramatique. Après l'avoir accusée d'une tentative d'empoisonnement sur son mari (ou son beau-père), Genséric renvoie sa belle-fille à Théodoric, après lui avoir fait couper le nez. Cette affaire survenue en 450 va refroidir durablement les relations entre ces deux royaumes barbares. Les Vandales ne vont jamais apparaître dans le conflit déclenché par Attila, mais ils se comportent à son égard en alliés objectifs[672].

Le jeu diplomatique d'Attila est simple[673] : séparer Romains et Wisigoths. Aux Romains, il annonce qu'en fidèle allié, il ne va pénétrer en Gaule que pour anéantir les Wisigoths, une sorte de revanche de la défaite de Toulouse en 439, défaite romaine, mais

670. Priscus avait vu à Rome : « Le second fils du roi des Français, si jeune qu'il n'avait pas de barbe, une longue chevelure blonde lui flottant sur les épaules… Aetius en fit son fils adoptif et le renvoya chargé de présents, Valentinien fit de même. »

671. Voir chapitre précédent note 619, ainsi que « La princesse Honoria fait une entrée remarquée dans l'Histoire ».

672. D'où la légende invraisemblable, ne serait-ce que pour des raisons pratiques et matérielles, selon laquelle Genséric aurait fait porter plusieurs tonnes d'or à Attila.

673. Corneille, décidément bon analyste d'Attila, écrit dans le drame cité en exergue de ce chapitre : « Il aime à conquérir, mais il hait les batailles
Il veut que son nom seul renverse les murailles
Et plus grand politique encore que grand guerrier
Il tient que les combats sentent l'aventurier »
(*Attila*, vers 1109 à 1112).

aussi défaite des Huns dont un contingent engagé aux côtés des Romains avait été anéanti. Aux Wisigoths, il propose un partage de l'Empire, leur offrant l'Espagne, leur rêve inavoué, limitant ses prétentions (au titre de la dot d'Honoria?) à la Gaule et à l'Italie. Les Romains ne tombent pas dans ce piège et font preuve d'une diplomatie subtile pour éviter que de leur côté les Wisigoths n'y tombent. La traditionnelle alliance wisigothe, pourtant régulièrement mise à mal par les tentatives d'expansion, toujours repoussées par les Romains, est donc resserrée. Les Wisigoths vont hésiter jusqu'au dernier moment. Dans la négociation se distingue une fois de plus ce grand seigneur gallo-romain, Avitus[674], qui a toute la confiance de Théodoric. Les armées romaines réunissent donc sous le commandement d'Aetius une coalition qui associe la plupart des peuples barbares présents en Gaule. Outre les Wisigoths, cette coalition comporte un contingent de Francs, peu nombreux mais fidèles garde-frontières de l'Empire conduits par le jeune roi Mérovée[675], Alains installés en Gaule (dont le roi est jugé peu sûr), et aussi des Burgondes.

La bataille des « Champs Catalauniques », un coup d'arrêt

Dès la fin de l'hiver de 451, Attila se met donc en route vers la Gaule depuis la Pannonie. Il remonte le cours du Danube. Il livre bataille aux Burgondes qu'il taille en pièces[676]. Il descend ensuite le cours du Rhin, qu'il franchit vers Mayence. Il détruit Trèves[677], puis met le siège devant Metz qui est prise, incendiée, et détruite le 7 avril, veille de Pâques.

À ce moment-là, Attila a le choix entre deux itinéraires selon qu'il veut s'attaquer à l'Empire ou aux Wisigoths. Dans le premier cas, il descend la vallée de la Moselle puis, via le plateau de Langres, il continue vers l'Italie par le couloir Saône-Rhône, reprenant l'itinéraire classique des légions romaines montant à la frontière du

674. Il s'agit du futur empereur.

675. Avec Mérovée on arrive à une ascendance à peu près certaine de Clovis dont il est le grand-père, aussi ce roitelet supplétif de l'armée romaine donne-t-il son nom aux Mérovingiens ou « rois de France de la première race ».

676. Dans les mythes allemands et wagnériens, Attila devient Etzel.

677. Ce qui fait la quatrième destruction de l'ancienne capitale impériale, en moins de cinquante ans.

Rhin (d'où l'importance stratégique d'une ville comme Trèves). Dans le second cas, il coupe au travers des plaines de Champagne et du Bassin Parisien en direction de ce haut lieu stratégique et nœud de communication qu'est Orléans dont le contrôle assure le franchissement de la Loire, donc l'accès à la Gaule méridionale et à l'Aquitaine[678]. C'est le second itinéraire qu'il choisit, pensant que l'Empire, préoccupé de la défense de l'Italie où il a conservé l'essentiel des troupes disponibles, n'aura pas le temps de réagir. Il commet là une double erreur d'appréciation.

D'une part, si Troyes, par-delà les légendes héroïques concernant l'évêque Loup dont le grand âge et la tenue en imposent à Attila, ne ralentit guère les Huns, pas plus que Sens, la ville d'Orléans s'avère en mesure de soutenir un long siège. Le rôle de l'évêque Aignan galvanisant les populations et organisant la défense de la ville est incontestable. D'autre part, les Romains réagissent vite, effet de l'entraînement traditionnel des légions et de l'entretien encore correct du réseau de voies romaines[679]. Attila, maître de l'effet de surprise, a sous-estimé la capacité et la rapidité de réaction des Romains. Aetius sait désormais qu'il peut sans risque dégarnir l'Italie[680]. Il dispose enfin de l'argument, de la preuve même, qui va lever les ultimes hésitations de Théodoric et l'entraîner aux côtés des Romains. Avitus, sur place à Toulouse, emporte la conviction de Théodoric qui comprend qu'il est désormais l'objectif premier des Huns. La ville d'Orléans est investie fin mai au moment où les

678. Paris, ville moyenne pour l'époque même si elle fut le séjour des empereurs Constance Ier, Julien (qui avait bien analysé les avantages du site), Valentinien Ier et Gratien, n'est pas sur cet itinéraire. Ce constat relativise l'effet des prières de la célèbre bergère de Nanterre, sainte Geneviève, aristocrate gallo-romaine, proche parente de l'évêque de Reims Rémi. Il est probable qu'elle a eu le mérite (non négligeable) d'éviter un effet de panique sur des populations terrorisées par l'éventualité d'une arrivée des Huns. C'est pourquoi, le 26 mai 1940, l'ostension de la châsse de la sainte n'a pas eu les effets escomptés sur de nouveaux Huns : il y avait erreur de prescription. Saint Aignan, dont on va voir le rôle à Orléans, eût été mieux approprié. Inefficace en 1814, 1815 et 1870, Geneviève n'a eu d'efficacité qu'en 1914, aussi peut-on voir à Saint-Étienne-du-Mont un ex-voto la remerciant de la victoire de la Marne le 6 septembre.

679. Dans une lettre à Herenius en décembre 467, Sidoine Apollinaire exprime sa satisfaction d'avoir pu bénéficier de la poste impériale pour se rendre de Lyon à Rome.

680. La « grande invasion » du 31 décembre 406 eut des conséquences catastrophiques, du fait d'une erreur d'appréciation de Stilichon qui avait maintenu l'essentiel des troupes romaines de couverture en Italie, à la suite de l'incursion de Radagaise victorieusement écrasée en 405.

troupes romaines, vraisemblablement assez peu nombreuses, sont tout juste en train de passer en Gaule. Ces troupes romaines sont progressivement grossies de ralliements locaux au fur et à mesure de leur trajet, puis de la jonction avec les troupes wisigothes, enfin avant Orléans avec les troupes franques de Mérovée[681].

Aignan avait réussi à établir des contacts avec Aetius, malgré le siège, ce qui lui permet de maintenir l'esprit de résistance dans la ville assiégée. Attila y est aussi pour quelque chose par le sort fait aux villes déjà prises qui laisse peu d'espoirs de survie aux assiégés. Les troupes de la coalition rassemblée par Aetius, manifestement plus nombreuses que ce qu'Attila anticipait, arrivent sous Orléans le 21 juin en fin de journée alors que la ville, à la dernière extrémité, venait d'ouvrir ses portes aux Huns. Attila de peur d'être pris dans une nasse et des combats de rues préfère évacuer la ville et battre en retraite. Il repart avec un butin substantiel qui est plus un écrémage que le fruit du pillage systématique qu'il n'a pas eu le temps d'organiser. Les deux armées se suivent sur le chemin de la retraite d'Attila. Celui-ci pense que les plaines de Champagne lui permettront d'engager sa cavalerie dans des conditions avantageuses vis-à-vis de l'armée poursuivante. Compte tenu de la distance d'Orléans à Troyes, c'est probablement vers la mi-juillet que la confrontation a lieu dans les plaines de Champagne. Leur immensité se prête à de grands déploiements de troupes et de grands affrontements, mais curieusement cette gigantesque bataille n'est ni datée ni localisée avec exactitude.

Les combats se seraient déroulés en deux temps[682] :

- un accrochage sérieux près de Troyes, correspondant au site des « Champs Mauriaciens », au cours duquel les Francs de Mérovée exterminent les Gépides, alliés d'Attila ;

681. Voir Charles de Gaulle, *La France et son armée*, p. 2, Plon, 1938 : « Rome imprimait dans nos lois, nos mœurs, notre langue, comme dans nos monuments, routes et travaux d'art, la marque de la règle et de l'autorité, elle révélait à vingt générations l'esprit de la puissance militaire… Clodion aux Champs Catalauniques, mêlait ses hordes aux cohortes d'Aetius. » Par-delà la confusion entre Clodion et Mérovée, cette phrase résume bien le rôle de Rome dans notre histoire.

682. Voir les deux ouvrages de Madame Michelle Loi, *Attila mon ami ou les mémoires d'Aetius*, Berg International, Paris, 1997 et de Roger Caratini, *Attila*, Hachette-Littérature, Paris, 2000.

- la bataille principale dans les grandes plaines de Champagne, là où est aujourd'hui le camp militaire de Mourmelon, « les Champs Catalauniques ».

Cette confrontation dont la légende s'est emparée, n'a laissé aucun vestige archéologique, aussi son lieu exact est-il indéterminé. L'importance en a été exagérée de façon croissante au fil des temps pour des raisons idéologiques aisées à comprendre: la France, héritière directe de la civilisation romaine, régulièrement envahie par des Barbares venus de l'Est[683]. Les contemporains, Sidoine Apollinaire[684], Hydace[685] et Prosper Tiro, sans minimiser les faits, ne leur ont pas donné une dimension épique. Les chroniqueurs du siècle suivant, notamment Jornandès[686], ont commencé à lui donner cette dimension, à partir de ce qui est vraisemblablement une confusion entre les effectifs engagés et le nombre de victimes. Le chiffre de trois cent mille victimes cité d'après Hydace, manifestement une erreur, a contribué aux exagérations quant à l'importance de cette bataille.

Au lendemain de l'affrontement, l'armée romaine est restée maître du champ de bataille, donc selon les critères de l'époque a vaincu. Attila se met en position de défense dans son camp fortifié dans l'attente d'un assaut des Romains. Cet assaut ne vient pas, car de son côté Aetius est confronté à un problème délicat: la mort au combat de son allié Théodoric. Cette mort est quasi accidentelle. Théodoric, tombé de son cheval, paraît avoir été piétiné par ses propres troupes, donc n'est pas à proprement parler mort au combat. Dans la confusion des batailles, ce genre d'accident a dû faire bien d'autres victimes, moins illustres que Théodoric.

683. Sous la troisième République, l'assimilation des Huns et des Germano-Prussiens s'est imposée, avec l'aide inattendue de Guillaume II qui, le 27 juillet 1900, à Bremershaven, déclarait aux soldats embarquant pour la Chine: « ...on ne fera pas de prisonniers! De même qu'il y a mille ans, les Huns sous le roi Attila se sont fait un nom… que le nom d'Allemand s'affirme par vous, en Chine, pour mille ans. »

684. Dans le *Panégyrique d'Avitus*, Carmen VII, v. 338 à 352, où Sidoine Apollinaire n'évoque que le rôle diplomatique de son beau-père assurant ainsi une victoire certaine aux Romains. Même pour un tel discours, Sidoine Apollinaire pouvait difficilement se risquer à des contrevérités flagrantes, surtout devant un Sénat plutôt hostile à son beau-père.

685. Hydace donne une évaluation très surévaluée du nombre d'hommes mis hors de combats, soit trois cent mille, *Chroniques*, op. cit. Olymp. CCCVII, § 150.

686. Jornandès, *Histoire des Goths,* op. cit. § 197 à 218.

Les Wisigoths doivent se désigner un nouveau roi, ce qui est fait sur-le-champ en la personne de Thorismond son fils aîné. Aetius conseille à celui-ci de regagner au plus vite Toulouse, pour y éviter tout risque de coup d'État. En effet, chez les Wisigoths aucune règle de succession héréditaire n'est clairement établie et définie de façon intangible. Théodoric et ses descendants directs vont au total régner un peu plus d'un siècle sur les Wisigoths. Thorismond, en succédant à Théodoric au lendemain de la bataille qui lui fut fatale, est le premier fils de roi Wisigoth qui succède directement à son père. Ses trois frères sont autant de rivaux potentiels. Sur les quatre fils de Théodoric, trois vont d'ailleurs se succéder[687], chacun faisant assassiner le précédent, et chacun ayant une attitude différente à l'égard des Romains. Sur ce dernier point, Aetius disposait certainement d'éléments d'appréciation, en particulier sur le fait que Thorismond n'est pas en fait très favorable aux Romains ; il va le montrer bien assez vite. En l'incitant à regagner Toulouse, Aetius assure ses arrières et se constitue une créance morale à son égard, mais il se prive de toute possibilité militaire de poursuivre une campagne de destruction des Huns.

La bataille des Champs Catalauniques est donc un coup d'arrêt, certes sérieux, à une tentative d'Attila de s'attaquer à l'Empire d'Occident par la Gaule, mais elle ne règle rien au fond. Aetius suit Attila jusqu'au Rhin, sans véritablement le poursuivre. Celui-ci regagne ses quartiers de Pannonie chargé d'un gros butin, à défaut d'avoir conquis la Gaule, et désireux d'une revanche. Dès l'année suivante, au moment de l'invasion de l'Italie, il va être vivement reproché à Aetius de ne pas avoir anéanti les Huns et d'avoir laissé « filer » Attila. La relation personnelle ancienne entre les deux hommes ira jusqu'à fonder dans certains milieux romains des accusations de trahison contre le général « vainqueur. » Cela étant, on voit mal ce qu'il pouvait faire d'autre. La mort de Théodoric créait un problème avec les Wisigoths, alliés du vénérable Empire, aussi anciens qu'inconfortables. Le souci de ménager malgré tout les Huns, afin de disposer de nouveau à terme d'un contrepoids efficace face à la puissance wisigothe a également été avancé. Cette

687. Thorismond donc, roi de 451 à 453, assassiné sur ordre de son frère Théodoric II roi de 453 à 467, lui-même assassiné par son frère Euric, roi de 467 à 484 ; le quatrième frère, Frédéric, mourut en 466 sans avoir régné.

justification se suffirait en elle-même, si la première ne s'imposait de toutes les façons.

L'incursion des Huns en Italie

Arrêté en Gaule, on vient de le voir, pour Attila le plus simple est alors d'attaquer directement l'Italie. Sitôt rentré dans ses bases de Pannonie, il commence les préparatifs d'une nouvelle expédition pour le printemps suivant. Là encore, il bénéficie d'un effet de surprise sur les Romains qui ne l'attendaient pas si tôt. Il attaque l'Italie par l'itinéraire simple et direct de la Pannonie vers la plaine du Pô, via les Alpes Juliennes, celui de Théodose contre Maxime en 388, puis en 394 contre Eugène, et celui d'Aspar en 425 contre Jean. L'examen des dates montre que, même si Attila paraît n'avoir pu attaquer l'Italie qu'assez tard, pas avant juin 452[688], il ne pouvait guère venir plus tôt, ayant besoin, après la campagne de l'année précédente, de faire profiter ses troupes d'un repos hivernal suffisant. Mentalement, il n'a pas désarmé un seul instant et sa décision d'envahir l'Italie dut être prise au lendemain même du coup d'arrêt des Champs Catalauniques[689]. Attila a considéré avec raison que les Wisigoths n'interviendraient pas en Italie, où d'ailleurs les Romains n'auraient pas souhaité les laisser entrer… mais, les relations entre les deux Empires étant alors dans une phase délicate, il n'a pas anticipé une intervention rapide de l'Empire d'Orient qui, en Italie, avait la possibilité stratégique de le prendre à revers.

Cependant, l'arrivée d'Attila en Italie du Nord, quelques mois à peine après son échec en Gaule, a dans un premier temps causé une certaine stupeur à Rome. Elle a dû faciliter la normalisation des relations entre les deux Empires, ce qui confirme bien que l'ambassade de Tatianus se situe au printemps 452. Que cette stupeur soit allée, dans un premier temps, jusqu'à la panique, paraît exagéré. Il convient d'être prudent dans l'appréciation des

688. Ce que démontre Roger Caratini dans son livre déjà cité en se fondant sur des correspondances du pape Léon relatives au concile de Chalcédoine, et ce qui est en fait la Novelle 36.1. de Valentinien III datée du 29 juin, déjà citée, car la première signée conjointement au nom des deux empereurs (cf. note 699 ci-après), laquelle fait état de préparatifs guerriers.

689. Jornandès, *Histoire des goths,* op. cit. § 219.

faits. Ainsi, il n'est pas sérieux d'écrire que l'empereur soit allé à ce moment-là se réfugier à Rome, puisque, depuis quinze ans, il en a fait son séjour principal, alors même que la ville ne bénéficie pas des protections naturelles du site de Ravenne. De même, il est peu vraisemblable qu'Aetius ait suggéré un repli en Gaule. La nouvelle invasion effaçait le demi-succès de l'année précédente et le décrédibilisait aux yeux d'une cour impériale depuis longtemps sourdement hostile; cette idée présentait de gros risques; à moins qu'il ne se soit agi d'un piège[690]...

Mais le siège d'Aquilée, ville forteresse qui verrouille l'accès à la plaine du Pô, va retarder Attila beaucoup plus qu'il n'avait dû le prévoir. Cette ville joue pleinement son rôle de verrou et soutient le siège près de trois mois pendant les chaleurs de l'été, au point qu'Attila, qui ne dispose ni d'ingénieurs ni de charpentiers capables de monter des machines de siège complexes, est effectivement bloqué et commence à avoir du mal à maintenir la combativité de ses troupes[691]. La ville d'Aquilée va toutefois être trahie par les cigognes. Leur migration vers leur hivernage débute en septembre, mais un jour, en faisant le tour des remparts, Attila observe le manège anormal de quelques cigognes qui, sans partir, déplacent leur nid, abandonnant une tour. Se fiant à l'instinct des oiseaux, il en déduit que celle-ci menace ruine. Il galvanise ses soldats, et quelques jours plus tard cette tour minée s'effondre, ouvrant ainsi une brèche par laquelle les Huns s'engouffrent. Trois mois de siège les avaient énervés. Le pillage est total. La ville incendiée est entièrement détruite, sa population massacrée. Mais à cette date, en septembre, la suite de la campagne est compromise. La catastrophe de cette grande ville de l'Italie du Nord a une conséquence indirecte très importante à long terme pour l'histoire de l'Europe. La population survivante d'Aquilée et des autres villes de Vénétie cherche refuge dans les lagunes de l'Adriatique là où, à la suite des invasions wisigothes, un premier établissement avait été créé le 25

690. Cf. *Chroniques* de PROSPER citées par LE NAIN DE TILLEMONT, *Histoire des empereurs*, op. cit. t. VI, et Roger CARATINI, *Attila*, op. cit.

691. En 238, le tyran Maximin et son fils furent assassinés par leurs propres troupes lasses du siège d'Aquilée qui se prolongeait.

mars 421, date précise, commémorée comme celle de la fondation de Venise[692].

Attila détruit et ravage les principales villes de l'Italie du Nord, y compris Milan, puis quitte la plaine du Pô et se dirige vers l'Italie péninsulaire, donc vers Rome. Cependant, la saison est bien avancée, ce qui a donné le temps aux Romains d'organiser une efficace politique de la terre brûlée. Surtout, les deux Empires s'étant rapprochés, Marcien se mobilise. Attila est menacé sur ses arrières et sur sa route de retraite vers la Pannonie. Par ailleurs, Rome est en mesure de soutenir un long siège derrière les murailles d'Aurélien rénovées sur ordre de Valentinien, pour faire face au danger vandale[693].

La durée imprévue du siège d'Aquilée met Attila en difficulté et redonne l'avantage aux Romains. L'empereur reste donc à Rome, ainsi qu'Aetius auquel il est vivement reproché de n'avoir ni prévu ni prévenu cette incursion. Valentinien III envoie une ambassade vers Attila, constituée d'Avienus, un de ses proches, consul en 450, de Léon évêque de Rome, fin politique, fin diplomate, très au fait des affaires de la Gaule, pas vraiment un ami d'Aetius[694], et enfin de Trygetius, alors préfet de Rome, un habitué des négociations délicates, ainsi le premier accord avec les Vandales en février 435. La composition de cette ambassade, somme toute normale dans le contexte de l'époque, un diplomate habitué aux Barbares, un consul et l'évêque, sent plus l'influence de Valentinien III que celle d'Aetius. La rencontre a lieu au bord du Muncio, petit fleuve côtier du nord de la péninsule. Les envoyés de l'empereur peuvent avoir convaincu Attila de ne pas poursuivre une offensive vouée à l'échec en échange d'un retour sans encombre, de la garantie d'une retraite honorable.

692. Cf. Alvise Zorsi, *La République des Lions*, op. cit. L'histoire glorieuse et millénaire de la république de Venise connaît son terme en 1797 par l'intervention brutale d'un avatar moderne d'Attila.

693. N. Val.5 du 3 mars 441, (voir chapitre précédent).

694. L'Église saura devant l'Histoire lui donner le beau rôle. Une célèbre fresque de Raphaël dans la chambre dite d'Héliodore au Vatican représente la rencontre d'Attila et de Léon (on n'ose à peine évoquer les autres membres de l'ambassade). Léon y a les traits de son lointain successeur, dixième du nom et Médicis ; les Huns sont des Français fraîchement chassés du Milanais par Charles Quint allié de Léon X.

La présence de Léon a permis après coup d'accréditer une belle légende illustrée par Raphaël: l'apparition derrière celui-ci de Pierre et de Paul armés de glaives qui auraient impressionné le chef barbare (on le serait à moins), ainsi que la majesté, l'autorité naturelle, en un mot le charisme de l'homme de Dieu (celui qui n'aura plus qu'à mourir pour être « saint Léon le Grand »). Un rappel de la mort rapide d'Alaric peu après la prise de Rome a peut-être éveillé chez le chef barbare une crainte superstitieuse...

Après cette négociation, le résultat est très proche de l'accord implicite qui l'année précédente avait permis à Attila de se retirer des Gaules après sa « défaite » des Champs Catalauniques. Le butin pris en Italie du Nord au début de la campagne serait la rançon de l'Empire. L'intervention divine n'est donc peut-être pas absolument nécessaire pour expliquer la retraite d'Attila. À ce point de sa démonstration militaire, celui-ci a de sérieux motifs pour battre prudemment en retraite, au moins trois. D'abord, le ravitaillement de ses troupes devient difficile, ce qui rend risqué un siège de Rome (déjà les derniers jours du siège d'Aquilée avaient été pénibles pour les assiégeants). Ensuite, le risque d'être attaqué sur ses arrières grâce aux renforts de l'Orient. L'armée romaine avait commencé une guerre d'escarmouche. Enfin, ses troupes épuisées sont atteintes par une épidémie. Ce dernier point est corroboré par un contexte climatique défavorable:

> « La terre refuse de donner ses fruits, le ciel retient les influences favorables, l'air n'a plus cette température salutaire, la peste causée par ces dérèglements de la nature se répand partout dans les villes et les campagnes et extermine le genre humain par toutes sortes de maladies[695]. »

Du fond de la Galice, Hydace note:

> « Les Huns qui ravageaient l'Italie sont victimes de fléaux célestes et sont frappés par la volonté divine soit par la faim soit par la maladie: en effet, ils sont massacrés par les auxiliaires envoyés au général Aetius par le prince Marcien. »

695. Saint Pierre Chrysologue.

Ces propos clairs et précis montrent que les causes réelles de la retraite d'Attila n'avaient pas échappé aux contemporains[696].

Ces graves événements militaires n'empêchent pas les bureaux impériaux de poursuivre leur activité. La loi du 15 avril 452[697] traite de nombreux sujets juridiques, notamment de procédure; en particulier elle défend tout trafic aux ecclésiastiques et défend de recevoir dans le clergé des gens qui n'ont pas la libre disposition d'eux-mêmes (c'est-à-dire des esclaves); par ailleurs, elle annule une loi de Théodose II qui simplifiait les conditions du divorce[698], pour rétablir une loi du père de Valentinien, « Notre saint père Constance », plus rigoureuse qui obligeait à prouver les causes de répudiation et ordonnait diverses peines contre les causes que l'Évangile n'approuve pas. La loi du 29 juin 452[699], comme nous l'avons vu, présente le double intérêt historique d'être la première signée conjointement avec Marcien, et de comporter, dans son envoi, une allusion à l'invasion de l'Italie par Attila: « Nous ne doutons pas que parmi ses responsabilités guerrières et l'éclat des trompettes, Notre Magnificent Père et Patrice, Aetius… », traite en fait du commerce des porcs, bovins, moutons et chèvres; précaution en vue d'approvisionner une capitale qui serait peut-être assiégée?

Trois décès de « personnalités » changent radicalement le contexte

L'année qui suit la campagne italienne d'Attila est jalonnée par trois disparitions, dont deux paraissent changer favorablement la situation de l'Empire d'Occident.

D'abord celle d'Attila lui-même. Au printemps de 453, pour fêter le produit de ses rapines italiennes, âgé de cinquante-sept ans, il convole pour la quatrième fois avec une jeune captive (Gothe,

696. Hydace, *Chroniques*, Olympiade CCCVII, § XXVII.

697. Nov. Val.35-1. Au xvie siècle, le cardinal Baronius, dans ses chroniques, n'hésite pas à qualifier cette loi de « loi honteuse, indigne d'un prince chrétien ». Le Nain de Tillemont en rajoute: « Il est certain que Valentinien y fit paraître peu d'affection et de respect pour l'Église. »

698. Nov. Th 12-1 du 10 juillet 439. Voir chapitre X, note 432.

699. Nov. Val.36-1, déjà citée voir notes 663 et 688. L'organisation des approvisionnements de Rome est une préoccupation constante des gouvernements impériaux. De Constantin, en 334, à Honorius, en 419, dix lois traitent de ce sujet, C. Th. 14. 4. 1 à 10.

si l'on se fonde sur son nom, Ildico), que l'on dit être très belle. Ce mariage est fastueux. Après un banquet copieux et bien arrosé, Attila se retire avec sa jeune et charmante épouse pour goûter à d'autres voluptés. Le lendemain matin, personne ne le voyant réapparaître, on finit par s'introduire dans la tente du roi pour trouver Ildico terrorisée, en larmes, agenouillée près du corps d'Attila étendu sur le dos, sans vie et baignant dans son sang. Un banal saignement de nez, il en avait déjà eu les jours précédents, a donc eu raison du « fléau de Dieu[700] » étouffé dans un sommeil dangereusement lourd et profond[701]. Suppléant à la lenteur des communications de l'époque, un songe informe de cette mort le principal intéressé, l'empereur d'Orient Marcien ; la nuit même où elle survient, Marcien aurait vu l'arc d'Attila brisé. L'empire d'Attila, partagé entre ses quatre fils survivants, disparaît dans l'instant comme force politique et menace pour l'Empire romain.

La disparition de Pulchérie en juillet de la même année est moins favorable à l'Empire d'Occident ou du moins à Valentinien. En effet, Pulchérie, en partant la première du vieux couple impérial de Constantinople, emporte avec elle les espoirs dynastiques de Valentinien sur l'Orient. Elle laisse une réputation de tête politique et de sainte (elle est reconnue comme telle par l'Église grecque)[702], ce qui est somme toute mérité en raison d'une vie de religiosité, peut-être un peu affectée, et surtout de son rôle dans la tenue du concile de Chalcédoine où elle s'est employée à remettre en ordre les errements théologiques de son frère.

Le troisième décès marquant de l'année est plus favorable à l'Empire. Thorismond, le roi des Wisigoths « choisi » par Aetius le soir des Champs Catalauniques, s'est avéré plein d'ardeur belliqueuse et anti-romaine, avec une tendance manifeste à considérer que l'état de royaume fédéré est une brève antichambre vers une indépendance pleine et entière. Reprenant la vieille idée de s'ouvrir un accès à la Méditerranée, il met le siège devant Arles. Sidoine Apollinaire relate que :

700. L'expression « fléau de Dieu » n'apparaît en fait qu'au IXᵉ siècle.

701. Dans ses *Chroniques*, Hydace relate le fait avec concision : « Peu après son retour, leur roi Attila meurt », Olympiade CCCVII, XXVIII. La source principale sur cet épisode est Jornandès, *Histoire des Goths*, op. cit. § 254.

702. Fête le 10 juillet.

« le fier roi des Goths fut fléchi par la parole suave, noble et convaincante (de Ferréol[703], préfet des Gaules) qui éloigna des portes d'Arles au prix d'un déjeuner un homme qu'Aetius n'aurait pu éloigner par une bataille[704]. »

À son retour à Toulouse, Thorismond est assassiné par ses propres frères, Théodoric et Frédéric, qui lui reprochent d'avoir manqué de loyauté vis-à-vis de l'Empire. Peut-être aussi agissent-ils par intérêt bien compris ou par ambition personnelle. Théodoric II, très favorable aux Romains et à une application loyale du traité de fédéré, lui succède.

Frédéric quant à lui va faire la guerre aux Bagaudes de la Tarraconaise pour le compte de l'Empire et les réduit[705]. Cette action, située au printemps de 454, paraît à première vue favorable aux Romains ; elle n'est cependant pas sans poser de redoutables problèmes. En effet, le gouvernement impérial conduit une politique opposée à ces actions de répression, en tentant de régler au fond les difficultés à l'origine de ces révoltes récurrentes que sont les Bagaudes. Une part importante de son activité législative, qui certes peut ressembler à un catalogue de bonnes intentions, est orientée vers cet objectif. De plus, la Tarraconaise est la province d'origine de la dynastie, et la famille impériale y possède d'importants domaines. L'empereur est donc tout particulièrement attentif à la situation de cette province et aux préoccupations des grands propriétaires, membres de l'aristocratie sénatoriale. Ceux-ci dans un souci de gestion à long terme préfèrent des solutions moins brutales à une intervention militaire noyant la révolte dans le sang, sans s'attaquer aux causes premières, et qui les prive d'une main-d'œuvre rare. L'expédition de Frédéric est donc vraisemblablement

703. Tonantius Fereolus appartenait à l'aristocratie gallo-romaine, marié à Papianille cousine de Sidoine Apollinaire, donc allié à la famille d'Avitus ; il est aujourd'hui démontré que par les femmes il appartient aux quelques ascendants de Charlemagne qui ont pu être identifiés à la dixième génération ; cf. Christian Settipani « Les ancêtres de Charlemagne ».

704. Sidoine Apollinaire Ep. VII, 12,3. Cette notation n'est pas anodine ; c'est une critique implicite des méthodes brutales du patrice qui ne peuvent qu'aliéner les populations à la cause de l'Empire. Sidoine Apollinaire préfère les solutions négociées qui préservent mieux l'avenir.

705. Hydace, *Chroniques*, op. cit. Olympiade CCCVIII, § XXX.

le résultat d'une entente entre les Wisigoths et le patrice Aetius, conclue sans accord de l'empereur[706].

Le retour des Ides de mars

La disparition d'un adversaire redoutable, Attila, et celle d'un allié ambigu, Thorismond, apporte une amélioration sensible à la situation de l'Empire d'Occident. Les Wisigoths reviennent à une application loyale de leur statut de fédérés. Mais la recrudescence des Bagaudes en Tarraconaise, faisant suite aux mauvaises conditions climatiques de 452, est symptomatique. L'opposition entre l'approche politique de la cour impériale et le traitement militaire des problèmes en est d'autant plus vive que la crise entre le patrice Aetius et la famille impériale couve depuis bientôt trente ans.

À cette opposition entre le pouvoir politique légitime et le pouvoir militaire qui le tient en lisière, s'ajoute le problème du mariage des filles de Valentinien III. L'aînée, Eudocia, est promise depuis 442 à Hunéric[707], futur roi des Vandales, créant ainsi un lien dynastique entre l'Empire et le plus distant des royaumes fédérés. La main de la cadette, Placidia la jeune, alors âgée de quinze ans, devient donc, comme le fut celle de son illustre grand-mère, l'objectif de tous les aspirants à l'Empire. Celui qui l'épousera peut espérer succéder tout naturellement à son beau-père Valentinien alors âgé de trente-cinq ans. Toutefois, compte-tenu de la certitude de sa succession et de l'incertitude de la date de son occurrence, Valentinien doit considérer que poser la question relève plus du crime de lèse-majesté que de la prévoyance. Une espérance de vie raisonnable lui laisserait le temps de regretter le choix trop précoce d'un gendre ayant vocation à lui succéder. Au cas où il aurait à attendre trop longtemps, un gendre trop tôt choisi et qui pourrait être à peine plus jeune que lui, serait susceptible d'impatiences le rendant encombrant pour l'Empire et dangereux pour son impérial beau-père.

706. À partir de l'analyse de quelques siliques d'argent à l'effigie de Valentinien III trouvées au nord de l'Espagne, M. Guy Lacam, dans un article non publié, considérait qu'il s'agit d'une émission semi-clandestine réalisée par des ateliers de campagne, pour rémunérer les soldats participant à l'expédition de Frédéric. Il voit dans cette expédition le facteur déclenchant de la crise finale entre le patrice et l'empereur.

707. Voir chapitre précédent.

Aetius, semble-t-il poussé par son épouse Pélagie[708], aurait fait preuve d'une telle insistance pour pousser leur fils Gaudentius que Valentinien III aurait fini par consentir de vagues promesses quant à l'éventualité de ce mariage[709]. En fait, il semble bien que la famille impériale avait dès ce moment-là distingué un jeune militaire de qualité, Majorien, et aurait vu d'un bon œil celui-ci épouser Placidia la jeune. Sidoine Apollinaire dit que la femme d'Aetius rêvait de diadème pour son fils et que, jalouse, elle aurait cherché à écarter Majorien[710]. Cette référence d'un contemporain est claire. Sous la pression de son épouse, Aetius tente de forcer ce mariage et ainsi de transférer le diadème dans sa descendance et celle de Pélagie. C'est très exactement ce que la famille impériale ne peut accepter de personne, et encore moins de celui avec lequel, depuis bientôt trente ans, les relations sont contraintes et reposent sur un fond de rancœurs accumulées.

D'autres ont ajouté que l'eunuque Héraclius, principal conseiller de Valentinien, aurait été manipulé par Maximus Petronius qui cherchait à envenimer encore la relation entre le patrice et l'empereur pour que celui-ci finisse par se priver de lui-même de son plus solide soutien et devienne ainsi plus vulnérable. Une telle profondeur de vues ne correspond pas à ce que l'on peut percevoir du personnage, figure de grand seigneur superficiel ; elle n'est cependant peut-être pas à exclure complètement. Par ailleurs, Maxime, digne représentant de l'aristocratie romaine, est le père d'un jeune Palladius lequel, au même titre que son lointain cousin Anicius Olybrius, pourrait être un prétendant tout à fait honorable pour Placidia la jeune. Maxime avait un autre mobile d'intrigue : le fait d'être par sa mère le petit-fils du « tyran » Maxime[711], lointain collatéral de Théodose, habilement manipulé puis éliminé ; donc

708. D'origine vandale et veuve de Boniface ; cf. chap. XII. D'une certaine façon, bien que l'on ne connaisse pas précisément sa personnalité, son rôle semble en faire une des femmes fatales du Ve siècle.

709. C'est du moins ce que rapportent les *Chroniques* de Prosper, citées par Tillemont, lesquelles confondent d'ailleurs Eudocia et Placidia la jeune.

710. Sidoine Apollinaire, *Carmen V, Panégyrique de Majorien*, vers 126 et suivants, puis 205 et suivants. Pélagie est décrite comme une sorte de furie animée par l'ambition et la jalousie.

711. Voir chapitre VI, note 264.

deux générations de haines et d'envies recuites et savamment refoulées sous les apparences des mondanités romaines.[712]

En cette fin d'été 454, il n'est donc pas nécessaire d'envenimer les relations entre le patrice et Valentinien III : elles sont mauvaises depuis toujours. Or, Aetius par son insistance intempestive provoque l'empereur au plus mauvais moment. Depuis l'incursion d'Attila en Italie son étoile a singulièrement pâli et sa loyauté est ouvertement mise en cause. Les morts d'Attila et de Thorismond ouvrent des perspectives de tranquillité relative que l'Empire n'avait pas connues depuis longtemps et qui rendent ce chef militaire moins indispensable. Enfin, la répression brutale des Bagaudes de Tarraconaise, où l'intervention du patrice se devine, fournit un sujet de mécontentement supplémentaire pour l'empereur.

Une quelconque manipulation de Valentinien III par Héraclius ou toute autre personne n'est donc pas nécessaire pour que celui-ci finisse par se convaincre qu'il a enfin une opportunité de régler le problème posé par Aetius depuis si longtemps. De plus, il peut à juste titre avoir ressenti l'insistance d'Aetius à réclamer la main de Placidia la jeune pour son fils Gaudentius, comme une menace directe. Aussi, le 21 septembre 454, au cours d'une audience au palais impérial, Valentinien III achève-t-il sur Aetius le geste esquissé soixante ans plus tôt, vers Arbogast, par son grand-oncle Valentinien II, en tuant le patrice de sa main, d'un coup d'épée. Si cet assassinat, ou plutôt cette exécution[713], s'explique aisément sinon se justifie, la participation directe ou du moins la présence de Valentinien abaisse la dignité impériale. C'est là une grave erreur politique. Circonstance aggravante, plusieurs proches d'Aetius, convoqués au palais impérial, sont tués au fur et à mesure de leur

712. Si de nombreux auteurs mettent en avant un rôle de Maxime dans la phase finale des relations entre Aetius et Valentinien, le récit selon lequel Maxime aurait voulu se venger de Valentinien qui aurait violé sa femme en la convoquant traîtreusement au palais impérial, n'est rapporté par aucun contemporain, même sous forme d'allusion. L'anecdote n'est reprise qu'au siècle suivant, par Evagre, LII ch. VII : « Aetius fut tué avec la dernière cruauté. Valentinien et Heraclius furent aussi tués par les gardes d'Aetius et par la conjuration de Maxime, en haine de ce que Valentinien avait violé sa femme » et surtout par Procope. Jornandès n'y fait pas allusion. Il est donc très probable que l'on est là en présence d'un ragot.

713. Les circonstances font penser à l'exécution du duc de Guise sur ordre d'un Henri (III) de Valois poussé à bout.

arrivée. Ce point a choqué les contemporains : « Valentinien tue Aetius de sa propre main, après l'avoir traîtreusement convoqué », écrit Hydace[714] dans ses chroniques, toujours concises.

L'enchaînement des événements qui vont suivre conduit à une certaine prudence dans l'appréciation du jugement des contemporains[715]. Valentinien III envoie des représentants auprès des royaumes fédérés pour expliquer qu'il n'y a rien de changé dans leurs relations. Les choses paraissent suivre leur cours ordinaire. Le 28 octobre, Valentinien III promulgue une loi réorganisant la profession d'avocat[716]. Il inaugure, le 1er janvier 455, un huitième consulat, associé à Anthemius, gendre de Marcien[717], ce qui montre que Constantinople ne désapprouve pas le coup de force impérial et que la disparition de Pulchérie n'a pas remis en cause le rapprochement opéré en 452[718].

Le 16 mars, Valentinien assiste à une revue militaire à l'extérieur de Rome. Six mois se sont écoulés, presque paisibles, depuis l'exécution d'Aetius. Deux soldats sortent subitement du rang au moment où ils passent devant la tribune impériale, se dirigent vers celle-ci et tuent l'empereur de deux coups d'épée, puis Héraclius. L'Histoire a retenu leurs noms, Optila et Traustila. Très certainement Goths d'origine, ils étaient antérieurement au service d'Aetius, ce qui explique leur geste et pourquoi ils ont été choisis par les instigateurs du crime. Coïncidence remarquable, nous sommes au lendemain des Ides de mars, jour de l'assassinat

---

714. Hydace, *Chroniques*, op. cit. Olympiade CCCVIII, § XXX.

715. Procope raconte (*De bello vandalico,* op. cit. L.I, IV, 28) qu'un Romain auquel Valentinien demandait si la mort d'Aetius était un bien lui répondit : « Je ne saurais dire si elle présente un bien ou quoi que ce soit d'autre ; en revanche, je sais pertinemment que ta main gauche t'a amputé de ton bras droit. » L'anecdote est piquante, mais inventée. Le propos figure mot à mot dans un commentaire sur l'assassinat du comte Marcellin en 468, texte dont l'auteur, Damascius, certes moins connu que Procope, est mort quinze ans avant la publication du *De bello vandalico* (voir chapitre suivant, note 775). L'emprunt est donc flagrant. Dans la phrase suivante, Procope situe l'invasion de l'Italie par les Huns après la mort d'Aetius. Il ne paraît décidément pas être une source fiable sur ces événements, antérieurs de quatre-vingts ans à son récit.

716. Nov. Val.2-4.

717. Le futur empereur d'Occident ; voir chapitre suivant.

718. Là encore les sources sont contradictoires. Selon d'autres, au moment de son assassinat Valentinien complotait contre Marcien pour faire valoir ses droits, somme toute réels, sur la « *pars orientis* ». Le consulat conjoint avec Anthemius est une réalité incontestable, ce qui conduit à s'en tenir à cette version des faits.

de César… à moins que le choix de la date ne soit révélateur du fait que les instigateurs réels du complot étaient des gens cultivés, connaissant leur histoire.

Une revue militaire est un moment d'exposition dangereux pour un chef d'État[719]. Les assassins bénéficient d'un effet de surprise qui prévient toute réaction défensive, les autres assistants ne pensent plus qu'à se sauver eux-mêmes dans un désordre général. Le silence des chroniques de l'époque quant aux réactions des assistants n'est pas la preuve d'un discrédit de Valentinien III, comme certains l'ont interprété[720]. Hydace une fois de plus rend compte de la situation avec précision et concision : « La cinquième année de Marcien, Valentinien empereur de Rome est tué par deux barbares. Jusqu'à Valentinien, la descendance de Théodose tient le principat[721]. » Les conséquences de la mort de Valentinien III vont très vite s'avérer extrêmement graves. La crise successorale ainsi ouverte va se révéler insoluble, au moment même où la transmission héréditaire du pouvoir se consolidait peu à peu, comme principe de la légitimation du pouvoir.

Valentinien III, le dernier des théodosiens

Appliquons la règle selon laquelle un règne se juge sur son bilan final. L'assassinat qui termine le règne de Valentinien III ouvre la crise politique qui va finir par emporter l'Empire. Le bilan du règne est donc catastrophique, donc le souverain est dénué de qualités. Un examen attentif conduit à remarquer que les sources orientales du siècle suivant sont les plus prolixes et les plus critiques, mais que les sources contemporaines, factuelles et peu nombreuses, sont bien plus nuancées. Sidoine Apollinaire apporte quelques éléments concrets. Chronologiquement, ses deux premières notations apparaissent dans le panégyrique d'Avitus, donc moins d'un an et, comme on va le voir, beaucoup de désordres après l'assassinat de

719. L'assassinat du président égyptien Anouar El Sadate le 5 octobre 1981 en est un exemple.

720. Guy Lacam, *Ricimer, un barbare au service de l'Empire*, « Aux amateurs de livres », 75015, Paris, 1986, p. 101.

721. Hydace, *Chroniques*, op. cit. Olympiade CCCVIII, § XXXI, 162 et 163.

Valentinien III. L'une fait allusion à l'époque de son avènement[722], l'autre est plus directe, puisqu'elle se réfère à la mort d'Aetius[723], et se veut critique. Il est permis de supposer qu'elle est à l'origine, par l'emploi du mot « semi-vir » à tort traduit par « efféminé », des attaques sur les mœurs dépravées attribuées à Valentinien au siècle suivant, et aux fables brodées sur ce thème. Le sens réel du mot désignerait plutôt un homme qui n'est pas encore accompli, ce qui est bien le cas de Valentinien qui était encore enfant au moment de son avènement. Sidoine Apollinaire critique un manque de maturité, impliquant la longue régence de sa mère. Le contexte du discours imposait au gendre du nouvel empereur Avitus quelques pointes à l'égard de Valentinien.

Dans deux textes postérieurs de Sidoine Apollinaire, libéré de toute contrainte politique circonstancielle, l'éloge est explicite. Dans le premier de ceux-ci écrit vers 460[724], Valentinien III est décrit comme un « prince aimé du peuple », ce qui pour un règne en temps de crise paraît exclure tout débordement dans sa vie privée lesquels n'auraient manqué ni d'être connus ni d'être brocardés. Dans le second, c'est « un prince bienveillant, qui présidait aux travaux de ses bureaux[725]. » Cette référence explicite à son implication personnelle dans le travail des bureaux éclaire l'organisation du travail législatif et confirme son implication directe dans l'abondante et remarquable législation de son règne. Valentinien III (et sa mère pendant la « régence ») n'a pas fait que signer les textes promulgués en son nom[726]. Le même texte précise qu'il s'occupait

722. Sidoine Apollinaire, *Panégyrique d'Avitus*, op. cit. Carmen VII v.533, citée en exergue au chapitre XII.

723. *Ibid.*, v.359, le texte latin emploie le terme « *semivir* », pour désigner l'empereur, ce que l'on a pu traduire par « efféminé », certains, tel André Loyen dans la traduction des Belles Lettres, sont allés jusqu'au mot « eunuque » ce qui est excessif; là, l'intention critique est indiscutable.

724. *Ibid.*, Carmen IX, v.310.

725. Sidoine Apollinaire, *Panégyrique d'Avitus*, op. cit. Carmen XXIII v.214, 216 et 228. Le texte cité est la traduction d'André Loyen dans l'édition des Belles Lettres. L'adjectif « bienveillant » traduit le latin « *pius* » dont le sens est, dans son acception politique, plus fort, mais difficile à rendre; « le juste » ou « le sage », pour reprendre des surnoms donnés à certains souverains français, conviendrait mieux.

726. Voir, de Sidoine Apollinaire également, Ep. VIII.6.7. où le poète dans une lettre à son ami Namatius fait en 469 l'éloge de la loi sur la prescription trentenaire, promulguée par Valentinien III, Nov.Val.27.1, du 17 juin 449.

personnellement des relations avec la cour de Constantinople, le « domaine réservé »…

L'intervention de Valentinien III dans le domaine religieux s'est toujours faite en faveur d'une stricte orthodoxie. Il a toujours donné une suite favorable aux sollicitations de l'Église de Rome, en particulier au moment où son beau-père se perdait dans les dérives hérésiarques du monophysisme. Paradoxalement, là réside une des causes de la mauvaise réputation qui lui a été faite. Car, inattaquable au plan religieux, il a systématiquement rogné les privilèges de l'Église, privilèges de juridiction et privilèges fiscaux ; action légitime pour un chef d'État mais dont les privilégiés lui gardent d'autant plus rancune qu'ils ne peuvent rien dire sur le moment. Les principales « amputations » territoriales et l'emprise militaire d'Aetius sont des séquelles de la régence de Galla Placidia.

Probablement sans grand génie, mais non sans mérite ni constance, Valentinien III a fait ce qu'il a pu pour consolider la situation de l'Empire telle qu'elle se présentait à sa majorité. Pendant presque vingt ans, celle-ci a cessé de se dégrader, malgré les difficultés, dues notamment aux incursions des Huns. Son plus grand tort, pour un monarque désormais héréditaire et de droit divin, fut de n'avoir eu que des filles, ce qui a conduit, au moment où des améliorations de fond paraissaient enfin s'esquisser, à la crise finale avec le patrice Aetius. Dans celle-ci, le tort de Valentinien fut de s'abaisser et par-là d'abaisser la fonction impériale, par sa participation à l'exécution d'Aetius.

Chapitre XV

Six empereurs en quête de légitimité (16 mars 455 - 2 novembre 472)

Quand je vois les césars,
quand je vois leur fortune.
Racine, *Les Plaideurs*

La mort de Valentinien III est un événement très grave par le vide politique majeur qu'elle provoque. Le principe de légitimité tel qu'il commençait à s'ancrer, fondé sur l'hérédité de droit divin, est atteint. Ce n'était certes pas la préoccupation des assassins, pour lesquels il s'agissait simplement de venger l'exécution d'Aetius. En revanche, les conséquences de ce vide avaient sûrement été sous-estimées par les commanditaires réels. La réalité politique l'emporte désormais sur la préservation des apparences. Les royaumes fédérés vont très vite s'affirmer indépendants et l'édifice impérial finir par s'évanouir au terme d'un processus qui va occuper une vingtaine d'années, même si des auteurs byzantins considèrent que l'Empire d'Occident finit avec l'assassinat de Valentinien III.

La mort brutale et imprévue de l'empereur pose à chaud le problème successoral latent, tenant à l'absence d'héritier mâle, non seulement à Rome mais aussi à Constantinople dans l'autre branche de la famille théodosienne. Ce problème de succession était posé du vivant de Valentinien III, mais l'empereur et l'impératrice étaient encore jeunes. Plusieurs solutions pouvaient s'envisager, ce qui laissait au moins le temps d'un mariage mûrement réfléchi pour Placidia la jeune avec un successeur choisi, préparé et imposé par l'empereur. Cette carence, par l'extinction concomitante de la descendance masculine des deux branches de la dynastie posait un redoutable problème dans les deux parties de l'Empire. Les tentatives de solution vont se succéder en Occident dans une confusion croissante jusqu'à ce qu'y disparaisse l'Empire. En Orient, confronté au même problème, l'institution impériale survivra.

Le récit qui va suivre peut donner au lecteur une impression de confusion, ne serait-ce que par la multiplicité des personnages qui apparaissent plus ou moins brièvement dans des luttes de pouvoir complexes. Cependant, il est préférable d'essayer d'expliquer toutes les tentatives de solution et leurs logiques propres, plutôt que se satisfaire d'une liste de noms d'empereurs sans cohérence, en se contentant de commenter par les termes « décadence irrémédiable » le processus qui se déroule sur un peu plus de vingt ans et concerne les deux Empires. Le choix des empereurs est le résultat du jeu des principales forces qui vont se confronter, se combiner, et à la fin s'annuler, le légitimisme théodosien, le sentiment « unitaire », le Sénat, l'armée et les Barbares.

Le 16 mars 455, la famille théodosienne est donc réduite à Licinia Eudoxia veuve de Valentinien III et fille de Théodose II, âgée de trente-quatre ans et aux deux filles du couple impérial, l'aînée Eudocia, dix-sept ans, théoriquement fiancée d'Hunéric, fils et successeur désigné de Genséric, et Placidia la jeune, quinze ans dont, la veille encore, la main était très convoitée, comme voie d'accès au trône impérial.

L'empereur Maxime Pétrone, règne minimum pour un maximum de fautes

Dans les heures qui suivent l'assassinat de son mari, Licinia Eudoxia tente en vain de faire proclamer empereur Majorien[727]. Maxime Pétrone la prend de vitesse et se fait proclamer par le Sénat, dès le lendemain 17 mars. Cette rapidité montre clairement que lui, au moins, n'est pas pris au dépourvu par l'assassinat de l'empereur. Deux raisons expliquent cela. La première, l'image dont il bénéficiait : celle d'un d'homme mûr, richissime, couvert d'honneurs, appartenant à la plus haute aristocratie, apparenté de loin à la famille impériale, et ayant occupé toutes les plus hautes charges de l'Empire, sauf le principat. La seconde est son rôle d'inspirateur du complot fatal à Valentinien. Parmi les motivations de Maxime Pétrone, plus encore que des désaccords politiques, les contemporains ont surtout relevé l'ambition[728], celle d'un homme qui, en cas de vacance du trône, pouvait faire figure de recours

727. Sidoine Apollinaire y fait allusion, Carmen V *Panégyrique de Majorien*, vers 312 à 314.

728. Sidoine Apollinaire Ep. L.II, 13 lettre à Seranus, écrite en 469, « Quand tendant de toutes ses forces, il (Maxime) parvint au pic escarpé de la puissance impériale. »

naturel. Être par sa mère le petit-fils du tyran Maxime, éliminé par le grand-père de Valentinien, devait être pour lui une puissante et secrète incitation à une revanche familiale.

Mais sitôt installé dans le palais impérial, Maxime Pétrone regrette les agréments de sa vie antérieure. Ce n'est ni le remords ni, sous une autre forme, les regrets de Constance III[729]. Là, un homme se plaignait du poids des contraintes de représentation de la fonction impériale, comme un frein à l'action. Ici, un homme découvre que l'objet longtemps rêvé de ses ambitions est une fonction lourde, astreignante, de plus susceptible de s'avérer fragile et dangereuse, comme il vient de le montrer pour son prédécesseur. Il n'est plus le maître de ses journées. Très vite un soupir de regret lui est attribué : « Heureux Damoclès, toi qui ne connus l'empire que le temps d'un dîner[730]. » La chronique des soixante-dix-sept jours de ce règne fait ainsi irrésistiblement penser à une fable sur la vanité du pouvoir.

Majorien, évincé du trône, se tient à l'écart ainsi que les troupes qu'il commande. Ricimer est promu *comes rei militari*[731]. Avitus, nommé à la tête des armées romaines en Gaule, a une relation personnelle solide et ancienne avec les Wisigoths, régulièrement mise à profit par le gouvernement impérial. Aussi, tout naturellement, au moment de sa prise de pouvoir, Maxime l'envoie-t-il à Toulouse auprès de Théodoric pour confirmer l'alliance traditionnelle des Wisigoths et des Romains. Marcien se garde de reconnaître le nouvel empereur. Ainsi, une loi promulguée à Constantinople en avril 455 l'est encore aux noms conjoints de Marcien et Valentinien, assassiné cinq semaines plus tôt[732].

---

729. Voir chapitre X.

730. Sidoine Apollinaire Ep. L.II, 13, déjà citée ci-dessus, développe cette référence de Maxime Pétrone à la légende de Damoclès (au IVe siècle avant J-C, Damoclès vantait devant Denys de Syracuse le bonheur du prince. Denys, l'invita à un festin où il le fit vêtir et servir en prince, avec les mets les plus raffinés et les plus délicats, mais il avait fait accrocher au-dessus de sa tête une épée nue tenant au plafond par un crin de cheval, pour symboliser les risques de sa fonction. La frayeur coupa l'appétit de Damoclès.)
Dans la même lettre, Sidoine Apollinaire dit que « le cas personnel de Maxime pourra être d'un puissant enseignement ».

731. Ce qui avec un peu d'anachronisme peut se traduire par ministre des armées. Cité par Guy Lacam dans son ouvrage *Ricimer, un barbare au service de l'Empire*, op. cit. p. 125.

732. Nov. Marc. 5.1., du 22 avril 455 qui traite de la validité des testaments en faveur des religieux.

Dans un premier temps, ce fringant sexagénaire croit consolider son pouvoir en s'alliant à la famille de son prédécesseur, ce qui est habituel, mais les circonstances le sont moins. Étant veuf[733], il n'hésite pas à s'attribuer la jeune veuve de trente-quatre ans qu'est Licinia Eudoxia, au mépris de la loi qui prévoit un délai d'un an pour le remariage des veuves[734], et aussi de quelques principes élémentaires. Son fils Palladius quant à lui épouse Eudocia théoriquement destinée à Hunéric. Croyant avoir ainsi doublement consolidé son trône, il commet une double et grossière erreur qui va s'avérer très vite redoutablement dangereuse pour lui.

La première est qu'en ne respectant pas le deuil de Licinia Eudoxia, de même qu'en ne poursuivant pas les assassins de Valentinien, il démasque son rôle réel dans le complot. Que, dans leur nouvelle intimité, il ait même eu l'inconscience d'avouer à l'impératrice avoir manigancé tout cela par amour pour elle, il est permis d'en douter. En revanche, le commentaire selon lequel « la colère des femmes est implacable lorsque quelqu'un attente malgré elles à leur pudeur et que celui qui commet cet attentat a répandu le sang de leur époux[735] » est pertinent, même s'il s'applique à une situation assez exceptionnelle pour que sa formulation en une règle générale soit un peu cocasse. Le fait pour Licinia Eudoxia de se retrouver, au lendemain de l'assassinat de son mari, dans le lit de ce nouvel empereur – un élégant sexagénaire de vingt-cinq ans son aîné, dont de bonnes sinon évidentes raisons lui permettent de penser qu'il a participé au complot – suffit à expliquer qu'elle devient son ennemie inexpiable. Cette attitude est en outre la preuve d'un fort attachement à son ancien mari, démenti implicite des bruits quant à l'inconduite de celui-ci.

La seconde est qu'en mettant en cause l'accord de 442 qui prévoyait le mariage d'Hunéric et d'Eudocia, Maxime offre un *casus belli* à Genséric qui n'attendait que ce prétexte pour tenter la razzia suprême, le sac de Rome. Là encore, il n'est pas nécessaire d'en rajouter avec des légendes, comme celle d'un appel à Genséric

733. Ce qui n'est pas cohérent avec le ragot de Procope sur le viol de son épouse par Valentinien.

734. La loi C. Th. 3.8.1., sur le remariage des veuves, promulguée le 30 mai 381.

735. L'anecdote ainsi commentée est en fait rapportée par Evagre auteur byzantin du VIe siècle, dans son *Histoire de L'Église*, L.II, Chapitre VII. Les doutes quant à son authenticité, n'enlèvent rien au commentaire.

par Licinia Eudoxia pour la délivrer de Maxime[736]. Si, depuis l'accord de 442, un *modus vivendi* avait été trouvé par Valentinien III pour sauver les apparences dans la relation de l'Empire avec les Vandales, une fois la dynastie tombée, Genséric n'a plus à prendre de précautions. Il peut même justifier ses rapines par la défense du pouvoir légitime. S'assurer de la personne des princesses, c'est se constituer un solide gage politique. Désormais, Genséric va se poser en défenseur paradoxal et encombrant des dernières survivantes de la dynastie théodosienne. Il n'a donc pas besoin d'un quelconque appel de l'impératrice pour monter une expédition sur Rome, celle-ci s'impose d'elle-même. « L'affront » fait à son fils Hunéric, privé de sa fiancée officielle, est un prétexte suffisant. Genséric en profite pour occuper les provinces de Maurétanie restées en possession de l'Empire. Ensuite, il envoie une flotte sur Rome. L'annonce de son arrivée saisit de stupeur la population romaine. Nouvelle erreur fatale : Maxime Pétrone, protégé par les murailles d'Aurélien restaurées par Valentinien en 441[737], mais sans autres moyens militaires, n'est pas effleuré par l'idée d'une quelconque résistance. Certes, l'attitude de l'armée, c'est-à-dire Majorien et Ricimer, est plus que réservée à son égard ; elle se tient en retrait. Le 31 mai, dans le sauve-qui-peut général, il tente piteusement de s'enfuir, ayant de fait abdiqué, mais trop tard. Reconnu parmi les fuyards, il est massacré par la foule en colère[738], écœurée

736. Les princesses victimes appellent toujours pour les venger quelque dragon, et à défaut le pire ennemi de leur pays. En l'occurrence Hydace, depuis la Galice, évoque dans ses *Chroniques* un bruit qui a dû circuler à l'époque : « Genséric appelé par la veuve de Valentinien, selon les tristes bruits qui circulent (Olymp. CCCVIII §167). Sidoine Apollinaire dans le *Panégyrique d'Avitus* (Carmen VII, v. 442 à 444), n'y fait pas allusion, considérant que le Vandale était venu de lui-même : « Cependant, les Vandales, profitant de la surprise, par une attaque brusquée, s'emparent de toi, ô Rome. » Tiro Prosper, (cité par Guy Lacam, p.133 de son ouvrage sur Ricimer) ne met pas non plus Licinia Eudoxia en cause. Celle-ci peut donc être lavée de tout soupçon. L'intervention de Genséric ne lui est imputée que par des sources orientales du siècle suivant, peut-être à partir des « tristes bruits » rapportés par Hydace. Le parallèle avec la légende d'Honoria, est évident. Aucune source contemporaine à l'appui de la légende romanesque des amours de la princesse captive. Les faits sont très proches dans le temps. Face à des événements brutaux, inattendus et comparables, des fables similaires ont été imaginées.

737. Cf. chap. XIII, Nov. Val.5 du 3 mars 441.

738. Il est fait allusion soit à un Bourguignon, soit à un nommé Ursus (Jornandès, *Histoire des Goths*, op. cit. § 235), qui aurait tué Petronius Maximus. Dans ses *Chroniques*, Hydace Olympiade CCCVIII § 162 précise qu'il fut « victime d'une révolte populaire et d'une sédition militaire. »

de sa lâcheté ; taillé en pièces, son corps est jeté dans le Tibre. Son fils Palladius connaît vraisemblablement le même sort.

La flotte vandale débarque donc sans encombre à Ostie. Le 1er juin, les Vandales arrivent aux abords de Rome. La ville est désemparée, sous le choc. Toutes les autorités civiles et militaires romaines sont évanouies, dissoutes. Seul l'évêque Léon approche le roi vandale. Toutefois, contrairement à ce qui s'était passé trente mois plus tôt face à Attila, l'Histoire ne peut tout au plus le créditer que d'avoir évité massacres et destructions systématiques. Eut-il si grand mérite à obtenir cet engagement puisque, dans un contexte de vacance totale du pouvoir, Genséric vient à Rome se posant en allié loyal, venant délivrer les survivantes de la famille impériale légitime, ses parentes, des mains d'un usurpateur, assassin de l'empereur légitime. Le pillage de la ville n'est que la rémunération du service rendu. Il dure quatorze jours[739] au terme desquels douze bateaux lourdement chargés de butin et d'otages prestigieux quittent le port d'Ostie pour Carthage. Un de ces bateaux n'arrive pas à destination[740], celui qui contenait les statues du Capitole. La nature de cette cargaison permet de penser que des statues mal arrimées ont roulé lors d'un virement de bord et provoqué le naufrage. À moins qu'il ne s'agisse d'une intervention ultime des divinités tutélaires de la ville ? Parmi les passagers forcés, outre les trois princesses « délivrées », Licinia Eudoxia et ses deux filles Eudocia et Placidia, les chroniques mentionnent Gaudentius, le fils d'Aetius dont rien n'indique ce qu'il devint ensuite. Les Vandales venus « délivrer » les princesses impériales durent avoir la délicatesse de ne pas les embarquer à bord du même bateau.

Les Maures ayant été associés à l'expédition, il est procédé à un partage du butin lors du retour. L'évêque catholique de Carthage, Deogratias, dépense alors ses trésors pour procéder au rachat de nombreux captifs. Genséric garde auprès de lui ses impériales protégées malgré les réclamations réitérées de l'empereur Marcien, leur oncle et grand-oncle. Le mariage d'Eudocia et Hunéric est enfin célébré vers 458. L'impératrice Licinia Eudoxia et Placidia la jeune ne sont autorisées à regagner Constantinople qu'en 462, à la demande de l'empereur Léon, successeur de Marcien. Placidia la

739. En 410, Alaric s'était limité à un écrémage sommaire de trois jours.

740. Procope, *De bello vandalico,* op. cit. L.I, V, § 1 à 7, notamment § 5.

jeune épouse alors le sénateur Anicius Olybrius[741] qui avait réussi à se réfugier à Constantinople dès 455.

Avitus, un empereur gallo-romain et auvergnat par la grâce des Wisigoths

Cette visite pour le moins brutale des Vandales laisse Rome en état de choc, à un moment où personne n'est en mesure de combler le vide politique au sommet de l'Empire. Avitus est en service commandé à Toulouse auprès de son ami Théodoric II quand parvient la nouvelle de la mort de Maxime et du pillage de Rome par les Vandales. Le nez coupé de la sœur de Théodoric II, défigure durablement l'image du roi de Carthage à la cour de Toulouse. Apprenant les événements de Rome, Théodoric II a une idée simple, aimable, chaleureuse, mais intéressée, pour combler le vide politique qui en résultait. Fin juin, il proclame Avitus empereur. Pour assurer un respect minimal des formes, la désignation est ratifiée le 10 juillet en Arles par une assemblée des seigneurs de la Gaule, puis par l'armée romaine en Gaule. L'excellence du choix de Théodoric II est confirmée. Que reste-t-il de souveraineté quand le vassal choisit son suzerain ? Quelle sera la capacité du nouvel empereur à se faire reconnaître par ses sujets et ses autres vassaux ?

Avitus franchit les Alpes, puis entre en Italie le 21 septembre 455. La ratification du Sénat romain est tardive, courant octobre, à contrecœur et par défaut. Avitus ne sera jamais véritablement accepté à Rome. Dans un premier temps, Marcien ne reconnaît pas le nouvel empereur. Il aurait pensé à son gendre Anthemius[742] pour régler cette crise de l'Empire d'Occident. Les fastes consulaires retiennent pour l'année 456 deux consuls, tous deux d'Orient, Varane[743] et Jean. Cependant, conformément à l'usage selon lequel un nouvel empereur est consul lors de la première nouvelle année de son règne, Avitus s'est autoproclamé au 1er janvier 456,

741. Cela lui vaudra d'être brièvement empereur en 472, le sixième de la série constituant ce chapitre, voir infra..

742. Celui-ci ne succédera pas non plus à Marcien à la mort de celui-ci en janvier 457, mais finira quand même par être empereur d'Occident en 468.

743. De la famille royale persane vivant en exil à la cour de Constantinople.

occasion pour son gendre Sidoine Apollinaire de prononcer son panégyrique devant le Sénat romain. Il attribue de telles qualités à son beau-père qu'on lui croirait volontiers la stature d'un très grand homme d'État. Grand seigneur, sûrement, et aussi habile diplomate, mais ni grand soldat ni grand politique; en outre déjà relativement âgé, il n'avait pas les moyens de faire face aux difficultés du moment et va souffrir à Rome même des conditions d'une nomination, imposée par des Barbares.

À l'automne de 456, Théodoric obtient les dividendes de son intervention en entreprenant une campagne contre les Suèves, au nom des Romains. Battus à plusieurs reprises, écrasés à Astorga le 5 octobre 456, les Suèves sont l'objet d'une extermination systématique. Bien que le point soit obscur, Avitus paraît s'être rendu au printemps de 456 aux confins de la Pannonie. Cette province occupée par les Goths après Andrinople, puis par les Huns à partir de 427, vient de faire retour à l'Empire romain à la suite de la dissolution de l'empire des Huns, consécutive à la mort d'Attila. À la frontière des deux Empires, il aurait reçu des envoyés de l'empereur Marcien et aurait essayé d'obtenir sa reconnaissance officielle par celui-ci[744]. Si cette démarche a eu lieu, elle n'a pas abouti. En effet, la loi du 18 juillet 456[745] ne comporte que la signature de Marcien. Cette loi, introduit une disposition fiscale importante, la prescription triennale de l'impôt: « Celui qui peut prouver qu'il a des quittances de ses impôts pour les trois dernières années, ne peut être recherché au-delà », disposition encore en vigueur de nos jours, figurant aux articles L.178 et suivants et L.186 et suivants du Code de procédures fiscales.

Au même moment, Ricimer se couvre de gloire en infligeant deux défaites sévères aux Vandales, l'une à Agrigente où des troupes débarquées sont anéanties, l'autre dans le détroit de Bonifacio où une flotte vandale est surprise et détruite; sur soixante vaisseaux, à peine dix regagnent Carthage. Ces deux succès ont un effet très fort sur la population romaine encore sous le choc du pillage

744. Le *Code Théodosien* permet de suivre la chronologie des textes. La dernière loi de Marcien qui y figure, datée du 22 avril 455, est promulguée à Constantinople sous le double timbre de Marcien et de Valentinien, dont la mort était certainement connue à cette date; cette pratique de la promulgation posthume n'est pas nouvelle et permet de gérer les périodes par trop incertaines.

745. *Code Justinien* X.22.3.

de l'année précédente. Ricimer acquiert alors une popularité immense, au moment même où Avitus peine à s'imposer. Après son déplacement en Pannonie, celui-ci revient en Gaule, se rend à Trèves inspecter la frontière du Rhin, mais son absence prolongée affaiblit sa position à Rome où une campagne de dénigrement est habilement orchestrée, mettant en cause ses mœurs selon une méthode éprouvée maintes fois, de l'Antiquité à nos jours.

Ricimer dépose une première fois un empereur

En octobre 456, quand Avitus regagne enfin l'Italie, une révolte éclate, conduite par Majorien et Ricimer. Remistius, le patrice qu'il avait désigné sur ce poste resté vacant depuis l'exécution d'Aetius, est assassiné à Ravenne où il résidait. Lui-même est arrêté à Plaisance et déposé le 16 octobre. Avitus a la vie sauve. Pour bien montrer qu'il renonce à toute activité politique, l'évêché de Plaisance étant vacant, il est tonsuré et ordonné évêque[746]. Apprenant que le Sénat en voulait à sa vie, il juge plus sûr de regagner la Gaule et ses fiefs auvergnats. Il meurt en route, très probablement de mort naturelle, et est inhumé dans l'église Saint-Julien de Brioude. Sans avoir une immense envergure, Avitus n'était pas médiocre mais, malgré de réelles qualités personnelles, trop marqué comme l'homme des Wisigoths, ce que les milieux sénatoriaux ne pouvaient accepter.

Deux ans après l'exécution d'Aetius, l'avènement à venir de Majorien peut être interprété de deux façons. Ce qui subsiste d'armée romaine reprend la réalité du pouvoir des mains d'un empereur fait par des Barbares, mais au bénéfice d'un militaire, Majorien, gendre sinon successeur envisagé par Valentinien III, retour apparent à une certaine normalité.

Ricimer[747]qui conduit cette révolte aux côtés de Majorien est un brillant militaire d'origine barbare. Il émerge au premier plan dans cette période de crise et va être le véritable maître de l'Empire d'Occident jusqu'à sa mort quinze ans plus tard, conduisant un jeu personnel tortueux qui va au final accélérer la chute de l'Empire.

---

746. Avitus inaugure ainsi une pratique qui sera appliquée en 474 à son éphémère successeur Glycerius, et en 751 à Childéric III le dernier roi mérovingien.

747. Ricimer est resté dans l'ombre pendant toute cette période. La magistrale étude de M. Guy Lacam, *Ricimer, un barbare au service de l'Empire*, op. cit. a le grand intérêt de mettre en lumière ce personnage et de le tirer de l'ombre où il s'est tenu sa vie durant.

Si les succès militaires qui viennent de lui acquérir une immense popularité lui permettent d'aspirer aux plus hautes destinées, ses origines barbares lui interdisent l'accès au trône impérial. Pourtant ses origines familiales sont prestigieuses. Sidoine Apollinaire évoque des origines royales[748]. En effet, son père appartient au clan royal des Suèves et sa mère est une des filles de Wallia le roi des Wisigoths qui trente ans plus tôt a été, après l'assassinat d'Ataülf, le fondateur du royaume de Toulouse[749]. Le mariage de ses parents se situe selon toute vraisemblance en 417 au moment où Wallia « pacifie » l'Espagne pour le compte des Romains et taille en pièce Vandales et Alains ; le mariage d'une de ses filles avec un chef Suève lui permet d'obtenir à moindre coût leur soumission à Rome[750].

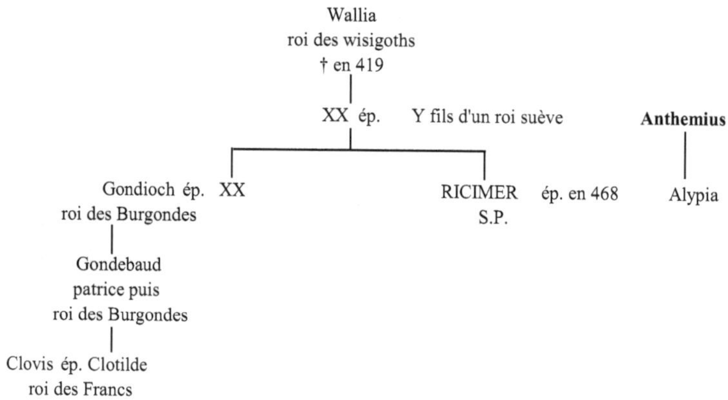

Ricimer et sa famille

Excellent soldat et bon stratège, Ricimer va s'avérer, arrivé aux sommets de l'État, d'une âpreté et d'une fausseté rares. Se considérant capable d'être le premier et ayant la volonté farouche de l'être, alors que formellement cela lui est impossible, il ne parvient pas à surmonter cette redoutable contradiction. Ne pouvant être empereur, il n'en supporte aucun dont il serait le sujet et non le maître. En outre, ses origines Suèves peuvent lui avoir inspiré de

748. Sidoine Apollinaire, Carmen V *Panégyrique de Majorien*, vers 266 à 268 : « Il (Majorien) est en plus lié à ce jeune homme (Ricimer) en qui revit la grande âme de son aïeul royal. »

749. Voir chapitre X.

750. Guy Lacam, *Ricimer, un barbare au service de l'Empire,* op. cit. p.70.

la rancœur vis-à-vis d'Avitus en raison de la politique d'extermination que celui-ci laisse conduire par Théodoric.

Ainsi, dans une période où l'affirmation d'une nouvelle légitimité impériale est difficile et incertaine, Ricimer va contribuer à déstabiliser cet Empire qu'il avait d'abord défendu avec talent. L'Histoire lui attribue d'ordinaire quatre victimes impériales Avitus, Majorien, Libius Sévère et Anthemius, ce qui est beaucoup (sans oublier quelques autres personnages de haut rang). Pour Avitus, nous venons de le voir, il s'agit d'une « remise en ordre » à laquelle il participe au côté de Majorien, mais la mort d'Avitus survenue peu après paraît bien avoir été naturelle.

Le règne de Majorien ou le dernier sursaut

Avitus déposé, une nouvelle vacance du trône d'Occident s'ouvre donc. En se prolongeant, elle va coïncider avec la mort de Marcien survenue à Constantinople le 27 janvier 457. Marcien n'avait pas voulu reconnaître Majorien, car il souhaitait avoir un homme à lui en Occident. La forte personnalité de Majorien et le fait qu'il ait été distingué par Valentinien pouvaient en faire un collègue encombrant. La mort de Marcien, après une brève maladie[751], règle la question.

Léon, son successeur, est désigné par Aspar, chef des armées d'Orient, lequel ne peut ceindre lui-même le diadème, étant barbare[752]. Anthemius, gendre de Marcien, ne cherche pas ou ne parvient pas à s'imposer. Après sa proclamation par l'armée et par le Sénat le 7 février 457, Léon se rend à Sainte-Sophie où Anatole, patriarche de Constantinople, dépose le diadème sur son front. Premier empereur d'Orient sans lien avec la famille théodosienne, Léon[753] est le premier à avoir la précaution de sacraliser son diadème. En Occident, il faudra attendre le sacre de Charlemagne par le pape Léon III, le 25 décembre 800, pour avoir une cérémonie

751. Le chroniqueur Zonare (cité par Guy Lacam, p.206 de son ouvrage *Ricimer, un barbare au service de l'Empire*) a cru y voir un empoisonnement manigancé par Aspar, mais il écrivait au douzième siècle…

752. Alain d'origine et arien de religion.

753. Cédrène, historien byzantin du XIe siècle, cité par Le Nain de Tillemont, le décrit ainsi : « Léon avait le corps fort menu, la barbe assez claire, mais de l'esprit et de la prudence. »

similaire. Une de ses filles, Ariadne, épousera ses deux successeurs, Zénon et Anastase, prolongeant ainsi le rôle direct de sa famille jusqu'en 518, année de la mort de ce dernier. L'empereur Léon ayant assis sa légitimité, se préoccupe en priorité de la situation en Occident. Dans un premier temps, dès le 28 février, Ricimer est promu patrice et Majorien « *magister militum* », ce qui donne une préséance de fait à Ricimer sur Majorien dans l'attente du choix par Léon d'un empereur d'Occident. Cette solution ne pouvait satisfaire Majorien, déjà doublé par Maxime deux ans plus tôt. Le premier avril, il est proclamé « César » à Ravenne. Enfin, Majorien, sans plus attendre, s'autoproclame Auguste en décembre 457. Ainsi, conformément à l'usage, les deux empereurs sont consuls pour l'année 458, première année qui suit leur avènement.

Mais la reconnaissance officielle de Majorien par Léon va se faire attendre jusqu'au printemps de 458. Les lois de Majorien promulguées à Ravenne les 11 janvier et 11 mars 458 sont signées de lui seul, alors qu'à partir du 8 mai elles le sont toutes sous le double timbre des deux empereurs, Léon le premier en sa qualité d'empereur le plus ancien, preuve de la reconnaissance effective. Sidoine Apollinaire va devoir attendre décembre 458 pour prononcer à Lyon le panégyrique de celui qui, deux ans plus tôt, avait fait déposer ce beau-père dont il prononçait le panégyrique trois ans auparavant devant le Sénat de Rome[754].

Majorien, qui fait l'objet de commentaires unanimement élogieux, s'attaque en priorité au problème vandale. Selon une belle mais invraisemblable légende[755], il se serait rendu en personne à Carthage, sous un déguisement, pour apprécier par lui-même les forces et faiblesses de l'adversaire. Plus sérieusement, les Romains devaient avoir une bonne appréciation de la situation intérieure de leur ancienne province. La domination vandale en Afrique fut toujours fragile, du fait de leur faible nombre et de la brutalité avec

754. Ce panégyrique de Sidoine Apollinaire sera encore suivi d'un troisième dix ans plus tard. Il est facile d'ironiser sur l'opportunisme de leur auteur ; cependant, Sidoine Apollinaire étant incontestablement une figure d'honnête homme, on peut au moins déduire de ce qu'il a accepté de se livrer avec talent et habileté à cet exercice de style pour Majorien, le fait qu'Avitus est effectivement mort de mort naturelle peu après sa déposition. On l'imagine mal faire le panégyrique de l'assassin de son beau-père.

755. Citée par Procope *De bello vandalico*, op. cit. L.I, VII, 6 à 11, dont le récit abonde en confusions chronologiques.

laquelle ils exerçaient leur domination, notamment leur arianisme intolérant. Les Romains disposaient encore à ce moment-là de moyens d'espionnage opérationnels[756], probablement appuyés sur le clergé et la population en majorité catholique, en butte à l'arianisme intolérant du vieux roi Genséric alors âgé de soixante-dix ans[757]. Or, suite aux échecs de l'année 456 et en Campanie en 457, les premiers depuis leur débarquement en Afrique, quelques divisions apparues chez les Vandales avaient encouragé les populations locales.

Majorien conçoit donc un plan astucieux et simple. Partant de l'Espagne, il débarquerait dans les Maurétanies, provinces les plus éloignées de Carthage et tout juste annexées par les Vandales, les prenant à revers ; ainsi, il bénéficierait d'un bon accueil des populations locales dans une région peu peuplée, mal défendue, car loin de Carthage. C'est le plan de Genséric partant trente ans plus tôt à la conquête de l'Afrique. À cette fin, il fit mettre en chantier une flotte de guerre dans le port de Carthagène, conservé par les Romains dans le Sud de la péninsule ibérique. Après être passé par Lyon à la fin de 458, il rassemble son armée en Arles où il séjourne du printemps de 459[758] à celui de 460. Mais quand il arrive à Carthagène pour embarquer sur sa nouvelle flotte de guerre, une très mauvaise surprise l'attend. Informé des préparatifs guerriers de l'empereur, Genséric réussit à anéantir cette flotte au mouillage, avant même qu'elle ait pris la mer, en l'incendiant de nuit par des bateaux-brûlots. Ce désastre montre sans conteste que les Vandales étaient eux aussi bien renseignés et disposaient d'intelligences chez les Romains. Les produits du pillage de Rome pouvaient aussi acheter bien des consciences. Pendant son long règne d'un demi-siècle Genséric, toujours en situation d'infériorité manifeste, s'en est régulièrement sorti par des ruses de guerre remarquables, surgissant et frappant par surprise de la façon la plus inattendue.

756. Le *Code Théodosien* comporte une abondante législation sur les modalités d'organisation de leurs services secrets, Livre VI, titre 27 (23 lois), titre 28 (8 lois), et titre 29 (12 lois).

757. Ce qui ne va pas l'empêcher de survivre encore à sept empereurs et même à l'Empire. La remarquable longévité du roi vandale est à ranger dans la catégorie des faits contingents qui ont pesé sur le destin de l'Empire d'Occident.

758. Ricimer obtient les honneurs du consulat pour cette année-là.

Ce désastre n'a rien d'irrémédiable. Il ne fait que différer une nouvelle action de reconquête de l'Afrique par les Romains. Celle-ci ne paraît pas avoir été coordonnée entre les deux Empires. Majorien n'a plus qu'à faire demi-tour et regagner Arles. Là, il reçoit des émissaires de Genséric qui, conscient de sa faiblesse fondamentale, a comme en 442, l'astuce de ne pas chercher à pousser son avantage et de proposer aux Romains une paix aussi honorable que démobilisatrice. Cette paix ne prévoit même pas la libération de Licinia Eudoxia et de Placidia la jeune, ce qui empêche Majorien d'envisager la consolidation dynastique qu'eut été pour lui un mariage avec la seconde fille de Valentinien[759]. Le traité d'Arles est cependant signé.

Majorien commet ensuite l'erreur de rester treize mois dans cette ville, s'occupant des affaires de la Gaule. Ainsi, après l'échec de sa tentative d'expédition africaine, il abandonne le terrain romain aux manœuvres de Ricimer qui se rapproche de l'aristocratie sénatoriale, opposée à la politique de l'empereur. De plus, dans le cadre des affaires de la Gaule, il est conduit à sanctionner l'attitude de trahison ouverte du comte Agrippin, une créature de Ricimer. Quand Majorien se rend enfin en Italie pour regagner Rome, sitôt franchies les Alpes, à Tortona, il est attaqué par Ricimer, son ancien compagnon d'armes[760], le 2 août 461. Les insignes impériaux lui sont arrachés et il meurt cinq jours plus tard.

L'empereur Libius Severus, un nom sur une liste

Au bout de trois mois et demi d'interrègne, Ricimer parvient à faire proclamer par le Sénat le 19 novembre 461 un obscur sénateur, Libius Severus. Presque au même moment disparaît l'évêque Léon, après plus de vingt années de prélature. Son successeur, Hilaire, élu fin 461, est l'ancien légat de Léon au « conciliabule » d'Ephèse. Il a une position très ferme contre les eutychéens ; par ailleurs, il interdit explicitement aux évêques de désigner leurs successeurs.

759. Il n'est pas fortuit que l'habile Genséric ait attendu la mort de Majorien pour remettre les princesses captives, la veuve de Valentinien et sa fille cadette Placidia la jeune, à l'empereur de Constantinople.

760. Dans la plaine du Pô entre Gênes et Milan.

Suivant l'usage, le nouvel empereur est consul pour 462, associé à Léon qui l'a donc reconnu rapidement. Deux lois sont promulguées en son nom, signées des deux empereurs. La première, du 20 février 463, vise à augmenter les recettes fiscales. La seconde du 25 septembre 465, donc peu avant sa mort survenue le 15 novembre 465, traite des corporations. Son règne marque une accélération du démantèlement de l'Empire qui ne contrôle plus rien en Espagne livrée aux « fédérés » wisigoths. La partie de la Gaule encore sous influence romaine est en sécession sous la conduite d'Aegidius fidèle de Majorien. Il en est de même de la Dalmatie contrôlée par le comte Marcellin. Cette dissidence de hauts fonctionnaires romains est un fait nouveau qui caractérise la période et contribue à accélérer l'affaissement de l'institution impériale.

De la personnalité de « Sévère III », l'Histoire ne retient rien, hormis le fait qu'il était originaire de Lucanie[761]. Le règne se réduit à sa proclamation, son consulat, ses deux lois, quelques frappes monétaires et sa mort. Celle-ci est le seul événement notable du règne, parce qu'elle va poser un problème redoutable à Ricimer. Pour les contemporains, cette mort est naturelle. Sidoine Apollinaire est sans ambiguïté : « L'empereur Sévère, par la loi de la nature, augmente le nombre des Dieux[762]. » L'embarras de Ricimer à la mort de cet empereur idéal pour lui montre que le mobile d'un crime manque, *is fecit cui prodest.* Au siècle suivant, Cassiodore a accusé Ricimer d'avoir empoisonné Sévère. S'il y avait eu le moindre doute, les contemporains l'auraient mis à sa charge. À supposer qu'il y ait eu crime (empoisonnement ?), hypothèse qui ne repose pas sur le moindre indice, les mobiles seraient à rechercher plutôt du côté de Constantinople. Ricimer a les moyens, mais pas de mobiles, Constantinople les mobiles, mais pas de moyens.

761. Région du Sud de l'Italie péninsulaire aux confins des Pouilles et de la Basilicate ; il y a peut-être là une malice, car les Lucaniens avaient une réputation de lourdeur.

762. *Panégyrique d'Anthemius* (v. 317 et 318).

Pas d'empereur en Occident, interrègne ou réunification ?

« Sévère mort, Léon règne seul un an (et avec Anthemius sept)[763]. » Protocolairement, sinon formellement, Léon est donc le seul empereur. Pour que les choses soient bien claires, il se désigne seul consul pour l'année 466. Depuis la mort de Valentinien III, c'est la troisième fois que la situation se reproduit. Il doit cependant veiller à se donner un collègue pour l'Occident. La complexité de la situation fait que cette fois l'interrègne bat des records de durée. Une façon involontaire de s'habituer à l'idée qu'il pourrait ne plus y avoir d'empereur en Occident.

Léon fait de la reconquête de l'Afrique son objectif prioritaire d'autant plus que, profitant de leur récente expansion, les Vandales, désormais maîtres du bassin occidental de la Méditerranée, s'attaquent maintenant aux côtes du Péloponnèse, donc à l'Orient. Comme Majorien, et avant lui Valentinien et Marcien, il a bien perçu la faiblesse intrinsèque des Vandales. Son équation stratégique est simple. En effet, l'Empire d'Orient a des problèmes qui lui sont propres, dictés par la géographie. Les Perses sont supposés tenus par le traité de 423, mais est-il raisonnable de dégarnir complètement la frontière[764] ? Les passes du Caucase doivent être bouclées, la sécurité de navigation assurée sur la mer Noire, enfin il faut contenir la pression des Ostrogoths sur la Thrace et la Mésie et des Alains sur le Bas-Danube. Léon a donc besoin d'assurer ses arrières à l'Ouest et d'y disposer d'appuis stratégiques en particulier en Sicile. À cette fin, il faut un homme sûr en Occident pour garantir une parfaite coordination de l'action des deux Empires contre les Vandales. Or, Ricimer qui détient la réalité du pouvoir en Occident, ne peut être empereur puisque Barbare et arianiste. De plus, il n'offre pas une garantie suffisante de fiabilité permettant à Léon de se reposer sur lui. Pour Ricimer, l'empereur idéal est un personnage qui consent à régner sans gouverner. L'Histoire a depuis montré que ce partage des rôles est difficile et que pour se contenter de régner il faut au préalable avoir bénéficié d'une longue antériorité dynastique. Dans ce contexte, Ricimer ne peut

763. *Chroniques* de Prosper Tiro, citées par Guy Lacam, p.313 de son ouvrage *Ricimer, un barbare au service de l'Empire,* op. cit.

764. Cette paix va tenir jusqu'en 508.

espérer trouver un sénateur qui veuille bien accepter d'abandonner ses privilèges et son confort pour exercer sous son contrôle, une fonction symbolique aussi dangereuse que vaine.

L'examen des forces en présence ne doit pas faire oublier que Genséric avait disposé depuis 455 d'un atout important avec la détention des trois princesses théodosiennes. Certes, il a libéré cinq ans plus tôt Licinia Eudoxia et Placidia la jeune. Eudocia, épouse de son fils Hunéric, ne coule pas forcément des jours heureux en sa qualité de future reine de Carthage. Les princesses libérées se sont installées à Constantinople et non en Occident. L'impératrice Licinia Eudoxia se retire dans le monastère de Jérusalem où sa mère était décédée en 461. Placidia la jeune épouse le sénateur Anicius Olybrius, replié à Constantinople depuis 455. Porteur d'une certaine légitimité historique, par son alliance avec la dernière descendante de la famille Théodosienne, Anicius Olybrius peut constituer un risque pour Léon dont le pouvoir sur l'Empire d'Orient est cependant bien établi. En Orient, la transmission de l'Empire hors de la famille théodosienne s'est faite sans heurts, par étapes et sous l'effet des circonstances. La géniale invention du sacre religieux, apport essentiel de Léon à l'Histoire européenne, offre à celui-ci une garantie supplémentaire. En revanche, dans le vide occidental, un gendre de Valentinien III ne serait pas à négliger. Genséric le pousse, considérant qu'à terme une sorte de pacte de famille entre les deux beaux-frères est la meilleure assurance de pérennité pour la domination vandale en Afrique. Mais ce soutien est justement aux yeux de Constantinople un puissant motif pour écarter Anicius Olybrius[765]. Léon a d'ailleurs sous la main le candidat « idéal » en la personne d'Anthemius. Celui-ci, en sa qualité de gendre de l'empereur Marcien, appartient d'assez loin à la parentèle théodosienne[766] et pourrait lui aussi avoir des titres à la

765. On peut voir là aussi pourquoi les auteurs orientaux avaient tout intérêt à entretenir l'idée selon laquelle Licinia Eudoxia avait appelé les Vandales à Rome en 455.

766. Par ailleurs, par son père Procope, on lui attribue une ascendance impériale plus lointaine. Dans le *panégyrique d'Anthemius* (v. 67 à 93), Sidoine Apollinaire déclare explicitement que Procope, le père d'Anthemius a eu des ancêtres empereurs, ce qui a pu faire penser au Procope compétiteur de Valens en 365. Mais celui-ci n'a jamais été un « vrai » empereur; il était apparenté à Julien par la mère de ce dernier et non pas par la famille constantinienne. Il paraît plus vraisemblable qu'il s'agit d'un autre Procope, l'époux d'une des deux filles de Valens. En effet, Zosime cite en 396, dans l'entourage d'Arcadius, un Procope « parent par alliance de l'empereur Valens, bien

succession d'Orient. Écarté de la succession de Marcien, il n'avait pas non plus réussi à se placer en Occident pour la succession de Majorien. Cette fois-ci doit être la bonne.

Dans le jeu diplomatique subtil, entre Léon et Ricimer, toutes les astuces sont permises. Un des détails les plus étonnants de cet interrègne est que les frappes monétaires en Occident continuent à se faire à l'effigie de Libius Severus[767], Ricimer utilisant cette fiction pour frapper monnaie sans usurper explicitement ce droit. Le maintien du *statu quo*, le rattachement à l'Orient d'un Empire d'Occident pratiquement réduit à une Italie gouvernée par le patrice délégué de l'empereur est une solution convenable pour Ricimer, mais inacceptable pour Léon. Un accord est enfin conclu au début de 467, permettant l'accession au trône d'Anthemius. Cet accord prévoit le mariage de Ricimer avec Alypia, fille d'Anthemius et d'Euphémia, elle-même fille de Marcien.

L'empereur Anthemius ou la cohabitation impossible

Anthemius réunit sur sa personne de réelles qualités et des origines prestigieuses. Gendre de Marcien, il est le fils du général Procope qui s'est illustré contre les Perses, et qui est lui-même, probablement issu d'une fille de l'empereur Valens ; par sa mère, il est le petit-fils d'Anthemius, préfet du prétoire qui a gouverné l'Empire d'Orient avec sagesse pendant la minorité de Théodose II de 408 à 414 ; cet Anthemius était lui-même issu d'une véritable dynastie de hauts dignitaires de l'Empire puisque son grand-père[768] avait été préfet du prétoire sous Constance II.

En 455, il eut le privilège de partager les honneurs du consulat avec Valentinien III. Son mariage avec la fille de Marcien paraît avoir été antérieur à l'accession de celui-ci à l'Empire, puisque son

---

qu'il fût un homme ignorant et sans éducation, il paraissait dans certains cas révéler la vérité avec franchise » (L.V, 9, 3). C'est donc par une des filles de Valens qu'il faut situer l'ascendance impériale d'Anthemius.

767. Ce point a été subtilement analysé par Guy Lacam dans son ouvrage *La fin de l'Empire Romain et le monnayage or en Italie*, Éd. Adolph Hess, Lucerne, 1983.

768. Le grand-père d'Anthemius l'ancien, Philippe, avait été préfet du prétoire sous Constance II de 346 à 351, et consul en 348 ; le père, Simplicius, fut en 359, « poursuivi sous l'inculpation d'avoir interrogé l'oracle sur ses chances d'accéder à l'Empire » (Ammien Marcellin, *Histoire*, op. cit. XIX, XII, 9). Curieuse anecdote rapportée à une époque où personne n'aurait pu imaginer que son arrière-petit-fils serait empereur.

fils aîné Anthemiolus est en âge d'exercer des commandements militaires en 471. Ces divers éléments permettent de déduire qu'il est né un peu avant 430. L'homme envoyé par Léon dans le guêpier occidental est âgé d'une quarantaine d'années ; donc un peu plus jeune que son rival et néanmoins futur gendre, Ricimer, mais pratiquement de la même génération.

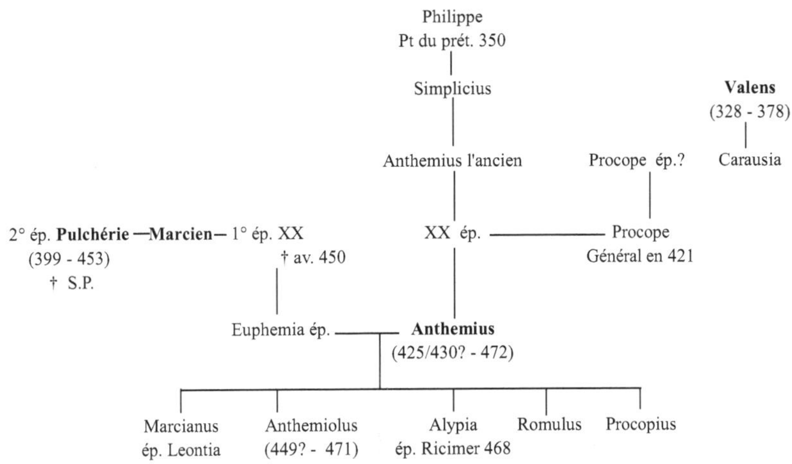

La famille des empereurs Anthemius et Marcien

Au terme de ces dix-sept mois de négociations laborieuses Anthemius débarque à Ravenne, accompagné de quelques troupes orientales, après avoir été proclamé César par Léon. L'accession au rang d'Auguste se fait en deux temps pour ménager la susceptibilité du patrice. D'abord le Sénat le 27 avril 467, puis l'armée au mois d'août, le temps d'avoir célébré le mariage de Ricimer avec sa fille, la jeune Alypia, nouvelle Iphigénie sacrifiée sur l'autel de la raison d'État, « dans l'espoir que la sécurité publique serait ainsi garantie [769]». Ainsi, Anthemius, « empereur des Romains, reçoit à huit milles de Rome, au mois d'août, le titre d'Auguste, la onzième année de l'empereur Léon[770]. »

Peu après, l'assassinat de Théodoric II par son frère Euric à la fin de 467 installe cette fois-ci sur le trône de Toulouse un adversaire déclaré des Romains, dont le premier objectif est l'extension de ses possessions en Gaule. Il dénonce le traité d'alliance de 418 sur lequel reposent les relations des Romains et des Wisigoths, créant

769. Sidoine Apollinaire, Ep.L.I, V, 10, *Lettre à Herenius.*

770. Hydace, *Chroniques,* op. cit. Olymp. CCCXI, § 234.

ainsi une difficulté supplémentaire d'importance pour le nouvel empereur. Conformément à l'usage, Anthemius est le consul désigné au titre de l'Occident pour l'année 468. À cette occasion, Sidoine Apollinaire, dont le talent est toujours disponible pour ce très politique exercice de style, prononce son panégyrique devant le Sénat. L'allusion qui y est faite au mariage de Ricimer et d'Alypia est formulée en des termes qui masquent mal une inquiétude sur la solidité de l'accord entre Anthemius et Ricimer : « Fais que mon Souverain soit le beau-père heureux de Ricimer[771]. » En retour, il est bientôt chargé par l'empereur d'une mission diplomatique importante dans les Gaules. La grande affaire de l'année est l'offensive conduite par les deux Empires en vue de la reconquête de l'Afrique. Le panégyrique y fait ouvertement allusion. Les chroniques d'Hydace montrent que le projet était connu dans tout l'Empire. Certes, l'importance des moyens mis en œuvre était telle que le succès de l'opération ne reposait certainement pas sur l'effet de surprise.

Le rôle de l'Occident se limite à assurer les arrières et à conduire l'attaque de la Sicile par les troupes du comte Marcellin qui pour la circonstance sort de la quasi-dissidence où il se maintenait en Dalmatie depuis la mort de Majorien, preuve également de la perte d'influence de Ricimer. Après la reprise de la Sicile, les troupes de Marcellin devaient débarquer en Afrique, à l'ouest de Carthage, pour couper une éventuelle retraite de Genséric vers les territoires des Maurétanies occupés en 455.

Depuis l'Orient, un corps expéditionnaire est débarqué en Cyrénaïque dans le but de remonter vers Carthage. Enfin, une flotte, la plus grande historiquement jamais rassemblée[772], mille bateaux avec cent mille hommes à bord, part de Constantinople pour mettre le blocus devant Carthage et y débarquer directement. C'est donc à une triple offensive massive et coordonnée qu'est confronté le vieux roi de Carthage[773]. À première vue, le combat est inégal et l'Empire, après plusieurs échecs, peut enfin espérer

771. Sidoine Apollinaire, *Panégyrique d'Anthemius*, v. 484.

772. Procope, *De bello vandalico*, op. cit. L.I, VI, 2. Le coût de l'expédition est estimé à 130 000 livres d'or, soit un peu plus de quarante-deux tonnes, ou encore 1,3 milliard d'euros de 2014.

773. Alors âgé de soixante-dix-neuf ans.

venir à bout du plus irritant et du plus coriace de ses ennemis, le vieux roi des Vandales.

Cependant, cette expédition mûrie et préparée depuis tant d'années, pour laquelle des impôts massifs ont été prélevés, n'est pas conduite par Aspar qui normalement aurait dû en avoir le commandement. Suspicion de Léon ou refus d'Aspar d'en prendre la direction ? Léon la confie à son beau-frère Basiliscus, frère de son épouse l'impératrice Vérine. Ce personnage qui apparaît ici pour la première fois dans l'Histoire est un mélange rare d'incapacité et d'ambition. À deux reprises, il va jouer un rôle néfaste. Son incapacité va être telle que l'on ne peut qu'accorder du crédit aux affirmations selon lesquelles il aurait en outre trahi. L'inspirateur de la trahison serait Aspar qui aurait trouvé, à la manière de Ricimer son homologue occidental, que l'empereur Léon prenait un peu trop d'autorité et qu'un échec de l'expédition d'Afrique lui permettrait de s'en débarrasser, Basiliscus devenant alors un empereur de rechange.

Au moment où l'immense flotte orientale bloque l'entrée du port de Carthage, au lieu de débarquer et d'en finir avec les Vandales, Basiliscus accepte de recevoir des émissaires de Genséric qui, par une manœuvre ultime sinon désespérée, lui propose « une paix perpétuelle aux clauses si avantageuses pour l'Empire qu'il ne saurait le refuser [774]» et au préalable une trêve de cinq jours pour la mise au point des termes du traité. Basiliscus, au lieu de donner l'assaut, accorde d'autant plus facilement le délai demandé que les envoyés de Genséric disposent d'arguments sonnants pour emporter sa conviction, bénéficiant peut-être au surplus d'un terrain déjà bien préparé par Aspar. La flotte reste donc au mouillage, à l'abri du Cap Bon. Genséric attend des vents favorables, ce qui arrive avant les cinq jours. Alors, il agit. Au milieu d'une belle nuit de juin, les troupes romaines sont réveillées par le fracas des incendies. Genséric a de nouveau utilisé l'arme des bateaux-brûlots qui lui avait si bien réussi en 459 aux dépens de Majorien. Dans le désordre qui suit, seul un très petit nombre de bateaux parviennent à s'échapper. La plupart sont détruits par l'incendie, l'importance même de la flotte ne leur donnant pas la capacité de manœuvrer pour se dégager. Basiliscus rentre piteusement à Constantinople

774. Procope, *De bello vandalico*, op. cit. L.I, V, 13.

avec les quelques bateaux rescapés. L'ensemble de l'opération est démonté. Les troupes débarquées en Cyrénaïque sont rapatriées. En Sicile, les succès du comte Marcellin sont annulés par son mystérieux assassinat au mois d'août, œuvre de sicaires de Ricimer.

> « Genséric apprenant que les Romains avaient fait mettre à mort Marcellin qui était leur allié contre lui, éprouve une grande joie à espérer la victoire et il trouve un mot moins digne d'un Carthaginois que d'un empereur romain ; il dit que les Romains s'étaient coupé la main droite avec la main gauche[775]. »

Nominalement général en chef des armées d'Occident, Ricimer s'est soigneusement tenu à l'écart de ces opérations[776].

Anthemius, surnommé par Ricimer « le petit Grec » ou encore « le Galate coléreux[777] », procède à l'épuration de son administration. Il élimine les éléments douteux trop liés à son gendre et général en chef. Ainsi, le patrice Romanus, convaincu de trahison et de lèse-majesté, est condamné à mort par le Sénat. Il est effectivement exécuté. En mars 468, Anthemius promulgue trois lois. La première traite de la situation juridique des femmes qui se sont unies à leurs esclaves et des enfants naturels. La seconde est une loi de validation générale pour l'Occident des lois promulguées en Orient[778], loi importante et significative qui montre bien qu'il n'y a pas eu d'évolution divergente de la législation des deux Empires après la promulgation du *Code Théodosien*. La loi datée du 19 mars

775. Photius, B*ibliothèque*, op. cit. t.VI, p. 27, mentionne ce texte de Damascius (né en 462, mort en 536). Or, dans le récit historique introductif du de bello vandalico, publié en 551, Procope emploie mot à mot les mêmes termes, pour exprimer l'avis d'un sénateur romain sur l'exécution d'Aetius en 454. L'« emprunt » paraît manifeste de la part de Procope (voir note 715, chapitre précédent) et l'anecdote qu'il rapporte sent donc la fabrique.

776. Le comte Marcellin n'ayant pas de postérité directe, son neveu Julius Nepos, fils de sa sœur et du général Nepotien, lui succède à la tête de ses possessions de Dalmatie. Il s'agit du futur empereur.

777. *graeculus* et *galatam concitatum.*

778. Le *Code Théodosien* ayant été promulgué en 438, une première loi de validation avait été prise en 448. En revanche il n'y en avait pas eu en 458, ce qui peut s'expliquer par les difficultés du moment. Cette loi de 468 montre bien une volonté de normalisation et de coordination.

est la dernière de l'Empire d'Occident à figurer dans les éditions du *Code Théodosien*. Elle traite des propriétés vacantes, ce qui donne une idée de la dépopulation de l'Italie à ce moment-là.

Pendant ce temps, les autres Barbares établis dans l'Empire mettent à profit l'échec de l'intervention commune des deux Empires contre les Vandales[779]. Les Burgondes descendent la vallée du Rhône jusqu'à Valence et les Wisigoths d'Euric s'emparent d'Avignon et assiègent de nouveau Arles. En 469, Anthemius réussit à repousser Euric au-delà du Rhône.

Léon n'entend pas rester sur cet échec. En premier lieu, il lui faut acquérir une vraie liberté de manœuvre par rapport à Aspar. Il s'appuie sur les Isauriens, population de l'est de l'Anatolie. Sa fille Ariadne est donnée en mariage à un de leurs chefs, Zénon[780], qui a les honneurs du consulat pour 469[781]. Au printemps de 470, Léon prépare une nouvelle expédition contre Genséric. Anthemius ordonne à Ricimer de débarquer en Sicile. Celui-ci désobéit ouvertement et se replie avec des troupes fidèles sur Milan.

À ce moment-là éclate une nouvelle affaire de dissidence d'un haut fonctionnaire romain, trahison pure et simple au profit des Wisigoths[782]. Le comte Arvandus ayant exercé les fonctions de préfet des Gaules pendant cinq ans, de 464 à 468, dans des conditions très satisfaisantes malgré le contexte difficile, est reconduit pour une nouvelle période de cinq ans, ce qui est exceptionnel. Il se révèle alors tout à fait différent, se rend odieux par ses prévarications et trahit ouvertement pour le compte des Wisigoths. Dans une lettre à Euric, interceptée par les Romains, il déconseillait « de faire la paix avec l'empereur grec ». Tout cela lui vaut d'être arrêté, mis en jugement devant le Sénat et condamné à mort, peine finalement commuée en détention. Là encore, c'est un homme de Ricimer qui est sanctionné. Plus grave, les agissements de Séronat,

779. « La bataille de la Gaule a été perdue en Afrique », Jill Harris dans *Sidonius Apollinaris and the fall of Rome*, p. 246, 1994, Clarendon Press, Oxford.

780. En fait, Tarassicodissa, hellénisé en Zénon. Il appartenait à « une des meilleures familles de l'Isaurie »; son père s'appelait Rusembladeste. Dans une note, non publiée à ce jour, Ch. Settipani émet l'hypothèse d'une erreur de transcription et que son nom véritable soit « Tarasis, fils de Codissa », Tarasis étant un prénom attesté en Isaurie.

781. Associé à Marcianus fils d'Anthemius désigné pour l'Occident, (l'année 469 est marquée par des pluies considérables en Orient).

782. Sidoine Apollinaire, Ep.L.I, VII, *Lettre à Vincentius.*

vicaire des « sept provinces », qui désobéit ouvertement au nouveau préfet des Gaules pour provoquer des désordres et livrer de vastes territoires aux Wisigoths. Il est condamné à mort et exécuté.

Cependant, en 470, les Wisigoths sous le commandement d'Euric envahissent la Provence. Une armée conduite par Anthemiolus aidé de mercenaires ostrogoths est battue par Euric sans que Ricimer tente quoi que ce soit pour l'aider. Anthemiolus est tué ainsi que les chefs barbares qui le soutenaient. De ce fait, la situation de la Gaule nécessite en 471 une opération de grande envergure contre les Wisigoths, ce qui suppose que soit levée l'hypothèque Ricimer.

En Orient, Léon tire la conséquence de son échec de 468. Appuyé sur ses fidèles Isauriens, il fait assassiner Aspar et deux de ses fils, Ardaburius et Patriciolus. Ce dernier venait d'être proclamé César et d'obtenir de Léon, quelque peu contraint, la main de son autre fille Léontia. Depuis trois générations, ces généraux alains tenaient l'armée d'Orient avec une loyauté apparente. Cette action brutale de Léon peut avoir valeur d'exemple pour Anthemius dans sa confrontation avec Ricimer. Ce dernier, qui la ressent comme telle, ne peut qu'être incité à la prévenir.

Se préparant à un conflit ouvert avec Ricimer, Anthemius se renforce dans Rome avec l'aide de mercenaires ostrogoths. Cependant, l'Italie est épuisée et l'occupation de l'essentiel de la Gaule ainsi que la sécession de fait de la Dalmatie font que le trésor impérial est pratiquement tari, ce qui limite drastiquement les possibilités de recrutement de mercenaires.

L'évêque Épiphane de Pavie[783] tente, en avril 471, une médiation entre Anthemius et Ricimer en rébellion ouverte. Cette intervention est sans espoir, car il est évident que la crise entre le pouvoir impérial et le pouvoir militaire ne peut se résoudre que par l'élimination de l'un des deux protagonistes, tel avait été finalement le cas entre Valentinien III et Aetius. La légitimation du pouvoir impérial ne règle pas le problème de l'équilibre avec le pouvoir militaire. Ricimer met à profit le temps ainsi gagné pour consolider sa situation au détriment d'Anthemius.

783. Voir *Vie d'Épiphane* par Ennodius.

L'empereur Anicius Olybrius[784], un retour bref, mais ambigu de la famille théodosienne

Après la libération des princesses impériales, le jeune sénateur Anicius Olybrius, de l'illustre et richissime famille anicienne, est finalement l'heureux élu qui épouse la jeune Placidia, certes à un moment où les vicissitudes de l'Histoire font que sa main ne conduit plus au trône. L'empereur Léon ne le traite pas pour autant comme quantité négligeable puisqu'il désigne comme consul pour l'année 464[785] le beau-frère du futur roi des Vandales et ultime représentant de la famille théodosienne, mais il reste totalement sourd aux appels du pied de Genséric en sa faveur lors de l'interrègne qui suit la mort de Libius Sévère.

Cet important personnage apparaît sur le devant de la scène. Certains[786] pensent que Léon aurait fini par lâcher Anthemius dont la situation était devenue sans espoir et aurait poussé un nouveau pion en la personne d'Anicius Olybrius. Cette thèse est peu vraisemblable, car elle oublie que ce dernier est par construction lié à l'adversaire principal de Léon, Genséric. D'autres soutiennent qu'il aurait simplement été chargé d'une mission de bons offices par Léon à l'occasion d'un voyage privé qu'il entreprenait en Occident où sa famille avait conservé d'importants domaines et qu'il aurait ensuite trahi Léon en jouant un jeu personnel. D'autres enfin[787] soutiennent une théorie subtile selon laquelle Ricimer aurait directement manipulé Anicius Olybrius avec l'accord de Genséric ; relevons que, pour le confort de Ricimer, même si la personnalité d'Anicius Olybrius était médiocre, ce qui n'est pas prouvé, ses liens familiaux en faisaient un personnage infiniment plus consistant que Libius Severus, mais pour Ricimer la haine

784. Vulgarisé par le célèbre capitaine Haddock dans les aventures de Tintin, ce mot n'a de sens péjoratif qu'en français, pour des raisons qui n'ont rien à voir avec cet empereur. En fait, dans des fabliaux du Moyen Âge Ol » **i** » brius (avec une orthographe différente de celle du nom de l'empereur) est le nom d'un gouverneur de Gaule qui, sous Dèce, en 250, avait été un actif persécuteur de chrétiens. Tourné en ridicule, ce personnage est l'incarnation d'un être fanfaron, lâche, et cruel.

785. Le consul associé Rusticius est nommé au titre de l'Orient, ce qui indique qu'Olybrius est nommé pour l'Occident.

786. Se fondant essentiellement sur Cassiodore.

787. Guy Lacam dans son ouvrage sur Ricimer déjà cité.

envers Anthemius l'emporte alors sur toute autre considération. Toutes ces hypothèses conduisent à évoquer une autre possibilité, à savoir qu'Anicius Olybrius est conscient de ce qu'il représente en Occident, ce dont il ne manque pas de tirer profit dès l'instant où il débarque en Italie. Reste en suspens la question de savoir comment Léon a pu laisser sortir un sujet qui devenait aussi important dès lors qu'il quittait l'Empire d'Orient pour l'Occident. Que dans un premier temps, dans le cadre d'un déplacement privé, il ait pu se présenter comme chargé d'une mission de conciliation officielle ou officieuse ne change rien au fait que pour la première fois depuis 455, quand Anicius Olybrius débarque en décembre 471 sur le sol italien, un détenteur incontestable des droits de la famille théodosienne est physiquement présent en Occident. Il se rend donc à Rome, il y rencontre Anthemius, puis va voir Ricimer qui à ce moment-là réside en Toscane, s'étant rapproché de Rome qu'il envisage maintenant de prendre d'assaut.

En avril 472, Anicius Olybrius est proclamé empereur par Ricimer en présence de son neveu Gondebaud, fils de son beau-frère Gondioch, roi des Burgondes. La ville de Rome est investie peu après, et commence le troisième siège de Rome pour ce ve siècle, dans le cadre de l'ultime guerre civile du monde romain. De son côté, Anthemius a réussi à se procurer des renforts ostrogoths venus d'Arles et conduits par Bellimer. Celui-ci tente de percer les lignes des assiégeants. Il échoue dans sa tentative au pont Adrien en juin, et y est tué. L'assaut final est donné le 11 juillet. Ce sont de durs combats de rue, quartier par quartier, maison par maison. L'empereur « grec » meurt les armes à la main. Pour enjoliver les faits certains[788] disent que ce fut de la main même de Ricimer.

Les deux vainqueurs ne profitent guère de leur victoire. Ricimer meurt le premier, de mort naturelle mais dans d'atroces souffrances, dès le 11 août. Anicius Olybrius, ainsi débarrassé d'un homme plus qu'encombrant, pourrait voir devant lui des perspectives intéressantes, mais il meurt à son tour dès le 2 novembre de la même année[789], ayant eu le temps de nommer à la dignité de

788. Procope *De bello vandalico,* op. cit. I.7.1.

789. D'autres sources donnent le 20 octobre comme date de son décès. Selon Guy Lacam dans son ouvrage sur Ricimer, op. cit. p.398, cet écart peut s'expliquer par le fait qu'il serait tombé inconscient le 20 octobre, pour expirer le 2 ou le 6 novembre. Il serait mort d'un accident vasculaire cérébral peut-être consécutif à la tension nerveuse des mois

patrice Gondebaud, neveu et héritier de Ricimer, qui ne semble pas avoir eu d'enfant.

Très peu d'éléments permettent d'aller au-delà du récit de la prise de pouvoir et de la mort très rapide d'Anicius Olybrius. Avec un règne théorique de sept mois, effectif de moins de trois mois, dans une période troublée et confuse, peu d'indices, en particulier aucun texte de loi, ne permettent de dégager une indication de ce qu'aurait pu être le règne s'il avait vécu. Dans ces conditions, celui-ci est au mieux ignoré, au pire victime (anachronique) d'une homonymie intempestive. La brièveté de son règne n'a pas laissé le temps d'une négociation avec l'Orient. Ainsi, malgré les droits dynastiques dont il est le dépositaire, il reste formellement un usurpateur, n'ayant pas été reconnu par Constantinople.

Les très rares pièces frappées sous son règne sont sans référence à Léon, ce qui montre clairement que, pour le moins sûr de sa légitimité, il n'entendait pas se placer en position de demandeur vis-à-vis de l'Orient. L'image qu'il fait représenter n'est pas celle d'un empereur guerrier, mais celle d'un civil. La légitimité théodosienne doit l'emporter sur le pouvoir directement militaire[790]. Cette indication, symbole fort, est un indice concret qui permet de penser que le personnage n'était pas sans épaisseur ni vues politiques.

La rareté des frappes est aussi l'indice d'un trésor impérial impécunieux. L'année 472 laisse donc une ville dévastée, dans un Empire d'Occident pratiquement réduit à une Italie appauvrie et dépeuplée, à la Provence et à l'Auvergne et à deux régions indépendantes de fait, mais se revendiquant romaines, la Dalmatie et les territoires du nord de la Gaule contrôlés par Syagrius, le fils d'Aegidius. Par son étendue et sa population, cet Empire « réduit » reste pourtant la plus grande puissance théorique de l'Occident, devant les royaumes d'Euric et de Genséric. Mais, contrairement aux royaumes Barbares, à sa tête le vide est total.

---

précédents. Certains expliquent la mort de Ricimer puis celle d'Anicius Olybrius par une épidémie de peste.

790. Guy Lacam, *La fin de l'Empire romain et le monnayage or en Italie*, op. cit. t. II, p. 542 à 544, la présentation du chapitre consacré au monnayage d'Olybrius comporte une analyse claire des très rares éléments disponibles sur ce règne.

Chapitre XVI

L'affaissement final[791] (2 novembre 472 - 4 septembre 476)

« Point d'argent, point de suisse. »
Racine[792]

Les morts naturelles de Ricimer et d'Anicius Olybrius, se suivant de mois en mois après l'élimination d'Anthemius, apportent un épilogue inattendu au conflit ouvert entre cet empereur et son gendre et général en chef. L'institution impériale ne va pas leur survivre plus de quatre années pendant lesquelles les péripéties de la période précédente semblent se répéter, accélérées dans le temps, atténuées dans la forme... les trois derniers empereurs d'Occident survivent à leur éphémère et dangereuse fonction.

En cette fin d'année 472, le vide politique en Occident est total. Comme au moment de la mort de Libius Severus, Léon est seul empereur de jure. Il lui appartient donc de désigner un collègue pour l'Occident. Mais Léon vient d'échouer tant dans ses tentatives de reconquête de l'Afrique, qu'à imposer Anthemius en Occident. Vieilli, il est désormais préoccupé par sa propre succession dont la perspective rend la situation de l'Orient délicate, à un moment plus crucial encore pour l'Occident. Les crises de légitimité du pouvoir impérial vont être concomitantes dans les deux Empires.

Par une sorte de fatalité, les seuls enfants survivants du mariage de Léon avec Vérine sont deux filles, Ariadne et Leontia[793]. Celle-ci fut mariée, on l'a vu, à Patriciolus, fils d'Aspar, proclamé César puis, en 471, massacré sur ordre de Léon, avec son père et un de ses frères ; veuve, elle est remariée à Marcianus, fils d'Anthemius qui venait d'avoir la triste fin que l'on sait, mais dont la famille avait quelques titres à l'Empire. L'aînée, Ariadne, a été donnée

791. L'historien italien A. Momigliano emploie l'expression « *caduta senza rumore* », la chute sans bruit ; reprise p.188, note 160, de l'édition de *l'Histoire des Goths* de Jornandès, op. cit.

792. *Les Plaideurs,* Acte 1, scène 1.v.15.

793. En 462 un fils lui serait né sur l'intercession de saint Daniel (le stylite), mais il serait mort peu après, (le vœu s'étant limité à la naissance d'un fils ?), d'après Le Nain de Tillemont, *Histoire des empereurs*, op. cit. t. VI, p. 374.

en mariage à Zénon[794], pour prix de son soutien à l'élimination d'Aspar. Zénon n'est populaire ni dans le peuple ni à la cour, mais il a la chance d'avoir eu d'Ariadne un fils, appelé Léon comme son grand-père. D'autre part, Zénon, sensiblement plus âgé que son beau-frère Marcianus, dispose d'appuis militaires personnels.

L'empereur Glycerius, un inconnu sur le trône

Pour bien marquer son autorité, Léon se désigne seul consul pour l'année 473, ce qui n'empêche pas une impression d'hésitation. Quatre mois après la mort d'Anicius Olybrius, aucun nom n'est proposé par Constantinople pour le trône d'Occident. Aussi, les Romains n'hésitent-ils pas à bafouer l'autorité de Léon en se désignant eux-mêmes un empereur. Le 3 mars 473, Gondebaud procède à la proclamation de Glycerius, le comte des domestiques. Le nouvel empereur est un parfait inconnu, nulle part mentionné jusqu'alors, n'ayant donc exercé aucune fonction remarquable[795]. La durée effective de son règne est incertaine. Ce fut une sorte de solution d'attente, à laquelle Léon semble s'être résigné, sans pour autant aller jusqu'à la reconnaître. Les dangers d'un vide politique prolongé au sommet de l'Empire d'Occident sont ainsi évités. Ce règne est marqué par l'incursion en Italie d'un groupe d'Ostrogoths conduits par Videmir. Ceux-ci ne font que traverser l'Italie pour passer en Gaule, et se fondre au sein du peuple wisigoth[796].

Finalement, avant de mourir, Léon prend des dispositions pour les deux Empires. En août 473, il se détermine en faveur de Julius Nepos[797] pour l'Empire d'Occident. À la fin de l'année 473, il désigne, avec rang d'Auguste, son petit-fils Léon le jeune, fils d'Ariadne et de Zénon, pour lui succéder en Orient. Léon le jeune est désigné seul consul pour l'année 474, sans associé au titre de l'Occident où la situation n'est pas encore éclaircie, Nepos n'ayant pas pris possession de son « Empire ». Dès le tout début de l'année,

794. Cf. note 780

795. Théophane, cité par Le Nain de Tillemont, a bien voulu préciser que l'homme n'était pas dénué de mérites.

796. Jornandès, *Histoire des Goths*, op. cit. § 283 et 284.

797. « Ainsi qu'Auguste qui devait terminer l'Empire, fût aussi successeur d'un Jules », Le Nain de Tillemont, *Histoire des empereurs*, op. cit. t.VI, p.424.

le 18 janvier[798], la mort de Léon fait de son petit-fils un empereur âgé de six ans auquel son père, Zénon, est très vite associé. Une des premières décisions du nouvel empereur d'Orient, au nom duquel agit son père, est de confirmer le choix de Léon pour l'Occident. Au printemps 474, Nepos débarque sans difficulté à Ravenne, où le comte Domitien, envoyé de l'empereur d'Orient, procède à sa proclamation.

Glycerius n'a guère les moyens de résister. En effet, Gondebaud vient de renoncer spontanément à la fonction de patrice qui avait fait de son oncle Ricimer un quasi-empereur. Il préfère recueillir la succession de son père Gondioch, roi des Burgondes[799]. Glycerius a la sagesse de ne pas insister. Arrêté au port d'Ostie, au moment où il tente de fuir, il conserve la vie sauve. Tonsuré, il est ordonné évêque de Salone en Dalmatie, fief personnel de Nepos, qui garde ainsi un œil sur lui.

Julius Nepos, le dernier empereur « de jure »

Nepos, fils du général Népotien, marié à une nièce de l'impératrice Vérine, est donc par alliance cousin germain de Zénon. Surtout, il est le neveu du comte Marcellin dont il a hérité les « possessions » en Dalmatie, après le mystérieux assassinat de celui-ci en août 468[800]. Nepos présente donc le triple avantage d'être un homme mûr, doté d'une certaine expérience militaire, appartenant comme Anthemius au réseau familial de l'empereur d'Orient. Surtout, il est le maître de la Dalmatie, partie stratégique de l'Empire d'Occident, glacis de protection pour l'Empire d'Orient. Les contemporains semblent avoir été favorables à la nomination d'« un empereur éminent par les armes comme par les mœurs[801]. »

798. Même date que pour Théodose…

799. Application par ce chef Barbare du principe de César : « Je préfère être le premier dans ce village que le second dans Rome. » Gondebaud est le père de Clotilde qui épousera Clovis.

800. Voir chap. précédent. Népotien, mari d'une sœur de Marcellin, est mort en 465.

801. Sidoine Apollinaire, Ep. L.V.16, datée de l'automne 474. Certes, il s'agit d'une lettre à son épouse Papianilla, où il commente le fait que son beau-frère Ecdicius est nommé patrice, conformément à une promesse d'Anthemius. Dans la lettre L.VIII.7,

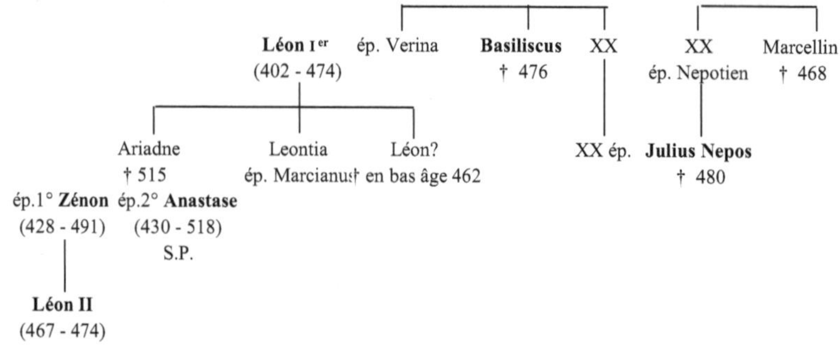

La famille des empereurs Léon et Julius Nepos

Dans un premier temps, Nepos remporte quelques succès contre les Vandales dont il repousse des incursions alors qu'ils se livraient à des razzias systématiques sur les côtes de l'Italie méridionale. Mais très vite il connaît l'échec dans les affaires de Gaule. Euric reprend ses projets d'expansion territoriale, voulant profiter de la période où Nepos n'est pas encore suffisamment affermi sur son trône pour être en état de défendre l'Empire. Son premier objectif est l'Auvergne, coupant ainsi du reste de l'Empire cette zone entre Loire et Somme qui échappe à la domination des Barbares. Ces territoires, contrôlés par Syagrius, sont en fait semi-indépendants depuis que son père Aegidius, chef de l'armée romaine de Gaule a refusé de reconnaître Libius Severus, après la mort de Majorien, en 461. Le deuxième objectif d'Euric est la Provence.

Euric attaque dès l'été 474. Durant l'hiver suivant, une négociation s'engage, conduite pour le compte de l'Empire par le questeur du palais, Licinianus. En Auvergne, Ecdicius, fils de l'empereur Avitus, nommé patrice à l'automne, organise la défense avec le soutien des populations locales. Pour le secourir, Nepos rassemble une armée commandée par Oreste, lui aussi nommé patrice. Oreste, citoyen romain, ce qui paraît un gage de loyauté vis-à-vis de l'Empire, connaît bien le monde barbare, après un long séjour à la cour d'Attila. Il avait même été, vingt-sept ans plus tôt[802], en 449, l'ambassadeur d'Attila à la cour de Théodose II, en compagnie d'Edeccon (qui était Hun d'origine, marié à une Skire ou Hérule).

également de 474, adressée à son ami Innocentius Audax, que Nepos vient de nommer préfet de Rome, il le qualifie « un juste prince ».

802. Voir chap. XIII.

Pendant ce temps, à Constantinople, les événements se précipitent : Léon II meurt en novembre 474 au bout de dix mois de « règne », dans des circonstances controversées. Certains n'ont pas hésité à mettre ouvertement en cause son propre père Zénon. Au premier janvier 475, Zénon est consul, comme tout empereur qui aborde la première année pleine de son règne. C'est son second[803] consulat. Pour la troisième année consécutive, un seul consul est nommé, au titre de l'Orient, alors que Nepos aurait dû être nommé au titre de l'Occident où, empereur légitime, il aborde lui aussi la première année pleine de son règne. Ce second consulat n'empêche pas Zénon d'être détrôné dès les premiers jours du mois de janvier, à la suite des intrigues de sa belle-mère Vérine, au profit du frère de celle-ci, Basiliscus. Avec sa proche famille, Zénon réussit à s'enfuir et à se réfugier dans ses fiefs d'Isaurie. C'est la première usurpation aboutie en Orient depuis plus d'un siècle. Elle y ouvre une période d'instabilité inhabituelle qui a un effet indirect sur l'Occident où Nepos sait désormais qu'il est sans appuis sûrs en Orient. Malgré une plus grande proximité familiale avec le clan qui vient de s'emparer du pouvoir à Constantinople, Nepos reste fidèle à Zénon, peut-être tout simplement par une bonne analyse politique fondée sur sa connaissance personnelle de l'usurpateur dont il avait pu jauger la médiocrité profonde lors de l'échec de l'expédition de 468 contre les Vandales.

Dans ce contexte difficile, après un échec militaire face à Euric, alors que son armée principale commandée par Oreste est restée l'arme au pied en Italie, il est contraint de négocier. Il finit par abandonner l'Auvergne, malgré la courageuse défense d'Ecdicius, en échange de la restitution de la Provence. La perte de la Gaule résulte donc d'un jeu politique « romain », contre un empereur désigné par Constantinople. Cet abandon est très mal pris à Rome où le Sénat et ce qui reste d'armée sont pris bien tardivement de l'illusion d'un esprit de résistance. Aussi, le patrice Oreste décide-t-il, en accord avec le Sénat, de déposer cet empereur d'origine orientale qui ne réussit pas à freiner l'effritement de

803. Il avait déjà eu les honneurs du consulat en 469, associé à Marcianus fils aîné d'Anthemius, au lendemain du désastre du Cap Bon, quand Léon commence à organiser la montée en puissance du clan isaurien pour pouvoir se débarrasser d'Aspar et de sa famille.

l'Empire. Informé à temps, Nepos s'enfuit le 28 août 475. Il se replie à Salone, capitale de son fief de Dalmatie où il dispose du somptueux palais impérial construit par Dioclétien. L'Histoire ne dit pas quels furent ses rapports avec l'évêque local, qui n'est autre que Glycerius, tonsuré dix-huit mois plus tôt[804] !

Romulus-*Augustule*, dernier empereur « de facto », un nom prédestiné et un surnom pour l'Histoire

Oreste ne juge même pas utile de s'autoproclamer empereur. Pour résoudre la question et du choix de l'empereur et de ses rapports à venir avec son patrice, il préfère conserver sa fonction de patrice et désigner son fils Romulus tout juste adolescent, pour occuper la fonction impériale, réduite ainsi à son rôle symbolique. La coïncidence du nom a permis de relever avec une réelle satisfaction intellectuelle que « l'Empire qui devait son origine à un Auguste finit par un Auguste et Rome fondée par Romulus perd sa liberté sous un autre Romulus[805]. » Sur le premier terme du nom, il se trouve que sa mère était la fille d'un comte Romulus[806], originaire de la région d'Aquilée où ce patronyme était fréquent. Sur le second terme, tous les empereurs romains étaient « Augustes », donc par définition le jeune Romulus l'est, même si en l'occurrence l'Histoire a retenu le surnom de « petit Auguste », soit « Augustule » par francisation directe du latin « *Augustulus* », qui lui avait été donné en raison de son jeune âge[807]. Romulus, enfant de paille de son père, situation historiquement originale (qui rappelle celle de Zénon, sujet de son fils Léon II pendant quelques mois à Constantinople) n'est qu'un usurpateur, n'étant pas reconnu par son collègue d'Orient. Son « règne » d'un an est entièrement inclus dans le temps de l'usurpation de Basiliscus en Orient. En effet, au

804. La destinée de Glycerius fait l'objet de supputations multiples. Certains le voient archevêque de Milan, d'autres, d'après Photius, pensent qu'il est mort peu après avoir été déposé.

805. « *Introduction à l'histoire de l'univers* » par Pufendorf, 1764, t. II, p.48.

806. Le nom de Momyllus sous lequel on le désigne parfois semble une déformation grecque de Romulus.

807. Au début du vingtième siècle, le dernier empereur de Chine, Xuan Tong (ou Pou Yi) était également surnommé « le petit empereur ».

bout de vingt mois, en août 476, Zénon réussit à reprendre le pouvoir à Constantinople.

Cette année-là, l'Occident paraît bénéficier d'une certaine accalmie… un ultime répit. Basiliscus, l'usurpateur d'Orient, est consul, ainsi qu'Armatus pour l'Occident. La fin survient de façon inattendue. Le trésor impérial est à sec, des arriérés sont dus à des troupes mercenaires. Odoacre (ou Odovakar), chef d'un groupe de mécontents, appartenant à une petite peuplade barbare, les Hérules, revendique pour ses troupes le tiers des terres vacantes de l'Italie. Il n'est autre que le fils d'Edeccon qui, vingt-sept ans plus tôt, accompagnait Oreste dans son ambassade à Constantinople au nom d'Attila. La négociation a donc lieu entre vieilles connaissances, sinon entre gens de bonne compagnie. Oreste, qui prend au sérieux son rôle de défenseur de l'Empire, refuse net une revendication qui mettrait l'Italie au même niveau que les autres provinces où ont été négociés des traités d'alliance, « *foedus* », donnant aux Barbares le statut de « fédérés » et leur attribuant un tiers des terres. L'installation ultérieure des Ostrogoths montre qu'en l'Italie la désertification des campagnes permettait de satisfaire cette revendication sans difficultés particulières.

Odoacre décide de se servir lui-même. Il organise la sédition. Le 23 août, il se fait proclamer roi par les troupes révoltées. Oreste est assiégé dans Pavie. La ville est prise le 28 août. Un an jour pour jour après avoir déposé Julius Nepos[808], Oreste est décapité. Le temps pour Odoacre de faire le chemin de Pavie à Ravenne et les dernières troupes impériales, commandées par le comte Paul, frère d'Oreste, sont battues dans la pinède de Classe. Le comte Paul est décapité à son tour le 4 septembre 476[809]. Odoacre fait alors son entrée dans l'Histoire par la porte du palais impérial de Ravenne. Il s'assure de la personne du jeune Romulus auquel il enlève les insignes de la dignité impériale, mais il lui laisse la vie sauve, ayant été touché, disent des chroniques, par l'extrême beauté du jeune adolescent. Cette générosité à l'égard du jeune vaincu peut s'expliquer par un mobile politique bien compréhen-

808. Depuis l'assassinat de Gratien, le 28 août est une date récurrente.

809. La rue du 4-septembre dans le deuxième arrondissement de Paris ne commémore pas cet événement, mais la fin piteuse, au lendemain du désastre de Sedan, du second de ces régimes dits « impériaux » que la France a connus au dix-neuvième siècle.

sible : le souci de se conserver un gage, en particulier si Constantinople, où Zénon vient de se rétablir, faisait quelque tentative en faveur de Julius Nepos. Fait unique dans l'histoire romaine, trois anciens empereurs fraîchement déposés sont encore en vie.

Le jeune Romulus et sa famille sont assignés à résidence dans la luxueuse villa de Lucullus sur la baie de Naples, site fortifié depuis les incursions vandales, avec une pension annuelle de six mille sous d'or. L'Histoire ne retient rien d'autre ; il n'est pas précisé si Odoacre eut la précaution de le faire tonsurer ou s'il eut épouse et postérité. Romulus a survécu longuement à sa déposition, au moins trente ans, ayant paradoxalement la vie la plus tranquille et la plus confortable qu'ait eu un empereur romain depuis Antonin le pieux, du moins au regard, non pas d'un quelconque rôle politique, mais de son confort personnel.

Une lettre de Théodoric, datée de 507, atteste cette survie. Romulus fut donc au moins le contemporain du « consulat » de Clovis.

> « Il convient de respecter notre libéralité ferme et constante parce que la promesse d'un prince doit être tenue et ne pas être remise en cause par un zèle d'avare ; nous avons appris à être fermes sur nos principes. Par cet ordre, nous décidons que, quelle que soit la somme que le patrice Liberius a estimé devoir donner pour toi et ta mère, d'après mes instructions, elle doit être maintenue dans sa consistance, et toi qui bénéficie de la force de notre faveur ne crains pas de qui que ce soit d'inconvenantes demandes de justificatifs[810]. »

Cette courte lettre de Théodoric en personne traite d'un incident survenu lors du paiement de la pension annuelle de l'empereur déchu, et désavoue un excès de zèle de son patrice. Deux explications complémentaires peuvent être avancées pour justifier l'importance, à première vue surprenante, accordée à l'ex-empereur, trente ans après sa déposition. La première est que le bon traitement accordé à Romulus est un signe vers les élites

810. Cassiodore, *Variae*, texte établi par Mommsen, éd. Weidman, Berlin, 1895, p. 97, III, XXXV, lettre de Théodoric à Romulus, datée de 507 ou 511. Celui-ci est identifié comme l'ex-empereur (voir *l'Histoire des Goths* de Jornandes, op. cit. p.187 note 159).

romaines traditionnelles, la seconde, valable déjà pour Odoacre, est que Romulus vivant et entretenant de bonnes relations avec le roi ostrogoth peut servir en cas de tentative de reconquête de l'Italie par l'Empire d'Orient.

Plus d'empereur d'Occident, plus d'Empire ?

Doit-on penser qu'Odoacre avait retenu les leçons de Léon et Ricimer jouant au chat et à la souris en 467 ? C'est presque fortuitement qu'il met un terme à l'institution impériale en Occident, dans un contexte où la confusion politique en Orient lui laisse les mains libres. Il a l'idée forte et hautement symbolique de renvoyer les ornements impériaux à l'empereur d'Orient marquant par-là qu'il n'y a plus deux empereurs, l'un d'Orient, l'autre d'Occident, mais un seul. Il est supposé tenir sa souveraineté sur l'Italie de cet empereur unique, mais il n'a pas attendu son accord (qui ne serait d'ailleurs pas venu) pour se proclamer roi. Il se contente de l'accord du Sénat de Rome qui a courageusement validé son coup de force. Ainsi, il ne risque plus de se retrouver placé sous l'autorité d'un nouvel empereur venu d'Orient ou tout simplement de Nepos, toujours en vie. Odoacre se méfie d'autant plus de Nepos que celui-ci a vraisemblablement manœuvré pour susciter sa révolte contre Oreste, lui offrant la dignité de patrice, à condition qu'il le rétablisse dans l'Empire.

Désormais, toutes les provinces de l'Empire d'Occident sont devenues des royaumes barbares, de fait indépendants, dont la reconquête paraît peu concevable. Zénon, tout juste restauré[811] sur un trône d'Orient encore fragile, n'est pas dupe quand il reçoit les envoyés d'Odoacre et du Sénat. Il refuse d'entrer dans ce jeu. Il tance les envoyés, leur reproche de ne pas avoir gardé les deux empereurs successivement désignés par l'Orient et rappelle que le second de ceux-ci, Nepos, est toujours depuis sa résidence de Salone, leur empereur légitime. Toutefois, dans son soutien à la légitimité impériale, Zénon ne va pas au-delà du discours. Pour l'heure, il n'a pas les moyens d'une intervention militaire en faveur

811. Pour obtenir plus aisément la reddition de Basiliscus, il lui promet de ne pas le tuer. Promesse tenue puisque Basiliscus sera enfermé en famille dans une cave murée… où il aura tout loisir de mourir de faim et de soif.

de Julius Nepos. Astucieusement, Odoacre frappe monnaie à l'effigie de celui-ci[812], comme si l'empereur déchu régnait encore ! À ce moment-là, outre la Dalmatie, Nepos est toujours reconnu en Provence qu'Odoacre cède d'autant plus volontiers aux Wisigoths.

Nepos vit dans le palais impérial de Salone jusqu'à son assassinat le 5 mai 480 par des membres de son entourage, les comtes Viator et Ovide. Simple crime domestique ? La mort d'un empereur « légitime », contrôlant encore un territoire réduit, mais stratégique, reste une affaire d'État. Certains ont cru voir derrière les assassins la main de l'évêque local, l'ex-empereur Glycerius se vengeant d'avoir été détrôné. C'est d'autant moins vraisemblable qu'à cette date il était probablement archevêque de Milan ou déjà mort. D'autres encore ont imaginé que Zénon, ayant perdu espoir de le restaurer, avait fait supprimer une pièce devenue inutile dans son jeu. Ce mobile n'est pas convaincant. Dix ans plus tard, Zénon, ayant enfin une opportunité d'action, ne s'en prive pas et joue les Ostrogoths contre Odoacre. Celui qui a le mobile le plus évident pour éliminer Nepos est tout simplement Odoacre qui sait sa situation fragile et sent bien que Zénon s'intéressera plus activement à l'Italie dès que la situation intérieure de l'Orient le lui permettra. La date de l'assassinat de Nepos est parfois retenue comme celle de la vraie fin de l'Empire d'Occident. Dès 481, Odoacre fait tuer Ovide et s'empare de la Dalmatie sans que l'Empire d'Orient tente quoi que ce soit pour réagir. L'effet à très long terme de cette annexion est que ce territoire restera sous l'influence religieuse de l'Église de Rome, alors que le reste des Balkans suivra Constantinople au moment du schisme de 1054[813].

Selon la bonne vieille méthode romaine du *divide ut imperes*, en 489 Zénon envoie en Italie les Ostrogoths conduits par leur roi Théodoric l'Amale[814]. Après avoir été parmi les instruments de sa consolidation militaire en Orient, ils devenaient encombrants.

812. Guy Lacam dans son ouvrage déjà cité sur le monnayage à la fin de l'Empire romain emploie le terme « second règne de Nepos », règne certes virtuel. La formulation est savoureuse compte tenu des rapports entre Nepos et Odoacre.

813. Ce qui n'est pas sans conséquences sur les problèmes politiques de cette région quinze siècles plus tard.

814. Il porte le même nom que les rois wisigoths ; pour les distinguer le nom d'« Amale » est celui de la famille royale des ostrogoths ; la durée et les qualités de son règne lui valent d'être à juste titre appelé Théodoric le Grand.

Zénon meurt à soixante-cinq ans en 491 au moment où Théodoric a pratiquement reconquis l'Italie sur Odoacre replié à Ravenne. Ses dix-sept années de règne ont été une période instable et Zénon n'a jamais été ni populaire ni solidement assis sur son trône. Aussi les historiens byzantins ont-ils été sévères à son sujet. Anecdote significative : l'ayant trouvé inanimé (à la suite d'excès de boisson), l'impératrice Ariadne l'aurait immédiatement fait enterrer, sans s'assurer qu'il était vraiment mort. Sitôt veuve de Zénon, Ariadne, à l'exemple de Pulchérie quarante ans plus tôt, épouse Anastase, un vieux militaire qui accède ainsi au trône. Elle meurt en 515, presque octogénaire, après avoir régné quarante-deux ans aux côtés de ses deux maris. Elle fait mieux que Pulchérie qui avait participé au pouvoir impérial pendant trente-neuf ans. Elles inaugurent une série d'impératrices byzantines chez lesquelles l'âge ne refroidit pas le goût du pouvoir. Anastase lui survit jusqu'en 518, quand il meurt à l'âge de quatre-vingt-huit ans[815].

Théodoric vient à bout d'Odoacre dont il obtient la reddition en 493 contre promesse de vie sauve non tenue, malgré le précédent de Romulus-Augustule ; il le tue de sa main à la fin d'un banquet. Ce début un peu brutal n'enlève rien aux mérites du règne glorieux qui suit.

Genséric ne survit que quelques mois à cet Empire d'Occident dont pendant un règne d'un demi-siècle il fut, avec une habileté et aussi une chance étonnante, le plus tenace et le plus redoutable adversaire. Il meurt à quatre-vingt-sept ans en janvier 477. Son fils Hunéric, le « gendre » de Valentinien III, lui succède pour une dizaine d'années, suivi de ses frères[816]. Son épouse Eudocia, fille aînée de Valentinien, n'a jamais été réellement reine des Vandales. En 471, du vivant même de Genséric, excédée par l'arianisme fanatique de sa belle-famille, elle avait réussi à s'enfuir, pour se réfugier dans le monastère de Jérusalem où sa mère et sa grand-

815. Anastase est l'homme le plus âgé à avoir régné sur l'Empire romain, suivi de son successeur médiat Justinien qui atteint sa quatre-vingt-troisième année, de Tibère mort à soixante-dix-neuf ans, puis d'Auguste et Tacitus (au IIIe siècle) morts à soixante-seize ans.

816. La règle de succession fixée par Genséric consiste à faire se succéder au trône les frères d'une même génération, puis de recommencer à la génération suivante ; c'est ce qui est pratiqué en Arabie Saoudite où l'on en est, en 2014, au cinquième des fils d'Ibn Seoud, mort il y a maintenant plus d'un demi-siècle, en 1953. La pratique de l'Empire ottoman était similaire.

mère avaient déjà fini leurs jours. Leur fils Hildéric, arrière-petit-fils de Galla Placidia, devient à son tour roi des Vandales de 521 à 530. Il règne avec mollesse et modération, en particulier en matière religieuse, ce qui lui vaut d'être déposé, puis assassiné. Le « légitimisme théodosien » offre alors un prétexte à Justinien pour en finir avec le royaume vandale, qui s'effondre au terme d'une campagne militaire de trois semaines conduite avec un corps expéditionnaire de cinq mille hommes. L'extraordinaire fragilité du système mis en place par Genséric pour l'occupation de la province d'Afrique, se vérifie donc a posteriori. L'Empire d'Orient conserve le contrôle de cette province jusqu'à la conquête arabe à la fin du VIIe siècle.

Juliana, fille unique d'Anicius Olybrius et de Placidia la jeune, après avoir été fiancée par décision de Zénon à Armatus, neveu de Basiliscus en gage de son soutien contre son oncle, finit par épouser en 480 Aréobinde, consul en 507, descendant de Dagalaiphus général de Valentinien[817]. Elle meurt en 528. De ce mariage un fils unique, Anicius Olybrius, né en 480, consul encore enfant, pour l'année 491, épouse Irène nièce de l'empereur Anastase. Sa descendance peut se suivre jusqu'à la fin du VIe siècle[818]par des alliances toujours très proches de la famille impériale. Il est admis qu'une descendance du malheureux Hildéric massacré, avec ses neveux Hoamer et Hoageis, sur ordre de Gélimer au début de la guerre conduite par Justinien, s'établit à Constantinople après le succès de la guerre de reconquête de l'Afrique : « Justinien et l'impératrice Théodora firent cadeau d'une quantité considérable de richesses aux fils d'Hildéric, à sa descendance et à toute la famille de l'empereur Valentinien. » Aucune autre indication ne permet de connaître le devenir de cette branche « vandale » de la famille théodosienne[819].

Avec le soutien indirect de Zénon puis d'Anastase, et du clergé catholique de la Gaule, le petit royaume franc consolidé par le mariage de Clovis avec la princesse burgonde Clotilde, petite-nièce de Ricimer et arrière-petite-fille de Wallia, absorbe les derniers

817. Voir chapitre II.

818. Cf. Ch. Settipani, *Continuité gentilice et continuité familiale...*, op. cit. p. 408 et 409, puis 416 et suivantes. Voir tableaux généalogiques de la descendance de Galla Placidia et de la famille de l'empereur Léon.

819. Procope, *De bello vandalico*, op. cit. II, 9, 13.

vestiges de l'Empire excentrés au nord de la Gaule, en liquidant à son profit, en 486, le « Royaume » de Syagrius. Ensuite, dans les années qui suivent son baptême dans la religion catholique, Clovis réussit, en 507, à repousser les Wisigoths au-delà des Pyrénées. Il met ainsi un terme à un morcellement de la Gaule qui avait duré moins d'un demi-siècle et à la domination de l'Occident par trois royaumes barbares et arianistes. L'action de Clovis en Gaule est un préalable nécessaire aux entreprises de reconquête de l'Occident conduites au siècle suivant par Justinien. Le consulat honoraire qu'Anastase lui décerne en 508, est donc un honneur largement mérité. Repoussé au-delà des Pyrénées, le royaume wisigoth résiste assez bien aux tentatives de reconquête de l'Espagne par Justinien qui ne font que l'écorner. Après avoir renoncé à l'arianisme pour le catholicisme, il finit cependant par être submergé au début du VIIIe siècle par la conquête arabe.

Ainsi naît une nouvelle carte de l'Europe occidentale. Dans chacune des provinces de l'Empire qui s'efface, un peuple « barbare » se superpose au substrat antérieur et souvent à une hérésie régionale. De là émergent, dans les contours à peine modifiés des anciennes provinces de l'Empire, les grandes nations européennes d'aujourd'hui : Espagne, France, Italie, Portugal, Royaume-Uni, mais aussi celles d'Afrique du Nord : Tunisie, Algérie et Maroc.

Chapitre XVII

Le dernier siècle de Rome

Hegel fait quelque part cette remarque que tous les grands événements et personnages historiques se répètent pour ainsi dire deux fois. Il a oublié d'ajouter : la première fois comme tragédie, la deuxième comme farce.

Karl Marx[820]

Au long du siècle survolé par ce récit, les mêmes situations ont paru se répéter. Les comportements humains fondamentaux ne changent guère. « Le monde a toujours été habité pareillement par des hommes qui ont toujours eu les mêmes passions », écrivait Machiavel[821]. De nouveaux empereurs ont recherché des alliances avec la famille de leurs prédécesseurs, des princesses ont été la monnaie de traités, civils et militaires se sont disputés le pouvoir. La famille impériale théodosienne a pu être un fil conducteur commode pour faciliter le suivi du cours parfois compliqué des événements. Mais au terme de ce parcours, un changement fondamental : en Occident, l'Empire romain a disparu. Ce fait marque la fin de l'Antiquité. La très longue survie de l'Empire d'Orient est comme occultée.

Comment en est-on arrivé là ?

Les empires ont certes toujours une fin mais, en août 378, lorsque, à Andrinople, les Goths anéantissent les armées romaines d'Orient et que l'empereur Valens disparaît dans la bataille, qui pouvait imaginer que l'Empire d'Orient survivrait pendant un bon millénaire, et que l'Empire d'Occident, d'où vient alors le salut, avait moins d'un siècle devant lui ? La différence si contrastée de la durée de survie de la « *pars occidentis* » et de la « *pars orientis* » était-elle prévisible ? Quels enseignements en tirer ?

Le récit chronologique et l'analyse des faits survenus au cours de ce siècle-période nous fournissent des éléments pour tenter de

820. *Le 18 brumaire de Louis Bonaparte*, Éd. Sociales, p.15.

821. Cité par Aldo Schiavone dans la conclusion (p. 236) de *L'histoire brisée, la Rome antique et l'Occident moderne*, éd. Belin, Paris, 2003.

recherchér, clarifier et discerner les grandes lignes du processus qui conduit à la décomposition de l'Empire d'Occident, tendances lourdes de l'Histoire, mais aussi facteurs contingents. Dans quelle mesure l'action de certains individus, en particulier les membres de la dernière dynastie impériale, les trois Valentinien, les deux Théodose, Justine, Galla Placidia ou Pulchérie, a-t-elle pu influencer ce processus ?

Quand l'Empire romain d'Occident finit-il ?

Pour les contemporains, le terme de ce récit, la déposition de Romulus-Augustule le 4 septembre 476, n'est qu'une péripétie sans importance particulière. Sidoine Apollinaire, par exemple, n'y fait aucune allusion dans sa correspondance. L'Empire romain finit en Occident par un escamotage discret, loin de ces fins brutales et imprévues, de ces effondrements subits où des Empires, impressionnants la veille, disparaissent frappés à la tête ou à l'argile de leurs pieds. Si cette date est aujourd'hui le plus souvent retenue pour marquer la fin de l'Empire d'Occident, elle le doit pour beaucoup à la portée symbolique du nom du jeune usurpateur qui termine ce jour-là sa courte carrière, Romulus. Le vainqueur du jour, Odoacre, renvoie les ornements impériaux à l'empereur Zénon, lui-même tout juste restauré sur le trône d'Orient. En droit, l'Empire d'Occident ne disparaît que du fait d'un rétablissement virtuel de l'unité de l'Empire, comme elle l'avait été au profit du grand Théodose de septembre 394 à sa mort le 17 janvier 395, comme Théodose II l'avait cru après la mort d'Honorius en août 423, jusqu'à l'usurpation de Jean, voire Léon Ier en 466 et 467. Aucun acteur n'est dupe de cette fiction, ne serait-ce qu'en raison de l'indépendance de fait acquise en Occident par les royaumes barbares.

La date du 16 mars 455, les Ides de mars, jour de l'assassinat de Valentinien III, pourrait être également retenue[822]. L'extinction brutale de la première et dernière dynastie impériale de droit divin

822. Pour les amateurs de rêveries arithmétiques, il s'écoule, au jour près, 499 ans de la mort de César aux Ides de mars, à celle de Valentinien III, puis de celle-ci à la prise de Constantinople par les Turcs, 998 ans, soit non moins exactement le double.

y rend inextricable en Occident le problème de la légitimation du pouvoir impérial.

En 476, l'empereur « légitime », au sens où les deux Empires ont fonctionné sous la dynastie Théodosienne, c'est-à-dire l'empereur reconnu par son collègue, est Julius Nepos. Zénon rappelle fermement ce point aux envoyés du Sénat et d'Odoacre. Il reste en possession de la Dalmatie, jusqu'à son assassinat le 5 mai 480. Ce n'est donc qu'à cette date qu'il n'y a plus d'empereur en Occident. Le formalisme pourrait être poussé beaucoup plus loin. Le titre d'empereur d'Occident fut rétabli pour Charlemagne, sacré à Rome même par le pape Léon III, le 25 décembre 800, premier sacre religieux en Occident. Après l'effondrement assez rapide de la famille carolingienne, Othon le Grand créa, en 962, le « Saint-Empire romain germanique » qui subsista formellement jusqu'à sa suppression d'un trait de plume au traité de Presbourg en 1806[823] !

Retenir l'une ou l'autre date n'a pas grande importance. Julius Nepos, dont on retient en général « Nepos » plutôt que « Julius », n'avait pas pour l'aider à passer à l'Histoire un nom qui frappe les imaginations comme « Romulus » le fils d'Oreste. L'importance du 4 septembre 476, ne réside pas dans une déposition impériale de plus, celle de ce jeune Romulus, mais dans le fait que le vainqueur du jour, Odoacre, ne juge utile ni de se proclamer empereur, ni d'en désigner un. Il se proclame roi, dénomination usuelle chez les Barbares ; mais roi d'Italie, pas roi de Rome, le titre mythique refusé à César.

Que représente sa disparition ?

La disparition de l'Empire d'Occident et son morcellement en royaumes barbares plus ou moins importants, induisent une rupture irréversible entre l'Orient et l'Occident, le monde grec et le monde latin. À partir de la fin du ve siècle, l'histoire des deux parties est de plus en plus divergente. Au siècle suivant, Justinien réussit la reconquête d'une moitié de l'ancien Empire d'Occident, succès sans lendemain. Cette rupture signifie délabrement des grandes

823. L'Empire ottoman subrogé, non sans gloire, à l'Empire d'Orient à partir de 1453 est démantelé par le traité de Sèvres, le 10 août 1920.

voies de communication, rupture des grands flux commerciaux, rupture dans le droit et l'ébauche d'État de droit, transformation des limites des provinces de l'Empire – simples limites administratives internes – en véritables frontières, et repli des populations.

Jusqu'à la fin, l'Empire avait maintenu les services publics essentiels. Un petit récit de la « *Vita Germani* », daté de 448, racontant la mésaventure d'un agent du fisc qui a perdu le sac contenant l'impôt collecté, miraculeusement retrouvé par Germain, atteste du fonctionnement d'un service public essentiel. Dans une lettre de décembre 467, Sidoine Apollinaire évoque très naturellement l'utilisation de la poste impériale pour se rendre de Lyon à Rome[824]. La disparition, à des dates variables selon les provinces mais inconnues, de la poste impériale et des services d'entretien des voies romaines est un des faits tangibles de la disparition de l'Empire.

> « L'ensemble des structures sociales et des réseaux institutionnels est soumis à un processus de fragmentation, de coagulation, de retrait et d'isolement qui trouve son équivalent au niveau de l'utilisation concrète de l'espace[825]. »

La carte de la diffusion de la céramique sigillée africaine entre 400 et 550 est une parfaite illustration de ce processus d'isolement : elle disparaît presque complétement de l'Occident[826]. La fin de l'empire d'Occident a eu pour les populations un aspect concret et douloureux qui explique la survie durable du mythe, pas seulement auprès d'une élite poursuivant des rêves de gloire. C'est pourquoi la fin de l'Empire ne fut pas celle de l'idée impériale.

Certes, il est possible d'arguer, certains l'ont fait avec clarté et brio[827], que cette rupture dans l'organisation politique s'accompagne d'une continuité des élites dirigeantes. En effet, si la situation finale, l'effacement de l'entité impériale dans le bassin occidental

---

824. *Lettre à Herenius*, déjà citée, note 5, chap. Ier.

825. Th. Regazzola et J. Lefebvre, *La domestication du mouvement*, p. 15, éd. Anthropos, Paris, 1980.

826. Ward-Perkins Bryan, *La chute de Rome, fin d'une civilisation*, Alma éditeur, Paris, 2014.

827. Karl Ferdinand Werner, *Naissance de la noblesse*, éd.Fayard, 1998.

de la Méditerranée, est irréversible, elle survient au terme d'une désagrégation progressive, et non d'un choc brutal, révolution ou conquête. Cette évolution lente facilite la continuité de certaines élites, mais la continuité des familles n'est ni celle des structures de la société, ni celle de la civilisation. Elle n'empêche pas la dégradation d'un haut niveau de civilisation et la disparition pour plus d'un millénaire de concepts juridiques élaborés. Par exemple, sur le territoire de la France d'aujourd'hui, il faudra attendre la deuxième moitié du XVe siècle pour recréer l'équivalent du service de la poste impériale, et le XVIIIe siècle pour disposer d'un réseau de routes empierrées et d'un service public chargé de leur entretien. La disparition de pans entiers de la littérature antique confirme cette longue régression et le recul de la culture et des connaissances. La Terre redevient plate pour mille ans.

La chute fut-elle le terme d'une longue décadence ?

L'idée d'une longue et irrémédiable décadence, au terme de laquelle la disparition de l'Empire d'Occident était inéluctable, est véhiculée depuis le XVIIIe siècle[828]. L'emploi du terme « Bas-Empire », qui désigne tout simplement la période suivant le « Haut-Empire » dans l'écoulement du temps, conforte cette idée. Cette image péjorative du « Bas » par rapport au « Haut » apparaît en France au XVIIIe siècle[829]. Les expressions transposées de l'anglais « antiquité tardive » et « Empire romain tardif » sont préférables, car elles évitent la confusion induite par l'emploi de mot « bas ».

Les difficultés que connaît l'institution impériale pendant cette période ne doivent pas occulter le niveau d'élaboration de la pensée et de la réflexion politique et juridique qui la caractérisent. La question est d'essayer de déterminer à partir de quel moment l'Empire, réorganisé à la fin du IIIe et au début du IVe siècle, cesse d'être une structure pertinente, donc viable dans sa partie occidentale.

---

828. Dans son *Dictionnaire des idées reçues*, FLAUBERT note à l'article « époque » qu'elles sont toutes décadentes.

829. Voir Pierre CHAUNU, *La décadence dans l'histoire*, éd. Perrin, Paris, 1989, p. 166, où l'apparition de l'expression est relevée en 1759 dans l'ouvrage de LEBEAU, *Histoire du Bas-Empire*.

Tentatives d'explication

De nombreuses théories ont tenté d'expliquer les causes de la « décadence » et de la chute finale de l'Empire d'Occident :

- l'explication morale est la plus traditionnelle ; les Romains avaient perdu le sens civique et la volonté d'agir ; c'est celle de Montesquieu ;
- l'explication « providentialiste » ; le christianisme et l'Empire étant à quelques années près contemporains, certains, dès le IVe siècle, y ont vu un dessein de Dieu, l'unité politique du monde connu ne pouvant que faciliter la diffusion de la nouvelle religion ; a contrario une fois le monde romain christianisé son unité politique n'est plus nécessaire, l'Empire peut disparaître ;
- les explications circonstancielles ; par exemple le saturnisme attribué au plomb des tuyauteries des nouveaux palais impériaux, de Milan puis de Ravenne, aurait provoqué la dégénérescence des élites romaines[830] ; étrange sélectivité de ce saturnisme, les Ostrogoths à Ravenne et la population de Constantinople en sont indemnes ;
- les invasions Barbares ; c'est l'explication retenue par André Piganiol : « l'Empire romain a été assassiné par les Barbares » ;
- les explications plus globales, par exemple les théories sur la crise sociale interne, facteur des difficultés du IIIe siècle, sont souvent le fait de projections anachroniques[831].

La réflexion sur l'incidence à long terme du poids des dépenses militaires sur l'évolution de l'économie[832], n'est pas non plus directement transposable, pour deux raisons. La première est la fragilité d'une économie de subsistance où la notion de croissance économique n'a pas vraiment de sens. La seconde est que cette réflexion est pertinente pour analyser les rapports de puissances en concurrence, mais ne s'applique pas à la relation de voisinage entre l'Empire d'Orient et l'Empire perse, ni a fortiori à l'Occident.

830. Le musée national de Ravenne expose des éléments de tuyauterie en plomb portant la marque de Théodoric le Grand, qui a manifestement échappé à ce saturnisme sélectif.

831. L'analyse de la crise du IIIe siècle faite par Rostovtseff doit beaucoup à son expérience d'intellectuel russe exilé aux États-Unis après la révolution d'octobre 1917.

832. Thèse qui sous-tend le célèbre ouvrage de Paul Kennedy *Rise and fall of great powers since the XVIth century*, Mac Millan, New York, 1987.

L'explication par des « dommages environnementaux » n'apparaît pas non plus pertinente au cas particulier de l'Empire romain, d'ailleurs plutôt sous-peuplé.

La multiplicité des hypothèses envisagées, toutes argumentées, souvent convaincantes sinon séduisantes (il en a été répertorié plus de deux cents!), nous conduirait à reprendre l'idée simple d'un modèle mathématique surdéterminé, c'est-à-dire un système où il y a plus d'équations que d'inconnues. Chaque facteur peut être analysé et retenu de façon privilégiée. Après le déroulement des faits, chacun retient une explication en fonction de son a priori. La notion de surdétermination « concilie en fait les tenants du déterminisme et les tenants de l'indéterminé[833]. » Ainsi, au cours du déroulement de l'Histoire, le hasard choisit en permanence entre de nombreux futurs prédéterminés.

La divergence des évolutions respectives des deux parties de l'Empire à partir du partage de 395, voulu rigoureusement égalitaire, est flagrante. Dans l'examen détaillé des événements qui ont suivi ce partage, une approche scientifique conduit à rechercher dans les facteurs supposés avoir contribué à la chute de l'Empire d'Occident non pas ceux communs aux deux parties de l'Empire, mais ceux qui diffèrent. Enfin, il conviendra d'examiner les éléments contingents qui ont pesé sur la destinée des deux parties de l'Empire romain.

833. Austruy Jacques, *La chenille et le papillon, économie des métamorphoses*, éditions Cujas, 1992, chapitre 1, « Logique de l'intérêt », pages 58 et 59.

Le destin contrasté des deux empires après le partage de 395

Et le fait, que tout le monde sait mais auquel personne ne pense, est que l'Empire d'Arcadius a duré dix siècles de plus que celui d'Honorius.

Jacques Bainville[834]

Pourquoi, après le partage de 395, la « *pars occidentis* » ne survit-elle que quatre-vingt-un ans, alors que la « *pars orientis* » survit 1058 ans, jusqu'en 1453, certes laborieusement après la prise de Constantinople par les Croisés en 1204.

La dissemblance du destin des deux parties de l'Empire est d'autant plus surprenante que l'avènement de Théodose est la conséquence du désastre d'Andrinople, en août 378, un de ces désastres brutaux et imprévus par lesquels ont fini bien des empires, désastre au terme duquel l'empereur d'Orient disparaît et son armée est aux deux-tiers anéantie. À ce moment-là, seule l'absence de toute vision politique chez les Goths a permis la survie de l'Empire d'Orient. C'est de l'Occident que viennent les solutions aux problèmes.

Le propos d'Aurelius Victor écrivant que Théodose « sortit de ce monde dans la cinquantième année de son âge, laissant à ses deux fils, Arcadius et Honorius, les deux Empires dans un calme profond », a déjà été cité[835]. Le 17 janvier 395, jour de la mort de Théodose, la guerre civile n'est en fait terminée que depuis quatre mois et très vite, dès le printemps de la même année, des troubles sérieux agitent les deux parties de l'Empire. Ce partage de 395 n'était pas le premier de l'histoire romaine[836]. La réunification de 394 a été très brève, sinon formelle, encore que de 388 à 391 Théodose avait exercé une tutelle de fait sur l'Occident. Cependant, ce partage, pas plus que les précédents, n'avait été imaginé comme devant être définitif.

834. *Lectures*, p. 228, éd. Fayard, Paris, 1937.
Dans *La fin du monde antique*, éd. Albin Michel, Paris, 1989, Ferdinand Lot écrit (p. 217) que « … pour sa part il eût semblé que la partie occidentale de l'Empire avait au moins autant de chances de survie que la partie orientale. »

835. Chapitre IV, note 295.

836. Voir chapitre II, note 94. En fait le partage de 395, est le septième.

En 364, Valentinien s'était attribué deux des trois préfectures du prétoire créées par Constantin, celle des Gaules et celle d'Italie, laissant celle d'Orient à son frère. Après avoir réunifié l'Empire, Théodose le partage entre ses deux fils en constituant deux lots aussi égaux que possible en matière de dimension territoriale, de population, de forces armées et de ressources financières. La recherche quasi-notariale de l'égalité de partage, contestée d'ailleurs des deux côtés, fait que ce partage de 395 revêt un caractère quasi expérimental dans l'Histoire. Tout l'intérêt du processus qui conduit au non-événement du 4 septembre 476 est là. Que s'est-il passé ?

Les faiblesses propres à l'Occident

À l'Ouest, l'Empire n'est pas confronté à un solide ennemi historique, comme l'est l'Empire perse pour l'Orient, mais à la fin du IVe siècle des éléments de fragilité spécifiques internes et externes y apparaissent. Au début du Ve siècle, l'Empire d'Occident traverse une crise politique interne complexe où se mêlent deux facteurs principaux. Tout d'abord les ambiguïtés des relations avec les Goths, Barbares d'abord installés en Orient par Théodose dès 380, puis aiguillés vers l'Occident où ils se font encombrants et exigeants. De plus, l'absence de postérité d'Honorius pose un problème dynastique.

La défense de l'île de Bretagne, à laquelle ses ressources minières confèrent une importance stratégique devient de plus en plus difficile du fait d'incursions, terrestres au nord et maritimes le long des côtes. À la fin du IVe siècle, la province de Valentia est pourtant créée au nord du mur d'Adrien. Théodose l'Ancien conduit une expédition au nord de l'Écosse, et Maxime fait même une incursion en Irlande, conquêtes illusoires et sans lendemain. Le coût de la défense de l'île devient excessif. L'expérience montre que l'entretien d'une garnison importante dans une position excentrée et éloignée est un foyer de séditions récurrentes. Les usurpations les plus significatives de la période, celle de Maxime en 383, puis en 407 celle de Constantin, viennent de Bretagne.

La fragilité de la frontière du Rhin se révèle quand, le 31 décembre 406, un amalgame de Barbares, Suèves, Alains et Vandales traversent le fleuve. Il s'agit au grand maximum de trois cent mille individus. Ce nombre est celui de ces peuples pris dans leur entier, femmes, enfants et vieillards compris. Malgré la faiblesse de cet effectif, le choc est important pour l'Empire dont les défenses sont contournées. Ces Barbares déferlent sur la Gaule, puis quelques mois plus tard sur l'Espagne, sans rencontrer d'obstacles sérieux.

Les crises cumulatives qui en résultent se résolvent de façon progressive et quasi miraculeuse d'ici l'année 417, année du second triomphe d'Honorius. Mais elles laissent de multiples séquelles aux effets durables. Désormais, des royaumes Barbares pérennes sont constitués sous forme de royaumes « fédérés » à l'intérieur des frontières de l'Empire, en Espagne et au Sud de la Gaule, en Aquitaine, où sont fixés les Wisigoths. Cette installation au sein de l'Empire est une novation importante par rapport à la tradition romaine. Même si, vis-à-vis de ces royaumes, Ravenne applique adroitement le vieux principe romain *divide ut imperes*, en s'appuyant sur une vieille relation des Goths avec l'Empire, et tout particulièrement avec les Théodosiens, cette installation est subie. Le sac de Rome par les Wisigoths révoltés n'a que peu de conséquences matérielles et militaires, mais son impact psychologique est énorme sur des populations frappées de stupeur. Enfin, le premier vrai recul territorial, concerne l'île de Bretagne, province romaine depuis quatre siècles, puisqu'en 409 Honorius fait savoir aux représentants des cités bretonnes qu'elles doivent organiser elles-mêmes leur défense. Ainsi, le centre renonce à la défense de la périphérie la plus éloignée, donc à la principale de ses prérogatives de souveraineté, parce qu'il n'a plus les moyens de payer. La Bretagne va rester nominalement romaine jusque vers 450, avant d'être submergée par les invasions pictes, puis saxonnes, et de disparaître dans les brumes légendaires des temps obscurs d'Arthur et de Merlin. À l'intérieur, la politique religieuse devient plus intolérante. Cependant, à la fin du règne d'Honorius, l'Empire d'Occident semble rétabli.

Pendant la même période la « *pars orientis* » connaît une vie plus facile

Après une phase d'expansion initiale des IIIe et IVe siècles au terme de laquelle il a atteint ses buts de guerre, c'est-à-dire la renonciation par les Romains à une revendication des bassins du Tigre et de l'Euphrate, l'Empire sassanide connaît une maturité stable. Il subit également sur ses frontières nord une pression accrue, causée par le mouvement des peuples nomades d'Asie centrale. Il devient donc, face à ces Barbares du Nord, un allié objectif des Romains d'Orient ; ce que traduit la légende selon laquelle, en vue de la minorité de Théodose II, Arcadius aurait, en 408, avant de mourir, confié la régence de l'Empire d'Orient au roi de Perse, Yezdegerd, légende bien sûr. Pendant cette minorité impériale, l'Orient ne connaît pas de problème de fond comparable à la crise dynastique liée à la succession à venir d'Honorius, ainsi qu'aux usurpations et invasions qui secouent l'Occident.

La rupture de la frontière du Rhin le 31 décembre 406 a pour effet d'aspirer les Barbares vers l'Occident, au moment où celui-ci est confronté à l'intérieur au problème des Goths que l'Empire d'Orient a réussi à y transférer.

La « guerre de succession d'Occident » en 424

Quand le problème de succession, déjà sous-jacent à la crise de 408, est enfin concrètement posé par la mort d'Honorius en 423, l'usurpation de Jean conduit à une intervention de l'Orient. Le gouvernement de Constantinople, à défaut de réunification, préfère une solution dynastique à la reconnaissance du fait accompli. Mais l'incarnation de cette solution, Valentinien III, promu Auguste en octobre 425 à Rome, est un enfant âgé de six ans.

Les conséquences de cette guerre sont multiples et ne font qu'aggraver les séquelles des crises précédentes. Les Barbares, qui ont participé à la guerre civile dans les deux camps en sont évidemment renforcés. L'Empire d'Occident a dû s'engager à céder à l'Orient une partie des provinces illyriennes disputées depuis 395. Enfin, l'installation à Ravenne d'un empereur titulaire encore dans sa première enfance est un facteur d'affaiblissement du pouvoir impérial, remis de fait entre les mains de Galla Placidia, mère du jeune empereur. Celle-ci a du mal à contrôler les rivalités des grands chefs militaires qui se règlent à coup d'assassinats ou de combats entre leurs gardes personnelles. Conséquence directe de ces jeux de pouvoir au sommet, les royaumes barbares installés au sein de l'Empire étendent leur emprise, et leur loyauté s'affaiblit.

L'occupation progressive, à partir de 429, de la province d'Afrique par les Vandales, alors cantonnés au Sud de l'Espagne, constitue une nouvelle aggravation qui va peser lourdement sur le devenir de l'Empire d'Occident. L'approvisionnement en blé de Rome, une des clés de l'ordre dans la capitale, est désormais au bon vouloir du roi de Carthage. Or, pour la première fois un État barbare devient une puissance maritime qui conteste à l'Empire le contrôle de la Méditerranée occidentale. Atteint sur un point stratégique, l'Empire va s'épuiser en tentatives de reconquêtes, mais le très astucieux Genséric, conscient de ses propres faiblesses, va conduire une sorte de coordination des royaumes barbares ; un second front est ouvert chaque fois que l'Empire a la velléité d'être menaçant, avec les Huns ou les Goths selon le moment. Après l'échec de ces tentatives de reconquêtes, parfois conduites conjointement avec l'Orient, l'Occident est contraint de gérer diplomatiquement le fait accompli.

Longtemps alliés de revers des Romains contre les divers peuples germaniques, les Huns se retournent contre les Romains au milieu du Ve siècle, et tentent d'envahir l'Occident. En 451, la victoire des Champs Catalauniques marque un coup d'arrêt à leur avance, tout en étant le dernier vol victorieux des aigles romaines en Occident. Mais les Romains jouent plus alors un rôle d'encadrement et de coordination d'une armée composite à base de Francs et de Wisigoths[837], eux-mêmes menacés par l'invasion. Après l'échec d'une tentative d'incursion en Italie, la mort d'Attila en 453 met un terme définitif à cette menace. L'Empire sort cependant affaibli de ces incursions, ne serait-ce que d'avoir dû négocier l'appui des Wisigoths et des autres royaumes fédérés, ainsi renforcés, et puis de ne plus disposer d'allié de revers contre ceux-ci.

L'extinction des deux branches de la dynastie Théodosienne

À la fin du IVe siècle, ce problème politique fondamental qui avait pesé sur toute l'histoire de l'Empire romain, la légitimation du pouvoir impérial, paraît résolu. La religion catholique, devenue religion d'État, permet à la divinité transcendante de légitimer ce pouvoir et surtout sa transmission dynastique.

837. Charles DE GAULLE, *La France et son armée,* op. cit. Voir note 681, chapitre XIV.

Au milieu du Ve siècle, l'extinction presque concomitante, en ligne masculine, des deux branches de la famille théodosienne, l'une par accident, l'autre par assassinat, ouvre dans les deux parties de l'Empire une crise majeure.

En Orient les circonstances ménagent la transition dynastique. La courte agonie qui suit la chute de cheval fatale à Théodose II, en juillet 450, laisse le temps à sa sœur Pulchérie d'improviser un règlement successoral. Âgée de cinquante-trois ans, elle sort de son couvent, épouse un vieux général, Marcien, et règne en fait sinon en droit, jusqu'à sa mort en 453, par laquelle s'éteignent les Théodosiens d'Orient. Marcien lui survit. En 457, sa succession se règle sans difficultés apparentes, hors de la famille théodosienne, au bénéfice de Léon. Celui-ci a en outre la précaution d'inventer le sacre religieux, en se faisant remettre le diadème par le patriarche de Constantinople, après sa proclamation par l'armée et le Sénat[838]. À sa mort, en 474, l'accession au trône de son gendre Zénon est plus laborieuse, mais la crise est surmontée.

En Occident, l'assassinat de Valentinien III, en mars 455, ouvre à chaud la crise successorale qui couvait, car il n'avait que deux filles. Pendant un peu plus de vingt ans, aucune solution stable ne peut s'installer. Les rivalités entre factions favorisent l'autonomie des royaumes Barbares, mais aussi la dissidence de hauts fonctionnaires romains. La crise se révèle insurmontable, alors que l'attachement dynastique maintenait une apparence d'Empire… Celui-ci disparaît, paradoxalement, au moment où il semblait guéri de sa maladie constitutive, puisque l'invention de la monarchie héréditaire de droit divin apportait enfin une solution au problème de succession posé depuis la création de l'institution impériale.

Comment l'Orient devient-il la partie dominante ?

Jusqu'au milieu du IVe siècle, l'Occident paraît avoir été, au moins militairement, la partie dominante. La bataille de Mursa, où Constance II est le vainqueur du « tyran » Magnence, est, en 351, le premier exemple d'une victoire de l'Orient sur l'Occident. La situation ne s'inverse vraiment qu'à partir de Théodose.

838. Voir au chapitre XV « le règne de Majorien ou le dernier sursaut ».

Une succession d'événements contingents provoque en Occident un affaiblissement chronique du pouvoir impérial. Un simple examen de la chronologie des règnes montre qu'en Occident, de la mort de Valentinien Ier, en 375, à la majorité de Valentinien III, en 437, le pouvoir nominal est presque toujours entre des mains à peine sorties de l'enfance.

Pendant 20 ans, jusqu'au partage de 395, l'Orient est gouverné par des adultes : Valens est âgé de cinquante ans au moment du désastre d'Andrinople ; Théodose, le successeur que lui donnent ses jeunes neveux, est âgé de trente-trois ans, alors que Gratien et Valentinien II qui règnent depuis trois ans ne sont respectivement âgés que de vingt et sept ans. Leurs règnes se terminent de façon similaire par des usurpations qui induisent guerre civile, intervention de l'Empire d'Orient, et de fait mise en tutelle de l'Empire d'Occident, au terme de désordres graves. À la mort de Théodose, après quelques mois de réunification formelle, il est significatif que l'aîné Arcadius hérite de l'Orient, le cadet Honorius de l'Occident tout juste reconquis. Certes Arcadius depuis sa prime enfance était nominalement associé au trône d'Orient, ce qui y réglait la succession, avant même que ne se posât celle de l'Occident. Surtout, à ce moment-là, Arcadius est âgé de dix-huit ans alors qu'Honorius n'en a que onze.

Même si la médiocrité des deux frères est évidente, Arcadius a au moins le mérite, essentiel dans une monarchie héréditaire, d'avoir par son épouse, Eudoxie, assuré sa descendance par quatre filles et un garçon. Honorius de son côté, connaît deux mariages infructueux. Ainsi, pendant plus de vingt ans, jusqu'à sa mort, le corollaire de tout système monarchique jouait en Occident contre la stabilité du système, en posant la question de la succession impériale[839]. Les réponses possibles à cette simple question ouvraient un large champ de jeux d'intrigues qui, en période de crise, ne pouvaient qu'affaiblir l'Empire. Ces incertitudes dynastiques sont pour le moins un facteur défavorable, à un moment où des pressions externes se font plus lourdes sur l'Occident.

Le rétablissement de la légitimité Théodosienne en 425, ouvre une nouvelle régence, l'empereur Valentinien III étant alors un enfant de six ans sous la nécessaire tutelle de sa mère Galla Placidia.

839. Voir au chapitre VII « La guerre de succession d'Honorius ».

Ainsi, en 437 le règne personnel de Valentinien III, quelles que soient ses qualités ou ses limites, débutait après une très longue période d'instabilité et de pouvoir faible.

La « disparition » de l'armée romaine

Au moment du partage de 395, l'inventaire montre des armées aux effectifs théoriques de 200 000 hommes dans chaque Empire. Le « non-événement » de 476 a pour cause première le non-paiement d'un arriéré de solde pour une poignée de troupes : « point d'argent, point de suisse ».

Militairement, les Romains disposent jusqu'aux derniers temps de l'Empire de deux supériorités : la qualité des armements sortis de leurs arsenaux et leur capacité tactique. Par exemple, les Barbares sont incapables de soutenir un siège de longue durée, à l'exception notable des Vandales, dans le contexte bien particulier de l'Afrique du début du Ve siècle. L'armée romaine, à condition qu'il y en ait une, mieux équipée, mieux entraînée, capable de manœuvres rapides, facilitées par le réseau de voies qui maillent l'Empire, conserve en rase campagne une nette supériorité sur les Barbares. Andrinople est une exception ; les batailles du début du siècle, Fiésole, Pollentia, sont des victoires romaines. La bataille des Champs Catalauniques, en 451, est encore une victoire romaine.

La facilité apparente avec laquelle Constance, général d'origine romaine[840], rétablit la situation pour le compte d'Honorius, entre 410 et 417, est remarquable et illustre parfaitement ce point.

Toutefois, cette armée romaine est largement une armée de mercenaires, donc de Barbares, dont l'intégration peut aller jusqu'à la famille impériale, à l'exemple de Stilichon marié, comme on l'a vu, à Serena, nièce de Théodose, ou d'Eudoxie, fille du général franc Bauto, mariée à Arcadius. Le problème politique et militaire est d'abord celui de ces Barbares de l'intérieur. Ces Goths qui assiègent puis pillent Rome en 410 ne sont pas des envahisseurs, mais plutôt une sorte de « Légion Étrangère » révoltée.

Tant que le pouvoir central dispose de moyens financiers suffisants, et que le commandement suprême reste romain, l'armée

840. Ce qu'Orose souligne avec complaisance et satisfaction, *Histoires contre les païens*, op. cit. L VII, 42, 2.

romaine est en mesure de faire face. Le problème rencontré dès 410 par le gouvernement de Ravenne pour le maintien de la présence romaine en Bretagne est d'abord un problème financier. Il est non moins vrai que de reculs en reculs aux effets cumulatifs, finit par arriver le moment où le processus est irréversible. Pour l'Empire d'Occident, l'occupation de l'Afrique par les Vandales est certainement une inflexion importante, mais pas décisive car l'occupation des Vandales paraît fragile. La reconquête de l'Afrique devient donc un des objectifs constants de la politique impériale jusqu'à l'échec des ultimes tentatives de Majorien en 461, et de Léon associé à Anthemius en 468. La remarquable facilité de la reconquête de cette province par Justinien au siècle suivant confirme a posteriori la fragilité de l'occupation vandale.

Comment les finances impériales se sont-elles asséchées ?

Une mode moderne met en cause le véritable carcan d'économie de guerre, administratif et fiscal, mis en place au tout début du IVe siècle par Dioclétien. Ce carcan fut commun à tout l'Empire et de prime abord paraît avoir eu le mérite de consolider la situation pendant plus d'un siècle. Certes, des dispositifs, dans un premier temps efficaces, peuvent s'avérer à long terme pernicieux, mais ce qui est alors en cause est plutôt l'incapacité des gouvernements à percevoir les problèmes et à anticiper les ajustements et les réformes nécessaires.

Certaines régions connaissent un véritable effondrement démographique, conséquence d'épidémies, de famines et de troubles, mais aussi du christianisme tel qu'il est vécu à l'époque (célibat, vœux de chasteté entre époux, développement du monachisme). Ces vides justifient pour partie la politique impériale d'installation des Barbares dans l'Empire.

Surtout, le système fiscal, système rigide de répartition où la population est en quelque sorte caution sinon otage de la masse fiscale à répartir, accélère et amplifie les processus dépressifs, puisque le prélèvement fiscal se reporte en s'alourdissant sur ceux qui restent, jusqu'à devenir insupportable. En outre, la corruption et l'abus de pouvoir sont régulièrement dénoncés comme facteurs aggravants. À ce point-là, il arrive toujours un moment où la survie même des populations restantes conduit à leur révolte dont un contemporain, Salvien de Marseille, admet la légitimité. L'effet dévastateur des incursions barbares ne peut qu'accélérer ce processus interne de désagrégation.

À la fin du IVe siècle, le budget de l'Empire est de l'ordre de 120 000 à 140 000 livres d'or[841], ce qui correspond aujourd'hui à une économie de subsistance, soit le niveau de certains pays, dits « moins avancés ». Le partage de 395, se fait sur la base d'une égalité de recettes fiscales entre les deux parties. Dès le début du Ve siècle, la divergence se fait sur une base 2/5e pour l'Occident, 3/5e pour l'Orient, et se stabilise jusqu'au milieu du siècle. La crise politique survenant après 455 se traduit par une baisse brutale de moitié des recettes fiscales de l'Empire d'Occident qui tombent à environ 20 000 livres d'or. C'est à ce moment-là que le déclin de l'Empire d'Occident devient dangereux, alors qu'en 468, pour l'expédition manquée contre le royaume vandale, l'Orient seul a réussi à mobiliser 130 000 livres d'or. Mais, même à cette date, l'Empire d'Occident reste une grande puissance comparé aux royaumes barbares. Cependant subsiste la question : pourquoi cette désagrégation financière affecte-t-elle l'Occident plus que l'Orient ? Il est en général avancé que l'Orient était plus évolué et plus urbanisé. Sans exclure cette explication, qui est d'ailleurs plus un constat qu'une cause première, il convient de considérer les bases de l'économie du monde romain.

L'effet d'une évolution climatique

Au début du Ve siècle, celle-ci repose pour l'essentiel sur une agriculture de subsistance, qui n'est en mesure de dégager qu'un surplus faible et fluctuant. « L'Empire vit de la pellicule infime qui s'est formée sur un monde fractionné qui vit pour l'essentiel d'une étroite économie de subsistance[842]. » Les bases agricoles sur lesquelles repose l'économie de l'Antiquité sont donc très fragiles et largement tributaires des conditions climatiques, même en période favorable. Au moindre accident climatique ou à la moindre perturbation du milieu rural, la famine ou la disette font leur apparition.

841. Hugh Eltai, *Warfare in Roman Europe AD 350-425*, Clarendon press, Oxford, 1996. Au cours de 2014, cette quantité d'or représente environ 1,3 milliard d'euros.

842. Pierre Chaunu, *La décadence dans l'histoire*, op. cit. p. 191.

Or, les chroniques du ve siècle associent incursions de barbares, famines, pestes et accidents météorologiques comme autant de fléaux destinés à punir les Romains, soit d'avoir abandonné leurs dieux traditionnels, soit selon les chrétiens de leurs péchés passés.

Bien que les données disponibles soient bien moins abondantes que pour le millénaire suivant, une convergence apparaît entre ce que relatent les chroniques et des indications sur l'évolution des glaciers des Alpes ou encore celles de la dendrochronologie, qui permettent d'esquisser de grandes tendances. Du début de l'Empire au milieu du quatrième siècle, le climat connaît un réchauffement lent et progressif. Ensuite, un retournement assez brutal ouvre une période de rafraîchissement qui va persister pendant les trois siècles suivants, comparable à ce qui a été appelé le « petit âge glaciaire » du XIVe au XVIIe siècle. La cause de ce refroidissement n'est à l'évidence pas d'origine anthropique. Le contournement des fortifications romaines par les barbares et le franchissement du Rhin permettant des incursions, telles celles des Alamans arrêtées par Gratien en février 378, ont pu être rendus possible par le gel de ce fleuve, phénomène qui paraît aujourd'hui pour le moins exceptionnel. Sur l'agriculture la principale conséquence est une plus grande humidité estivale qui perturbe les conditions de récolte et surtout de conservation des grains. La séquence accidents climatiques, famine, Bagaudes se répète à plusieurs reprises en Gaule au cours de la période.

Pour se référer à un épisode connu, la rançon de six cent mille mesures de blé comptées aux Wisigoths pour la restitution de Galla Placidia en 416, soit environ cent vingt mille quintaux d'aujourd'hui, l'équivalent de la production de 1500 hectares de bonnes terres beauceronnes, est à l'époque une épineuse affaire d'État. Une révolte inopinée de la province d'Afrique empêche en 413 l'exécution d'un premier accord entre Romains et Wisigoths. Ces six cent mille mesures de blé sont alors l'essentiel du surplus que peut dégager l'Empire d'Occident.

Dans ces conditions, un léger refroidissement climatique a suffi pour miner les bases agricoles de l'économie de l'Empire d'Occident, alors que dans les conditions naturelles de l'Orient, plus méditerranéennes au sens climatique du mot, ce refroidissement y avait des conséquences plutôt favorables[843]. Enfin, une telle modification du climat n'a pas affecté que l'Empire romain et a certainement contribué à la mobilité tant des populations barbares d'Asie centrale que de celles du nord de l'Europe. Elle a donc pu être une cause première des « grandes invasions ».

L'absence de continuité dans les politiques suivies vis-à-vis des barbares

Les invasions Barbares sont toujours mises en avant pour expliquer la chute de l'Empire, mais dans le passé celui-ci en avait vu d'autres, sinon de pires; l'importance relativement faible des mouvements de population en cause n'est jamais assez soulignée, même si elle est reconnue; les « grandes invasions » barbares représentent environ deux pour cent de la population de l'Empire d'Occident[844].

Théodose Ier tente vis-à-vis des Wisigoths une politique d'assimilation et de sédentarisation qui se situerait dans la continuité historique romaine s'il ne leur permettait pas de conserver leur propre organisation à l'intérieur de l'Empire. Lors de son installation en Orient, il met en œuvre avec astuce cette politique pour mieux diviser les Goths, en acceptant d'établir une partie d'entre eux dans l'Empire, où ils deviennent de fidèles auxiliaires de l'armée romaine, aidant à anéantir les autres. Ces Goths établis dans l'Empire, conduits par Alaric, jouent même un rôle significatif dans la victoire de Théodose sur Eugène en septembre 394. Cette politique d'ouverture de l'Empire aux Barbares va loin puisque non seulement les Barbares fournissent des troupes auxiliaires, mais l'armée romaine proprement dite compte nombre

843. Voir en annexe un récapitulatif des accidents météorologiques.
Dans son ouvrage, *The end of the Roman Britain*, Cornell University Press, 1996, Michael Jones développe cette théorie. « Autour de l'an 400, cependant, une rupture soudaine ramenant des conditions plus froides et plus humides », p. 188. « Nous pouvons, avec une confiance plus grande que d'habitude sur de tels sujets, conclure que le climat généralement favorable de la période romaine, devient brusquement plus froid pendant la première décennie du ve siècle », p.194.

844. Dans *l'Empire des steppes*, René Grousset met en évidence d'une façon générale la fragilité des empires terrestres, avec une population d'agriculteurs sédentarisés, confrontés à la mobilité des cavaliers « Barbares ».

de généraux d'origine barbare : Arbogast, Bauto, Dagalaïphe, Mérobaude, Richomer, Stilichon…

La crise politique de 408 en Occident fait suite à une crise similaire en Orient où il a été procédé, en 400, à une élimination brutale des Goths. L'attitude du gouvernement impérial change donc radicalement à l'égard des Barbares installés en Occident. Leur révolte est une réaction de légitime défense, aggravée par le fait qu'avec Stilichon les Goths venaient de rendre à l'Empire des services signalés aussi bien face aux barbares de l'extérieur que lors d'usurpations internes. C'est ce processus qui aboutit au sac de Rome par Alaric en 410.

Certes, la relation est ensuite rétablie entre les Goths et les Théodosiens, notamment par l'effet du mariage d'Ataülf et de Galla Placidia. Une sorte de lien personnel subsiste jusqu'à la fin de la dynastie Théodosienne entre celle-ci et les Wisigoths. Cependant, cette tentative d'élimination brutale des Barbares dans l'Empire, en 408, crée un problème durable de confiance entre ceux-ci et les Romains et tend à les rapprocher des Barbares de l'extérieur.

Jusqu'au terme de l'Empire, les alternances dans la politique à suivre avec les Barbares ne feront qu'aggraver la situation, nuisant à la confiance entre ceux-ci et les Romains. Les quelques semaines du règne de Maxime Pétrone le montrent. Une politique de réaction anti-barbare était vouée à l'échec, n'ayant tout au plus que les moyens de provoquer un soubresaut, mais ayant en revanche l'effet néfaste de décrédibiliser la politique d'intégration. Les Vandales le font payer à Rome au prix fort.

L'évolution des problèmes religieux dans l'Empire

Alors que les Barbares ne représentent qu'à peine deux pour cent de la population de l'Empire, à laquelle ils souhaitent s'intégrer, la question religieuse est un frein important à leur assimilation. En effet, les Goths puis les autres barbares ont été évangélisés quand l'Empire était arianiste. Donc, les « envahisseurs » sont chrétiens, mais hérétiques, depuis qu'avec Gratien et Théodose le pouvoir impérial s'est définitivement rallié au dogme nicéen, la religion catholique.

Par-delà un certain nombre d'hérésies sans grand lendemain ou géographiquement localisées, la grande affaire reste l'arianisme, sujet essentiel sur lequel les catholiques ont encore de nos jours une vive sensibilité. Cependant, il doit être fait mention d'une hérésie relativement mineure, dont le développement s'est limité à l'Espagne, le priscillianisme (que saint Martin de Tours ne voulait pas sanctionner). Sur l'ordre de l'usurpateur Maxime qui tenait à se poser en chrétien nicéen zélé, le malheureux Priscillien a devant l'Histoire le privilège dont il se serait volontiers passé d'être le premier individu exécuté par un pouvoir politique à la demande d'une autorité ecclésiastique catholique, pour régler un problème d'interprétation des dogmes chrétiens.

Le donatisme va de même contribuer de façon indirecte à l'occupation de la province d'Afrique par les Vandales, étape importante de la dissolution de l'Empire d'Occident. Les Vandales tranchent la question religieuse en imposant l'arianisme.

Gratien et Théodose sont donc les premiers empereurs chrétiens d'une part ayant un engagement militant en faveur du dogme de Nicée, d'autre part ayant renoncé au titre religieux traditionnel de « Grand Pontife », venu de l'antique époque des rois de Rome. Quand Théodose décide d'associer au trône son fils Arcadius, il a le trait de génie de voir que la transposition terrestre du principe trinitaire de la consubstantialité, c'est la légitimation de l'hérédité monarchique dans le cadre chrétien. Le IVe siècle se termine donc par l'invention de la monarchie de droit divin. La postérité de cette idée s'est avérée efficace pendant plus d'un millénaire. Les circonstances du Ve siècle vont permettre de vérifier en Occident de façon quasi expérimentale l'efficacité, mais aussi les limites du concept.

Les nouveaux débats théologiques du Ve siècle

Le cinquième siècle commence par un autre débat théologique qui va animer l'Église jusqu'à nos jours : le problème de la prédestination et par conséquent de la grâce divine. Augustin, originaire de la province d'Afrique, par ailleurs toujours déchirée par le donatisme, tranche le débat avec rigueur, en posant le principe de la grâce gratuite et efficace. Ce faisant, il met l'Église au service du pouvoir, l'obéissance civile en échange de la répression des hérésies. Par un effet de la volonté divine, où le dessein de la divine Providence est pour le moins obscur, Augustin meurt en 430 dans Hippone assiégée et bientôt prise par les Vandales. Ceux-ci imposent à l'Afrique un arianisme lui aussi intolérant ; les hasards de l'Histoire font que cette province ne reviendra plus jamais à l'Église romaine. De 533 à 670, l'Afrique romaine réintègre l'Empire d'Orient, avant d'être conquise par les musulmans.

En Orient, la réflexion christologique cherche à en finir avec l'arianisme. Le pouvoir impérial s'avance à deux reprises pour soutenir des tentatives qui s'avèrent non moins hérétiques : d'abord les thèses de Nestorius, ensuite celles d'Eutychès. Malgré leur condamnation, ces dernières persistent en Égypte : c'est l'Église copte. Il en résulte une difficulté permanente entre le gouvernement central de Constantinople et cette Province, qui plus tard facilitera la conquête arabe.

Si deux points fondamentaux finissent par être fixés dès cette période (le pouvoir de droit divin et le contrôle de la liberté individuelle par la grâce divine), il n'en reste pas moins que les disputes religieuses contribuèrent à l'affaiblissement du pouvoir politique romain.

C'est spontanément qu'en 379 Gratien et Théodose renoncent à leur fonction religieuse, le « Grand Pontificat », or la religion traditionnelle était la base du civisme romain. Cette fonction restée vacante fut assurée par des membres de l'aristocratie, jusqu'à ce que l'évêque de Rome, avec à-propos et beaucoup d'aplomb, s'en empare au milieu du Ve siècle, ce qui lui permet d'être connu de nos jours sous le titre de « Souverain Pontife », sans que l'on pense qu'il s'agit d'un titre issu de la religion romaine traditionnelle. À partir du concile de Chalcédoine, en 451, il s'attribue en outre la prérogative, jusqu'alors impériale, de convoquer les conciles. Ces empiétements de l'évêque de Rome aggravent les disputes de primauté des grands sièges épiscopaux, qui éloignent l'une de l'autre les deux parties de l'Empire ; le clivage qui subsiste de nos jours entre « catholiques romains » et « orthodoxes grecs » est d'abord un clivage géopolitique. L'affirmation progressive des prétentions à la primauté de l'Église de Rome et la volonté de l'évêque de Rome de s'attribuer un pouvoir arbitral, se substituant en Occident au pouvoir impérial, se heurtent pour des raisons politiques évidentes à l'opposition des autres Églises, tout particulièrement à celle de Constantinople. Même s'il faut attendre 1054 pour qu'un prétexte religieux officialise le schisme, la divergence est évidente dès le ve siècle[845].

Les conséquences sont importantes dans la société romaine. Le christianisme introduit dans l'élite un détachement temporel démobilisateur ; les dons à l'Église de grosses fortunes que la législation impériale essaie de contrôler, ont un effet économique néfaste ; le développement du monachisme multiplie les situations de célibat, ce qui a un effet démographique. Il se développe une intolérance religieuse croissante, contraire à toute la tradition romaine. Par exemple, le livre XVI du *Code Théodosien* reprend dans son titre 8 les vingt-neuf lois relatives aux « juifs, caelicolites[846] et samaritains ». L'évolution entre une réelle tolérance à l'époque de Constantin, vers une persécution systématique à partir de Théodose est flagrante : exclusion de la fonction publique, interdiction des conversions, contrôle des successions, etc.

Enfin, et ce point n'est peut-être pas assez souligné, la virulence des débats théologiques, mais aussi les volte-face au sommet de l'Empire, en particulier à propos de l'arianisme, ont des conséquences inattendues. Les barbares, évangélisés dans l'arianisme par un Empire qui penchait alors pour ces thèses, envahissent deux générations plus tard un Empire revenu au dogme de la Trinité ; ils se croyaient bons chrétiens, ils sont hérétiques ; c'est pour le moins un facteur qui gêne leur intégration dans l'Empire.

Principales différences entre les deux Empires

Pour conclure sur la comparaison entre les deux Empires, les principales différences qui peuvent être observées portent sur :

- la pression des « barbares » : les deux parties de l'Empire y sont soumises, mais après 395 la « *pars orientis* » gère mieux le

845. La divergence peut être datée de 380, puisque Damase obtient dans la loi du 28 février une référence à « la religion que le divin Apôtre Pierre a transmise aux Romains », référence ambiguë : s'agit-il des habitants de Rome ou de l'Empire. La traduction en latin des Évangiles réalisée par Jérôme introduit une autre ambiguïté dans la formulation du Math. 16-18, « tu es Pierre et sur ce roc je bâtirai mon Église », sur lequel Rome appuie ses prétentions à la primauté, ce que les orthodoxes contestent toujours, se fondant en particulier sur l'interprétation de Paul dans la première épître aux Corinthiens.

846. Adorateurs du ciel.

problème wisigoth et réussit à le transférer à l'Ouest par d'habiles manœuvres ;

- la crise économique, sociale et financière, à laquelle un léger changement climatique contribue, et qui affecte plus l'Ouest que l'Est : l'effet du refroidissement climatique constaté à partir de la fin du IVᵉ siècle est peut-être une vraie cause première ;
- le conflit entre pouvoir impérial et pouvoir militaire se termine en 432 au bénéfice d'Aetius et au détriment de l'impératrice régente Galla Placidia ;
- et une plus grande instabilité à l'Ouest du fait de facteurs contingents.

Les provinces d'Orient se distinguaient de celles d'Occident par l'ancienneté d'une organisation politique élaborée, au moins depuis les trois siècles qui s'écoulent entre la mort d'Alexandre le Grand et la conquête romaine. Les structures politiques préromaines y étaient plus enracinées, plus évoluées et plus homogènes. Les substrats antérieurs subsistant sous l'unité romaine réapparaissent au moment où l'Empire se défait, pour renforcer les tendances centrifuges : à chaque province ses barbares et son hérésie. À ce moment-là, l'Orient bénéficie par rapport à l'Occident de cette antériorité historique[847]. La si longue persistance de l'Empire d'Orient n'est peut-être tout simplement que la résurgence d'un Empire grec, ou du moins des royaumes issus de l'Empire d'Alexandre le Grand.

847. F. Braudel, *Histoire de la Méditerranée*, op. cit. : « [...] Il y a eu ce que, faute d'un mot meilleur, nous appellerons une colonisation grecque du Proche-Orient, l'installation d'une population, d'une civilisation dominante. Cette colonisation, relayée par Rome a duré une dizaine de siècles... »

Une fin inéluctable ?

> *« Imaginez ce qu'aurait signifié, en Europe, une série de dynasties impériales qui n'auraient rien perdu de leur pompe, ni de leur signification depuis Auguste jusqu'au XXᵉ siècle. »*
>
> Fernand Braudel[848]

Au terme de ce survol des circonstances et des facteurs de la disparition de l'Empire romain d'Occident, la question qui vient naturellement à l'esprit est celle du caractère inéluctable ou non de cette fin rapide.

L'examen tant du fonctionnement administratif de l'Empire que des textes législatifs de l'époque rassemblés dans le *Code Théodosien*, montre que le plus souvent un diagnostic pertinent des difficultés était fait, débouchant sur des mesures adaptées. L'application de celles-ci laissait ensuite à désirer par un manque chronique d'autorité qui se traduisait par une absence de contrôle et une corruption généralisée.

Malgré ces facteurs de crises, le monde romain donnait des signes de vitalité. Ainsi, contrairement à une idée reçue, le monde Romain est encore capable d'innovations techniques. Des exemples peuvent être cités : la généralisation du moulin à eau, la « moissonneuse »[849], utilisée dans les grandes exploitations de l'Est de la Gaule (déjà), dont la prospérité dépendait de l'approvisionnement des armées frontalières, ou encore la cheminée. De tels progrès permettaient de faire face au manque de main-d'œuvre. Au cours de cette période s'affinent un certain nombre de concepts juridiques fondamentaux qui réapparaîtront bien plus tard en Occident. Le terme de décadence doit donc être relativisé. La durée de la crise politique finale, plus de vingt ans, est suffisante pour emporter les édifices politiques les plus solides, aussi est-ce pendant cette période qu'il faut rechercher les causes définitives de la fin de l'Empire d'Occident. A contrario, la disparition de l'institution impériale va entraîner un recul sur longue période de ces

848. F. Braudel, *Grammaire des civilisations,* Flammarion, Paris, 1993, p. 227.

849. Des bas-reliefs du quatrième siècle montrent des outils tractés comportant des « doigts », de forme identique à ceux des moissonneuses modernes, conçus pour faciliter le travail de coupe en rassemblant les tiges de blé.

avancées. L'Histoire n'avance pas toujours vers ce qui nous paraît le progrès, dès que l'organisation sociale n'est plus en mesure de contrôler la violence, y compris la violence légitime des armées, et de maintenir un ordre minimal dans le fonctionnement de la société.

En fait, aucun des facteurs de crise qui ont été relevés n'est en lui-même décisif pour expliquer la fin de l'Empire d'Occident, même si leur conjonction est redoutable. C'est cette conjonction qui est circonstancielle.

Les facteurs humains

Ainsi peut-on tenter de dresser la liste des événements contingents[850] qui, comme autant de « nez de Cléopâtre », ont fini par provoquer la fin de l'Empire d'Occident ne serait-ce que par un affaiblissement chronique du gouvernement.

La famille Théodosienne, qui règle à son profit le problème séculaire de la légitimation du pouvoir politique dans l'Empire romain par l'invention de la monarchie de droit divin, apparaît, sur plusieurs générations, tout à la fois peu prolifique et avec une nette prépondérance du nombre de naissances féminines, parmi lesquelles se détachent certes les figures de Galla Placidia et de Pulchérie. En moins d'un siècle, dès la troisième génération, ils s'éteignent en ligne masculine[851], fait exceptionnel dans l'histoire des monarchies.

Enfin, en Occident, la maladie emporte brutalement deux des grandes figures de la période : Valentinien Ier et Constance III.

Le spectaculaire accident vasculaire cérébral qui emporte Valentinien Ier le 17 novembre 375 change le cours de l'Histoire. Cet homme de cinquante-cinq ans n'eut-il vécu que trois ans de plus et le désastre d'Andrinople était évité. Les conséquences immédiates auraient été le maintien de la dynastie valentinienne sans recours

850. J.B. Bury, écrit dans son *Histoire de l'Empire romain tardif de la mort de Théodose Ier à la mort de Justinien*, Dover publications, inc., New-York, 1958, p. 300 : « La chute graduelle du pouvoir de Rome sur cette section de l'Empire fut la conséquence d'une série d'événements contingents. »

851. « Un héritier légitime de la maison théodosienne aurait évité bien des troubles qui arrivèrent en Italie les années suivantes », commente Bury J.B., *Histoire de l'Empire romain tardif de la mort de Théodose Ier à la mort de Justinien*, op. cit.

à Théodose, pas d'implantation des Wisigoths à l'intérieur de l'Empire, pas de retour aux dogmes nicéens contre les dogmes arianistes, donc plus d'opposition religieuse entre l'Empire et les Barbares dont l'intégration progressive ultérieure eut été facilitée, au sein d'un Empire en position de force.

Quarante-six ans plus tard, en septembre 421, une pleurésie enlève en quelques jours Constance III, homme efficace, en pleine force de l'âge, associé au trône depuis seulement sept mois, mais maître réel de l'Empire depuis huit ans. Là encore eut-il vécu ne serait-ce que deux ans de plus, le temps de survivre à Honorius, que le cours de l'Histoire en eut été changé, certes au prix de quelques difficultés à court terme avec Constantinople, mais les effets catastrophiques de l'usurpation de Jean, de son échec et de la guerre entre les deux Empires qui s'ensuit, auraient été évités.

Enfin, bien que l'épisode soit beaucoup plus obscur, après la guerre civile de 472 qui met un terme au règne d'Anthemius, et à laquelle ne survit que deux mois son adversaire Ricimer, la mort naturelle trois mois plus tard du nouvel empereur Anicius Olybrius, gendre de Valentinien III, donc dépositaire d'une légitimité Théodosienne, fait rebondir la crise du pouvoir pour ouvrir celle qui aboutit à la disparition rapide de l'Empire ; là encore eut-il vécu quelques années de plus…

À ces facteurs biologiques s'ajoutent des facteurs psychologiques dont les effets à terme ont peut-être été importants. Ainsi l'antipathie manifeste de l'Auguste à peine sorti de l'enfance qu'est Arcadius pour sa belle-mère Galla de trois ans son aînée, a pu contribuer au climat de sourde antipathie entre les deux branches de la famille Théodosienne. Cette sorte de rancœur tenace qui a opposé la cour de Constantinople à Galla Placidia et à son fils Valentinien III a certainement nui à la cohésion des deux Empires.

L'aléa militaire[852]

Plusieurs batailles décisives ont un résultat inattendu, où le hasard intervient pour une large part : Andrinople, la Rivière

852. Charles DE GAULLE, « L'action de guerre revêt essentiellement le caractère de la contingence », phrase qui ouvre le *Fil de l'épée*. L'importance de la contingence s'applique à tout le déroulement de l'Histoire.

Froide, la guerre contre Jean, et enfin l'expédition contre Genséric en 468.

Le déroulement précis de la bataille d'Andrinople n'est connu que par le texte d'Ammien Marcellin. Le résultat en eut été à l'évidence différent si les armées romaines d'Occident avaient eu le temps de faire leur jonction avec celles d'Orient. La responsabilité de Valens, pressé de livrer bataille pour ne pas associer son neveu à une victoire qui semblait facile, est flagrante. Une telle attitude eut été impensable trois ans plus tôt du vivant de son frère Valentinien Ier. Mais même à partir du moment où cette bataille se trouve devoir être livrée, plusieurs facteurs aléatoires se conjuguent : son déclenchement accidentel par l'avant-garde de l'aile gauche de l'armée romaine aventurée au contact des Wisigoths – ce qui renforce l'effet de surprise de l'attaque de flanc de la cavalerie des Goths – les erreurs d'évaluation des éclaireurs, l'heure précise du combat, autant de facteurs qui, conjugués, transforment une victoire probable en un combat incertain, puis en un désastre.

S'agissant de la Rivière Froide, nous disposons d'une analyse détaillée pour laquelle les sources écrites sont heureusement complétées par l'étude du terrain. Là encore, Théodose retourne une situation compromise grâce à un concours de circonstances qui a pu paraître miraculeux. Le vaincu du 4 est le vainqueur du 5 septembre. Certes, il est vraisemblable que sa nuit de prière a dû n'être en fait qu'une âpre négociation pour retourner Arbition, mais ce n'était pas décisif en soi. On ne peut que s'étonner qu'un chef militaire aussi expérimenté qu'Arbogast se soit reposé sur ses lauriers après un premier succès. Surtout, il est surprenant qu'il n'ait pas maintenu un contact avec les troupes d'Arbition et que dans son plan initial fort bien conçu il ait confié une mission essentielle à ce général qui n'était pas sûr. La violence du vent de terre de ce matin-là relève d'un aléa que la météorologie ne permettra d'anticiper qu'en 1944, à l'occasion du débarquement de Normandie.

Dans la guerre contre Jean, celui-ci allait disposer d'un avantage numérique réel après l'arrivée des Huns, mais il se fait intercepter et arrêter par les troupes orientales quelques jours avant cette arrivée, par suite d'un excès de confiance faisant suite à de premiers succès.

En 468, quand l'immense flotte venue de Constantinople mouille au cap Bon, le problème vandale paraît enfin réglé. L'échec de l'expédition tient à tout le moins à une invraisemblable carence du commandement romain.

Pour ces batailles, au moins de façon certaine pour Andrinople, on est en présence de ce que les auteurs d'uchronie[853] appellent un point de divergence, cas en réalité assez rare d'un événement dont le dénouement improbable apporte une inflexion sensible au cours de l'Histoire.

***

L'Empire d'Occident aurait-il pu durer ?

S'il faut donner une date précise qui marque le début d'un processus irrémédiable, l'assassinat de Valentinien III le 16 mars 455 et la crise de légitimité qui s'ensuit paraît une date pertinente. Cette crise du pouvoir impérial ne pourra pas être surmontée. Jusqu'à cette date, l'Empire fonctionne avec des problèmes et des adaptations propres à toute construction politique. Un succès sur les Vandales en 468 aurait pu encore infléchir le cours des événements ajournant la perspective d'une dissolution rapide de l'Empire d'Occident.

Surtout, les suites de cet échec mettent en évidence que la relation toujours difficile entre pouvoir impérial et pouvoir militaire évolue de façon diamétralement opposée entre les deux empires. En Orient, conscient du jeu plus qu'ambigu joué par les chefs militaires d'origine barbare qui depuis trois générations commandaient l'armée, l'empereur Léon réussit en 471 leur brutale élimination physique, alors qu'en Occident l'empereur Anthemius est éliminé en 472 par le patrice Ricimer. Mais depuis la minorité de Valentinien III, le conflit plus ou moins larvé entre militaires et pouvoir impérial – entre Aetius et Galla Placidia – avait de fait été réglé au profit des militaires.

853. Une uchronie, en anglais « *alternate history* », est une fiction historique intemporelle. Voir le livre très complet d'Eric Henriet, *L'histoire revisitée, panorama de l'uchronie*, éd. Encrage, 2004, en particulier le développement p. 64, sur la notion d'« événement fondateur » La bataille d'Andrinople est traitée dans plusieurs ouvrages uchroniques; par exemple un chapitre lui est consacré dans l'ouvrage collectif «*What if ?*» voir supra note 166.

Le parallèle entre les deux Empires met en évidence le fait qu'à partir de 375 se sont succédé en Occident une longue suite d'événements fortuits qui ont induit une longue instabilité gouvernementale, dans une période difficile. Or, l'Empire est alors confronté à des adversaires d'envergure, tels le roi des Vandales, Genséric, qui meurt à quatre-vingt-sept ans après avoir régné cinquante ans et survécu quelques mois à l'Empire, ou les rois wisigoths Théodoric Ier et Euric.

Ce parallèle met également en évidence la grande fragilité de l'économie des sociétés antiques. Cette fragilité ne tient pas seulement à leur organisation et au rôle qu'y joue l'esclavage[854]. Leur grande dépendance au regard des conditions naturelles les met à la merci d'une faible variation climatique, ce qui paraît avoir été le cas. Alors que tous les critères nécessaires au développement de l'économie romaine existent, la faiblesse et l'aléa du surplus dégagé par l'agriculture sont un fait qui obère les possibilités de développement économique.

Mais il convient d'éviter une confusion entre la cause de la disparition de l'Empire et la question du niveau de son développement économique. Le coût de l'énergie, essentiellement fournie par le bois et le charbon de bois, et la rareté du fer, bloquant le développement de la métallurgie, sont des facteurs à prendre en considération, alors même que les technologies étaient connues. Cela étant, il est aujourd'hui acquis par exemple que l'usage de l'énergie hydraulique était beaucoup plus largement diffusé que ce qui a été longtemps admis. « Les découvertes archéologiques de ces vingt dernières années montrent que les moulins hydrauliques étaient omniprésents dans les villes et les campagnes dès le Ier siècle[855]. »

La question de savoir si le développement économique de l'Occident et la supériorité qu'il eut sur le reste du monde aux « Temps Modernes » supposait la disparition de l'Empire, est un peu vaine. L'Empire remplissait plusieurs des conditions nécessaires au développement économique. Il disposait des trois attributs du

854. Point de vue de Marc Bloch, repris par SCHIAVONE dans *L'histoire brisée,* op.cit.

855. Sur ce point les réflexions de la conclusion de Jean-Pierre BRUN, *Archéologie du vin et de l'huile en Gaule romaine,* (éditions Errance, Paris, 2005), notamment p. 164 et suivantes, sont claires, novatrices et stimulantes.

pouvoir d'État « qui se fonde sur le triumvirat du percepteur, du soldat et du fonctionnaire[856] », mais la faiblesse et l'irrégularité du surplus agricole dégagé rendait insupportable aux populations le poids de ces institutions.

L'Empire romain aurait certes fini par disparaître d'une manière ou d'une autre, mais la fin rapide au ve siècle de sa partie occidentale n'apparaît pas avoir été le résultat inéluctable de forces qui feraient le sens de l'Histoire. Sa survie à long terme, à la manière de l'Empire chinois, était tout aussi concevable.

Progressivement, des populations de la planète se sont sédentarisées, faisant apparaître de nouveaux États. Mais force est de constater que d'autres grands ensembles organisés de l'Antiquité subsistent toujours : les Empires chinois et japonais avec une remarquable continuité facilitée par l'isolement géographique, l'Inde et la Perse avec bien des vicissitudes, et même l'Éthiopie. Seul l'Empire romain a disparu et s'est définitivement morcelé car sans limite géographique.

Ce morcellement a contribué, par la rétraction des échanges commerciaux, à l'aggravation du recul économique provoqué par les guerres civiles et les invasions. La rétraction des échanges commerciaux, la disparition de services publics tels que l'entretien des voies ou la poste impériale sont des faits tangibles qui traduisent une dégradation vécue douloureusement par les populations. Il est remarquable que la dernière loi de l'Empire d'Occident, une loi de l'empereur Anthemius de mars 468, porte sur les biens vacants, c'est-à-dire les terres abandonnées en Italie par l'effet de la dépopulation.

Mais si contrairement à certaines approches un peu lénifiantes, il est incontestable que la disparition de la structure matérielle de l'Empire a eu des effets catastrophiques pour les populations, il n'en reste pas moins que l'idée impériale a survécu. « La seule unité virtuelle qui subsiste se manifeste au niveau idéologique. [857]» D'abord, dans le domaine spirituel, l'Église ayant très habilement repris à son profit, parfois usurpé, la dimension religieuse. Mais

856. Austruy Jacques, *La chenille et le papillon, économie des métamorphoses*, op. cit. Chapitre 2, « Logique économique du développement », pages 86 et 87.

857. Th. Regazzola et J. Lefebvre, *La domestication du mouvement*, p. 15, éd. Anthropos, Paris, 1980.

aussi, de façon moins évidente, dans le domaine juridique, car le *Code Théodosien* n'est pas seulement une mise en forme du droit romain existant : il intègre des avancées importantes qui apparaissent au cours du Ve siècle et fondent encore des pans de notre droit contemporain. Cet Empire sans limites géographiques survit par les idées.

Liste des Annexes

Le *Code Théodosien*:
- histogramme de l'activité législative,
- traduction intégrale de la loi du 15 mars 425 et de la loi du 8 juillet 445

Liste des principaux accidents climatiques signalés entre 375 et 476

Liste des tableaux généalogiques

Chronologie de la période 375/476

Bibliographie.

Cartes:
- les divisions administratives de l'Empire, et les principales villes
- Les royaumes Barbares, implantation et extension

Index des noms de personnes

Index des noms de lieux

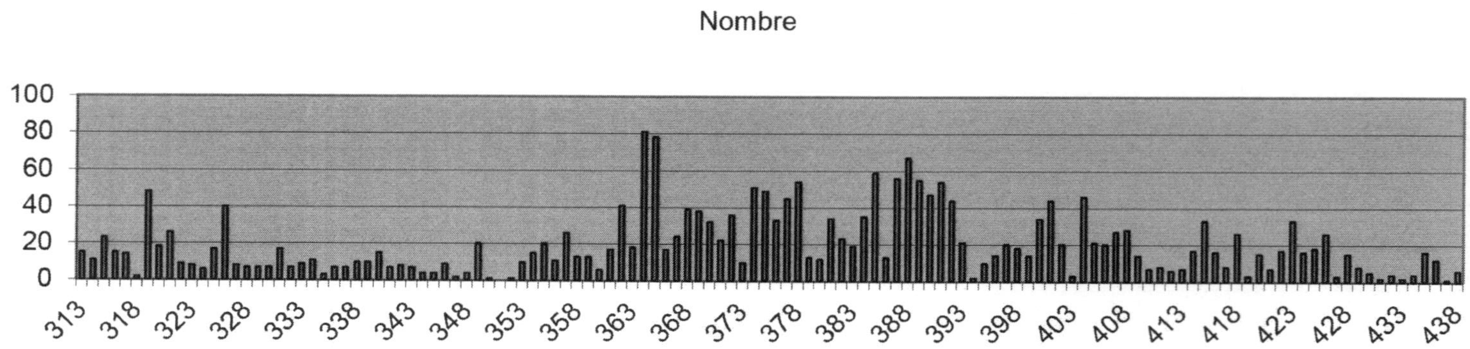
Nombre
100
80
60
40
20
0
313
318
323
328
333
338
343
348
353
358
363
368
373
378
383
388
393
398
403
408
413
418
423
428
433
438

Le Code Théodosien

Histogramme de l'activité législative

L'intérêt de ce graphique est de montrer de façon visuelle la situation politique de l'Empire.

Les périodes de crises et de guerres civiles apparaissent en creux, car elles induisent un quasi-arrêt de la production législative, ou un fort ralentissement :

- l'usurpation de Magnence de 350 à 353,
- le désastre d'Andrinople en 378,
- la cohabitation avec Maxime en 386,
- la guerre contre Eugène en 394,
- les années 410 à 415.

Les deux changements de dynastie s'accompagnent également d'une importante activité réformatrice. Le pic est particulièrement impressionnant pour les années 365 et 366 qui suivent l'avènement de Valentinien Ier. Une forte activité caractérise l'ensemble du règne et se prolonge au-delà, jusqu'à 378. Une fois Théodose bien installé sur le trône d'Orient, l'activité législative reprend à un rythme soutenu pendant tout le règne, à l'exception visible des années 386 et 394.

Traduction intégrale de la loi du 15 mars 425 (c.th. VI.21.1), et de la loi du 8 juillet 445 (n val 17)

C. Th. VI.21.1

« Des professeurs qui, ayant enseigné dans la ville de Constantinople, sont promus comtes de par la loi. »

1/ L'empereur Auguste Théodose et le César Valentinien, à Théophile, préfet de la Ville.

C'est Notre bon plaisir que les grammairiens grecs Helladius et Syrianus, le grammairien latin Théophile, les professeurs de logique Martinus et Maximus et le professeur de droit Leontius, soient honorés du rang de comtes de premier ordre avec les lettres patentes impériales qu'ils ont déjà reçues de Nos Majestés, de façon qu'ils obtiennent le même rang que les anciens vicaires[858]. Au regard de ce point si quelque autre personne était signalée comme exerçant les enseignements que chacun d'eux exerce, si ces personnes montrent qu'elles mènent une vie en soi digne d'éloge, avec une morale éprouvée, s'il est montré qu'elles font preuve de talent pour enseigner, d'éloquence dans leurs discours, de subtilité dans leurs raisonnements, d'une rédaction de qualité et s'ils en ont été jugés dignes de l'avis de la Très Auguste Assemblée, aussi loin qu'ils accomplissent leur devoir de professeurs devant leurs auditoires, ces hommes aussi quand ils atteindront la vingtième année de leur service, dans un constant dévouement et un travail zélé d'enseignement, pourront bénéficier du même rang que les personnes citées plus haut.

Donné à Constantinople, le jour des Ides de mars, l'année du onzième consulat de l'Auguste Théodose, et du consulat du César Valentinien (le 15 mars 425).

858. Pour éviter toute confusion, il est rappelé que l'Empire était divisé en une centaine de Provinces regroupées en dix-sept vicariats. Le « vicaire » était donc une sorte de super-gouverneur de province.

N VAL 17

« De l'ordination des évêques »

I. Nos seigneurs les Empereurs Théodose et Valentinien à l'Illustre Aetius, Comte et Maître des deux Armes et Patrice.

Il est certain que, pour Nous et pour Notre Empire, la seule protection réside en la faveur de la Divinité Céleste et que, pour obtenir cette faveur, la foi chrétienne et la vénérable religion Nous soutiennent particulièrement. Par conséquent, depuis que la primauté du Siège Apostolique a été confirmée par le mérite de saint Pierre, qu'il est le premier des sièges épiscopaux, par la dignité de la Ville de Rome et aussi par l'autorité d'un synode sacré, aucune prétention illicite ne doit tenter quoi que que ce soit de contraire à l'autorité de ce Siège; ainsi la paix des Églises sera préservée partout aussi longtemps que l'Église universelle reconnaît son maître. Quoique ces règlements aient été respectés inviolablement jusqu'au temps présent, Hilaire d'Arles, comme Nous l'avons appris du rapport du vénérable Léon, Pape de Rome, a tenté avec une audace persistante d'accomplir des actes illicites, et ainsi un grand désordre a envahi les Églises au-delà des Alpes; un exemple atteste particulièrement ce fait.

1. Depuis qu'Hilaire, qui est appelé évêque de l'Église d'Arles, sans consulter le Pontife de la Ville de Rome, s'est approprié le droit d'ordonner des évêques ce qu'il n'avait pas à faire, par la téméraire illégalité d'un usurpateur. Depuis qu'il a déplacé certains évêques sans autorité légale; d'autres qu'il a ordonné de façon inappropriée, quoique les populations ne le voulaient pas et y étaient opposées. Depuis que de tels évêques ne sont pas réellement acceptés par ceux qui ne les ont pas choisis, il a réuni auprès de lui une bande armée et soit il encercle l'entourage des murs par un siège à la manière d'un ennemi, ou il les force par une attaque, et lui qui a le devoir de prêcher la paix, conduit sa bande pour transformer la paix en guerre.

2. Depuis que de tels crimes sont commis, autant contre la majesté de l'Empire que contre la vénération due au Siège Apostolique, au travers des ordres de cet homme de religion, le Pape de la Ville, un procès fut régulièrement conduit et une sentence définitive fut rendue contre Hilaire, au sujet de ces évêques qu'il avait ordonnés illégalement. La décision elle-même, bien entendu,

était applicable à toute la Gaule, même sans une sanction impériale. Pourquoi n'admettrait-on pas l'autorité d'un si grand Pontife sur les Églises ? Mais cette raison Nous a inspiré de faire ce règlement, pour que ni Hilaire, qui pour le moment est autorisé à rester évêque seulement par l'humanité de son miséricordieux supérieur, ni aucune autre personne ne sera autorisé plus tard à mêler les armes aux affaires ecclésiastiques ou à s'opposer aux décisions de l'évêque de Rome. Depuis que la fidélité et le respect de notre Empire sont violés par de tels actes.

3. Non seulement Nous abolissons cette pratique, qui est un acte hautement criminel, mais de peur que même un léger trouble puisse apparaître au sein des Églises ou de peur que la discipline de la religion puisse apparaître diminuée sur quelque point particulier, Nous décrétons par cette éternelle sanction qu'aussi bien les évêques de Gaule que ceux des autres provinces ne sont pas autorisés à tenter quoi que contre les anciens usages, sans l'autorisation du vénérable Pape de la Ville Éternelle.

Mais si l'autorité du Siège Apostolique a sanctionné ou doit sanctionner quelque chose, une telle décision aura force de loi pour eux et tous les hommes. Ainsi, si quelque évêque est convoqué à la cour de l'évêque de Rome et refuse de venir, il en sera saisi par le gouverneur de la même province pour être présent. En cette matière, les privilèges que Nos Saints ancêtres ont conférés à l'Église de Rome seront maintenus, O Aetius, très cher et très aimé Père.

4. Désormais Votre Illustre et Excellente Magnificence, conformément à l'autorité édictée par la présente loi observera les règles établies ci-dessus. Une amende de dix livres d'or sera immédiatement perçue sur toute personne et tout magistrat qui permettrait que Nos institutions soient violées.

Puisse la Divinité vous conserver de nombreuses années, très cher et très aimé Père.

Donné à Rome le huitième jour avant les Ides de juillet, l'année du sixième consulat de l'Auguste Valentinien et du consulat du Très Noble Nomus (le 8 juillet 445).

Les principaux accidents climatiques signalés entre 375 et 476[859]

Hiver 374/375 : « L'hiver s'était prolongé plus que de coutume », Zosime, L.IV, XVII, 2.

Février 378 : Le Rhin est gelé, Ammien Marcellin, XXXI, X, 4.

Août 389 : Deux jours de grêle furieuse qui endommage les arbres et les troupeaux au moment où Théodose quitte Rome.

5 septembre 394 : Les vents violents qui changent le cours de la bataille de la Rivière Froide paraissent avoir été un phénomène normal.

Hiver 394-395 : Le Danube est gelé.

401 : La mer du Pont (la mer Noire) est gelée.

30 septembre 404 : un orage de grêle particulièrement violent sur Constantinople.

419 : Famines en Gaule.

Hiver 432 : Extrêmement dur, suivi de famines. (*Chroniques de Prosper*, citées par Le Nain de Tillemont).

Le 31 janvier 438 : La loi Nov. Th. 3.1.8. relative à la répression des impiétés évoque dans ses motivations : « Allons-nous endurer plus longtemps que le rythme des saisons soit changé ?... Pourquoi le printemps n'a-t-il plus son charme habituel ? Pourquoi l'été, aux récoltes stériles prive-t-il le labeur du fermier de ses espérances de récolte de grain ? Pourquoi la férocité intempérante de l'hiver condamne-t-elle la fertilité des terres au désert de la stérilité ? »

444 : Plusieurs places fortes de Bithynie (province riveraine de la mer Noire au nord de la Turquie actuelle) subirent des pluies continuelles : elles furent submergées et détruites.

Hiver 449 : Extrêmement dur, suivi de famines.

Printemps et été 452 : Les Huns qui ravageaient l'Italie sont victimes de « fléaux célestes », d'après saint Pierre Chrysologue. « La terre refuse de donner ses fruits, le ciel retient les influences favorables, l'air n'a plus cette température salutaire, la peste causée par ces dérèglements de la nature se répand partout dans les villes et les campagnes, et extermine partout le genre humain. »

859. Peu avant la période considérée, l'invasion de l'Alsace par les Alamans en janvier 366, a également été facilitée par le gel du Rhin.

461: Au mois de juillet, en Galice, « des villas furent détruites par la foudre… des pluies troubles tombèrent du ciel » (Hydace).

469 : « À cette même époque, l'année est très pénible, plus que de coutume : hiver, printemps, été, automne, atmosphère, récoltes, tout est bouleversé et gâté » (Hydace).

La même année des « pluies considérables » sont constatées en Orient.

Liste des tableaux généalogiques

Nota : Dans les tableaux généalogiques, le nom des empereurs est en gras ; le caractère italique est utilisé soit pour désigner des souverains Barbares, soit en cas de doute (c'est en fait uniquement le cas pour le tableau 5).

Chronologie de la période 375/476

375 : Empereurs régnants : Valentinien Ier, Valens, et Gratien.

Le 17 novembre, mort subite de Valentinien Ier ; le 22 novembre son second fils Valentinien II, âgé de quatre ans et demi est associé au trône.

376 : Exécution à Carthage du général Théodose, père du futur empereur.

377 : Mariage de Théodose fils avec Aelia Flacilla, naissance en fin d'année de leur fils Arcadius.

378 : Le 8 août, désastre d'Andrinople, l'armée romaine d'Orient est anéantie par les Wisigoths ; l'empereur Valens disparaît sur le champ de bataille.

379 : Le 19 janvier, Théodose est associé au trône pour l'Orient, en remplacement de Valens.

Lors d'un séjour à Rome, Gratien refuse les insignes du grand Pontificat, marquant la fin du rôle religieux traditionnel de l'empereur, qu'il estime incompatible avec la foi chrétienne.

380 : La loi du 28 février proclame religion d'État la religion chrétienne selon le dogme de Nicée, c'est la religion catholique.

381 : Au mois de mai, le deuxième concile œcuménique convoqué à Constantinople par Théodose, confirme la loi du 28 février 380.

382 : Par traité Théodose accorde aux Wisigoths le statut de « fédérés », mais pour la première fois les fédérés sont à l'intérieur de l'Empire.

383 : Usurpation de Maxime en Occident, Gratien est assassiné le 25 août. Valentinien II et Théodose acceptent le fait accompli.

384 : Le 9 septembre, naissance d'Honorius, fils de Théodose et Aelia Flacilla. Le 11 décembre, mort de Damase, évêque de Rome, Sirice lui succède.

385 : Le 14 septembre, mort de l'impératrice Aelia Flacilla.

386 : Vers la fin de l'année, à Trèves, Maxime ordonne l'exécution de Priscillien, première condamnation à mort ordonnée pour motif d'hérésie…

387 : Au printemps, Maxime envahit les États de Valentinien II qui réussit à s'enfuir et se réfugie à Salonique. En septembre, Théodose scelle son alliance avec Valentinien II en épousant sa sœur Galla.

388 : En juin, naissance de Galla Placidia, fille de Théodose et de Galla. Le 25 août, défaite et exécution de Maxime, Valentinien II est restauré dans ses anciennes possessions et celles de Gratien. Théodose séjourne en Occident comme « mentor » de son jeune beau-frère.

389 : La loi du 7 août instaure le repos dominical. Théodose ordonne la destruction systématique des temples des religions traditionnelles, en particulier en Égypte.

390 : Au printemps, la révolte de Salonique est durement réprimée (9000 morts). Le 25 décembre, à Milan, l'évêque Ambroise impose à Théodose une pénitence publique en expiation des excès de cette répression.

391 : En juillet, Théodose regagne Constantinople.

392 : Le 15 mai, mort mystérieuse de Valentinien II. En août, le général Arbogast suscite l'usurpation d'Eugène.

393 : Théodose, qui a refusé de reconnaître Eugène, proclame son fils Honorius Auguste pour l'Occident le 20 novembre, jour d'une éclipse de soleil…

394 : L'impératrice Galla meurt au printemps, au moment où Théodose part en campagne. Le 5 septembre Théodose bat les armées d'Eugène au col du Poirier. Théodose est seul empereur.

395 : Le 18 janvier, Théodose meurt après avoir organisé le partage de l'Empire en deux lots égaux entre ses deux fils Arcadius en Orient et Honorius en Occident. Le 27 avril, Arcadius épouse Eudoxie. Le 27 novembre, Rufin, qui détient la réalité du pouvoir à Constantinople, est éliminé par le Goth Gaïnas au profit de l'eunuque Eutrope.

396 : Stilichon tient assiégés les Goths d'Alaric, dans le Péloponnèse, mais il les laisse s'échapper sur ordre d'Arcadius.

397/398 : En Afrique, révolte de Gildon, matée par Stilichon. Mort d'Ambroise de Milan. Mariage d'Honorius et de sa cousine Maria, fille de Stilichon.

399 : Eutrope est massacré par la population de Constantinople. Le 26 novembre, mort de Sirice, évêque de Rome auquel succède Anastase Ier.

400 : Gaïnas et les Goths sont à leur tour massacrés par la population de Constantinople.

401 : Le 19 décembre, mort d'Anastase Ier, évêque de Rome. Innocent Ier lui succède le 21 décembre.

402 : Première installation d'Honorius à Ravenne.

403 : Le 29 mars, Stilichon arrête les Goths d'Alaric à Pollentia, dans le nord de l'Italie péninsulaire.

404 : Mort d'Eudoxie, impératrice d'Orient.

405 : À l'automne, arrêt de l'invasion de barbares conduits par Radagaise à Fiesole, suivi de leur anéantissement.

406 : Le 31 décembre, trois cent mille Suèves, Alains et Vandales franchissent le Rhin à la hauteur de Mayence, c'est « la grande invasion ».

407 : À la fin de l'été, l'usurpateur Constantin, proclamé en Bretagne, débarque en Gaule sous prétexte de combattre les Barbares. À la fin de l'année, mort de l'impératrice Marie, Honorius est remarié à sa sœur Thermantie.

408 : Le 1er mai, mort à Constantinople de l'empereur Arcadius, avènement de son fils Théodose II. Les 20 et 21 août, sédition militaire à Pavie qui aboutit à l'élimination de Stilichon. Honorius répudie Thermancie.

À l'automne, premier siège de Rome par Alaric. Après avoir laissé célébrer les sacrifices païens, l'évêque Innocent se réfugie à Ravenne. Le Sénat ordonne la mise à mort de Serena, veuve de Stilichon, supposée complice des Goths.

409 : Seconde tentative d'Alaric devant Rome.

410 : Troisième siège de Rome par Alaric. La ville est prise le 24 août. Galla Placidia, demi-sœur d'Honorius est prise en otage.

À l'automne, échec d'une tentative d'Alaric de débarquer en Sicile. Il meurt peu après. Son beau-frère Ataülf lui succède.

411/412 : Le général Constance, nommé commandant des armées romaines, élimine progressivement les usurpateurs installés en Gaule.

413 : Échec de la révolte d'Heraclien, gouverneur d'Afrique. Cette révolte empêche la conclusion d'un accord avec les Wisigoths en vue de la libération de Galla Placidia.

414 : Le 1er janvier, Galla Placidia épouse à Narbonne Ataülf, roi des Wisigoths.

415 : En début d'année Galla Placidia met au monde un jeune Théodose qui meurt au bout de quelques semaines. En août, Ataülf est assassiné. Son successeur Ségéric est lui-même assassiné au bout d'une semaine. Le nouveau roi des Wisigoths, Wallia, échoue en fin d'année dans une tentative de passer en Afrique.

416 : Galla Placidia est libérée contre une rançon de six cent mille mesures de blé. Les Wisigoths obtiennent le statut de fédérés et une installation en Aquitaine. En contrepartie, ils s'engagent à combattre les autres Barbares installés en Espagne.

417 : Le 1er janvier, Honorius impose à Galla Placidia de se remarier avec le général Constance. Le 18 mars, mort d'Innocent Ier, évêque de Rome, Zosime lui succède.

418 : Naissance d'Honoria, fille de Constance et Galla Placidia. Zosime meurt le 28 décembre. Sa succession est disputée entre Boniface et Eulalius, proclamés par deux factions opposées.

419 : La cour de Ravenne arbitre en faveur de Boniface, en contrepartie de la condamnation des thèses de Pélage. Le 3 avril, Eulalius est déposé. Le 2 juillet, naissance de Valentinien, fils de Constance et Galla Placidia.

420 : Conflit entre l'Empire d'Orient et la Perse.

421 : Le 8 février, Constance est associé au trône par Honorius, mais n'est pas reconnu par Constantinople. Le 6 juin Théodose II épouse Athenaïs qui devient Eudocia. En septembre, mort de Constance.

422 : Échec d'une expédition contre les Vandales dans le Sud de l'Espagne, commandée par Castin. Le 4 septembre, mort de Boniface Ier, Célestin Ier lui succède à l'évêché de Rome.

423 : En mars, Galla Placidia se réfugie à Constantinople avec ses enfants. Le 15 août Honorius meurt.

424 : En janvier, usurpation à Ravenne de Jean, primicier des notaires. En octobre, Valentinien, fils de Galla Placidia, est proclamé César à Constantinople.

425 : Au printemps défaite de Jean, la dynastie théodosienne est restaurée en Occident. La loi du 9 juillet 425 pose les principes de l'alliance du trône et de l'autel. Le 23 octobre, Valentinien III est proclamé Auguste de l'Occident à Rome, par l'envoyé de Théodose II.

426 : En mars, la famille impériale se réinstalle à Ravenne.

427/428 : Conflit entre la cour de Ravenne et Boniface, comte d'Afrique.

429 : En mai, Genséric roi des Vandales débarque en Afrique. Réconciliation entre la cour de Ravenne et Boniface, face aux Vandales.

430 : Au mois de mai, début du siège d'Hippone par les Vandales. Augustin meurt le 28 août dans la ville assiégée.

431 : En juin, le concile d'Ephèse condamne les thèses de Nestorius, Marie est proclamée « mère de Dieu ». En juillet, les Vandales lèvent le siège d'Hippone.

432 : Aetius élimine Boniface et s'impose au pouvoir impérial de Ravenne. L'hiver très rigoureux est suivi de famine et soulèvements en Gaule, les Bagaudes. Le 28 juillet, mort de Célestin Ier, Sixte III est élu évêque de Rome.

433 : Aetius se fait décerner le titre de Patrice.

434 : Sébastien, gendre de Boniface se réfugie à Constantinople.

435 : Troisième consulat conjoint de Théodose II et Valentinien III. Le 11 février, un accord est conclu avec les Vandales.

436 : Siège de Narbonne par les Wisigoths. Aetius défait les Burgondes.

437 : Le 2 juillet, majorité de Valentinien III. Le 29 octobre mariage à Constantinople de Valentinien et de sa cousine Licinia Eudoxia, fille de Théodose II.

438 : Le 15 février, promulgation du *Code Théodosien*.

439 : Après un premier succès obligeant les Wisigoths à lever le siège de Narbonne, le général Litorius est défait devant Toulouse. Fait prisonnier, il est mis a mort dans sa prison. Romains et Wisigoths reviennent au *statu quo ante*. Le 19 octobre, Genséric s'empare par surprise de Carthage.

440 : Valentinien III s'installe à Rome. Le 19 août, mort de Sixte III : Léon Ier devient évêque de Rome.

441 : Les Suèves accroissent leur pression en Espagne. Par la loi du 14 mars, Valentinien s'attaque aux exemptions fiscales de l'Église.

442 : Valentinien III reconnaît le fait accompli en Afrique. Premières incursions de Huns en Orient. En Orient, l'impératrice Eudocia se retire dans un monastère de Jérusalem.

443 : Malgré ses succès en Espagne, Mérobaude est rappelé à la cour.

444 : Sébastien, réfugié à Carthage, est exécuté sur ordre de Genséric.

445 : La loi du 18 janvier fixe le cours de la monnaie et annonce la fixation d'étalons pour « éviter les fraudes sur les poids ». La loi du 8 juillet « fixe » la primauté de l'évêque de Rome. Attila, seul roi des Huns.

446: Troisième consulat d'Aetius. La loi du 17 octobre décrit le processus d'élaboration d'une loi et recommande de ne légiférer qu'en cas de nécessité.

447: En août, mort de Rechila, roi des Suèves. Son fils et successeur, Requiaire, fait égorger un général romain prisonnier depuis sept ans.

448: Le 21 avril, aucune festivité ne marque le douzième siècle de la fondation de Rome. Le 3 juin, une loi de validation générale des lois entre les deux Empires marque le dixième anniversaire de la promulgation du *Code Théodosien.*

449: « L'affaire » d'Honoria... En août, le second concile d'Ephèse, convoqué par Théodose II, valide les thèses monophysistes, malgré les protestations des légats de l'évêque de Rome.

450: Le 28 juillet, Théodose II meurt à Constantinople des suites d'une chute de cheval. Sa sœur Pulchérie fait désigner empereur Marcien qu'elle épouse. Le 27 novembre, mort de Galla Placidia à Rome.

451: Tenue du concile de Chalcédoine, convoqué par Léon, évêque de Rome, en fait le premier véritable « pape », avec l'assentiment de Marcien. Les thèses monophysistes sont condamnées, et le second concile d'Ephèse n'est plus qu'un « brigandage ».

En juillet de la même année, après une incursion en Gaule jusqu'à Orléans, les Huns conduits par Attila sont repoussés dans les plaines de Champagne, la bataille des « champs Catalauniques », par une coalition de Francs, de Wisigoths et d'Alains, conduits par les Romains et Aetius. Le roi des Wisigoths Théodoric meurt au cours de la bataille.

452: De juin à septembre, incursion des Huns en Italie du Nord.

453: Au printemps, mort d'Attila. En juillet, mort de Pulchérie (extinction des théodosiens en Orient). En fin d'année mort de Thorismond roi des Wisigoths, son frère Théodoric II lui succède.

454: Le 21 septembre, exécution d'Aetius.

455: Le 16 mars, assassinat de Valentinien III, extinction en ligne masculine de la famille théodosienne. Le 17 mars, le Sénat proclame Maxime-Pétrone. Lors de l'invasion des Vandales, celui-ci est massacré par la foule alors qu'il essaie de fuir sous un déguisement. Du 1er au 15 juin, pillage de Rome par les Vandales. La veuve de Valentinien et ses deux filles sont emmenées à Carthage.

Le 10 juillet, les Wisigoths font proclamer empereur Avitus, en Arles.

456 : Le 16 octobre, Avitus qui n'a jamais été reconnu par Marcien est déposé par Ricimer et Majorien. Nommé évêque de Plaisance, il préfère regagner son Auvergne natale, mais il meurt en cours de route.

457 : Le 27 janvier, Marcien meurt à Constantinople. Le 7 février, Léon, proclamé par l'armée et le Sénat, se fait couronner par l'évêque de Constantinople, inventant ainsi le sacre religieux. Le 1er avril, Majorien est nommé César par Léon. Il s'autoproclame Auguste en décembre.

458 : Consulat conjoint des deux empereurs.

459 : Majorien séjourne en Gaule et prépare une expédition navale contre les Vandales.

460 : Genséric réussit à détruire la flotte romaine rassemblée dans le port de Carthagène par des bateaux-brûlots.

461 : Le 2 août, déposition de Majorien qui meurt cinq jours plus tard. Le 10 novembre, mort de Léon Ier : Hilaire devient évêque de Rome. Le 19 novembre, le Sénat ratifie la proclamation de Libius Severus.

462 : Consulat conjoint des deux empereurs.

463/464 : L'Espagne échappe de fait au contrôle du pouvoir impérial. Sécession de hauts fonctionnaires romains, Aegidius en Gaule, Marcellin en Dalmatie.

465 : Le 15 novembre, mort de Libius Severus.

466 : Interrègne en Occident. Le patrice Ricimer détient la réalité du pouvoir.

467 : Le 27 avril, Anthemius est proclamé Auguste pour l'Occident par Léon. En fin d'année, Théodoric II est assassiné. Son frère et successeur Euric décide de ne plus appliquer le traité donnant aux Wisigoths le statut de fédérés.

468 : Le 28 février, mort d'Hilaire. Simplice devient évêque de Rome. Le 19 mars, une loi de validation générale de la législation des deux Empires. En juin, échec d'une expédition sur Carthage, combinée avec l'Orient.

469 : Trahison d'Arvandus, préfet des Gaules, au profit des Wisigoths.

470 : Les Wisigoths envahissent la Provence. Léon élimine Aspar, chef de ses armées, et deux de ses fils.

471 : Ricimer entre en rébellion ouverte contre Anthemius.

472 : En avril, Anicius Olybrius (gendre de Valentinien III) est proclamé empereur d'Occident par Ricimer. Le 11 juillet, Ricimer prend Rome après des combats de rue. Anthemius est tué. Le 11 août Ricimer meurt de maladie. Le 2 novembre Anicius Olybrius meurt à son tour de maladie.

473 : En mars, proclamation de Glycerius, non reconnu par Léon. En août, celui-ci désigne pour l'Occident Julius Nepos.

474 : Le 18 janvier, mort de Léon Ier, son petit-fils âgé de sept ans est proclamé sous le nom de Léon II. Au printemps 474, Julius Nepos débarque à Ravenne, Glycerius abdique et est nommé évêque de Salone. Dans l'été, Euric attaque en Gaule, Julius Nepos échoue à le repousser. En novembre, mort de Léon II, son père Zénon, gendre de Léon Ier, lui succède.

475 : En janvier, Zénon est détrôné par Basiliscus, beau-frère de Léon Ier. Le 28 août, confronté à la révolte de son patrice Oreste, Julius Nepos s'enfuit en Dalmatie. Oreste proclame empereur son fils Romulus, dit « Augustule ».

476 : En août, Zénon se rétablit à Constantinople. Le 23 août, Oreste est confronté à une sédition militaire conduite par Odoacre, autoproclamé roi. Vaincu, Oreste est décapité à Pavie le 28 août.

Le 4 septembre, Odoacre défait les troupes du comte Paul, frère d'Oreste qui protégeaient Ravenne. Celui-ci est décapité. Romulus est déposé, mais a la vie sauve ; Odoacre affecte de ne reconnaître qu'un seul empereur, celui d'Orient. Les ornements impériaux sont renvoyés à Constantinople.

*
* *

477 : En janvier, Genséric meurt à Carthage, âgé de 87 ans.

480 : Le 5 mai, Julius Nepos est tué dans son palais de Salone par des membres de son entourage, les comtes Ovide et Viator.

481 : Odoacre occupe la Dalmatie et fait tuer Ovide.

Bibliographie

1 Sources anciennes

Ambroise de Milan : *La pénitence*, Les éditions du Cerf, Paris, 1961.

Ammien Marcellin : *Histoire*, Les Belles Lettres, Paris, 1968-1984.

C'est le « Tacite » du Bas-Empire. La qualité de ce qui nous est parvenu ne peut que faire regretter ce qui a disparu. Le récit disponible commence en 353 sous Constance II et s'arrête à la mort de Valens lors du désastre d'Andrinople, soit en 378.

Ampelius : *Aide-mémoire,* Les Belles Lettres, Paris, 2003

Augustin (saint) (354-430) :

- *Les Confessions,* Garnier-Flammarion, Paris, 1964
- *Œuvres*, Gallimard, La Pléiade, 2000.

Mort le 28 août 430 pendant le siège d'Hippone par les Vandales.

Aurelius Victor : *Vie des empereurs romains*, éd. Panckouke, Paris, 1841.

Ausone :

- Loeb, classical library, trad. H.G. Evelyn White 1921, reéd. 1985
- Clarendon Press-Oxford, 1991, éd. par R.P.H.Green.

Cassiodore : *Variae*, texte établi par Mommsen, éd. Weidmann, Berlin 1895

Ses chroniques d'Adam à 519, ont été éditées dans les tomes LXIX et LXX de la patrologie de Migne.

Cédrène, historien Byzantin du XIe siècle, cité par **Tillemont**

Claudien :

- *Œuvres complètes*, Les Belles Lettres, Paris, 1991-2001, en cours de publication ; les deux tomes des « poèmes politiques » édités s'arrêtent à l'année 398.
- *Œuvres complètes*, Loeb, classical library, cette édition de langue anglaise comporte l'intégralité des « poèmes politiques ».

Code Justinien, Traduction de Tissot, 1807, Behmer éditeur à Metz

Code Théodosien : quatre éditions ont été consultées :

- *Codex Theodosianus,* Lyon 1665, Marville, édition en latin établie et commentée par Godefroy.

- *Codex Theodosianus*, Berlin, 1905, édition en latin établie par Théodore Mommsen et P. Meyer.

- *The Theodosian Code and novels and the sirmondian constitutions*, Princeton University Press, 1952, traduction en anglais du Code (d'après le texte établi par Mommsen) et des commentaires de Godefroy, par Clyde Pharr. C'est la seule édition complète du *Code Théodosien* en langue moderne.

- Le *Code théodosien* Livre XVI « Les lois religieuses », Editions du Cerf, Paris, 2005. C'est la première traduction, encore partielle, en français.

The Theodosian Code, par Jill **Harries** et Ian **Wood**, Duckworth éd., Londres, 1993, est un ouvrage d'analyse et de commentaires en particulier sur les modalités d'élaboration des textes législatifs dans l'Empire romain.

Constance de Lyon, *Vita Germani, vie de saint Germain d'Auxerre*, Les éditions du Cerf, Paris, 1965.

Damascius (né en 462, mort en 536), connu par des extraits cités par **Photius**.

Eusèbe de Césarée, *Louanges de Constantin*, réédité en 2001, aux éditions du Cerf, sous le titre : *La théologie politique de l'Empire chrétien.*

Evagre: (auteur byzantin du VIe siècle), *Histoire de l'Église*, traduction du Président Cousin, « *ad usum delphini* », 1675.

Grégoire de Tours, *Histoire des Francs,* Les Belles Lettres, Paris, 1999.

Histoire Auguste, éditions Robert Laffont, collection Bouquins, Paris, 1994.

Hérodien, *Histoire des empereurs,* Les Belles Lettres, La roue à livres, Paris, 1990.

Hérodote, *Histoires,* Livre IV, Les Belles Lettres, Paris, 1985.

Hydace (vers 395-470), *Chroniques* (379-469), Les éditions du Cerf, Paris, 1974.

Jérôme (saint), *Correspondance,* éd. Les Belles lettres, T.V

Jornandes :

- *Histoire des Goths,* Les Belles Lettres, La roue à livres, Paris, 2000.

- *Histoire de Rome, suivie de l'Histoire des Goths*, éd. Paleo, Clermont-Ferrand, 2002. Le texte latin de cette Histoire de Rome a été publié dans *Varii historiae Romanes scriptores*, T. IV, 1568, Francofortis Editis.

Lactance, *La colère de Dieu*, éd. du Cerf, Paris, 1982.

Macrobe, *Saturnales,* éd. Les Belles Lettres, la roue à livre, Paris, 1997.

Marcellin, *Chroniques*, éditions Paléo, Clermont-Ferrand, avril 2014.

Mérobaude, *Carmen,* texte établi par Mommsen, éd. Weidmann, Berlin, 1895.

Notitia dignitatum, Baileae, MDLII.

Olympiodore, son histoire de la période 407 à 425 nous est essentiellement connue par les extraits de son œuvre cités par **Photius.**

Orose Paul, *Histoires contre les Païens,* (des origines à 417), Les Belles Lettres, Paris, 1991.

Pacatus *Panégyrique de Théodose,* voir *Panégyriques latins,* T.III, Les Belles Lettres, Paris, 1955.

Philostorge (né en 364) *Histoire ecclésiastique de Constantin à Honorius,* traduction du Président Cousin, « *ad usum delphini* ».

Photius, *Bibliothèque*, 9 volumes, Les Belles Lettres, Paris, de 1959 à 1991.

Il s'agit de notes de lecture du patriarche de Constantinople du xe siècle. Nombre d'ouvrages de l'Antiquité ne nous sont connus que par les citations partielles, les résumés et les commentaires de Photius. Les extraits des auteurs qui nous sont parvenus par ailleurs, nous permettent d'apprécier la qualité et l'authenticité des extraits cités. Ces textes découverts au début du xviie siècle ont d'abord été publiés à Genève, car Photius était considéré par le Vatican, comme un auteur dangereux ayant préparé le schisme de 1054.

Pierre Chrysologue (saint), *Sermon 130*, cité par Tillemont.

Priscus, cité par Tillemont.

Procope de Césarée *La guerre contre les Vandales* Les Belles Lettres, La roue à livres, Paris, 1990. Préface de Philippe Murray.

Prosper (saint) *Contre les ingrats,* traduction par Le Maistre de Sacy, éd. Vve Martin-Durand, Paris 1679.

Ses *Chroniques* couvrent la période de 390 à 465.

Rutilius Namatianus, *Sur son retour,* Les Belles Lettres, Paris, 1961.

Salvien de Marseille *Œuvres,* T.II *de gubernatione dei,* Sources Chrétiennes éd. 1975.

Sidoine Appolinaire (430-488), *Lettres,* 2 volumes, Les Belles Lettres, Paris, 1970.

Socrate de Constantinople (379-440), *Histoire ecclésiastique* traduction du Président Cousin, *ad usum delphini,* Pierre Rocolet, Paris, 1675. Cet ouvrage couvre la période de 306 à 439. – Réédité aux éditions du Cerf, Paris, 1998-2005.

Sozomène (vers 380-après 447), *Histoire ecclésiastique,* traduction du Président Cousin, *ad usum delphini.* Rééditée aux éditions du Cerf, Paris 1998-2005. Cet ouvrage couvre la période de 324 à 439.

Suétone, *La vie des douze Césars,* Les Belles Lettres, Paris, 1989-1993.

Sulpice Sévère, (355- vers 400), *Chroniques,* Les éditions du Cerf, Paris, 1999.

Symmaque, *Lettres,* Les Belles Lettres, Paris, 1972-1995.

Théodoret de Cyr (393-458) : *Histoire ecclésiastique de 325 à 429,* traduction du Président Cousin, « *ad usum delphini* ».

Théophane (750-817), *Chroniques de 284 à 813,* cité par Tillemont

« ***Vie de sainte Mélanie*** », Les éditions du Cerf, Paris, 1962.

Victor de Vita (fin du ve siècle), *Histoire des persécutions dans la province d'Afrique,* éd. Les Belles Lettres, Paris, 2002.

Zosime *Histoire nouvelle* éd. Les Belles Lettres, 6 volumes, 1979-2000. Ce récit couvre la période de la fin du IIIe siècle à 410.

2 Sources modernes

2.1. Histoire romaine

Alcock *Leslie, Arthur's Britain,* AD 367-634, Penguin Press, England, 1971.

André Jacques, **Filliozat** Jean, *L'Inde vue de Rome,* Les Belles Lettres, Paris, 1986.

Baslez Marie-Françoise (ouvrage collectif, sous la direction de), « *Chrétiens persécuteurs, destructions, exclusions, violences religieuses au IVe siècle* », Albin Michel, Paris, 2014

Bloch Marc, « *Comment et pourquoi finit l'esclavage antique* », *dans « Mélanges »*, EHESS, Paris, 1983, p.261 à 285.

Bowersock G.W., **Brown** Peter, **Grabar** Oleg, *Late Antiquity, a guide to the post classical world*, Harvard University Press, 2000.

Brown Peter, voir Bowersock.

Brun Jean-Pierre, *Archéologie du vin et de l'huile en gaule romaine,* éditions Errance, Paris, 2005.

Bury J.B., *Histoire de l'Empire romain tardif de la mort de Théodose Ier à la mort de Justinien,* Dover publications, Inc., New-York, 1958 ;

Caratini Roger, *Attila,* Hachette-Littératures, Paris, 2000.

Chastagnol André :

- *La fin du monde antique, de Stilichon à Justinien,* 1976, Paris, « Nouvelles éditions latines ».

- *Le Bas-Empire,* Armand Collin, 1991,

- *Le Sénat romain à l'époque impériale,* éd. Les Belles Lettres, Paris, 1992.

- *Les textes de la Préfecture de Rome au Bas-Empire,* Etudes prosopographiques, Nouvelles Éditions Latines, Paris, 1962.

Delmaire Roland, *Les institutions du Bas-Empire romain de Constantin à Justinien,* éd. du Cerf, Paris, 1995.

Demougeot Émilienne,

- *De l'unité à la division de l'Empire romain, 395-410,* Librairie Adrien-Maisonneuve, Paris, 1951.

- « L'évolution politique de Galla Placidia », article repris, p. 273 à 300, du recueil, *L'Empire romain et les Barbares, scripta variae,* Publications de la Sorbonne, Paris, 1988.

- « Le partage des provinces de l'Illyricum entre la pars occidentis et la pars orientis de la tétrarchie au règne de Théodose », même recueil, p. 17 à 42.

Elton Hugh *Warfare in Roman Europe AD 350-425,* Clarendon Press Oxford, 1996.

d'Estalenx Philippe, « Rufin, un Gascon préfet d'Orient au IVe siècle », revue *Gascogne,* n°68, décembre 2000.

Filliozat Jean, voir **André** Jacques

Friell Gérard, voir Williams.

Gibbon, *Histoire du déclin et de la chute de l'Empire romain,* éditions Robert Laffont, collection bouquins, Paris, 1983.

La première partie de cet ouvrage célèbre couvre la période qui va du règne d'Adrien à la fin de l'Empire d'occident. Gibbon reprend et élargit le travail de Tillemont. Sa rédaction souvent brillante a bénéficié d'excellents traducteurs, notamment Guizot. Les chapitres consacrés au ve siècle ne sont cependant pas les plus précis et les plus claires.

Gourdin Henri, *Genséric soleil barbare,* éditions Paris-Méditerranée, paris, 1999.

Grabar Oleg, voir Bowersock

Grant Michael :

- *The fall of the Roman Empire,* Phoenix, Orion books, Londres, 1997.

- *The collapse and recovery of the Roman Empire,* Routledge, Londres, 1999.

Griffe Élie *La Gaule chrétienne à l'époque romaine, II l'église des Gaules au ve siècle,* Letouzey et Ané, Paris, 1966.

Harris Jill, *Sidonius Apollinaris and the fall of Rome, AD 407-485* Clarendon Press-Oxford, 1994.

Hugoniot Christophe *Rome en Afrique,* Flammarion éd., septembre 2000.

Jerphagnon Lucien, *Histoire de la Rome antique*, Paris, Tallandier, 1987.

Jones Arnold, H., **Martindale** John et **Morris** John *Prosopography of last roman empire* (PLRE), Cambridge, t. 1, 1971, t. 2, 1980, et t. 3, 1992.

Jones Michael E. *The end of the Roman Britain* Cornell University Press, 1996.

Jullian Camille, *Histoire de la Gaule*, t. VII.

Lacam Guy (1904-1998) :

- *La « main de Dieu », ses origines hébraïques, son symbolisme monétaire*, Éd. Klincksieck, Paris, 1994.

- *La fin de l'Empire Romain et le monnayage or en Italie,* 1982, Éd. Adolph Hess A.G. à Lucerne, Suisse.

- *Ricimer, un barbare au service de l'Empire,* « Aux amateurs de livres », 75015, Paris, 1986. Cet ouvrage est la thèse de doctorat d'Université soutenue le 11 janvier 1986, auprès de la Faculté des Lettres de Nice.

M. Guy Lacam, banquier de profession, est venu à l'Histoire par la numismatique. À partir de l'analyse des symboles monétaires, resitués dans leur contexte historique grâce à sa grande érudition, ses ouvrages apportent un éclairage original sur la période mal connue des vingt dernières années de l'Empire romain.

Lançon Bertrand,

- *Rome dans l'antiquité tardive, 312-604 ap. J-C*, Hachette, Paris, 1995.
- *Le monde romain tardif, IIIe-VIIe siècle ap. J-C*, Armand Colin, Paris, 1992.

Lebeau (Abbé), *Histoire du Bas-Empire*, présentée par M. de Saint-Martin, Paris, Firmin-Didot, 1828.

Loi Michelle *Attila mon ami ou les mémoires d'Aetius*, Berg International, Paris, 1997. Ouvrage par nature romancé, d'une lecture agréable, par-delà le parti pris de l'auteur.

Lot Ferdinand *La fin du monde antique*, éd. Albin Michel, Paris 1989

Maioli Maria Grazia et **Stoppioni** Maria Luisa, *Classe e Ravenna fra terra e mare* éditions Sirri, Ravenna, 1987.

Martindale John, voir **Jones** Arnold.

Martroye F. Genséric, *La conquête Vandale en Afrique et la destruction de l'Empire d'Occident*, Hachette, Paris, 1907.

Modéran Yves, *Les Vandales et l'empire romain*, éditions Errance, Paris, septembre 2014.

Morris John, voir **Jones** Arnold, H.

Murray Philippe, voir *Procope de Césarée* (sources anciennes), auteur de la préface de l'édition de la guerre des Vandales.

Mussot-Goulard Renée, *Le baptême qui a fait la France, de Blandine à Clovis*, Perrin, 1997.

Pelikan Jaroslav, *The excellent Empire, and the triumph of the church*, Harper & Row, San Francisco, 1987.

Piganiol André,

- *L'histoire de Rome*, 1938, P.U.F.,
- *Le sac de Rome,* Albin Michel, Paris, 1964

Pirenne Jacques, *Les grands courants de l'Histoire Universelle,* t. I, « Des origines à l'Islam », Albin Michel

Rémondon Roger, *La crise de l'Empire romain* P.U.F. 1964.

Robert Jean-Noël, *De Rome à la Chine,* Les Belles Lettres, Paris, 2004.

Rostovtseff, *Histoire économique et sociale de l'Empire romain,* éditions Robert Laffont, collection bouquins, Paris, 1983.

Rouche Michel *Clovis,* Fayard, Paris, 1996.

Schiavone Aldo, *L'histoire brisée,* éd. Belin, Paris, 2003.

Settipani Christian, *Continuité gentilice et continuité familiale dans les familles sénatoriales romaines à l'époque impériale,* éd. Prosopographica et genealogica, 2000.

Sheppard John G. *The fall of Rome,* Routledge & Warne éd., Londres, 1861.

Stein Ernest, *Histoire du Bas-Empire,* éd. française par Jean-Rémy Palanque, Paris, Desclée de Brouwer, 1959.

Stoppioni Maria Luisa, (voir **Maioli** Maria Grazia).

Tillemont (François **Le Nain de),** (1637-1698), *Histoire des empereurs,* t. V, 1701, à Paris chez Charles Robustel et t. VI, 1738, à Paris, chez Rollin.

Cette histoire des empereurs, écrite en complément de *Mémoires pour histoire de l'Église des six premiers siècles,* était inachevée à sa mort. Cet ouvrage constitue une monumentale base de données utilisée par bien des travaux ultérieurs, en particulier Gibbon mais aussi Chateaubriand.

Voir également, *Le Nain de Tillemont et l'historiographie de l'Antiquité romaine,* actes du colloque international organisé les 19, 20, et 21 novembre 1998, Honoré Champion éditeur, Paris, juillet 2002.

Traina Giusto**,** *428, une année ordinaire à la fin de l'empire romain,* éditions Les Belles lettres, Paris, 2009.

Veyne Paul,

- *L'empire gréco-romain,* éditions du Seuil, Paris, 2005.

- *Quand notre monde est devenu chrétien (312-394),* Albin Michel, Paris, 2007.

Vidal Gore, *Julien,* éd. Julliard, l'âge d'homme, Paris.

Ward-Perkins Bryan, *La chute de Rome, fin d'une civilisation,* Alma éditeur, Paris, 2014.

Williams Stephen et **Friell** Gérard, *Theodosius, the Empire at bay,* B.T. Batsford Ltd, London, 1994.

2.2. Biographies de Galla Placidia

Blériot Daniel, *Galla Placidia, otage et reine, L'Harmattan,* Paris, avril 2005. C'est à juste titre que cet ouvrage est présenté comme un roman historique…

Caffin Philippe, *Galla Placidia, la dernière impératrice de Rome,* Perrin, 1977.

Gutman René, *L'impératrice Galla Placidia raconte sa vie et son temps,* Nizet libraire-éditeur, Paris, 1982. Un curieux roman historique…

Mazzolani Storoni Lidia, *Galla Placidia,* Biblioteca universale Rizzoli, Milan, 1981.

Oost Irving *Galla Placidia Augusta* 1968, Université de Chicago

Incontestablement la biographie la plus complète et la plus précise, qui réussit à éviter l'essentiel des légendes véhiculées sur le sujet. Il est regrettable que ce livre n'ait pas été traduit en français.

Salti Stefania et **Venturini** Renata, *La vie de Galla Placidia*, éd. Stear, Ravenne, 1999. Ce petit fascicule de vingt pages, disponible à Ravenne en plusieurs langues, dont le français, est un résumé agréable et précis de la vie de l'impératrice.

Sirago Vito Antonio**,** *Galla Placidia, la Nobilissima* éd. Jaca Book, Milan 1996. Cet ouvrage clair et précis reprend la thèse soutenue par son auteur en 1961 à l'université de Louvain.

Storoni Mazzolani Lidia, *Galla Placidia,* Biblioteca universale Rizzoli, Milan, 1981.

Thierry Amédée, *Les aventures de la princesse Placidie,* « Revue des deux mondes », 1850-IV.

Venturini Renata, voir **Salti** Stefania.

2.3 Histoire militaire

Ardant du Picq Charles, *Études sur le combat,* réédité chez Ivréa, Paris, 1999,

Eltai Hugh, *Warfare in Roman Europe AD 350-425*, Clarendon press, Oxford, 1996.

Galliou Patrick, *Le mur d'Hadrien,* ultime frontière de l'Empire romain, éditions Armeline, Crozon, 2001.

Gaulle (Charles de) :

- *La France et son armée*, Plon, 1938
- *Le Fil de l'épée.*

Luttwak Edward, *La grande stratégie de l'Empire romain*, 1987, Economica. Les réflexions contenues dans cet ouvrage sont d'autant plus intéressantes que son auteur a été le principal conseiller stratégique du Président Ronald Reagan.

Richardot Philippe, *La fin de l'armée romaine (284-476),* éd. Economica, Paris, 2001.

« ***What if*** », ouvrage collectif, Mac Millan éd., Londres, 2000. Cet ouvrage constitué du récit, par des spécialistes d'histoire militaire, d'une trentaine de batailles au résultat incertain et qui ont influencé le cours de l'Histoire de l'antiquité à nos jours, comporte un intéressant chapitre consacré à la bataille d'Andrinople.

Nicasie M. J. *The roman army from the reign of Diocletian until the battle of Adrianople*, J.C. Grieben-Publisher, Amsterdam, 1998.

Whittaker Charles, *Les frontières de l'Empire romain,* 1989, Annales de l'Université de Besançon, diffusées par « Les Belles-Lettres ».

2.4 Économie, démographie, institutions :

Bardet Jean-Pierre et **Dupâquier** Jacques, *Histoire des populations de l'Europe*, t.1 « Des origines à la Renaissance, Fayard, 1999.

Botzis Pierre, *Qu'est-ce que l'orthodoxie,* éd. Athènes, traduit de l'anglais par les moines du monastère orthodoxe de St-Nicolas de La Dalmerie, 34260, Le Bousquet d'Orb.

Delmaire Roland, *Les institutions du Bas-Empire romain de Constantin à Justinien,* Les éditions du Cerf et le C.N.R.S., Paris, 1995.

Depeyrat Georges, *Le Bas-Empire romain, économie et numismatique,* 284-491, éditions Errance, Paris 1987.

Dupâquier Jacques, *Histoire de la population française*, t. 1, « Des origines à la Renaissance », P.U.F.

(Voir également **Bardet** Jean-Pierre.)

Gaudemet Jean, *L'Église dans l'Empire romain, IVe-Ve siècles*, Sirey, Paris, 1958.

Harries Jill, voir *Code Théodosien*, (Sources anciennes).

Honoré Tony, conférence du 22 janvier 1999, « Droit et juristes lors de la crise de l'Empire romain, 379-455 » Centre d'étude de l'Histoire du droit, Université de Paris-Panthéon.

Huffel G., *Cours d'« histoire des forêts françaises »*, Nancy, 1925, École des Eaux et forêts, (aujourd'hui École Nationale du Génie Rural des Eaux et des Forêts). Cet ouvrage reste la base indépassée de l'histoire des forêts françaises. Il est accessible à la bibliothèque du centre de Nancy de l'ENGREF sous forme ronéotypé. Il est d'autant plus dommage qu'il n'ait jamais fait l'objet d'une véritable publication que cela a facilité son pillage.

Livi Bacci Massimo, *La population dans l'histoire de l'Europe,* éd. du Seuil, Paris, 1999.

Mazoyer (Marcel) et **Rondart** (Laurence) *Les agricultures du Monde,* Éditions du Seuil, 1996

Meiggs Russell, *Trees and timber in the ancient mediterranean world,* Oxford University Press, 1982.

Nicolet Claude, *La fabrique d'une nation,* Perrin, Paris, 2003.

Rondart (Laurence) voir **Mazoyer** (Marcel)

Werner Karl Ferdinand

- *Naissance de la noblesse* éd. Fayard 1998.
- *Histoire de France,* Les origines, éd. Fayard, Paris, 1984.

Wood Ian, voir *Code Théodosien*, (Sources anciennes).

2.5 Ouvrages généraux :

Anfray Francis, *Les anciens éthiopiens*, Armand Collin, Paris, mars 1990.

Austruy Jacques, *La chenille et le papillon, économie des métamorphoses,* éditions Cujas, 1992.

Bainville Jacques, *Lectures,* éd. Fayard, Paris, 1937.

Basham Arthur L. *La civilisation de l'Inde ancienne,* Arthaud, 1993.

Braudel Fernand :

- *Histoire de la Méditerranée,* Éditions de Fallois, Paris,
- *Grammaire des civilisations,* Flammarion, Paris, 1993.

Castellan Georges, *Histoire des Balkans*, Fayard, Paris, 1991.

Chaunu Pierre, *La décadence dans l'histoire,* éd. Perrin, Paris, 1989

Chateaubriand (François-René, vicomte de) : *Études historiques*, édition Lefèvre, Paris, 1838. La qualité de leur écriture justifierait à elle seule la lecture des six « discours sur la chute de l'Empire romain ».

Cumont Frantz :

- « *Les Mystères de Mithra* » (1902),

- « *Les religions orientales dans le paganisme romain* » (1906),

Ces deux ouvrages sont disponibles dans leur traduction en anglais rééditée par Dover Publication New York, en 1956.

Devic (Dom Cl.) **et Vaissette** (Dom J.), *Histoire générale du Languedoc,* réimpression, par Otto Zeller Verlag Osnabrück, 1973.

Dubos (l'Abbé), *Histoire critique de l'établissement de la monarchie française dans les Gaules,* Paris, Nyon père, 1742.

Dumeige Gervais, *La foi catholique,* éditions de l'orante, Paris, 1975.

Traduction et présentation d'un recueil de textes doctrinaux du magistère de l'Église.

Fossier Robert *Le Moyen-Âge, les mondes nouveaux 350-950,* Armand Colin, Paris, 1982.

Grousset René, *L'Empire des steppes*, Payot, Paris, 1965.

Henriet Eric, *L'histoire revisitée, panorama de l'uchronie,* éd. Encrage, janvier 2004.

Kennedy (Paul) *Rise and fall of great powers since the XVIth century,* Mac Millan, New York, 1987.

Lacoste G. *Histoire générale de la province de Quercy,* J. Girma, Libraire-éditeur, Cahors, 1883. Cet ouvrage a fait l'objet d'une réimpression par Laffitte Reprints, Marseille, 1981.

Lefebvre (Jacques) et **Regazzola** (Thomas), *La domestication du mouvement,* éd. Anthropos, Paris, 1980.

Lemarchand Philippe (sous la direction de), *L'Europe centrale et Balkanique, Atlas d'histoire politique,* éditions complexe, Bruxelles, 1995.

Marx Karl, *Le 18 brumaire de Louis Bonaparte,* Éd. Sociales,

Puffendorf *Introduction à l'histoire de l'univers,* 1764, à Paris chez Charles Robustel.

Rachline Michel *Dieu laïque,* éd. Olbia littérature, mars 2000,

Regazzola (Thomas), voir **Lefebvre** (Jacques).

Rops Daniel, *L'Église des temps barbares,* Fayard, Paris, 1950.

Récits souvent un peu romancés du ve au XIe siècle ; la description de l'arrivée des Vandales en Afrique doit probablement beaucoup aux souvenirs de l'exode de 1940, encore très récents au moment de la publication de cet ouvrage.

Yourcenar Marguerite, *Mémoires d'Hadrien*, Paris, Plon, 1951.

Zorsi Alvise *La République des Lions*, Perrin, Paris, 1988.

Les divisions administratives de l'Empire, et les principales villes

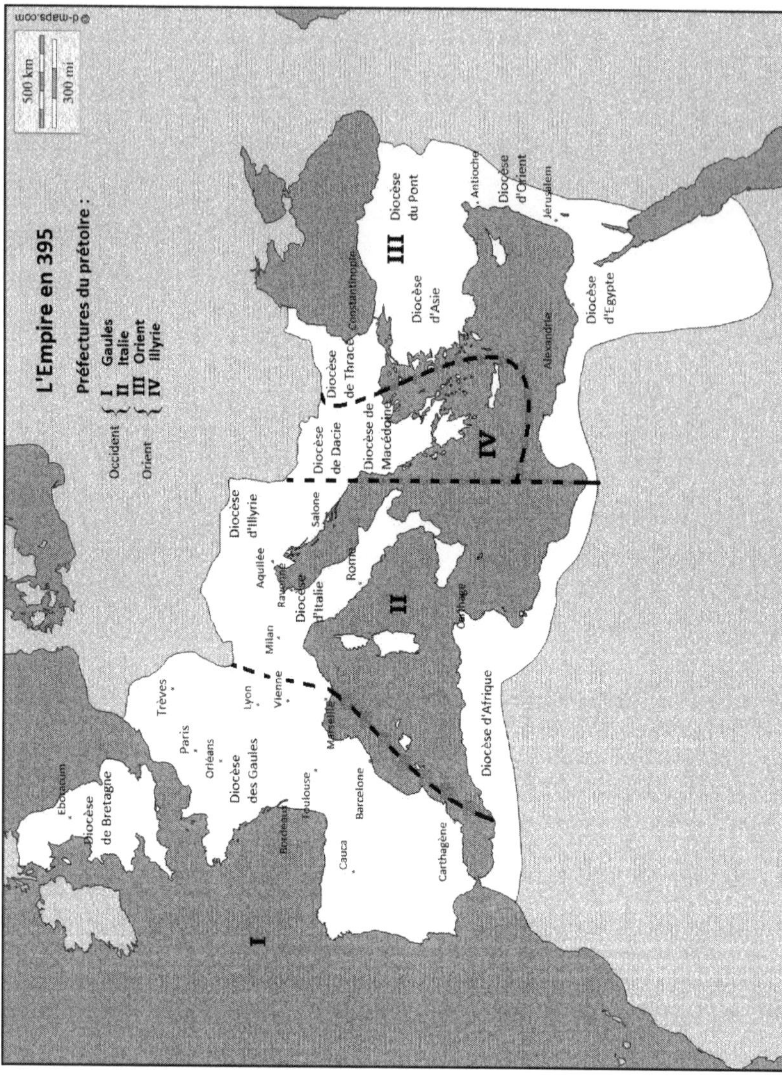

Les royaumes Barbares, implantation et extension

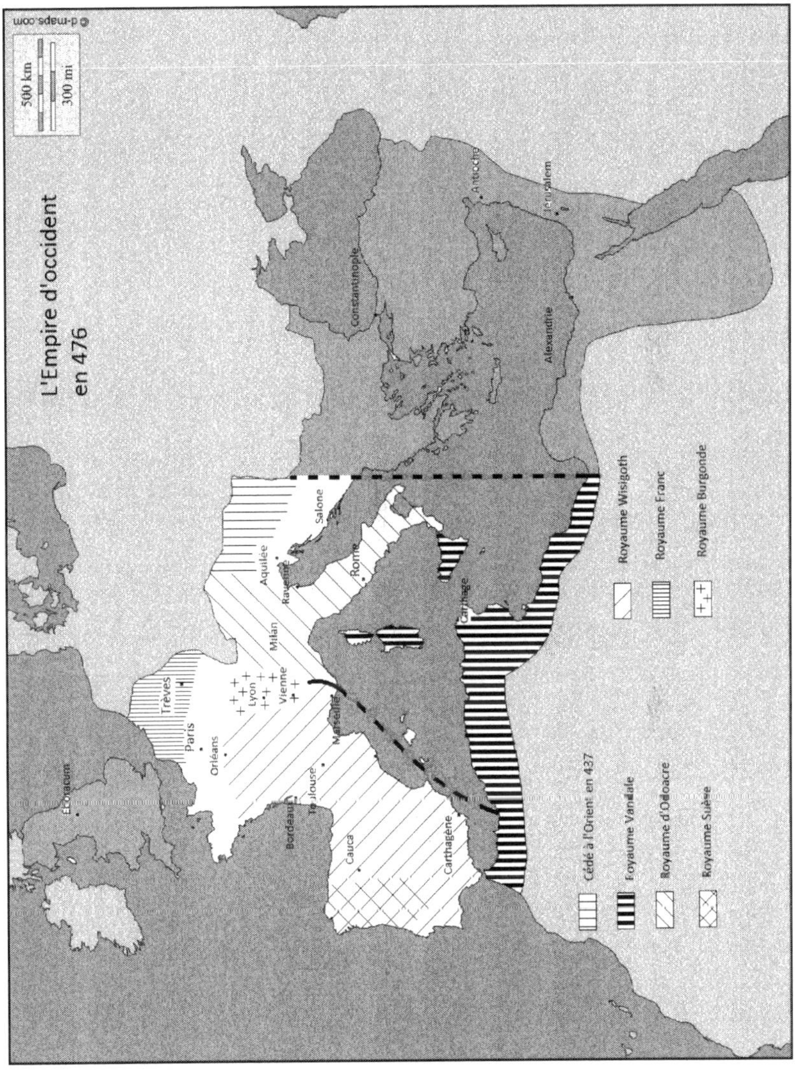

Index des noms

B

C

D

H

M

N

O

P

Q

R

U

V

Index des lieux

N

O

P

R

S

T

V

Y

Table des matières

Achevé d'imprimer le 26 janvier 2015
sur les presses de
La Manufacture - Imprimeur – 52200 Langres
Tél. : (33) 325 845 892

N° imprimeur : 150045 - Dépôt légal : décembre 2014
Imprimé en France